社科文库

ZIYI SHUJU

字義疏舉

王文元 著

中国社会科学出版社

图书在版编目(CIP)数据

字义疏挙 / 王文元著. —北京：中国社会科学出版社，2015.11
(社科文库)
ISBN 978 - 7 - 5161 - 7084 - 7

Ⅰ.①字… Ⅱ.①王… Ⅲ.①汉字—研究 Ⅳ.①H12

中国版本图书馆 CIP 数据核字 (2015) 第 274579 号

出 版 人	赵剑英
选题策划	刘 艳
责任编辑	刘 艳
责任校对	陈 晨
责任印制	戴 宽

出 版	中国社会科学出版社
社 址	北京鼓楼西大街甲 158 号
邮 编	100720
网 址	http://www.csspw.cn
发 行 部	010 - 84083685
门 市 部	010 - 84029450
经 销	新华书店及其他书店
印刷装订	三河市君旺印务有限公司
版 次	2015 年 11 月第 1 版
印 次	2015 年 11 月第 1 次印刷
开 本	710×1000 1/16
印 张	32.5
插 页	2
字 数	563 千字
定 价	108.00 元

凡购买中国社会科学出版社图书，如有质量问题请与本社营销中心联系调换
电话：010 - 84083683
版权所有 侵权必究

北京市社会科学院社科文库
编委会

总　　编　谭维克
副总编　周　航　殷爱平　许传玺　赵　弘
编　　委　王燕梅　朱霞辉　朱庆华　俞　音

目　　录

凡例 ………………………………………………………………… (1)

叙 …………………………………………………………………… (1)

智慧篇 ……………………………………………………………… (1)
　　医药 ……………………………………………………………… (1)
　　交通 ……………………………………………………………… (3)
　　相 ………………………………………………………………… (5)
　　象 ………………………………………………………………… (6)
　　聪明 ……………………………………………………………… (7)
　　灾祸 ……………………………………………………………… (9)
　　卑鄙 ……………………………………………………………… (10)
　　亩 ………………………………………………………………… (12)
　　有无 ……………………………………………………………… (13)
　　荒 ………………………………………………………………… (15)

物理篇 ……………………………………………………………… (17)
　　物理 ……………………………………………………………… (17)
　　微小 ……………………………………………………………… (19)
　　器局 ……………………………………………………………… (20)
　　光 ………………………………………………………………… (23)
　　能 ………………………………………………………………… (24)
　　风 ………………………………………………………………… (25)
　　形式 ……………………………………………………………… (27)

特殊 ……………………………………………………（29）
　　废 ………………………………………………………（30）
　　病 ………………………………………………………（32）

宇宙篇 ……………………………………………………（34）
　　左右 ……………………………………………………（34）
　　上下 ……………………………………………………（36）
　　高低 ……………………………………………………（37）
　　宇宙 ……………………………………………………（39）
　　海 ………………………………………………………（40）
　　河 ………………………………………………………（41）
　　中 ………………………………………………………（43）
　　极 ………………………………………………………（44）
　　际 ………………………………………………………（46）
　　边 ………………………………………………………（47）

生活篇 ……………………………………………………（50）
　　人伦 ……………………………………………………（50）
　　生死 ……………………………………………………（52）
　　哭笑 ……………………………………………………（53）
　　甘苦 ……………………………………………………（54）
　　梦 ………………………………………………………（56）
　　老少 ……………………………………………………（57）
　　劳动 ……………………………………………………（59）
　　得失 ……………………………………………………（60）
　　藏 ………………………………………………………（62）
　　隐 ………………………………………………………（63）

自律篇 ……………………………………………………（65）
　　毋 ………………………………………………………（65）
　　应该 ……………………………………………………（66）
　　必须 ……………………………………………………（68）

创新 …………………………………………… (70)
　　变 ……………………………………………… (72)
　　断绝 …………………………………………… (75)
　　自由 …………………………………………… (76)
　　民主 …………………………………………… (78)
　　贫穷 …………………………………………… (79)
　　保守 …………………………………………… (81)

学术篇 ………………………………………… (83)
　　儒道佛 ………………………………………… (83)
　　学习 …………………………………………… (86)
　　曰 ……………………………………………… (87)
　　名检 …………………………………………… (88)
　　历史 …………………………………………… (90)
　　政治 …………………………………………… (93)
　　化 ……………………………………………… (94)
　　教育 …………………………………………… (95)
　　究竟 …………………………………………… (97)
　　为 ……………………………………………… (98)

道德篇 ………………………………………… (100)
　　德 ……………………………………………… (101)
　　仁 ……………………………………………… (103)
　　义 ……………………………………………… (106)
　　礼 ……………………………………………… (108)
　　监 ……………………………………………… (111)
　　诚实 …………………………………………… (112)
　　直 ……………………………………………… (114)
　　智 ……………………………………………… (116)
　　信 ……………………………………………… (118)
　　恕 ……………………………………………… (120)
　　孝 ……………………………………………… (122)

信仰篇 ·· (126)
    仰 ·· (126)
    尊 ·· (128)
    永 ·· (129)
    巫 ·· (130)
    恭敬 ·· (131)
    跪拜 ·· (133)
    慎独 ·· (135)
    社庙 ·· (136)
    感谢 ·· (138)
    鬼神 ·· (140)

人生篇 ·· (143)
    幸福 ·· (143)
    吉凶 ·· (145)
    天 ·· (146)
    美 ·· (147)
    善 ·· (149)
    阿爸（阿）妈 ······································ (150)
    朋友 ·· (152)
    农工商 ·· (153)
    玉 ·· (155)
    禁 ·· (156)

思想篇 ·· (159)
    思想 ·· (159)
    真伪 ·· (160)
    世 ·· (162)
    认识 ·· (163)
    觉悟 ·· (165)
    欣 ·· (166)
    顾 ·· (168)

毒 …………………………………………………（169）
　　契 …………………………………………………（171）
　　公私 ………………………………………………（172）

国家篇 ………………………………………………（175）
　　国家 ………………………………………………（175）
　　华夏 ………………………………………………（177）
　　君 …………………………………………………（178）
　　黄帝 ………………………………………………（180）
　　仓颉 ………………………………………………（181）
　　圣 …………………………………………………（183）
　　继承 ………………………………………………（185）
　　固定 ………………………………………………（187）
　　宁 …………………………………………………（188）
　　稷 …………………………………………………（189）

修养篇 ………………………………………………（191）
　　修养 ………………………………………………（191）
　　忍耐 ………………………………………………（193）
　　克服 ………………………………………………（195）
　　问 …………………………………………………（197）
　　让 …………………………………………………（198）
　　谦虚 ………………………………………………（199）
　　坚 …………………………………………………（201）
　　安静 ………………………………………………（202）
　　约束 ………………………………………………（204）
　　等级 ………………………………………………（206）

大道篇 ………………………………………………（208）
　　常 …………………………………………………（208）
　　阴阳 ………………………………………………（209）
　　易 …………………………………………………（210）

元 …………………………………………………… (211)

和同 ………………………………………………… (213)

富 …………………………………………………… (215)

利益 ………………………………………………… (216)

好坏 ………………………………………………… (217)

乡村 ………………………………………………… (219)

男女 ………………………………………………… (221)

艺术篇 …………………………………………… (223)

艺术 ………………………………………………… (223)

文章 ………………………………………………… (225)

诗 …………………………………………………… (226)

辞赋 ………………………………………………… (228)

比兴 ………………………………………………… (229)

书写 ………………………………………………… (231)

颂扬 ………………………………………………… (232)

演奏 ………………………………………………… (234)

经典 ………………………………………………… (235)

舞蹈 ………………………………………………… (237)

正义篇 …………………………………………… (239)

辨（辩）…………………………………………… (239)

齐 …………………………………………………… (241)

喜怒 ………………………………………………… (242)

畏惧 ………………………………………………… (244)

心情 ………………………………………………… (245)

怜悯 ………………………………………………… (247)

权 …………………………………………………… (248)

取给 ………………………………………………… (249)

尽 …………………………………………………… (251)

钱 …………………………………………………… (253)

素质篇 ……………………………………………………（255）
 爱 …………………………………………………（255）
 素质 ………………………………………………（258）
 优雅 ………………………………………………（259）
 厌恶 ………………………………………………（261）
 柔顺 ………………………………………………（262）
 群体 ………………………………………………（264）
 宥 …………………………………………………（266）
 启蒙 ………………………………………………（267）
 辈 …………………………………………………（269）
 羡慕 ………………………………………………（270）

疾病篇 ……………………………………………………（272）
 革命 ………………………………………………（272）
 贪 …………………………………………………（274）
 货 …………………………………………………（276）
 欲 …………………………………………………（278）
 乱 …………………………………………………（279）
 烦躁 ………………………………………………（280）
 争夺 ………………………………………………（282）
 郁 …………………………………………………（284）
 淫 …………………………………………………（285）
 伎巧 ………………………………………………（287）

自我篇 ……………………………………………………（290）
 我 …………………………………………………（290）
 奋 …………………………………………………（291）
 互 …………………………………………………（293）
 呼吸 ………………………………………………（294）
 言说 ………………………………………………（296）
 求索 ………………………………………………（298）
 依 …………………………………………………（299）

灵 ………………………………………………… （300）
　　听 ………………………………………………… （302）

刑罚篇 …………………………………………… （304）
　　灋（法） ………………………………………… （304）
　　刑罚 ……………………………………………… （306）
　　惩赏 ……………………………………………… （308）
　　原谅 ……………………………………………… （309）
　　贬谪 ……………………………………………… （310）
　　误会 ……………………………………………… （312）
　　殛 ………………………………………………… （313）
　　犯罪 ……………………………………………… （315）
　　悔过 ……………………………………………… （316）
　　赦免 ……………………………………………… （317）

图卦篇 …………………………………………… （319）
　　图 ………………………………………………… （319）
　　卦 ………………………………………………… （322）
　　之 ………………………………………………… （323）
　　进步 ……………………………………………… （325）
　　寻 ………………………………………………… （326）
　　位置 ……………………………………………… （328）
　　祝 ………………………………………………… （329）
　　奥秘 ……………………………………………… （330）
　　鼎 ………………………………………………… （332）

事功篇 …………………………………………… （333）
　　事 ………………………………………………… （333）
　　疏 ………………………………………………… （335）
　　察查 ……………………………………………… （336）
　　训诂 ……………………………………………… （337）
　　繁简 ……………………………………………… （339）

归 (342)
最后 (343)
妻妾 (344)
宏伟 (346)
纯朴 (347)

天人篇 (350)
王 (350)
受 (351)
地 (353)
是 (354)
适 (355)
季节 (357)
沈（沉）浮 (358)
雍穆 (359)
忠良 (360)
饥渴 (363)

保守篇 (365)
丧 (365)
族 (366)
万岁 (367)
旧 (369)
止 (372)
退却 (372)
卿 (374)
祠堂 (375)
弘毅 (376)
垂拱 (377)

文化篇 (378)
传统 (378)

报答 …………………………………………………… (380)

怀疑 …………………………………………………… (381)

赵（氏）李氏 ………………………………………… (382)

骈 ……………………………………………………… (384)

朝觐 …………………………………………………… (385)

东西 …………………………………………………… (387)

默 ……………………………………………………… (389)

恋 ……………………………………………………… (389)

乐生篇 ………………………………………………… (392)

乐 ……………………………………………………… (392)

健康 …………………………………………………… (394)

游戏 …………………………………………………… (395)

逸 ……………………………………………………… (396)

活 ……………………………………………………… (398)

亲 ……………………………………………………… (399)

欢 ……………………………………………………… (400)

树 ……………………………………………………… (402)

贤惠 …………………………………………………… (403)

字 ……………………………………………………… (406)

量度篇 ………………………………………………… (409)

量度 …………………………………………………… (409)

寡 ……………………………………………………… (411)

均 ……………………………………………………… (412)

轻重 …………………………………………………… (414)

长短 …………………………………………………… (415)

总共 …………………………………………………… (415)

远近 …………………………………………………… (417)

制度 …………………………………………………… (419)

片 ……………………………………………………… (420)

仞 ……………………………………………………… (422)

价值篇 ………………………………………………………… (423)
 价值 ……………………………………………………… (423)
 输赢 ……………………………………………………… (426)
 代替 ……………………………………………………… (428)
 冒险 ……………………………………………………… (429)
 恒久 ……………………………………………………… (431)
 模范 ……………………………………………………… (432)
 年 ………………………………………………………… (434)
 处 ………………………………………………………… (435)
 计算 ……………………………………………………… (436)
 爵 ………………………………………………………… (438)

品行篇 ………………………………………………………… (440)
 勤俭 ……………………………………………………… (440)
 闻 ………………………………………………………… (442)
 享 ………………………………………………………… (443)
 遵纪 ……………………………………………………… (445)
 团结 ……………………………………………………… (446)
 收敛 ……………………………………………………… (448)
 润 ………………………………………………………… (449)
 效 ………………………………………………………… (450)
 省 ………………………………………………………… (451)
 顿首 ……………………………………………………… (451)

因果篇 ………………………………………………………… (454)
 因 ………………………………………………………… (454)
 所以 ……………………………………………………… (455)
 离合 ……………………………………………………… (456)
 荣辱 ……………………………………………………… (458)
 羞耻 ……………………………………………………… (459)
 泛滥 ……………………………………………………… (461)
 影响 ……………………………………………………… (462)

烙印 …………………………………………………（463）
危机 …………………………………………………（464）
达到 …………………………………………………（466）

对错篇 ………………………………………………（469）
对错 …………………………………………………（469）
正确 …………………………………………………（470）
偏 ……………………………………………………（472）
叛逆 …………………………………………………（472）
摹 ……………………………………………………（474）
作 ……………………………………………………（476）
俊 ……………………………………………………（477）
丑 ……………………………………………………（478）
快慢 …………………………………………………（479）
分裂 …………………………………………………（480）

跋
——训诂与拆字 ………………………………………（482）

附录 …………………………………………………（485）

后记 …………………………………………………（490）

凡　例

关于字体

　　本书所解之字基本上为正体字（繁体字），叙述时交叉使用简体字、繁体字，没有选择全书使用正体字的方案，这是出于如下考虑：

　　一、交叉使用繁体字与简体字可以让二者有一个鲜明对比，能让读者了解汉字简化带来的诸多麻烦，从而强化恢复繁体字合法地位的紧迫意识；

　　二、被训诂的字词在该篇中一律使用繁体字；

　　三、采用的引文、出版社名、书名，原文是繁体字的仍用繁体字，原文是简体字的，仍采用简体字；

　　四、名字受之于父母，不容后人改易其字形，所以本书中出现的古人（明之前的）名字一律使用正体字；

　　五、有多个繁体字（异体字）的，一般只训诂其中的正体字，个别字训的是俗体字，如"緐"是正体字，但本书训的是其俗体字"繁"。

关于字词的选用与编排

　　一、为便于读者查找字词，本书分为三十篇，每篇都有主题篇名，都是将同类字词汇集在一起，每篇收录字词约十个；

　　二、本书收录字词大多数与国学有紧密的关联，未收录诸如"打""泡""葡萄"等无关宏旨的字词；

　　三、有些重要的汉字尚不了解造字者的初衷，比如"漢"，本书未收录这样的字词；

　　四、篇名不分前后，是随机排列的。

对字词所含义理的概括

一、"四句结语"是为了帮助理解该字词所表达的主旨,必须结合训诂的内容加以理解,不能将其作为对该字词的训诂;

二、"四句结语"不是诗,押韵是为了便于记忆。

关于书中列举的甲骨文、钟鼎文、古文

本书列举的古字都标有编号,如甲骨文(前五·三〇·三),需要了解字形的,可以翻阅有关工具书,本书一概不附古字的字形。

叙

汉字一词出现于一百多年前,是从日文转过来的,中国古人不用这个词汇。汉字确实完善于秦汉,称中国文字为"汉字"倒是实至名归。中国之文字,其名随体而异,实则具有稳定性与连续性,截至20世纪50年代中期,没有大起大落的实质性变革。

文字学者格外关注"汉隶"的来龙去脉,因为汉隶的出现标志着中国的文字趋于稳定,之后再未发生激烈变动,其实也无大变之必要,隶书以及其后出现的楷书的字形、字义已经趋于尽善尽美,改无可改。

隶书由小篆演化而来,小篆则由籀文(秦始皇称其为大篆,即秦国使用的文字)演变而来。小篆与大篆(籀文)都属于秦文,当时其他六国使用的文字统称古文(古字)。

始自伏羲发明阴阳符号,到隶书、楷书出现,中国文字演化情况见示意图。

从甲骨文开始,中国出现了结构大致统一且有足够数量的字群,至隶书,结构、笔画、字义等方面的演变基本结束,中国的文字开始定型。我将隶书以及隶书之后的中国主流文字称为汉字。汉字有如下基本特征:

(一)汉字是统一的,覆盖广阔的华夏大地,在空间上可以实现"书同文";

(二)载于文言文体中的汉字是稳定的,可以做到时间上之"书同文";

(三)载于文言文体中的汉字是表意的,对于使用方言的人群来说汉字基本不表音,因此读音与字形脱离(中国人说各异之方言而写统一之文字)[①];

---

① 但这并不意味汉字读音不重要,理解汉字读音是理解汉字的重要部分。

伏羲画八卦（周易六十四卦）

仓颉造鸟迹书①

甲骨文
↓
金文（钟鼎文）
↓
东部诸国之古文　　华夏西部（秦）之篆文
↓
大篆（籀文）
↓
石鼓文（介于大篆、小篆之间）
↓
小篆
↓
汉字　　{隶书（汉隶）
　　　　　↓
　　　　　楷书②

中国文字演变示意图

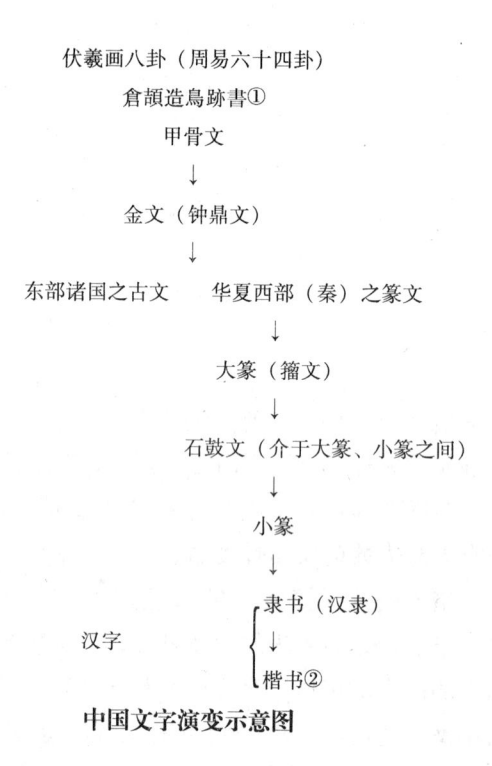

（四）汉字不是中立的文字，它重天轻人，重农轻商，重礼轻法，重男轻女，重家庭轻个人，重约束轻自由，重等级轻平等，重精神轻物质，厚古薄今；

（五）隶书的字已经基本够用，其后历朝历代虽然不断造新字，但新字很难颠覆已经形成的文字体系；

（六）汉字是音、义、形与文化、信仰、历史之统一体；

（七）汉字是奥妙无比的体系，应该出于少数人之手，不可能是集体创造出来的。

关于（七）须稍施笔墨。寻常论师总是说汉字之创造工程巨大，应

---

① 汉代的仓颉庙内有一块《仓圣鸟迹书碑》，黑色的石头上刻着28个古怪的符号，相传这就是仓颉当年所造象形文字的本形。这些鸟迹书由小的图形和画面组成。疑古主义者否认仓颉实有其人，认为不过是传说。按照他们的逻辑，黄帝、炎帝、伏羲等也都是传说，中国坐实的历史也就不会有五千年。疑古主义者的错误在于将历史等同于考古学、考证学，其实历史与考古是两个完全不同的学科。

② 楷书的出现标志着汉字基本定型，楷书之后出现的行书、草书等属于艺术形式，不宜划入文字演变系列。

该是历代劳动人民的集体创造。鲁迅是这种论调的代表，他说："要之文字成就，所当绵历岁时，且由众手，全群共喻，乃得流行，谁为作者，殊难确指，归功一圣，亦凭臆之说也。"① 众所周知，鲁迅对汉字恨之入骨，他说过："汉字也是中国劳苦大众身上的一个结核，病菌都潜伏在里面，倘不首先除去它，结果只有自己死。"② 这样恨汉字的人对汉字说三道四自然不足为凭。凡认真研究过汉字的人都不会相信如此严密的文字体系，会是由思维与价值观各异的人创造出来的。

这涉及对"发明"或"创造"的理解。我们说车是某某发明创造的，指的并不是世间一切车皆他所造，而是说他最先发现借助轱辘行走的原理，后人知晓了原理，造出各种各样的车，发明人是不变的。中国的文字亦然，我们说伏羲与仓颉发明文字，并不是说现在的汉字都是伏羲、仓颉造的，而是说伏羲发明了用符号表现自然物象的方法与思路，仓颉进一步将符号系统化，增强了符号的表现力。后来的人你造一个字，我造一个字，以至于出现众多的异体字，这是再创造，而非创造。正因为如此，汉字是可以训诂的，是可以正义的，是可以还原圣人造字意图的。职是之故，我坚决反对"汉字为劳动人们所造"的错误说法。

还有一个问题，长期困扰着中国人：中国文字是不断简化的抑或不断"繁化"的？

许多人脱口而出：当然是前者。

客观的回答应该是：仅从笔画上考察，总体看，楷书之前的中国文字略微呈现繁化的趋势。无论是金文演化为篆字，还是篆字演化为隶书——甚至包括小篆与古文相比较——汉字都显示出不断"繁化"之特征，不仅整体上考察平均笔画有所增加（有增有减，整体上增大于减），而且字义也不断增多，需要更强的理解力方能掌握。③ 传说太史籀作《史籀篇》共十五篇，西汉亡六篇，至魏晋全部亡佚。今人所见不过是許慎在《说文解字》中保存下来的223个字。有人认为小篆是在大篆基础上加以简化而来。这种说法不符合事实。总体上看，小篆的平均笔画繁于大篆，小

---

① 《汉文学史纲要》，引自《鲁迅选集》第九卷，中国文史出版社2002年版，第227—228页。
② 《关于新文字》，引自《鲁迅选集》第六卷，中国文史出版社2002年版，第100页。
③ 参阅拙文《评苏培成先生的"汉字走进了简化字时代"》，《社会科学论坛》2011年第12期。

篆取代大篆不是简化而是"繁化"。

迄今，世界上绝大多数国家的文字都是不断繁化的，这是保证种族不断优化的需要。文字是思维体操，"思维体操"过于简单则达不到锻炼大脑的目的，故而必须不断繁化语言文字，以达到锻炼人的大脑思维的目的。①

《现代汉语词典》第6版，第1365页说文字是"记录语言的符号系统，如汉字、拉丁字母等"。这种说法不准确，应该说，使用拉丁字母的语种在其发展的初期确实如上面的定义那样，书面语不过是对口语的简单记录。然而随着语言的发展变化，书面语与口语逐渐背离，这一点在英语、法语中体现得尤为明显。中国的文字完全不适用上面的定义。汉字并不是记录语言的符号系统，绝大多数古老的字都是先创造出字形，然后赋予这个字读音。有时，读音甚至是可以变化的，如古代"矮"一度读"射"，"射"则读"矮"。

20世纪初叶掀起的诋毁汉字之逆流，不过是在殖民主义压力下中国内部产生出来的一种病态反应而已。任叔永在批评钱玄同的民族虚无主义倾向时气愤地说，按照文化虚无主义者的逻辑，要想彻底消除汉字对中国人的影响，光拉丁化还不够，因为汉字所蕴含的思想已经深入人心，真正要消灭汉字，必须让使用汉字的这个民族亡国灭种（不仅钱玄同危言耸听，就连当时的文化旗手陈独秀也喊过"国人惟一之希望，外人之分割耳"的混账话）。

胡适生活的时代，掌握话语权的中国知识分子基本上是病态的。这种病态首先反映在对以下三个西方理论的盲目崇拜上，三个理论分别为：

（一）为殖民主义张目的达尔文进化论与以斯宾塞为代表的社会达尔文主义思潮；

（二）以列维·布留尔为代表的白色人种优越论与原始思维落后论、逻辑思维优越论②；

（三）以索绪尔为代表的语音中心主义与欧洲语言优越论、表意文字落后论③。

如今，这三种理论几乎覆盖全世界，说英语的白色人种成为支配世界

---

① 700年前英国人将英语从德国移植到大不列颠，那时英语很简单，为了让英语更复杂些，英国人从词汇书写到语法对英文进行全面改造，结果才有了今天复杂的英文。

② 代表作为《原始思维》。

③ 代表作为《普通语言学教程》。

政治与经济活动的人种。按照丛林原则,这是竞争的结果,也不必过多地非难。然而,如若将这种现象称作"人类进化",实在让人不知说什么好。

人类在进化吗?

只要看一看那些殖民主义者摇身变成世界警察,而那些被殖民化的国家则变成为上等国家服务的奴仆(为主子干那些有严重污染的和消耗体力的繁重工作,主子美其名曰"经济一体化",奴才居然引以为荣),受尽主子的剥削与压迫的事实,答案便昭然若揭。

那些疯狂进行文化自戕的人,那些必欲消灭汉字而后快的人,他们心中有一个十分卑鄙的动机,那就是为殖民主义者证明中国人的"劣根性",证明中国传统文化是垃圾,证明中国的文字是糟粕,证明中国人的信仰是迷信——总之,中国什么都不好,殖民主义者什么都好,殖民者快来解救我们吧!有些文化自戕者还从殖民主义者那里取得酬金。胡适留学美国的同学任叔永对消灭汉字的急先锋钱玄同进行了无情与辛辣的讽刺:"我想钱先生要废汉文的意思,不是仅因为汉文不好,是因汉文所载的东西不好,所以要把它拉杂摧烧了,廓而清之。我想这却不是根本的办法。吾国的历史,文字,思想,无论如何昏乱,总是这一种不长进的民族造成功了留下来的。此种昏乱种子,不但存在文字历史中,且存在现在及将来子孙的心脑中。所以我敢大胆宣言,若要中国好,除非把中国人先行灭绝!"[①]

更糟糕的是,至今仍有一些中国人把这些文化取消主义者当作权威,顶礼膜拜,亦步亦趋,不敢越雷池一步。

理性主义与科学主义终于演变为军事竞争。世界越来越不安宁,逼得善良的人也不得不以暴制暴,研制原子弹等杀人武器。在这种不在同一条起跑线起跑的竞争中,中国始终落后于西方诸国。基于这个残酷现实,一些人便得出这样一个看似有理的结论:中国人输在文化上,输在文字上,输在信仰上。若想屹立于世界民族之林,必须弃中就西,全盘西化。

这是在混淆是非——混淆文明与文化两个截然不同的概念。[②]

我将人类为自我完善所做的努力分为两种情形。

第一种情形,为改善物质生存处境所做的努力,包括为改善居住条件

[①] 引自任叔永《致胡适》,《新青年》第5卷第2号。
[②] 这里是借用"文明"与"文化"两个词汇,来梳理人类在两个不同领域的发展与创造活动。

所做的努力，为提高生产工具效率所做的努力，为改进交通设施所做的努力，为提高武装自卫能力所做的努力等——我称之为"文明"；

第二种情形，为更适应自然，为更好地处理人与自然关系所做的努力，以及为改善人类心灵与精神处境，为改进人际关系以及为追求独立于物质财富的幸福所做的努力——我称之为"文化"。

西方人自古就将主要精力投入文明建设，中国人则将绝大部分精力投入文化构建。

不幸的是，造物主并未赐予人类同时享受文明成果与文化成果的可能，文明与文化，鱼与熊掌不可兼得，人类一般只能偏重其一。超过一定限度之后，文明向前一步，文化就倒退一步。工业革命之后，文明与文化的冲突已经达到水火不相容的地步。今天，人类的物质生活处境改善的步伐已经大得不能再大，然而自然被破坏的程度以及人类心灵所遭受的煎熬也已经无以复加。

我不能用一句话断定文化与文明孰轻孰重，可以肯定的是，现在天平已经畸轻畸重，文化已经被翘到高点，人眼就低不就高，已经无人再愿意多往高处瞥上一眼。

此时，一个严峻问题摆在眼前：谁能解救除了金钱什么都不认的人类？谁能力挽道德大厦倾倒、伦理秩序崩坏之狂澜？

"GDP"？——无异于南辕北辙。

科学？——无异于泼油救火。

民主？——无异于加速哄抢地球上所剩不多的资源，为图富贵而加速人类毁灭。[①]

……

西方理性主义的办法不行，只有中国非理性的文化——国学能拯救人类，能给末世带来一丝亮光，一丝希望。因为国学是近乎唯一站在自然立场上、以维护自然权益为宗旨的学问体系，是人类之公学，也是学术之公器。而中国的传统文化大多凝聚在一个个晶莹剔透的宝珠一般的汉字中。历史的沧桑与近代的战火使这些宝珠落满了尘埃，本书力图拂去尘埃，让

[①] 民主就是人民当家作主，人民没有不求富的，他们最大的要求就是让生活越来越富裕，然而自然不能满足人类无休止的奢求。所以，一旦地球人真的自己能够决定自己的事情，唯一的结果必然是：立即彻底地瓜分地球，不给子孙留一丝一毫的资源。那样的话，自然何堪？地球何堪？子孙后代何堪？

它绽放出璀璨的光芒。

人类社会除了受制于与动物通用的丛林法则，还应该有另外的一面，那就是道德的一面，正义的一面，情理的一面，和谐的一面，理智的一面，克制的一面，自律的一面。如果有人怀疑，认为人类根本不可能用丛林法则之外的手段调节人际关系，那就请认真研究一下汉字，了解了汉字，疑窦立即可以消除，汉字真正制造了通过丛林之外的手段调节天人关系与人际关系的奇迹。

中国数千年文化传统的价值是永恒的，汉字的价值也是永恒的，其精其妙，无俦匹者。

本书收录的一千一百多个汉字，或是关系到中国人的生活与信仰，或是包蕴国学的奥旨精义，或是中国人体天格物的一篇篇哲学论文，或是表达天人合一的一番番慷慨陈词……

我们无权在神圣的汉字面前说三道四，唯一可以做的就是客观展示汉字的本义。所以，我如临深渊，如履薄冰，进行训诂，拆解，分析，然后综合其义，以为今人用，以为后人用。余虽愚钝，然心血凝成，意在显示伏羲、倉頡、許慎等圣人之休命[1]，若有舛误，过在余而不在汉字。

許慎一语道破中国文字之玄机："文字者，经义之本，王政之始。"[2]文字家们说来说去，总无法绕过許公的精辟论断。

許慎以降，解字专家各抒己见，各立己说，往往令读者莫衷一是。20世纪30年代发生过这样一件事：陈独秀在狱中将心思完全转移到研究甲骨文上来，达到如醉如痴的地步。江苏南通一位姓程的老先生也是研究文字的，他慕名前往监狱探视陈独秀。二人一见如故，推心置腹，谈论起来。开始双方都十分谦恭，然而在分析"父"字的时候意见相左，陈独秀说"父"是一个人执手杖指挥着别人。程老先生则认为"父"描写的是一位尊者在火盆前教人炊饭的场面。二人由相见恨晚到怒目相向，最终也未和解，只得不欢而散。出现这种现象不独因解字专家喜欢标新立异，更重要的是汉字特点使然。汉字之一笔一画必有其意，然而其义未必唯一，往往指向模棱，意有两兼。君子正解之，小人曲解之。——其实，这恰恰是汉字之妙处。大千世界，万事万物，皆有正反两面，悲观者观之则

---

[1] 休命：善美的命令。典出《易经·大有》："君子以遏恶扬善，顺天休命。"
[2] 《説文解字注·序》，引自《汉字的故事》，中国档案出版社2001年版，第55页。

苦，乐观者观之则甘。同理，以科学主义视角观之，汉字是科学之桎梏；以天人合一视角观之，汉字是灵丹妙药，能救人类于倒悬。那些企图以"逻辑理性不足"为由诟病汉字的人们，我劝他们趁早收起这些陈词滥调，钻到二十六个符号中做逻辑游戏好了，汉字属于有血有肉的人，不属于由逻辑制作成的"机器人"。

今人理解汉字，一方面必须尊重文字自身演变历史，另一方面必须以隶书、楷书为主要参考对象，以甲骨文、金文、古文、大篆、小篆为辅助参考对象。还有一个原则高悬在这两条之上，那就是，对某字之训诂，必须符合该字在中国社会实践中的实际情况，不能违背事实。如甲骨文的"王"象斧柄，所以有人以权柄训之。这完全不符合中国历史的实际情况。"王"之真义是参通天、地、人。总之，两千多年来，中国的社会人文、道德信仰、文化艺术都与汉字高度契合，相辅相成，相得益彰。透过汉字可以窥中国社会与中国历史之全豹。不仅如此，在某种意义上，汉字比二十四史更能忠实反映中国古人的喜怒哀乐与思想风貌，更能体现儒家与道家所主张的天人合一，对现在甚嚣尘上的人权、平等、民主、自由等似是而非的概念，汉字都有其独特而深刻的见地，掷地有声，铿锵作响。难怪德国思想家莱布尼兹动情地说："每一个汉字都是一团富有深意的信息，汉字完全可以代替哲学论文，省去哲学论文中那些冗长的论述。"

通过训诂与解字我痛感，学习汉字的过程就是信仰与忏悔的过程，就是学习为人处世的过程，就是进行哲学思辨与反思的过程，甚至就是学习物理学从而了解自然秉性的过程。所不同的是，从汉字中得到的知识是鲜活的、综合的、富有人情味的、具有前瞻性的。有人说《易经》是关于算卦的学问，其实何止《易经》，汉字也有算卦的功能，只不过，汉字与易经一样，算的不是眼前之卦，而是长远之卦。《易经》与汉字早已算出：人类若不尊重天，天早晚会抛弃人类。天是不可欺的，人类早晚要回到敬天的正道上来。

谓予不信，有如皦日。

王文元

农历甲午年仲冬日

于北京社会科学院

哲学所

智慧篇

以"万物之灵长"自诩的人类一向不缺乏智慧，缺乏的是限制滥用智慧的机制。以儒家为代表的文化就是一种限制滥用智慧的机制，而汉字则是这种机制的重要组成部分。

医药

医之正体字为醫。

醫

从匚，从矢，从殳，从酉。匚代表残缺，不完整，指身体有病。矢代表陈述病情。殳（古代一种兵器，有棱无刃，长一丈二尺）代表针灸之针。酉代表酒，转而代表一切治病之药物。从文字构成上分析，所谓醫就是当人有病的时候，向醫生陈述病情，用针灸、药酒等进行醫治。

简化字变为医，虽然失去一些原意，意思总还算未被扭曲，保留了生病找醫生的意思，尽管原意因此而有些残缺不全。

中国在唐代的时候就有了直属朝廷的专门的醫疗机构——太醫署，隶属于太常寺（太常寺是掌管礼乐的最高机构）。太醫署有教职工定员300人，规模相当大。太醫署下辖醫学部与药学部。醫学部下设醫科、针科、按摩科、咒禁科。醫学部教师分为三个级别：醫博士教授、醫助教、醫师辅助。《元典章·礼部五·醫学》有这样的记载：各处官府都得设立学校，任命通晓经书的良醫主持工作，讲授《素问》《难经》以及張仲景《伤寒杂病论》《叔和脉诀》等经典。

宋朝之后，北方尊称醫师为大夫，南方则称醫生为郎中。此俗一直延续至民国初年。

药之正体字为藥。

藥

从艹，从幺（糸），从白，从木。古代，快樂的樂与音樂的樂是一个字，因为中国人认为音樂能通向快樂。古代将音樂称作丝竹之声，其实中国古代最重要的樂器——古琴是桐木制的，所以可以认为丝与木代表音樂；白代表光明与纯洁。白，决定了中国的音樂不是靡靡之音的郑乐，而是健康优美的韶樂。

音樂能不能给人带来愉快，现在已经不再成为疑问。无论是用动物做试验，还是从生理上进行分析，结论都一样：音樂有利于增加人的快感，舒缓的旋律能使心率放缓，激昂的旋律则能使人兴奋，都有利于心理的调节——当然必须是好音樂。

具有代表性的樂之甲骨文象鼓鞞（远古时代的一种鼓），后加调丝弦之器（定音调用之器具），再后加糸。显然，隶变之后的樂更能体现天人合一的精神风格。

古代，樂囊括了五声（宫、商、角、徵、羽）、八音（即古代八种樂器，分别是：金钟、石磬、琴瑟、箫管、笙竽、埙、鼓、柷敔）①。中国古人重视樂，不是因为它有娱樂功能，重要的是樂是中国古人与天沟通之渠道、政治权力之象征、心理调节之机制、强身健体之方法。

将"樂"入"藥"意义非同小可，为奠定中国人的天人合一理念起到重要作用。"藥"的读音通钥匙的"钥"与必要的"要"，意在告诉人们：藥是人体健康的钥匙，是不可或缺的②。然而，中国古代的藥并非什么特殊之物，它不过由两种极其普通的东西组成：一种是以草木为代表的自然中的植物③（后来动物与矿物也入藥），另一种是由人制作的音樂。音樂与草藥是身体健康的两把钥匙——这就是古人对藥的理解，非常高明的理解。这种理解反映了中醫以预防为主与取藥于自然的特点。"艹"（草）是物质的，"樂"是精神的，藥字的组成告诉我们：治病不能单纯依靠物质，必须配合精神疏导，否则只能治标不治本。当下，汉字藥所蕴

---

① 八种乐器亦简称为金、石、丝、竹、匏、土、革、木。
② 汉字"藥"不同于西醫藥理学之药。西醫的藥是治病用的，健康的人不需要它。藥主要是治未病的，为强身健体防患于未然的，所以是人人必备之物。
③ 酒由植物制成，故而也在广义的植物范围之内。

含的这个深奥道理已经逐渐为世界各国人民所接受。奇怪的是，许多中国人仍然对中醫藥理论持怀疑或否定态度，应该说这是西化的恶果。

古谚曰凡藥三分毒，人们往往谈藥色变。藥物中毒导致肝硬化、肾衰竭，甚至导致心脑血管硬化，这已经是醫学界无法回避的事实。在这种情况下，中国古代对藥的理解尤显重要。中醫与西醫的主要区别就是：中醫认为一物降一物，用世间存在之物足以降服世间之疾病。西醫认为，世间已有之物不足以降服疾病，必须通过科学技术合成新物质（人们一般称其为西藥）以降服疾病。所以中藥取自于自然，而自然中的中藥资源如果不竭泽而渔的话是取之不尽的。

理解中醫与西醫的差别不能忽视这样一个事实：在中国人看来音樂也是藥，也能治病。显然，好音樂并没有毒性，服用这服"藥"完全没有害处。——这是中国人对世界的伟大贡献之一，至今仍不失其价值。那些抑郁症患者或有抑郁倾向的人（据说占总人口的30%～40%）不妨放弃对百忧解的迷信，采用音乐疗法，也许事半功倍。

最后，用四句结语概括"醫藥"一词所含义理：樂是人间佳藥，不必四处去淘。处处都有青草，天籁地籁高蹈①。

交通

交通一词除了表示空间上互相通达的意思之外还有情感沟通、交流或者两种对立因素互相作用的意思。"交通"是人类最普遍的一种思想感情活动。"交通"环节出问题，人就会生病，生心理方面的疾病。

交

許慎在《説文解字·交部》说："交，胫也。从大，象交形。"② 胫就是腿。人的两腿是近于平行的，看起来并不相交，古人以胫象交难道是看走眼了？显然不是。古人已经知道，肢干与大脑是交叉的，右肢通向左半脑，左肢通向右半脑。正因为如此，許慎才说"交从大，象交形"。原来，交不仅体现在外（阴阳交合而生万物），也体现在人体内部。这充分

---

① 高蹈：登上更高境界。
② 引自《説文解字注》，浙江古籍出版社2002年版，第494页。

说明，中国人很早就对人体构造有了初步了解。

通

从甬，从辶。許慎将"通"作形声字处理，后人多有诟病，认为"通"明明是会意字（甬的甲骨文象木桶形），怎么許慎将其归入形声字？

許慎没有错。許慎怎能不知道"用"字的源头呢？老子的书他肯定读过。老子说："埏埴以为器，当其无，有器之用。"① 莊子也有类似的表达。说明，器物之用在于空的部分，而不在于实的部分。比如房子，对于房屋使用者来说墙体部分是没有用处的，有用的是中间空的部分。正因为木桶是空的，它的用处就不仅是装水，还能当鼓来敲，声音能传很远（这就是"通"由"辶"与"甬"组成的原因）。許慎取木桶发出的声音来定义这个字的本质特征含蓄而又未失其真，是非常高明的。这叫作听其音而知其义。

"铜"与"通"读音相通令人叫绝。除去金银等昂贵的金属，铜是电的最佳导体。当初为金属铜字定音与形的时候还没有关于电的知识，中国先人却未卜先知，让铜字与通字惺惺相惜，互解互释。——这怎能不让人唏嘘不已。

推而广之，人若能虚心好学，就能做到通学，成语叫作触类旁通。相反，肚子里装满了东西，舍不得清理出去，就很难进步。所以老子说"为学日益，为道日损"。②

人际关系何尝不尔？

满肚子自我，不留足够空间给他人，他人就拒绝与你交往，你一定会成为孤家寡人。所以孔子教导弟子要选择有仁德的地方居住，这是明智的做法，因为有仁德的地方便于互相沟通，不容易产生矛盾。谁愿意生活在不安全、没有秩序的地方呢？

劉熙在《释名》中说："通，洞也。"③ 那么，人呢？人要是虚怀若谷，不也能通吗？不也能将自己的名字传出去而且传得远，传得持久吗？

"通"是中医治病的一个原则，中医认为通则不痛，痛则不通。通也

---

① 引自《諸子集成》第三卷，《道德經·第十三章》，上海书店 1991 年版，第 7 页。
② 引自《諸子集成》第三卷，《道德經·第四十八章》，上海书店 1991 年版，第 29 页。
③ 引自《漢字大字典》第二卷，四川辞书出版社、湖北辞书出版社 1988 年版，第 3845 页。

是治理国家的一个原则，下情上达与上情下达就是为了行政渠道畅通无阻，从而达到政令统一，举国一致。然而，通的方法不是强制与简单的，应该像"交"那样，不同的系统互相交叉、制约。除了中央的系统，还必须有足够大、足够强的地方自治系统，那才能实现真正的统一。

最后，用四句结语概括"交通"一词所含义理：上下相交为泰，上下不交为否；通而万事皆亨，否则万事休矣。

相

相

从木，从目。音通象（像）。木是五行之一，与木对应的脏器是肝脏。目是眼睛，五官之一，也与肝脏对应。肝脏生病会表现在眼睛上，肝病重眼睛会发黄，甚至出现黄疸。古人发现，通过观察眼睛这个外部器官能够洞悉人体内部器官的健康状况。于是中国人用"相"这个字表示两个或者两个以上的事物之间存在的某种内在关联。"相"表达的是极其抽象的意思，显然，用简单的象形方法加以表达效果极佳。

自然万象不是孤立的存在，而是彼此关联，内外呼应，形与理往往互补。汉字巧妙地利用了这个特点，创造了诸如"相"这样蕴藏妙理的字。

相音通象表明相与象（像）具有相同的字义，可以对照加以理解。

相音通想表明，通过想象可以在不同事物之间架起一座桥梁，从而深刻认识事物的本质。在理解汉字方面，想象具有不可替代的作用。

须要注意的是，中国人不仅造了相、象等妙趣横生的字，而且将联想的方法用于文学创作。中国的文学创作有一个一以贯之的原则：中国的一流文学作品很少有写实的，大部分都是通过文字而非故事情节表现美，而且几乎都采取隐晦的表现手法。比如苏轼的《海棠》诗：

> 东风袅袅泛崇光，
> 香雾空朦月转廊。
> 只恐夜深花睡去，
> 故烧高烛照红妆。[①]

[①] 引自《古代诗歌精粹鉴赏辞典》，北京燕山出版社1989年版，第629页。

写的是海棠，全诗却没有海棠二字，而且作者到底想表达什么也颇费斟酌。然而这确实是一首好诗，读后感到美不胜收，让人浮想联翩。——产生如此奇效正是汉字的功劳。

中国人对待自然或祖先也采用创造"相"字的思路，通过某种联系表达敬意。比如，中国人用文言文写颂、诔等，皇帝也用文言文写罪己诏书，这是因为，这样做可以表示虔诚。白话文随时代变化而变，不能存之久远，而文言文是一种一以贯之的文体，我们可以认为，自然神与祖先只读得懂文言文。文言文中的之、乎、者、也等虚词并无实义，然而放到文中起到承上启下的作用，而且能增加文章的韵律感，妙不可言。

最后，用四句结语概括"相"字所含义理：五行对五官，表里有关联，世事何不尔，妙法代代传。

象

象

典型的象形加会意的字，须从形（整体）与音（联系）两个方面加以理解。从形的角度看，象之甲骨文或古文多象野猪——但不是现在的猪，而是古代的剑齿猪——这种猪的牙齿颇似大象的牙齿。聪明的中国人抓住这个特点，赋予"象"字以与剑齿猪相貌上相似的动物——大象的字音。这样就巧妙地把经过对比与联想觉得相似的一些东西表达出来了。一个东西或者一种事物与另外一个东西或者事物相似就被称作象（现代人将这个字改为"像"毫无道理）。

显然，象与相虽然词性不调，却可以互释，这两个字所表达的中心意思是一致的。推广开来，与象发音相同的字也大多有象形或比较的含义，比如香字就是取禾与日表达一种因果关系。日的本义是太阳，这里转义为热量，禾代表粮食，将粮食加热蒸熟，煮熟之后所散发的气味就叫作香。

中国人与西方人看问题的方法迥异，在一定程度上就是因为中国人关注某物（或现象）像（象）什么；西方人关注某物（或现象）是什么。中国是一种模糊的认知方法，而西方则是明确的、斩钉截铁的，丁是丁卯是卯，不容含混。近百年来，中国人的思维方法遭到包括国人在内的许多人的诟病,似乎这是中国人愚昧与落后的原因之所在。① 这种认识错在把政治与学术混为一谈了,政治上处于弱肉强食的丛林法则的逼迫,不得不用理性武装自己,让自己强大起来。学术上则完全是另外一回事,真正的学术解决的是人类如何尽量少些兽性,多些人性,少些恶,多些善的问题,而非研究怎样做才能更多更狠地压榨同类的问题。

从学术的视角看,中国人的模糊认知方式更接近于自然与宇宙的本来样子,因此中国人的思维方式更接近于道,而西方人的认知方式只能促使他们离道越来越远。原因很简单,道这个东西:

惟恍惟惚,惚兮恍兮,其中有象;恍兮惚兮,其中有物;窈兮冥兮,其中有精;其精甚真,其中有信。②

离开象的方法认知象无异于缘木求鱼。现实可以验证我的这个结论,西方人经营科学数百年,结果如何呢?地球被弄得满目疮痍,空气与水源被弄得污浊不堪,人类的生活难以为继,守着科学技术产品——电视、计算机等——却吃着化学食物、喝着被工业污染的水。我不能不斩钉截铁地说:西方的理性主义是葬送人类的毒药!

最后,用四句结语概括"象"字所含义理:野猪牙利,象牙硕长;两物相似,称之为象。

聪明

聪之正体字为聰。

聰
从耳,从囱,从心。囱,读窗,窗之古文。耳朵打开窗户,用心听天籁之音、地籁之音、人籁之音,畅通无阻地与自然界沟通,这时人就处于耳聪的状态。耳朵是人的重要感觉器官,在古人看来,其重要性甚至在眼

---

① 以胡适、鲁迅为代表的近代文人写了大量吹捧逻辑思维,否定具象思维的文章,造成极其恶劣的影响,让国人自认为中国人民性卑劣,进而让一部分国人产生了帝国主义侵略中国是在帮助中国人"进化"的错觉,而且当初日本人也是以此为借口企图灭绝中华民族的。

② 引自《諸子集成》第三卷,《道德經·第二十一章》,上海書店1991年版,第23页。

睛之上①，没有了听力，人与自然的沟通至少减少一半。

现代人认识耳朵的功能稍微有些困难，这是因为在现代社会，充于耳鼓的都是机器发出的声音，在家是空调、冰箱、电风扇、电熨斗、电脑、吹风机、空气加湿器、打印机、电视机发出的噪音，在外则是汽车的轰鸣声与工地震耳欲聋的金属撞击声，遑论房屋装修不时向人的耳朵发起进攻，考验人的意志力！天籁则离我们远去。大城市的人很少听到雷声与昆虫鸣叫。可笑的是，达尔文居然恬不知耻地宣布：人类是不断进化的，完全是塞着耳朵说话！

明

从日，从月。顾名思义，明是眼睛对自然的感知。日月乃是星辰中之大者，而且是发光最强烈者。光的本源是日，月则借助于太阳发光——这些中国古人了如指掌，他们崇拜太阳，爱惜月亮，不遗余力地赞美它们。而且中国古人将耳聪目明的先知先觉称为圣人，听从圣人的教诲。孔子就是圣人的杰出代表。圣人的学说指出这样一个规律：日月明则人间光明，日月晦则人间黑暗。今日世界之危象，征兆便是日月晦暗。大城市的人一年中大约有一半时间见不到星辰的尊容。日月虽大，理性足以毁坏之。然而，还有许多人为理性大唱赞歌，生怕人类灭亡之日来得迟缓。

现在是正义"聪明"这个词汇的时候了。"聪明"不是通过智商体现出来的，"聪明"是一种伟大的思想，这种思想就是：听天籁、地籁之音者聪，制造噪音者蠢；以日月之明为明者明，以工具理性为明者蠢。

汉字与西方字母文字不同，中国人的聪明与西方人的聪明亦不同。中国人的聪明主要表现为与对立面共生并努力让积极的因素占据主导地位（合二而一）；西方人的聪明则在于消灭对立面（一分为二）。北宋的大将曹彬就是东方智者的杰出代表。公元974年，赵匡胤出兵攻打南唐，令曹彬挂帅。曹彬在接受任务的时候提出一个条件——命赵匡胤的随身太监田钦为副监军。这令监军潘美十分不满，因为他知道田钦是个专门拨弄是非的小人。潘美指责曹彬鲁莽，曹彬解释说："田钦是小人我岂能不知，正因为如此我要带上他出征，这样，他就没有机会在皇上面前搬弄是非了。他是副监军，就算他花尽心思捣乱，也成不了太大气候。"潘美这才恍然

---

① 中国古代有很多盲人音乐家与盲人郎中，但耳聋的人很难有所作为。

大悟。后来的事实证明了曹彬的英明，田钦果然老老实实，没有敢兴风作浪。

聪明不仅表现在人际关系上，还体现在天人关系上。人类应该与自然共生，绝对不能竭泽而渔。有一个成语叫作"聪明反被聪明误"，用于现代人再恰当不过。科学主义者把征服大自然当作伟大事业，自以为聪明，殊不知，自然虽然无言，但天道是最公道的，那些以欺负大自然为快事的凶徒必然得到天的惩罚，最终死无葬身之地！

最后，用四句结语概括"聪明"一词所含义理：耳是天之儿，听天之命令；明是光之名①，人道赖以行。

灾祸

灾之正体字为災。

災
災从巛，从火。巛是河川，災就是水患与火患。

董仲舒说人与天之间会发生感应。即使是自然灾害，也是因为人得罪了天，灾害乃是天对人的恶行做出的反应。王充说：

> 人君失政，天为异；不改，災其人民；不改，乃災其身也。先异后災，先教后诛之义也。②

王充说得绝妙，完全能被现实证明：当今气候异常、地震频发、飓风海啸接踵而来……这一切都是自然发出的异常信号。这是先礼后兵，不改，天将下达诛杀令，那时天会说："莫谓言之不预也。"

祸之正体字为禍。

禍
从礻，从咼（略之留咼）。义通災。許慎《說文解字·示部》："禍，

---

① 亚伯拉罕的《光明之书》将光视为万物之源，构成卡巴拉之核心思想。
② 引自《諸子集成》第七卷，《論衡·譴告》，上海書店1991年版，第145页。

害也，神不福也。从示，咼声。"①

为什么許慎说"神不福"？因为人有咼（過）！人有過，天就停止或部分停止向人类供给福祉，人类便大祸临头。这个字正是中国天人合一思想的文字上的依据。人类中心主义者认为，世界上只有人类有自觉性，可以按照自己的意志行事，有能动性，能够改变生存状况。天是客体，完全不具有思维能力，更不能自觉地发出信号或者改变世界的状况。这种认识在西方思想史上一直占据主导地位，至今不可动摇。《圣经》就是其理论支柱。中国人与西方人的认识恰恰相反，中国人认为天是一个绝妙的能够自为而且具有极强是非判断能力的意志主体，它铁面无私，不接受贿赂，也不惧怕暴力，与它作对，它并不立即回应，总是最大限度地给犯罪者以提示，只要悔改，既往不咎。这样可爱与慈悲的天，我们还忍心欺辱它，糟蹋它吗？

司馬遷说，祸固多藏于隐微而发于人所忽者。微言大义不可不听也。现在，已经出现许许多多藏于隐微的祸——甚至包括人类有可能在不久的将来整体毁灭——忽视这些祸的前兆意味着自取灭亡！

当然，也非完全无解。荀子说：

> 財非其類以養其類，夫是之謂天養。順其類者謂之福，逆之類者謂之禍。夫是之謂天政。②

天养人，人却逆天而行，必致祸。

最后，用四句结语概括"灾祸"一词所含义理：火灾水灾，小灾小祸；天塌地陷，人类怎活？

卑鄙

卑鄙是古汉语词汇，同时也是现代汉语词汇。

---

① 引自《説文解字注》，浙江古籍出版社 2002 年版，第 8 页。
② 引自《諸子集成》第二卷，《荀子·天論篇》，上海書店 1991 年版，第 206 页。

卑

从甲，从十。古文的卑是手提酒具之象形，表示地位卑贱或表示做苦差。有时用这个字表示君子的品德，如《周易·谦》："谦谦君子，卑以自牧也。"①

与"卑"音相通的字中特别值得注意的是被、北、背三个字。

被有被动之意，与其对应的是主动。按照《易经》的原理，乾（阳）是主动的，坤（阴）则是被动的。乾为男，坤为女，也就是说男人是主动一方，女人是被动一方，"夫唱妇随"合乎天道。

北是方位词，与北对应的是南。中国古人以南为始（尊），北为末（卑），所以皇帝要坐北朝南。南与男谐音，北与卑谐音，也符合男尊女卑的思想。

背的反面是正，正面属于阳，背面属于阴，从这个角度看也是男尊女卑。

男尊女卑绝对不是对女人的侮辱与小视，而是自然界体现出来的一种原貌，自然永远是对的，无须论证，中国人奉行男尊女卑不过是遵照自然的意志行事罢了。

鄙

从口，从十，从回，从阝。对鄙的理解历来纷争不断。許慎《説文解字·邑部》："鄙，五酇为鄙。从邑，啚声。"②

根据《周礼·地官·遂人》的记载：五家为邻，五邻为里，四里为酇，五酇为鄙。算下来鄙管辖五百户。商承祚认为"鄙从邑"为"后所增"。不管怎样，鄙这个字最初确实表示邑，而且多指小邑。《释名·释州国》："鄙，否也，小邑不能远通也。"③ 于是由鄙派生出一系列与"小""闭塞"等相通的意思，如狭、庸俗、鄙吝、蔽固，俚俗、轻视、恶……有时还用于自谦。

卑表示低，与高对应；鄙表示小，与大对应。卑与鄙组合成卑鄙，用

---

① 引自《易經通解》，中国致公出版社2010年版，第289页。
② 引自《説文解字注》，浙江古籍出版社2002年版，第284页。
③ 引自《漢語大字典》第六卷，四川辞书出版社、湖北辞书出版社1988年版，第3792页。

来表示卑贱、鄙陋或表示语言或行为恶劣。有一点须注意,即使是卑鄙也可以用于自谦,如諸葛亮《出師表》:"先帝不以臣卑鄙,猥自枉屈,三顾臣于草庐之中。"①

中国古人很重视自谦,形成自谦的套语,用于书信交往与较正式的社交场合。今人不解,往往以为那是虚伪,这实是对自谦的误读。自谦不仅反映人的道德修养,更重要的是自谦乃是一种思维训练,习惯成自然,无形中会收敛自我意识,这对于处理天人关系与人际关系均大有裨益。实际上,在大自然面前人类确实是卑鄙的,不清醒认识这个现实就不能摆正人类与自然的关系。

最后,用四句结语概括"卑鄙"一词所含义理:自然善良,人类卑鄙,君子善良,小人卑鄙。

亩

亩之正体字为畒。

畒

从亩,从久。可以望文生义:亩者,玄(亠为玄之略,代表天)下之田也;久者,久耕而不薄也。亩的读音与母相通,是说田犹人类之母,养育人类。

畒之异体字甚多,如畝、畮、畆、畞等。这些字都表明:(一)田畒是人类的母亲,是母乳出产之处;(二)田畒是要长久使用的,故而要保持土壤肥力,绝对不能贪图一时之利而破坏其肥力②;(三)田畒在天之下,必须"人法地,地法天";(四)田字是将大口分成四个小口,透露出这样的信息:畒属于私人重要的生活资料,不能由国家垄断,更不能任意剥夺。

田畒是中国古人的命根,向有一畒三分地之说。这个说法来自于古代的三年守孝。官员三年守孝期间须要搭建一个庐棚,住在墓地,吃在墓地,为了从土地上获取生活资料,国家给守孝者一畒三分地,免赋税。守

---

① 諸葛亮:《出師表》,引自《古文观止》中,京华出版社2002年版,第457页。
② 古代从法律上规定的轮耕、休耕制度就是保护土壤的措施。

孝结束之后，国家并不收回这一亩三分地，所以中国人就用一亩三分地来形容生活的基本保证。

亩的造字者可谓用心良苦，一个不起眼的文字却表达出令人吃惊的重要信息——土地是生命之源，是人的广义上的母亲，人类要永久地爱护土地。从粮食、蔬菜等基本生活资料的供给角度看，一亩地基本上可以养活一个人，因此每一个人都有生身母亲之外的养育之母——田亩。土地以亩（母）为单位，意在时刻提醒耕种者与司牧者：必须以农为本，永不背叛。所以，中国自古以来就确立了士、农、工、商的排位，从没有更改过。古代，士指谓：（一）学习道艺者或习文习武者；（二）做官者。之所以士在农之上是因为他们是农的保护者，而且他们保护土地的义务更重于一般农民。

亩的读音与墓相通意味深长：人类不仅活着的时候要依靠它，就是死后也要归于田亩（墓）。人与田亩生死相依，一刻也不能分离。

然而，今天人类依仗工具理性大搞科学技术，大搞所谓城市化，"开发"成为最时髦的词汇。人类因此而获得黄灿灿的金子、白花花的银子、宽敞的住房、时尚的家用电器，获得用于炫富的高尔夫球场、用于刺激感官的各式各样的运动场馆以及用于为更奢侈更享受而建的核电站……人类近乎疯狂地掠夺田亩，肆意改变土地用途，人口越来越多，可耕之地却越来越少。为了满足吃饭问题，又搞起转基因，背叛自然，企图实现食物的自我供给。这一切罪恶活动的结果只有一个，就是灭亡。请问：人人都在欺凌母亲，都用母亲的身体换取金钱，这样不道德的物种哪还有生活在自然中的权利？正是在这个意义上，我一再说，中国文化传统的沦丧之日就是人类整体走向衰败甚至走向死亡之时。

最后，用四句结语概括"亩"字所含义理：亩是人之母，可敬不可辱；若对亩不敬，做鬼难入土。

有无

有

从又（手），从月（肉）。"有"表示手中有肉。之所以用肉表示有，是因为古人造这个字的时候狩猎是其获取生活资料的主要手段。进入农耕社会之后，变为以粮食为有的主要指标，并无本质变化，故"有"的字形没有发生改变。孔子收学费不收现金,而是收干肉或腊肉。收腊肉与收钱的差别很大。肉是具体的生活用品,收多了没有用,够吃就好。收钱则多多益善。所以孔子收实物学费等于是一种表态:决不将教育当成敛财工具。

"有"给予中国人许多有益启示:

(一)就物质财富而言,人类最有用的东西不是钱,不是金银财宝,而是食品,因为食品是生命最基本的保证,也是人最基本的需求。

(二)"有"是一个相对性很强的概念,今天有肉,明天将肉吃掉就不再拥有。要想常有,必须常得,要想常得,必须劳动,要想劳动得到保证,必须有一个良好的自然生态。

(三)有读音与又相通,从字理上阐释了有是一个不断变化的过程,不是永久性的状态。

(四)有的读音通友,有朋友是一种真正的拥有——赋予了"有"以积极的社会意义。

古代,无与無各有其义,不是俗体字与正体字的关系。

無

从舞,从灬(火)。無的许多甲骨文象一个劈开腿、伸出手的人。古代,先有舞蹈的舞,而后才有無字。显然,古人通过舞蹈的肢体运动来表达对無的理解,这种理解至少包括:

(一)無似舞,不过"舛"(两腿交错)换成了灬(灬代表火,按照五行理论,火与心对应),心中想舞蹈而没有实际参与跳舞。

(二)無的许多甲骨文象一个两手空空的人,古人把这种两手空空的情形称之为無。

(三)形体舞蹈是动态的,心中想的舞蹈是空泛的观念,不具有现实的动感,中国人把停留在观念上而没有实现的东西称作無。

(四)古代舞蹈多为集体行为,这一点通过舞的上半部分字形可以体会出来,没有"舛",就没有舞者,这是将想象出来而实际不存在的事物称作無。

有与無是一对重要的哲学范畴。儒家重有(有德,有义,有仁爱之心),道家重無(無为而治),释家超脱于有無,追求涅槃境界。儒学是中国学术之主流，所以总的来说中国人是乐生的、贵有的，是积极入世的。生命是短暂的，事功是相对的，但名检是永恒的，善与美是无价的。在绝对的"無"中寻求相对的"有"——这就是国学艰巨而又光荣的任务。

最后，用四句结语概括"有無"一词所含义理：持肉为有，空想为無；無能生有，有能变無。

荒

荒

从艹，从亡，从川。草枯萎，河断流，是为荒。荒是人类之死敌，因为草（植物）与河川（水）是人类赖以生存的重要生活资料，一日不可缺少。荒与黄（黄的意思是事情落空）谐音，表明生活之荒淫，田亩之荒顿，显示出一派由生而荒，由荒而黄的景象。① 中国人称中间色为黄，又赋予黄以"事情落空"之含义，完全是为了自我警示：荒则必亡。正如韩愈所说："业精于勤荒于嬉，行成于思毁于随。"由荒而演绎出说谎的谎。谎从言，从荒。言及荒外（八荒之外的地方为"荒外"），信口雌黄，这表明在说谎。常说谎会使心灵荒芜，如果国家或军队的要员说谎，后果就更加严重。1840年英国舰船入侵中国，两艘舰船驶入沈家门港口，清军将领手足无措，在极端慌乱的情况下做出错误判断："夷船被风吹来，常有之事，无足惊讶。"待发现船只越来越多，便进一步判断："广州禁烟，夷船被迫来此，此处将成贸易大码头，我等奖棒了。"清军就在这样不冷静的判断中吃了败仗，丧权辱国。1859年，法国钦差回国之后曾邮寄给清政府一台发报机作为礼物，然而恭亲王奕䜣却以"无用"为由，将发报机原封不动地退还。1863年，英法公使建议清朝政府引进电报，清朝通商大臣崇厚认为电报这个东西"于中国毫无益处，而贻害于无穷"，致使中国在通信技术方面失去一次与西方拉平的绝好机会……凡此种种，都是清政府的惊慌与愚昧造成的。

说谎者必然先快活而后慌张。慌从忄，从荒。人不愿意看到荒的结

---

① 《孟子·梁惠王下》："从兽无厌谓之荒，乐酒无厌谓之亡。先王无流连之乐，荒亡之行。"

果，因为荒则必慌。小荒导致小慌，大荒导致大慌。荒而不慌者表明已经不正常到坐以待毙的程度，不可救药。现在的人类已经接近这种状态，吃转基因主粮，住充满有毒气体的房屋，喝被污染的水，却一点也不慌，人类已经麻木了。

令人费解的是，自工业革命以降，西方歪曲荒的本义，森林茂密动物群集称之为荒，郁郁葱葱一望无际的草原称之为荒，水地霞天一碧万顷的湖泊称之为荒，苍颜秀壁紫翠如沐的群山称之为荒，古朴厚重的古都民居称之为荒，湿地称为荒……必让这些"荒"展示出现代化"繁荣"而后快……开发大军所到之处，水泥森林拔地而起，化学工业遍地开花，核电站①成为摇钱树，小汽车②成为人人争购的宠儿，高尔夫球场③成为权贵们富有的标志，就连圣洁的雪山也成为探险家的乐园④……

现代化哪里是治荒运动，分明是造荒运动——用化肥、农药、拖拉机⑤荒废耕地，用添加剂荒废人的胃肠环境，用汽车尾气与锅炉排放的烟尘荒废大气，用水泥森林荒废都市，用互联网与现代化通信荒废人的心灵⑥……

经过一二百年的折腾，自然荒芜了，地球荒芜了，人心也荒芜了。显然，科学主义者、消费主义者、理性主义者都在撒谎，用谎言编织现代化的神话。然而，谎言终究会被揭穿，谎言被揭穿之后，撒谎者必然惶惶不可终日，那时后悔晚矣。

最后，用四句结语概括"荒"字所含义理：草枯水断为荒，开发造福是谎；说谎不免心慌，一切美梦皆黄。

---

① 每一个核电站的潜在威胁相当于500颗1945年美国投向广岛的原子弹——"小男孩"。
② 日本人称都市马路上的小汽车为"活动的棺材"。
③ 高尔夫球场要靠化学农药维持草坪的生长，对环境破坏极大，是绿色环境之天敌。
④ 有人以驾驶摩托车穿越某某雪山为荣。
⑤ 使用农业机械深耕土地会对土壤结构产生严重破坏。
⑥ 现代化通信造成信息过剩，对人类的心灵与情感造成破坏。

物理篇

物有物理，人有人义。义者谊也，人对物不讲情谊，物就不给人好颜色看。物虽无语，人类窥测物理以取其利是不义的，若是执意为之物极必反。

物理

数千年来，"物"与"理"的字形几乎没发生什么变化，这种情况并不多见。

物

从牛，从勿。許慎《説文解字·牛部》："物，万物也。牛为大物，天地之数，起于牵牛，故从牛，勿声。"① 荀子说："物也者，大共名也。"② 从逻辑上对"物"字做了准确定性。

物的最初字义是杂色牛，后引申为杂色，后又以牛代物，表示万物。《易·乾》："物相杂，故曰文。"③ 说的是中国的人文教化起源于杂色、杂（诸）物相交。实际上，驳杂正是物的本质，西方人亦作如是观。

以牛代物是因为中国古人祭祀中的牺牲以牛为最大、最庄重，为保护牛的种群数量，只在极其重要的祭祀中才以牛作牺牲。在农耕社会，保护牛是中国一贯的国策，历朝均有禁食牛肉的法律，最严苛的时候，对违法食牛肉的人可以处以死刑。在某种意义上，"牛权"大于人权。这样做没

---

① 引自《説文解字注》，浙江古籍出版社2002年版，第53页。
② 引自《諸子集成》第二卷，《荀子·正名篇》，上海書店1991年版，第278页。
③ 引自《易經通解·系辞下》，中国致公出版社2010年版，第326页。

有什么可诟病的,"牛"字本身就是"十"与"人"的组合,在农事中一牛顶十人,牛关乎农人之生活甚至生命,说到底保护牛的同时也保护了农人的利益。

"物"字中含有"勿",原因是:

(一)勿表示形声,物读勿;

(二)"勿"的原意是"勤恳",造字者用"勿"概括了牛之特性;

(三)"勿"的读音通吾,表示牛与"吾"(人类)利益是一体的,杀牛即杀人,爱牛即爱人;

(四)"勿"之读音与五相通,五的字形结构充分体现出"物相杂"的规律:一横一竖,再一横一竖,形成交互状。

综上,"牛"旁反映的是物之外观,"勿"则解释了物之内涵。

理

从王,从里。王表示玉,里表示内。理表示玉藏在石头的里面。理之本义为治玉。《广雅·释诂三》:"理,治也。"[①] 由于玉藏于石,要想得到玉,必须剖开石料,剖石料取玉的过程就是"治玉"。中国人发现要认识自然之理,与治玉一样,须要剖开假相,剥开假相"理"就会显露出来。所以,理转义为道理之理。世间之道理同样须要治,用儒家的话来说就是"学而时习之",就是"入太庙每事问",就是"格物致理",就是"为道日损"……

《易经·系辞上》:"易简而天下之理得矣。"[②] 这话听起来有些自慢,其实并不过分。天下之理在《易经》,而不在西方科学教科书,因为西方的科学之理,是对自然之理的歪曲,是自以为是的理,认知理的目的是得利。中国人求理为的是得到自然之理。

中国人在先秦两汉时多言道而不言理,魏晋王弼开讲理之先河。他说,万物没有不讲理的,正是理,将纷杂的事物统一起来。郭象说得更直白些:物无不理,但当顺之。宋代大儒朱熹就更了不起了,他认识到:

[①] 引自《漢語大字典》第二卷,四川辞书出版社、湖北辞书出版社1988年版,第1115页。

[②] 引自《易經通解·系辞上》,中国致公出版社2010年版,第301页。

未有天地之先，毕竟也只是理。有此理，便有此天地；若无此理，便亦无天地，无人无物。①

朱熹的这段话比西方所有的思想家的论断都更接近实际情况。②

最后，用四句结语概括"物理"一词所含义理：治玉必先去欲，求理须除心污；心如镜般明亮，物理自会显出。

微小

微

从彳，从散。許慎《說文解字·彳部》："微，隐行也。从彳，散声。"③ 許慎之解令人绝倒！中国古人何以能用"微"表示"若有若无""若隐若现"的概念④？这可是西方人在近百年才完成的事情。现代物理学发现了测不准定理，这个定理告诉我们：物质的最基本的组成部分——基本粒子就如許慎所说是"隐行"的，无论使用怎样先进的仪器设备都捕捉不到其踪迹。中国人在数千年前就知道世界有隐性的微小的物质存在，而且还建立了"微"的重量单位：

一微 = 一百万分之一两

当然，作为重量单位，微只有理论上的意义。然而，当微转义为"精妙"与"深奥"之后便有了很大的人文价值，经常出现在哲学或文学著作中。在物理学中，微小到基本粒子就不能研究下去，而在中国，"微"广泛运用于哲学或文学领域。

"微"与"危"发音相同是有道理的：微小的物质对人类具有潜在的危害，有些人类已经确认，更多的尚未确认，不能不保持高度警惕。兹举例说明之：

---

① 引自《汉语大字典》第二卷，四川辞书出版社、湖北辞书出版社 1988 年版，第 1116 页。

② 实际情况正是先有"无"，然后才发生宇宙大爆炸，宇宙大爆炸促成物质的形成。

③ 引自《说文解字注》，浙江古籍出版社 2002 年版，第 76 页。

④ 比如，荀子说"未可谓微也"，与现代物理学家对微小的基本粒子的描述几乎一模一样。《玉篇·彳部》则说"微，不明也"，与现代物理学家所说"基本粒子测不准"的话几乎没有区别。而中医对"微脉"的描述同样令人叫绝："微脉极细而软，或欲绝，若有若无。"（《脉经·脉形状指下秘诀》）简直就是测不准定理的中医版。

有害的微生物细菌能够吞噬人的生命；

空气中飘浮的直径在 2.5 微毫以下的灰尘被人类吸入身体会导致肺癌；

微小的原子互相撞击会产生足以毁灭人类的爆炸力；

小小的基因经过技术处理变为转基因，能够让人类断子绝孙……

小

从丨，从丿，从丶。許慎《說文解字·八部》："小，物之微也。从八丨，见而八分之。"① 小与少本为一个字，后分作两字。最初的"小"是三粒微尘，与微的"隐行"之意相得益彰，清晰地表达出中国古人对微观世界的认知。不知道是巧合还是有意为之，以"丨"分两个微粒完全符合现代物理学所揭示的物质微观结构，无论怎样分割物质的粒子，粒子都是由两个部分组成，即使看不见摸不着的基本粒子也被"丨"剖分为动量与位置两部分。希格斯粒子的发现可以说是对"小"的最好诠释，一切物质都只有在两种不同性质的粒子结合在一起的时候方显示其物质性。——小小的一个汉字竟然包蕴着天大的道理。

"小"的概念被应用于社会生活中同样熠熠发光。《尚书·仲虺之诰》："好问则裕，自用则小。"孔传："问责有得，所以足；不问专固，所以小。"② "小"之活用何其生动与深刻！"勿以善小而不为，勿以恶小而为之"是对"小"字内涵的最好活用。

微中见显，小中见大，微小的征兆预示即将有大事情爆发，微小的进步预示着有更大的进步。

最后，用四句结语概括"微小"一词所含义理：危藏于微，不止则危；孝蕴于小，小中见孝。

器局

器

从口，从犬。《說文解字·品部》："器，皿也。象器之口。犬所以守

---

① 引自《說文解字注》，浙江古籍出版社 2002 年版，第 48 页。
② 引自《漢語大字典》第一卷，四川辞书出版社、湖北辞书出版社 1988 年版，第 560 页。

之。"实用器皿往往装有生活用品,有一定价值,须要看守,价值并不算大,因此以犬守之足矣。

器字是一个载褒载贬的汉字,是褒是贬,取决于场合。当把"器"视为一种表达形式时,它表达的是褒义。《礼记·礼运》:"礼义以为器,故行事有考也。"① 礼义是可以载于形式或程式之中的,正如油、盐、酱、醋可以放置器皿中。正是在这个意义上王夫之说:"无其器则无其道。"

"器"在物的层面表达"用"的含义,制造器物需要高超的技艺,西方以"瓷器"称呼中国,是因为西方文明重视物层面的器(包括工业革命之后的机器之器),他们认为瓷器最能代表中国。殊不知这是对中国文化的极大的小视,是对中国人认知水平与行为能力的严重低估。在中国人看来,君子不器(君子不像器皿一样只有一种技能或用途)。西方的科学——包括物理学、化学、生物学、天文学等都是器物层面的文明,由此产生的所谓社会进步是行走在单行线——物质主义——上的,既不利于人类的身体健康,也不利于人类的精神健康。器物的进步与道德的退化是同步的。中国人选择道德优先的方针,西方则选择了物质优先的方针。孰是孰非,历史自有公论。

"器"之贬义滥觞于"君子不器"。广而言之,人类的目的不是单一的,不是只追求物质满足的,人类需要有比物质层面更高的追求,总停留在器物层面上,人类就不会有真正的进步。

"器"在非物质层面暗含"奇(异)""期(待)""契(机)""欺(凌)""(放)弃""(哭)泣"等意思,形成以下链条:

器物之发明制造导致好奇②,好奇心鼓动人们的期待,文明发展往往以机器的发明为契(机),为了让机器更多地生产财富就要开发自然,欺负自然,器物创新永无止境,故而旧的会被抛弃③,人类的奢侈得罪自然,自然降下灾祸,那时人类就只剩下哭泣了。

以上的链条揭示了这样一个道理:人类热衷于器物文明,最终的结果一定是"哭泣"而不是欢笑。

包含四个口的汉字多为贬义,如嚚、嚣等,这一现象绝非偶然,蕴含

---

① 引自《礼记》,岳麓书社2002年版,第308页。
② 正如晋朝木华在《海赋》中所说:"且其为器也,包乾之奥,括坤之区。"
③ 《尚书·盘庚》:"人惟求旧,器非求旧,惟新。"

着造字者的良苦用心。

局

从尸，从司。許慎《說文解字》："局，促也。从口在尺下。"① 任何人的口也不会超过一尺，古人以此表示"局限""局促"。小篆的"局"由尺与口组成。隶变之后变为现在的"局"。隶变之后的"局"的构成也是有道理可讲的：可由"丁"与"口"组成。"丁"由"尺"字的那一捺而来，把口近乎包裹住了，从而加强了局促感。所以，这个字也变得更生动了。

"器局"是古汉语汇，才识和气度的意思。关于器局，有这样一个参考故事，对于理解这样两个汉字有些裨益：

公元28年，盘踞在天水的地方武装首领隗嚣面对两大势力——劉秀与公孫述，不知投奔谁好。于是派馬援为使者，去这两个人那里探听虚实，然后决定去向。馬援先来到成都的公孫述那里，此时他见到的公孫述已经不是发小时的公孫述，而是森严等级笼罩下的帝王公孫述。公孫述倒是不忘旧情，当即封馬援为大司马。馬援推托说还有其他事情要办，接受官爵之后又赶往劉秀处。劉秀的气派大不同，没有经过"安检"，直接见了他。馬援说："您不担心我是刺客吗？"劉秀说："你不是刺客，你是一个说客。"说罢二人相视而笑。馬援在劉秀处住了很久才告辞。馬援回来，对隗嚣叙述了此行的情况。隗听后，唏嘘不已。十二年之后，公孫述兵败身死，劉秀则复兴了汉朝。劉秀因此被史家称为器局不凡的帝王。

梁漱溟十分精辟地解释过"器局"一词："天性上具有多方面的爱好，极广博的兴趣。意识到自己的需要而兼容并包，不免是伪的；天性上喜欢如此，方是自然的。有意兼容并包是可学的，出于性情之自然是不可学的。有意兼容并包，不一定兼容并包得了。惟出于真爱好而后人家乃乐于为他所包容，而后尽管复杂而维持得住——这方是真器局，真度量。"②

最后，用四句结语概括"器局"一词所含义理："器"可贬可褒，"局"可大可小；器局之本义，兼容与并包。

---

① 引自《說文解字注》，浙江古籍出版社2002年版，第62页。
② 梁漱溟：《我的努力与反省》，漓江出版社1987年版，第325页。

光

光

从火，从人。許慎《說文解字·火部》："光，明也。从火在人上，光明意也。"[①] 其古文虽多，大同小异，皆人跪于火下之象形。隶变后的"光"，形、义基本未变，仍是火在人上。

光是中国古人头脑中的核心概念之一，这充分反映在作为群经之首的《易经》中。《易经》以八卦为基础，八卦以阳爻（——）、阴爻（— —）为表达元素。而阳与阴之界定依据就是"光"。向阳者接受光故为阳，背阴者遮蔽光故为阴。阴阳和合而生万物。这一点被老子总结为"道生一，一生二，二生三，三生万物"[②]，在这个生生不息的过程中，光是最关键的要素。正是由于这个缘故，光的某些古文是人跪拜在火之下之象形。不少古文与隶变后的汉字意思有变化甚至迥异，但是"光"的古字与隶变之后的汉字的意思基本不变，说明中国人对光的崇拜与信仰亘古未变。

中国人将日、月、星辰称为三光，而且中国人知道太阳是光明之源，月亮则不发光，人所感觉的月光是太阳光的反射，月亮不过是借花献佛而已。职是之故，将月亮定性为阴，居于太阳之下。在这里，阳是创造者，阴是接受者。中国人将这一理念延及社会人伦领域，提出男尊女卑、夫唱妇随的人际关系指导原则，这是中国古人对人类做出的杰出贡献。在这个方针指导下，数千年来，中国家庭牢牢保持住了琴瑟之和。

中国是世界上最早将"光"与时间联系在一起的民族之一。[③] 所谓光阴似箭、寸金难买寸光阴等就是这种联系的注脚。

"光阴似箭"（有去无回）的观点曾被物理学家爱因斯坦的相对论否定，似乎时间并非不可逆转。然而，时间可逆的观点不久就被证明是错误的。

"寸金难买寸光阴"同样是很有价值的命题。这一命题揭示了这样一种价值观：生命的意义不在于占有身外之物，而在于占有生命自身，将每

---

① 引自《說文解字注》，浙江古籍出版社2002年版，第485页。
② 引自《諸子集成》第三卷，《道德經·四十三章》，上海書店1991年版，第41页。
③ 希伯来人在四千年前就认识到光是世界万物之祖先，亚伯拉罕著有《光明之书》。《光明之书》是犹太远古两大名著之一，另一部《创造之书》成书时间还要早些。

一段光阴都利用好，不让它白白流逝。在这方面孔子堪称表率，他的"逝者如斯夫"至今仍如暮鼓晨钟，萦绕在中国人的耳畔，激励他们积极乐生，努力进取。

谈古难免论今。今天，抑郁症已经成为当今的世纪之病、人类之病。西医认为那是因微量元素代谢异常造成的。我不这样看，抑郁症是因为心理上缺少"光"造成的，当人得不到足够同类的认同，得不到心灵的满足，此时无论物质上如何富足都抵御不了孤独与郁闷的袭击，终究世界的本质是光明，而不是阴暗。

最后，用四句结语概括"光"字所含义理：光在人之上，人跪在地上；接受光沐浴，感恩永不忘。

能

能

能的本义指野兽熊。許慎《説文解字·能部》："能，熊属，足似鹿。"① 熊一般生活于寒带，依靠厚厚的脂肪御寒。寒冷的冬季，熊靠燃烧（灬）脂肪维持体温，摄取动能，维持生命。熊最大特点是能够储存脂肪，它在入冬之前要吃大量的食物，为冬眠提供能量。表示能量、动能的"能"与"熊"具有很大的相同之处。古人发现了熊能储存能量的特点，于是巧妙地用熊这种动物表示"能量"，这个意义的"能"经常用于表示物理量，表示做功的能力。而在表示作为动物的"熊"的时候，下面加了"灬"，于是熊与能就分开了。

按照"能"所蕴含的意义，能量是能够储存与转化的，正是能的储存与转化功能使它能转义为：

（一）技能；

（二）实行；

（三）兼备；

（四）能够；

（五）才能；

（六）善于；

---

① 引自《説文解字注》，浙江古籍出版社2002年版，第479页。

（七）能知与所知①（哲学范畴）；

（八）亲善、和睦。

必须强调，作为表示能量的汉字，"能"之本义，与西方的"energy"含义完全不同。西方人认为 energy 是取之不尽，用之不竭的，而且可以互相转化。汉字能，从其本义看，能（熊）的能量是有限的（无论熊怎样耐饥渴，能量耗尽熊还是会死），而转义为和睦、亲善之后则有持久的亲和力，正如《尚书·舜典》所说：柔远能迩（安抚笼络远近的人）。

最后，用四句结语概括"能"字所含义理：不取不义之能，确保生态安全；竭泽而渔取能，灾难即在眼前。

风

风之正体字为風。

風

从凡（略丶），从丿，从虫。最早的甲骨文以凡（帆）表示風，中国人先有船帆后有对風的认识。这是从表象上认识風，是认识作为自然现象的風的开始。古人先是认识到風能够让船运动，后来进一步认识到風能够让空气流动，这样，風的地位便大大地提升了。

隶变后的"風"取鳳凰之"鳳"的框架，这是借用了远古的民间传说：

> 有鸾鸟自歌，凤鸟自舞。凤鸟首文曰德，翼文曰顺，膺文曰仁，背文曰义，见则天下和。②

这样，中国人赋予風以深刻的人文道德内涵。实际上，中国古人特别是儒家在表达教化传播的意思时经常要使用"風"这个美好的文字。《説文解字·風部》："風，八風③也……風动虫生，故虫八日而化。"

---

① 就像王夫之在《尚书引义》中所说的"所谓能者即用也，所谓所者即体也"。
② 《山海经·海内经》，东北师范大学出版社 2010 年版，第267—268页。
③ 八風：东方曰明庶風，西南曰清明風，南方曰景風，西南曰凉風，西方曰閶闔風，西北曰不周風，北方曰广莫風，东北曰融風。佛学则将八風定义为：一利、二衰、三毁、四誉、五称、六讥、七苦、八乐。八風不能动。

按说大米通風良好是不生虫的，为什么说風能化育虫？

《广雅·释言》给予了精妙的回答："風，气也。"《六书故·动物四》说得更绝："天地八方之气吹嘘鼓动者，命之曰風。"① 古人已经认识到風的物质属性，认识到風是空气流动的产物——这和现代物理学的解释并无二致。比物理学高明之处在于：中国人认为元气是世界之本原、生命之基础。然而静态的气孕育不出生命，气流动起来形成風才能孕育出生命。这是非常了不起的见地，至今仍是对生命起源机理最深刻的解释之一。至于風动虫生，指谓一切生物（而非狭义之虫）皆因空气流动而生，而流动的空气就是風。现代城市经常发生雾霾，第一位原因就是水泥森林挡住風，削弱了空气的流动性，使空气得不到充分交换。

在实际社会生活中，風有三个含义：

（一）自然现象之風；

（二）中医理论之風②；

（三）儒家用作比喻教化传播之風。

《尚书·毕命》："彰善瘅恶，树之風声。"③（"風声"指良好的風气）

《宋书·谢灵运传》："源其彪流所始，莫不同祖風骚。"④（"風骚"指《诗经》《离骚》）

《汉书·叙传下》："厥后崩坏，郑卫荒淫，風流民化，湎湎纷纷。"⑤（"風流"指教化流行）

《三国志·蜀书·顾雍传》："举善以教，風化大行。"（"風化"指風尚教化）

《魏书·李孝伯传赞》："赵燕信多奇士。李孝伯風范鉴略，盖亦过人甚远。"⑥（"風范"指風度、规范）

《汉书·霍光传》："初辅幼主，政自己出，天下想闻其風采。"⑦

---

① 引自《漢語大字典》第一卷，四川辞书出版社、湖北辞书出版社1988年版，第4480页。

② 从中医角度看，風是导致疾病产生的重要原因之一，然而中医所说的風是一种特指，不是哲学意义的風。

③ 引自《古代汉语词典》，商务印书馆2003年版，第409页。

④ 同上。

⑤ 同上。

⑥ 同上书，第408页。

⑦ 同上。

（"風采"指風度文采）

王勃《益州绵竹县武都山净慧寺碑》："仁徽可被，合境仰其風猷；威德所加，百城叠其霜彩。"① （"風猷"指品格、道德）

《三国志·魏书·蘇則传评》："蘇則威以平乱，既政事之良，又矫矫刚直，風烈足称。"② （"風烈"指遗風）

……

風的读音与峰相通，表示風化能使道德高尚；

風的读音与奉相通，表示皇帝下诏必须奉天承运，不能以一己之意下诏；

風的读音与蜂相通，表示沾濡教化有如蜜蜂酿蜜，以辛勤换甜蜜；

風的读音与封相通，表示推行教化不能不祭天（"封"是古代帝王筑坛祭天的一种盛典）；

風的读音与凤相通，是因为凤③鸟是吉祥鸟，教化能够导致吉祥。

最后，用四句结语概括"風"字所含义理：教化如風，指出义方④；人文如凤，带来美祥。

形式

形

从开（井），从彡。許慎《説文解字·彡部》："形，象形也。从彡，开声。"⑤ 徐灏注笺："象形者，画成其物也，故从彡。彡者，饰画纹也。引申为形容之称。"⑥ 許慎的"开声"疑原错或讹传。古字"形"的左边有写作"井"的（如魏王基残碑上的形写作"彤"）。显然，井是"形"之声旁，古时"形"读作"井"。

---

① 引自《古代汉语词典》，商务印书馆2003年版，第409页。

② 同上。

③ 許慎在《説文解字·鸟部》中说凤是神鸟，它"鸿前麐后，蛇颈鱼尾，鹳颡鸳思，龙文虎背，燕颔鸡喙，五色备举。出于东方君子之国，翱翔四海之外，过昆仑，饮砥柱，濯羽弱水，莫宿風穴。见则天下大安宁"。

④ 义方：做人之正道。

⑤ 引自《説文解字注》，浙江古籍出版社2002年版，第424页。

⑥ 引自《漢語大字典》第一卷，四川辞书出版社、湖北辞书出版社1988年版，第852页。

《增韵·青韵》的"形,体也"① 已经赋予这个字以哲学、物理学的意义。在中国,体与用等概念是对应的,用现代的话说,体是物之物理属性,用是物之化学属性。将形放置自然,形是象的影子(或画像),正如《易经·系辞上》所说:"在天成象,在地成形,变化见矣。"②

《吕氏春秋·去宥》对形的理解令人折服:"人之老也,形益衰,而智益盛。"③ 中国古人习惯用直观与具象的方法认识世界,所以格外重视形,把本质放在无足轻重的地位。中国古人敬老,其中一个重要原因就是因为老人貌衰而智益的缘故。

式

从工,从弋。许慎《说文解字·工部》:"式,法也。"④

最初,弋是带有绳子的箭之象形,工代表工匠制作的弓。《吕氏春秋·功名》:"善弋者下鸟乎百仞之上,良弓也。"⑤ 箭有绳子,意为可以发射之后将箭收回,以利于做示范。所以"式"表示榜样、模范或法度、规矩。老子所说的"圣人抱一为天下式"⑥ 即指此意。

古代,一般形与式都是单用,很少连在一起使用,这是因为在文言文中,"形"本身就包含"式"的意思。现代汉语有回避单音字的趋势,所以"形式"基本替代了形或式。

在现代汉语中,形式往往与本质对应。如果说西方人重视本质的话,中国人则重视形式。换言之,中国人在描述自然万象时完全根据象的"投影"进行描摹,不会自作主张地"想当然"。西方人则使用逻辑思维在头脑中构筑自然之象,无论如何走样,只要符合逻辑就认为是在"坚持真理"。通过逻辑推理与科学试验得到的结论可能经得起验证,然而不一定符合自然的初衷。自然无言,除了示其象、画其像,我们不可能获得

---

① 引自《汉语大字典》第一卷,四川辞书出版社、湖北辞书出版社1988年版,第852页。
② 引自《易经通解·系辞上》,中国致公出版社2010年版,第300页。
③ 引自《诸子集成》第六卷,《吕氏春秋·去宥》,上海书店1991年版,第194页。
④ 引自《说文解字注》,浙江古籍出版社2002年版,第201页。
⑤ 引自《诸子集成》第六卷,《吕氏春秋·功名》,上海书店1991年版,第21页。
⑥ 引自《说文解字注》,浙江古籍出版社2002年版,第485页。出自《道德经·二十二章》。意思是:客观的道只有一个,人们对道的解释则有很多。圣人坚守本一的道,不胡乱猜度,为天下之人做出榜样。

更接近于自然本意的研究方法。①

最后，用四句结语概括"形式"一词所含义理：下俯地理，仰观天文；人与自然，形影不离。

特殊

特

从牛，从寺。中国古代，自然界中的牛是特殊动物，家庭中的牛是特殊财产，田地中耕地的牛是特殊工具，寺庙中作为牺牲的牛是特殊祭品……总之，牛极其特殊，所以以"牛"为"特"的表意偏旁。

"寺"的读音通"祀"，中国古代的祭祀，只有在最重要的场合才使用牛，普通祭祀禁止以牛为牺牲。中国对牛的保护政策源远流长，没有一个朝代放松过禁食牛肉的法令。② 这是因为农业是中国社会的命脉，而牛是农业生产的根本保证。牛，十人也。作为农事的劳动力，一牛之力顶十人之力，牛是农耕社会基本的生产力，以牛之特殊，即使是人类也不能完全替代（科学主义者一度认为农业机械化提高了农业生产力水平，牛已经没有大用了。事实证明，农业机械化给农业带来巨大灾难，早晚人类会放弃它）。

基于此，中国人用"特"表示不一般、与众不同。

殊

从歹，从朱。最初的"殊"字，左半部分是一支矛刺入头颅的象形。朱（诛）为形声，刺入头颅之象形则表意，故"殊"之本义为诛杀、杀死。诛杀的方式一般是斩首，身首异处。于是转义为断绝、分开等。分开之后就不同了，于是有了不同的意思，这个意思一直延续至今。《易经·系辞下》："天下同归而殊涂。"③ 汉朝王充在《论衡·知识》中说："夫圣犹贤也，人之殊者谓之圣。"孔子就是中国古代"殊者"的代表，其"殊"表现为：

---

① 参阅拙作《人与道》，《亨嘉五论》第一卷，中国档案出版社2007年版，第225页。
② 明清小说中关于吃牛肉的描写完全出于杜撰。
③ 引自《易經通解》，中国致公出版社2010年版，第320页。

（一）孔子在人们以践踏礼乐为快事的时代高举礼乐大旗，为恢复西周的礼乐而奔走呼号。

（二）在诸子纷纷提出新说否定经典的时候，孔子奋然以一己之力，挽狂澜于既倒，整理《尚书》，撰写《系辞》，删改《诗经》，编著《礼经》，创作《春秋》，为华夏留下宝贵文化遗产。当时鲜有认识到孔子所作所为之意义的，然而孔子却乐此不疲。

（三）孔子在贵族支配社会的情况下提出并实行"有教无类"的教育方针，并大胆提出"民可使，由之不可，使知之"，打破了愚民之坚冰。

（四）孔子生活的时代，绝大多数人都以《易》为占卜术，孔子却给《易》注入义理，创作了易大传（十翼）。孔子此举大大超出同时代的圣人，后人也无人能及。

（五）在以靡靡之音为享乐的时代，孔子力排郑乐（靡靡之音），独爱韶乐（雅乐），为后世整肃世风打下基础。

（六）孔子在礼崩乐坏、贵族醉生梦死的时候喊出"天行健，君子以自强不息"的时代强音，其音至今绕梁。

（七）孔子在法家咄咄逼人的形势下坚持宣传周礼，宣传以德治国，以礼治人，为后世的礼治复兴打下坚实基础。

（八）孔子时代的大贤几乎都是辩士，孔子年轻时也一度好辩，然而"六十耳顺"，完全摆脱了口舌之争，以礼（理）服人，成为儒家之范式。

（九）孔子一生清贫，然而始终乐生，进取不已，代表了中国人的根本精神。孔子在世的时候，没有人赞扬孔子，倒是有很多人骂他为丧家之犬（虽然丧家犬的本义带有玩笑口吻，然而有些人骂他却是当真的）。

最后，用四句结语概括"特殊"一词所含义理：耕牛为特，圣人为殊；牛不可杀，贤不可侮。

废

废之正体字为廢。

廢

从广（亦可理解为省略的厂），从發。广通常指数量多、程度深或面积大。發是开发、发展的意思。發是会意字，上半部分表示力量向相反方向伸展，下半部分表示张弓发箭（殳的本义是有棱无刃的兵器，这里借用，表示箭）。許慎《説文解字·广部》："廢，屋頓也。"① 顿指倒塌，最初廢指房屋倒塌。

"廢"告诉我们这样一个信息：开弓没有回头箭，要慎而又慎。发展过度会适得其反，导致开发项目废顿。工程如此，人亦如此。廢的读音与癈相通，癈指长期不愈的病，这种病由"發"（发家、发财、发迹）引起，很难治愈。现代人就患上了这种很难治愈的病，这种病的症状是心理产生偏执，除了金钱什么都不认。

有很多成语或俗语都是对廢这个汉字的阐释，如物极必反、适得其反、物壮则老、乐极生悲、否极泰来、偷鸡不着蚀把米、福祸相依、南辕北辙等。

今天，房子建得过多、土地开发过度、科学技术亢进……"廢"正好可以作为一面警鼓：

城市变为水泥森林，生态失衡，雨雪不降则已，降则成灾，人类生活举步维艰。若干年之后"水泥森林"一定会废顿，将废物置于何处，令人头疼。

科学技术介入本属于自然的农业，来自自然的粮食变为转基因粮食，人类都吃转基因粮食，用不了多少年就会从地球上消失。

生物学研究亢进，克隆技术风靡，人伦道德受到空前的破坏与挑战。

化学工业泛滥，使得化学毒素几乎渗透到一切领域，就连食品与饮料也不能幸免。

通信技术无休止地开发，使得任何一个产品都无法稳定哪怕一年，人类成为百变妖魔。

人类开发出的产品越来越多，越来越花样翻新，同时社会犯罪也越来越多，越来越花样翻新。

人类开发出的药物种类越来越多，同时由于药物作用而发生的疾病种类也越来越多，让人防不胜防。

房子是越来越宽敞，然而房子里的毒气也越来越浓，每一座房子就像一个化学实验室。

……

---

① 引自《説文解字注》，浙江古籍出版社2002年版，第445页。

发展，发展，何时是尽头？

人总是想发展，自然呢？

人类陷入發—廢—發—廢的怪圈，何时才能走出困局？

最后，用四句结语概括"廢"字所含义理：生存高于发展，长远高于眼前；广發转变为廢，适度方保安全。

病

病

从疒，从丙。許慎《説文解字·疒部》："病，疾加也，从疒丙声。"① 古代，身体不适，轻者为疾，重者为病。与疾病有关的字多为疒旁，疒的某些古文似外部带柄之物刺入身体。有病之物既可理解为刀刃（外伤致病），亦可理解为风寒湿热侵入身体，导致疾病。

丙在病中起到两个作用：

（一）形声；

（二）会意。

古人以天干配五行，丙丁在五行中属火，火大则病。即使有外寒侵入也必须有内火配合方导致疾病。内火是病之要因，故以"丙"形声兼表意。

病分两种，一种是身体之病，一种是精神或心理之病。不仅身体之病由火而来，精神或心理疾病亦由火而来。抑郁症往往产生于焦虑心烦，焦虑心烦就是心火造成的。欲望如火，不及时扑灭终成燎"原"（心田）之势，使人失去正常的情感与思维能力。

关于身体之病，古人论述极多，此处不再赘述。

《周礼·天官·疾医》："以五味、五谷、五药养其病。"② 这是古人治病的方法。

五谷：稻、稷、麦、豆、麻（一说为：麻、黍、稷、麦、豆）；

五味：酸、辛、甘、苦、咸；

---

① 引自《説文解字注》，浙江古籍出版社2002年版，第348页。
② 引自《周礼·天官·疾医》，岳麓书社2002年版，第41页。

五药：茯苓、朱砂、雄黄、人参、赤箭。①

中医对病的认识迥异于西医。

西医认为必须使用新创造的药物才能有效地治愈疾病。所谓创造主要是通过化学的手段合成出新的物质。

中医理论认为，世界上存在的自然物质能够降服一切疾病，正所谓"一物降一物"，不必另开炉灶制造新物。新的东西没有经历时间考验，在治病的同时也会致病。这个道理也适用于其他领域，比如农业。中国人认为，人类食用自然恩赐给人类的食物足矣，不必人为创造新的品种，那样做不安全。而西方人热衷于创新，制造出全新的品种。由于没有足够长的时间进行检验，蕴含巨大的潜在危险。

人类看似具有创造力，实际上创造物每给人类带来一利都暗含一弊，只不过人类见利眼开，对弊视而不见罢了。

最后，用四句结语概括"病"字所含义理：欲旺生火，火旺生病；祛病不难，诸事摆平。

---

① 这只是众多说法之一。

宇宙篇

对于人类来说，宇与宙都被局限于"宀"（房子）里，人类不可能真正洞悉宇宙的秘密。人类自以为宇宙飞船上天就征服宇宙了，其实这就好比飓风袭来，树枝上的蚂蚁以为自己撼动了大树！

左右

左与右这两个字充分体现了中国古人的想象力与创造力。

左

从ナ（手），从工。多数钟鼎文的"左"字由左手与工组成。古代，工有三个意思：

（一）工匠；
（二）乐工；
（三）官员①。

许多训诂书作者都认为此处"工"代表工匠，此说不符合事实。中国一向有士、农、工、商的阶级排位，工匠排位居中，与"左"所表达的基本意思（最高）相悖。工读音通公，代表臣工——包括乐工。臣工需要手吗？回答是肯定的。古代上朝的时候，臣的手里都要执一块狭长的板子，用以记事，叫作笏，此制至清代始废。据此，男主外（国事）的意思就表达了出来，用"左"代表男性就说得通了。

古人根据人的右手灵活左手笨拙的特点，赋予右帮助、辅助的意义，使右与佑在意思上相通。《左传》中有"王右伯舆"的句子，意思是大王

---

① 古代称官员为臣工。

帮助伯舆，偏袒伯舆。左与右相反，于是有了相违、反对的意思。孔颖达在注《左传》时说："人有左右，右便，而左不便，故以所助者为右，不助者为左。"①"相左"一词由此而来。

右

从ナ（手），从口（丁为男，口为女）。许多钟鼎文的"右"字由右手与口组成。古代右通佑，有辅佐的意思，口代表女性。实际上，女人确实从事辅助性工作，处于从属的地位。

中国古人通过非科学手段认识到与左手相对应的右半脑承担的功能（具象）远比右手相对应的左半脑（逻辑理性）重要。须知，大多数人是天生右势，左撇子少之又少，因此人类天生就有逻辑思维的倾向。在这种情况下，中国古人确立具象的直觉思维简直算得上一个奇迹。

中国古人的具象思维方式是一种以自然为师、效法自然的态度，而逻辑理性思维方式则是一种自以为是、高居于自然之上以征服自然为最终目的的态度。中国古人认识到后者得利而不能长久，前者守贫却可以长治久安。许多人不加深究就得出"中国人不善于逻辑思维"的结论，他们不知道，不是中国人不善于逻辑思维，而是主动远离逻辑思维，因为靠逻辑思维发自然的财是要付出惨痛代价的，这个代价就是导致地球的供给超出极限，最终造成球毁人亡。

从自然所显示的象看，阳与阴并不平等，二者是从属关系。这就决定了人的左半脑与右半脑也是从属关系，男女也是从属关系，男尊女卑、夫唱妇随等都是按照自然法则办事，并非独出心裁。不这样做反而违反自然规律，最终要受到惩罚。②

中国古人正确，却被现代人否定。现在，人们往往宁愿接受科学家对左撇子的种种曲解，也不肯承认"左右"这两个汉字所揭示的真相。瑞士科学家依尔文博士提出一个十分荒唐的理论：古代左撇子与右撇子人数大致相同，只是因为左撇子的人对植物毒素耐受力弱而导致大量死亡，剩下的多为右撇子，这才造成左撇子是少数（现在只占约 10%）的现实。

---

① 引自《漢語大字典》第一卷，四川辞书出版社、湖北辞书出版社1988年版，第411页。
② 西方的"男女平等""性解放""男女同工同酬"等已经造成世界人口爆炸性增长，造成资源急剧枯竭（工作岗位的增加使然），造成人类素质大幅度滑坡，人类整体失去或部分失去人性，失去人的宝贵品质，几乎堕落成动物。

按照这个理论，左撇子应该是人类中的弱者，然而事实恰恰相反，左撇子的成才率往往比右撇子的人高得多。20世纪80年代，哈佛大学神经生物学家们自称揭开了左撇子的奥妙：左撇子本来也都是右撇子，只不过他们的左右半脑颠倒了位置，给人以左撇子的假象……总之，西方科学家都在极力维护人的左半脑——负责逻辑思维的半脑——的权威，从而维护他们所推崇的科学主义的权威。

最后，用四句结语概括"左右"一词所含义理：左是阳来右是阴，直觉逻辑不容混；男女之差天铸就，强行平等天必嗔。

上下

上

从丨，从一，从-。方位词。上的多数甲骨文与钟鼎文是上短下长的两横，很像数字"二"，后来变为"上"，最后定型为"上"。

上是会意字，表示高于地面的部分为上，然而不能无限高，高到一定程度就不能再高了。这一思想在《易·乾》的爻辞——亢龙有悔中清晰地表达了出来。亢的本义是干燥（绝对的干燥，指没有空气，古人认识到高处没有空气，因此不具备生存的基本条件），龙飞入天，超过限度，便进入干燥区域，龙虽神物，但也无法在干燥的环境中生存。

通过简单的"上"字我们可知，中国人对自然万象以及人与自然环境的关系的认识，并不是单纯寻找"真实"，而是加上人文色彩，善意地限制自己的能力，以达到保护自然的目的。而西方所谓的追求真理精神与中国古人的精神相去十万八千里。西方的所谓追求真理，为的是最大限度地榨取自然中蕴藏的财富，完全不考虑自然的感受。中国人的直觉认知，看似未涉及本质，却最大限度地保护自然，保证了人与自然的共同利益。

"上"是相对的，这种认识影响到方方面面，甚至包括政治。中国的君主高高在上，但绝非没有限度，君主地位再高也在天之下。皇帝可以称自己是天之子，但绝对不能称自己高于天。——这一情形对中国的政治与历史产生着至关重要的影响。

下

从一，从丨，从丶。下的甲骨文与钟鼎文是上长下短（与上相反）

的两横,后来变为"丁",最后定型为"下"。

下是方位词,同样是会意字,表示:人立于地面,头上为上,脚下为"下"。须要注意的是,"下"只包括脚下一部分空间,不涉及地核。地核究竟是怎样的世界,中国古人不去关心,也不想得到答案。因为植物与庄稼的根只扎到数尺深——个别的达到一丈,根的下面是什么,与人无关,却与造物主的安排有关,轻易深掘土地也许会得罪造物主。

下的相对性同样对中国的历史产生了很大影响。即使最下层的人——庶民——也享有一般的权利:礼不下庶人。[①] 中国历史上最下层的生命基本上是有保证的,遇到自然灾害皇帝要派遣钦差大臣赈灾,唐朝京师还设立病坊,收容看不起病的穷人,富人开粥棚济民的情形也屡见不鲜。

有人诟病中国的传统社会是个严格区分上下的等级社会。不错,中国古代社会确实如此,不过,这正是君主制的一大优点。中国的阶级与等级取决于:(一)所从事的职业;(二)科举考试中的成绩——学而优则仕;(三)道德人品——举孝廉;(四)家族——世袭。这些都体现了公平、可行与促进社会向上的进取心。

最后,用四句结语概括"上下"一词所含义理:自然在上人在下,自然下令人谋划;农人在上商在下,模仿天象岂能差?

高低

高

从亠(玄,天),从口,从冋。关于"冂"字,許慎《説文解字·冂部》:

> 冂,邑外谓之郊,郊外谓之野,野外谓之林,林外谓之冂,象远界也。冋,古文冂。从口,象国邑。[②]

[①] 许多人将"礼不下庶人"理解为是对庶人的蔑视。不是的,这句话出自《礼记·曲礼》:"国君抚式,大夫下之,大夫抚式,士下之,礼不下庶人。"意思是,乘车时,国君与大夫相遇,国君手扶车的横木,身体向前微倾,大夫下车示意。大夫与士见面也如此。庶人忙于农务,可以免去繁文缛节。

[②] 引自《説文解字注》,浙江古籍出版社2002年版,第228页。

国邑就是国都，一般来说，古代最高的建筑都在国都，所以"高"中有冋，以为会意。亠（玄）与口表达的是这样的意思：国都之桂殿兰宫再高也不如天高，楼观出云、铎垂云表①都是文学之夸张，不足为信。国都与天孰高？不答自明。当然，中国人是有自知之明的，所以在"亠"（玄，天）之下放了"口"，表示：宫殿中的人，若想与天比试高低只能奏乐或歌唱，让声音袅袅飘上天际。

可以得出公允的结论：中国人造"高"这个字保守了敬天这条底线，没有与天争高下之意。

低

从亻，从氐。古字低通氐，本义为"根本"。根是植物用来吸收土壤营养的，一般情况下根低于地面。低字中的"亻"是后来加上去的。为什么加上"亻"来表示处于下方？这正是关键所在。儒家、道家认为，在三才（天、地、人）中人处于最底部的位置。如果把自然与道也算在内，排位顺序应该为：自然最高，其次道，再次天，地排在天之下，人排在地之下。

古文低与卑同义。虽然有些贬义，但低仍是人类最正确的处世方略，因为地不低江河不能汇于海，人不低自然不能养育人。

"低"字恰如其分地表述了人在地之下的地位。人必须扎根于大地，必须依靠土地的滋养，从这个意义上说，人是天地之根，处于天地的最下方。这与西方对人的定位完全相反，西方认为人（人的代表为上帝）排在最上的位置，其次是天地万物。②用哲学术语表述就是：在中国，自然为主，人为宾；在西方，人为主，自然为宾。既然自然为主，作为宾的人类就不能随意支配命令自然；既然人为主，作为宾的自然当然应该听命于人类。——这就是西方人依靠科学，中国人倚重道德机制的根本原因。

最后，用四句结语概括"高低"一词所含义理：天不言自高，地不言自实；人处于低位，能久安长治。

---

① 铎垂云表：屋檐下的铃铛挂在云间。
② 参阅《圣经·旧约·创世记》。

宇宙

宇

从宀，从于。宇的古文是房屋之象形，"于"无钩。在周朝的时候宇表示屋檐，《诗经·豳风·七月》有"七月在野，八月在宇，九月在户"的诗句，后来也表示房屋。房屋的最重要功能如《易经·系辞下》所说："后世圣人易之以宫室，上栋下宇，以待风雨，盖取诸大壮。"[①]（所以宇与雨发音相通）

荀子大胆地提出"万物同宇而异体"[②]的主张，非常了不起。万物同宇是说，万物与房屋一样：（一）都有其一定的空间尺度；（二）都有窒碍性[③]；（三）都有包容或覆盖性。

现代物理学证明了荀子的设想，宇宙确实有尺度，有空间范围，基本性质上与房屋没有区别。

后人沿用荀子的观点并加以延伸，宇变为中国人眼中的超级大房屋，賈誼《过秦论》有如下精彩的一段话："有席卷天下，包举宇内，囊括四海之意，并吞八荒之心。"宇内指谓天地之间、寰宇之内，那是当时中国人思维所及的最大空间。

宙

从宀，从由。宇宙原本是屋檐与栋梁，转义为天地。《説文解字·宀部》：

> 宙，舟舆所极覆也。从宀，由声。
> 段玉裁注："宙之本义谓栋，一演之为舟舆所极覆，再演之为往古来今。[④]

[①] 引自《易經通解》，中国致公出版社2010年版，第318页。
[②] 引自《諸子集成》第二卷，《荀子》，上海書店1991年版，第113页。
[③] 窒碍性：物理学揭示，任何一个物体都要占据空间，这个物体占据了某空间，其他物体就不能再占据这个空间。
[④] 引自《説文解字注》，浙江古籍出版社2002年版，第342页。

虽然本义大致相通，然而后来"宇"与"宙"是有分工的，宇表示空间，宙表示空间所经由的时间。这种理解发生在千年前或数百年前，令人惊叹。宇宙发展史告诉我们，宇宙空间与宇宙时间确实是一同起源的。宇宙起源之前既没有空间也没有时间，是虚无的世界。①

"宙"的读音与"轴"相通，是为了更易于理解这个字的含义：像转动的车轴那样，宇宙走出它所经由的轨迹。

宇宙起源于房屋，汉字之形一直保留"宀"，这种做法有其深刻的含义：其一，家不是人类开发的对象，更不是征服的对象，家是须要保护的。其二，宇与宙二字中都有"宀"，说明宇宙所包括的时间与空间都装载在"家"中。中国古人的认识与现代物理学家不谋而合。爱因斯坦说，宇宙中是不存在时空的，人类认为存在时空是一种误解。人类利用工具理性制造各种宇宙航行器，向宇宙进发，这是荒谬绝伦的行径，必须悬崖勒马，否则必然自食恶果。

最后，用四句结语概括"宇宙"一词所含义理：宇宙虽大物理通，草芥山川无不同；由生至死皆一律，人与宇宙应相容。

海

海

从氵，从人，从母（古字母与毋通，这里是毋的意思）。"海"字随着朝代变迁而发生字义上的变化。朝代变迁滥觞于殷朝被西周推翻。殷朝的势力从中原向东延伸，与太平洋西岸相接。殷人属于海洋部落，具有海洋民族的基本特质，如懒散、冒险、享乐，坚持性强，不轻易改变等。殷人对海的理解是：海的尽头别有一番天地，那里草木茂盛（"每"字的本义就是草木茂盛），令人向往。

武王伐纣获得胜利，建立起周朝。周朝的部落长期生活在岐山周围，生活模式与殷人大相径庭，他们以农耕与狩猎为主，没有探寻大海秘密的兴趣，更没有向海外扩张的野心。所以，他们对海的理解是：绝对不能冒犯海，不能觊觎大海以及大海尽头所蕴藏的财富。所以，周朝建立之后，

---

① 现代物理学家认为宇宙大致起源于137亿~150亿年前。

实行了严苛的驱赶夷人（殷的旧民）的政策。①"海"的内涵也发生根本性转变——毋出海，毋觊觎大海的财富，否则贻害无穷。

后来，除了秦始皇，所有的君主都忠实于周朝对"海"下的定义，不越雷池一步。春秋战国时期的阴阳家邹衍认为，世界被大海隔开为九块陆地（九州），我们在其中一块上。大海是神圣不可侵犯的，出海探宝或扩张领土是不吉利的事情，必须严禁。可以说邹衍是中国海禁主张之滥觞。长期以来，邹衍得不到公正的评价，被扣上不思进取、顽固保守等帽子，大加挞伐。秦始皇对海洋的征服欲望最为强烈，他多次东巡，以祭天为借口，东向瞭望，久久不去。他心中在构筑一个跨海的大秦帝国蓝图。史书没有记载秦始皇面对大海长久思考的内容，但兵马俑却露出端倪——所有的俑都面向东方大海，无一例外。联系秦始皇焚书坑儒的恶行，他的向海洋攫取财富、以坚船称霸万邦的野心昭然若揭。

一定会有人为秦始皇鸣不平：如若秦始皇的政策能够延续下来则华夏万万不至于有后来的丧权辱国。这种理解过于狭隘，完全没有考虑自然的承受力。自然不允许人类无限度暴殄天物，自然对人类的供给是个定数，只有细水长流才可能长治久安。按照这个思路，若秦始皇的计划得以实现，那么现在称霸世界的就不是美国，而是中国。那么，人类毁灭之前一定会把这样一个信息留在满目疮痍的地球上——毁灭地球者中国也。现在，中国虽然暂时受到世人的歧视或冷漠，但却无愧于天地，无愧于祖先。

此诚足矣！

最后，用四句结语概括"海"字所含义理：大海不可害，害海如害己；人本陆地生，海阔不觊觎。

河

河

从氵，从可（可从丁，从口）。"河"经历了由象形到会意的演变过程。水是生命之源，"可"是男人与女人的组合（丁为男，口为女），水

---

① 殷人逃向何方，至今仍是无从稽考的谜。

对于人须臾不可或缺，是仅次于空气的第二紧要的生活资料。无论哪个地域、哪个部落，哪个国家，有河则和，无河则祸。所以，河是人类的生命线，是哺乳人类的母亲。坚持农耕作业的华夏民族，主要依靠黄河与长江两大河流的哺育，才得以世代繁衍，生生不息。莊子说："河润九里，泽及三族。"① 韓非子说："河涸，蛇将徙。"② 蛇都离不开河，况人类乎？

"河"对于中国人还有物质生活之外的意义。中国的文化发轫于《易经》，《易经》之创作发轫于伏羲的八卦，而伏羲的八卦受启发于"河图"。这样算下来，中国的文化起源于黄河。《周易·系辞上》曰："河出图，洛出书，圣人则之。"③

河与和、合、核、禾、荷、赫、贺紧密相连：无论哪个地域或部落，有河则合，无河则分；有河则能凝聚在一起（核），无河则一团散沙；有河则禾壮民殷，无河则生计艰难；有河则道德如荷（出淤泥而不染），无河则人心不古，人伦无序；有河则沿岸的城市显赫，无河则寂寂无闻；有河则庆贺丰收，从而民俗丰厚，无河则忙于生计，无暇人文建树，致使文化凋敝……河之重要可见一斑。

佛家经典与儒家经典中都经常出现"和合"一词，佛家认为因缘和合而生万物。儒家认为阴阳和合而生万物。河（水）就是实现和合的桥梁或媒介，没有水万事皆休，没有河，水得不到分散与输送，作用会大减。古代，不仅牧民逐水草而生，农民更要逐水草而定居。河，或者广义的水，对于中国人之重要性在大禹治水的历史事件中体现得淋漓尽致，大禹就因为治水有功而被舜指定为继任者④，后来禹之子啓建立了中国第一个朝代——夏。实际上"夏"与河水有着紧密联系，中原属于大陆气候，雨水集中于夏季，夏季的河水水位在一年中最高，而大部分农作物在夏季最需要水。啓以"夏"命朝代名副其实。

古代的士大夫常常以河清比况世道太平，最有名的比喻是張衡的《归田赋》："徒临川以羡鱼，俟河清乎未期。"張衡写《归田赋》时朝纲窳败，仕途凶险，故以"俟河清"抒发切盼对朝纲整肃、政治清明的渴望。

---

① 引自《諸子集成》第五卷，《莊子·列御寇》，上海書店1991年版，第451页。
② 引自《諸子集成》第五卷，《韓非子·说林上》，上海書店1991年版，第128页。
③ 引自《易經通解》，中国致公出版社2010年版，第312页。
④ 禹的父亲鲧因治水不利而被流放，后死于流放地。

最后，用四句结语概括"河"字所含义理：河清海晏，安土重迁①；祭祀河宗②，续我华筵③。

中

中

字形很简单，认真分析则暗藏玄机。至少有如下两种理解：

第一种理解，中字是丨从口中穿过。口代表东、南、西、北四个方向，丨既可以代表方位，亦可以代表时间。代表方位指地域之中心，四面八方是等距的（古代的中原就有这个意思）；代表时间可以理解为，丨被两横分成三部分，分别是过去、现在、未来。现在处于中段，"中"（现在）有承上启下的作用。说明中国人把生命看成一个历史过程，过去、现在、未来是有机之整体，缺一不可。

第二种理解，把口理解为说话的口，从口的中间上下引出一条线，就会产生对称的两部分。口代表说话，说话代表思想。正因为这样，可以认为"中"是一种思想，通常称其为中庸之道。中国古人把"中庸"作为为人处世之准则。孔子说：

中也者，天下之本也；和也者，天下之大道也。致中和，天地位焉，万物育焉。④

司马迁不愧是伟大的史家，他说："自天子王侯，中国言六艺者折中于夫子，可谓至圣矣。"⑤ 中国文化的方方面面几乎都与"中"有联系。在政治领域中演变为忠，形成一个强有力的政治中枢。一般认为忠就是忠君，确实如此。不过，君是帝王，君同时是天子，所以忠君含有忠于天（自然）的意思。此外，表示时间的器具叫作钟，植物繁衍要靠种子，排行在中间的叫作仲，人死了要进入冢（冢者墓也，墓要高出地面，表示

---

① 安土重迁：成语，意思是：习惯乡土的生活，不愿意轻易迁居。
② 河宗：河神。
③ 华筵：原意为盛美的筵席，这里也指华夏民族之筵席。
④ 引自《礼记·中庸》，岳麓书社2002年版，第693—694页。
⑤ 引自《史记·孔子世家》，甘肃民族出版社1997年版，第430页。

在天与地之间），用衷字表示内心感情（衷原本表示贴身内衣，在身体与外衣之间，后转义为内心），用终表示完结或死亡（人死了，立即变成中性的了，人有善恶之分，尸体本身无所谓善，无所谓恶），用重字表示土是构成自然的核心元素（五种元素是木、火、土、金、水。老子说"重为轻根"）……

"中"不仅是华夏民族的国名，也是华夏的思想灵魂，中的精神渗透方方面面，仅以中医为例。正因为中国人尚中和，才以中名其医。中医的核心思想可以表述为：人体的中和状态是健康的根本保证，而阴阳平衡则是中和的集中体现，阴阳失调，必生疾病，致中和则百病不得。至于"中药"之名起初并无"致中和之药"的意思，而是明末西药传入中国，为与西药加以区别才将"百草"改称"中药"。

归纳起来：

（一）古人认为中国处于寰宇之正中，无须觊觎偏僻的邦土；

（二）中国人讲究中庸之道（守正不偏），不喜欢做过分之事；

（三）中国的艺术求中和，不求感官刺激；

（四）华夏民族善始善终（中与终相通）；

（五）华夏民族珍惜时间（中与钟相通）；

（六）华夏民族重视种族的繁衍，为此不惜牺牲眼前利益（中与种相通）；

（七）华夏是重视情感的民族（中与衷相通）；

（八）华夏民族重视死（中与塚相通）；

（九）华夏民族通过忠（中与忠相通）君爱国实现认同；

（十）华夏民族在天道面前中立不倚；

（十一）华夏民族要求做人要中正不偏。

最后，用四句结语概括"中"字所含义理：信奉中庸，故曰中国；中正不颇，国祚永永。

极

古代极与極是两个字，简化字运动将极当作極之简化字，引起一定程度的混乱。

極

从木，从亟。木是建筑物的主心骨，很重要；亟发音通急，表示急迫。古代，"极"与"極"是两个具有承接关系的字。許慎《説文解字·木部》："極，驴上负也，或读若急。"① "极，栋也。从木，亟声。"② 无论是極还是极，都表示一个物体的上沿顶部。引申之义，凡至高至远皆谓之極。栋指正梁，乃是房屋最重要的构件，成语"上梁不正下梁歪"極言栋之重要性。栋出现问题人命关天，当然是最急迫的问题。所以《诗经·豳风·七月》说："亟其乘屋，其始播百谷。"③（意思是赶紧上房子修缮屋顶，然后好安心播种百谷。）

在中国主流文化中，極并不表明事物的常态，也非中国人的最终追求，中国人不认为美好的事物存于極，相反，认为美好与善良往往存在于中，所以才有了所谓的中庸之道。事实雄辩地证明，凡无度地追求極，追求最，追求顶点，最终往往弄巧成拙。

人类现在无止无休地追求所谓的国民生产总值，每年都要刷新去年的高点，创造出新纪录。别说停滞不前，就是创纪录的速度稍微放缓，便惶惶不可终日。这完全是一种病态心理，是急迫的发财致富心理在作祟。《易经》揭示出这样一个极其重要的原理：物極必反、泰極否来。

否卦

―――――
―――――
―――――
―― ――
―― ――
―― ――

乾（阳）高到極点，坤（阴）低到極点，造成阴阳不能交会，形成大凶之卦。

---

① 引自《説文解字注》，浙江古籍出版社 2002 年版，第 352 页。
② 同上书，第 266 页。
③ 引自《诗经·豳风·七月》，岳麓书社 2002 年版，第 139 页。

泰卦

――― ―――
――― ―――
――― ―――
――――――
――――――
――――――

看似阴阳也都处于極的状态，其实那是假象，在这个卦中阴和阳都有巨大的变化空间，因此表示大吉。

最后，用四句结语概括"極"字所含义理：物極必反，中庸平缓；欲求美善，避免極端。

际

际之正体字为際。

際

从阝，从祭。左边的"阝"本形为阜，代表山（自然），祭则是神灵受人飨食之所，算是神居住的地方。際表示人与神之分界线。人是人，神是神——这一点中国与西方大不同。以基督教为例，按照《圣经》的描述，耶和华实际上既是神也是人，有人的外貌、性格与好恶。在中国，西周之前的神超越人的意识主体，西周之后神的内涵逐渐变为：（一）祖先；（二）天或自然之道；（三）观念上的神。总之，中国人心中的神就是养育人类的天地，就是传给我们人文教化的伟大祖先。西方人借助于神向自然索取，中国人借助于神约束自己的贪欲，以保持天人合一的平衡不被打破。

際的本身就是一幅天人之際①的图画。司马迁说："天人之際已交，上下相发允答。圣王之德，兢兢翼翼也。"② 天人之際指天经与人义的融洽关系。人做什么不能只想自己的利益，要考虑天的感受。所以，中国古

---

① 天人之際也可以简称为天人際。
② 《史记·司馬相如列传》，引自《古代汉语词典》，商务印书馆2003年版，第1544页。

人创造了際字，告诫人们：人与天要有一条界线，越界之事不可为。引申到人際关系，就是人与人相处的底线与度，超过了度人際关系就会受到破坏甚至破裂。当然，人際关系破裂还可以愈合，天与人的关系破裂就不好办了。

国際关系是现代常用词汇，甚至许多国家还设有国際关系大学。由于各国的价值观不一定相通，在许多场合，人们违背汉字"際"的初衷，沦落为霸权主义之附庸。按照"際"所揭示的原则，两个国家或共同体无论关系如何亲密，行为都必须在度之内，出界则造成不良后果。许多与際音相通的字也都带有界的意思，例如：

鸡（鸣）是白昼之界；

急（躁）是心理平和与心理焦虑之界；

及（格）是成败之界；

级（别）是地位之界；

机（巧）是恶念与善念之界；

基（础）是土地与建筑之界；

季（节）是气候节气之界；

妓（女）是良妇与淫妇之界；

极（檩）是房屋与空间之界……

在某种意义上，孔子力主名正言顺，就是保持事物的原本样态。试想，如果人们动辄"过界"，人类就失去道德底线，事物就失去客观属性，是非就互相混淆，那样的世界不应该属于人类。

最后，用四句结语概括"際"字所含义理：山是天经，祭是人义；人之首事，定天人際。

边

边之正体字为邊。

邊

从辵，从自，从穴，从方。許慎《説文解字·辵部》："邊，行垂崖也。"王筠句读："《土部》：'垂，远邊也。'《厂部》：'厓，山邊也。'然则邊者，垂厓耳。言行者，为起从辵也。"①

邊的本义就是走至悬崖的邊缘。

儒家与佛家经典都强调"中"②，中庸之道与中道都是相对于"邊"而言的。③ 人类是一种奇怪的生灵，天生就喜欢行垂崖，而不喜欢走坦途。原因至易：坦途安全，然而行之者众，难以十倍百倍获利；险途危险，然而可以获十倍百倍利。

科学理性就是一种险途。我是这样给科学定义的：所谓科学，就是通过违反自然规律从而获利的一种认识论与方法论。科学之真存于邊，人文之美与人文之善则存于"中"。不铤而走险得不到科学发现；同理，不居于"中"得不到美与善。中国人以中庸之道为前进旗帜，就是因为中国人希望长治久安，宁愿放弃一夜暴富的机会，因为一夜暴富绝非正途。

科学是垂悬崖，是走钢丝，是玩火，是与自然规律为敌。

水积于低洼处是自然规律，人为将水蓄于高处，发电卖钱，是典型的通过违反自然规律谋利之行为。

石油是地壳的润滑剂，板块移动时能够减缓应力对地表的破坏——这是自然规律。然而，人们为了获取金钱，将石油抽出，导致地震频发。由于获利者与地震受害者不是一个主体，所以这样愚蠢的行为至今仍在进行。

基因是自然赐予诸生灵保持其类世代延续的法宝，然而有人违反自然规律，随意将某物种基因转移至其他物种基因中，从而达到获利目的。转基因的后果，比迄今所有对它的危害的估计都严重。

人与细菌共生共存是自然规律，然而医学家发明抗生素，不分青红皂白在杀死有害菌的同时杀死有益菌，人类的胃肠环境被人为改变，这种通过违反自然规律获利的行为，后果实在不堪设想……

人类正走在悬崖，而且无意辨别是非，无意改变行进方向，人类一心一意奔向死亡，奔向坟墓。

与邊同音的辨、变、鞭、窆皆与邊的字义互释互补：

行垂崖不辨则覆；

---

① 引自《漢語大字典》第六卷，四川辞书出版社、湖北辞书出版社 1988 年版，第 3894 页。

② 儒家强调中庸之道，佛家强调中道。

③ 佛家将脱离中道的认识称作边见。

行垂崖不变则误；

行垂崖不鞭则迷。

现在是行垂崖，接下来便是走进穸（坟墓）……

最后，用四句结语概括"邊"字所含义理：悬崖邊上有黄金，黄金更比生命亲；走至悬崖不勒马，黄金未得命归阴。

生活篇

万物生是因为有土，众生活是因为有水。人类没有权利利用狡诈的智慧去破坏土壤，污染水源，因为人类必须生活在土地上，必须依靠水的滋润，否则很快就会荡然无存。

人伦

人

从丿，从㇏。

古今的蒙学先生在向孩子们讲授"人"字的时候打过各种各样的比喻。20世纪80年代中期我留学日本，参观一所小学校时听到的比喻至今难忘。老师拿出两个小木棍，用绳子将一端系紧，另一端分开，作人字状，将其立在讲台上，老师一松手，木棍就倒下，根本立不住。老师解释说，两根木棍立不住，人却偏偏只有两条腿，不借助于尾巴或翅膀，就能稳稳地立在大地上。奥妙在于，人有灵魂，能够掌握平衡，中国人把这种平衡称作中庸之道，有了中庸之道人就能立稳脚跟了。"人"字之所以由两画组成，意在告诫后人：人是由男女和合生成的。人是有智慧、有办法、有自觉性的生灵。人的第一外在特征就是不惧狂风，立于天地之间而不倒。

显然，这位老师所讲并非唯一，但道理并不错。汉字就是这样，每一个人都可以有其独到见解。

从汉字构成的基本原理解释这个字，"人"由一撇一捺组成。根据汉字的造字原则，撇一般表示抛弃、丢失、消亡等意思；捺一般表示接收、延续、保持等意思。从这个角度看，人不断消亡却又不断延续，有两条腿却能立稳，而两画恰好与男女两性在数字上相符。除此之外，与人读音相通的"妊"说明人是能够繁衍后代的,"韧"说明人具有韧性,"仁"说明人与人之间互相仁爱,"认"说明人是一种能够认识自己和自然的灵性存在……

简单得不能再简单的笔画组合,构成了复杂得不能再复杂的意义。汉字之奇妙,由是可见一斑。

两条腿能立稳得益于人际关系这个利器。中国古人将人际关系简称为倫(像车輪一样转动起来)。倫的构造与其所要表达的意思极其吻合。

伦之正体字为倫。

倫
从亻,从人,从一(道),从冊(冊读册,即卷起来的竹简)。倫字的左边一个人,右边的上面一个人,两个人合在一起表示人与人相处。右半边中间的一横代表天道,下面的"冊"在这里表示圆融或柔软,合在一起的意思是,人与人相处,应该在道的指引下像圆那样,融为一体,不要见棱见角,针锋相对。

倫之俗(简)体字为伦。这个字告诉我们的是,人与人之间是斗争关系,在斗争中不要讲情面,该出手时要拿出匕首,敢于刺刀见红。显然这是西方"丛林法则"的形象化表达,是鼓励人与人之间进行恶性竞争的。

这个典型事例告诉我们,学习汉字必须从正体字入手,否则很容易得其形而失其义。

夫妻关系是人伦的重要内容之一。中国古代,有关夫妻关系的人伦准则很多。比如,妻子月经期间不能行房事。此外,夫妻在祠堂、祖庙、宫观、神龛下面、井灶旁边、坟地、停放棺柩的房间里也严禁行房事。再如,即使在家人面前妻子也不允许衣冠不整。事实证明,这些看似繁缛的礼节非常有利于整肃风化,维护人伦秩序,保持社会和谐稳定。

有一种流传很广的误读,说中国传统文化之核心是人本主义或者以人为本,比如一位教授在百家讲坛上说:"天地之间人为贵。以人为本,是传统中国文化区别于西方文化的一个重要特点。我们是人本的,我们不是神本的。所以,大家才能明白,三才者天地人。"[①] 显然,话正好说反了,

---

① 引自《钱文忠全集》,中华书局2009年版,第33页。

中国古代是神本位的——以自然为神加以崇拜，人则匍匐其下；西方则完全是人本的，在西方人看来人是万物之灵长，是天地万物中最尊贵者，他们奉行理性主义，以自然为人的征服对象就源于此。

最后，用四句结语概括"人倫"一词所含义理：人由阴阳合，倫由圣人造；倫序不由人，天命不能逃。

生死

生

从人，从土。《説文解字·生部》："生，进也。象艸木生出土上。"段玉裁注："（生），下象土，上象出。"① 生之甲骨文、金文以及古文都是典型的象形兼会意，象禾苗出土，大同小异。生命、生存、生产、制造等意思都是逐渐衍生出来的。生命之生的意思很容易参透：

人 + 土 = 生

土是自然的一部分，所以生字透露出的信息是自然生（制造）人。这与西方的人（耶和华）造人的观念大相径庭。既然人是由自然造出的，人就应该效法自然，所以老子把"人法地，地法天，天法道，道法自然"② 当作人类的行为准则。事实证明，这是行之有效的准则，特别在当今人类面临种种生存危机的时候，更是有效的。

我之所以将生与死放到一起，是因为有生一定有死，人不能长生不老，生活资料也如是，坐吃山空总有用尽之日。

中国古人注重节用，一向是节制第一，开源第二。汉朝贾谊在《论积贮疏》这篇有名的上疏中提出这样一个疑问："生之者甚少而靡之者甚多，天下财产何得不蹶？"确实，作为生活资料，生产永远是有限的，而奢靡则是无度的，中国古人早就洞察到这一点，所以孔子才说："不患寡而患不均，不患贫而患不安。"③ 当今严重的两极分化不仅是对一部分人的生存权的剥夺，也是对自然之大不敬。

---

① 引自《説文解字注》，浙江古籍出版社 2002 年版，第 274 页。
② 引自《諸子集成》第三卷，《道德經·第二十五章》，上海书店 1991 年版，第 14 页。
③ 引自《諸子集成》第一卷，《論語·季氏》，上海书店 1991 年版，第 352 页。

死

从一，从夕（歹），从匕。可以从三个方面理解这个字：

其一，天网恢恢，疏而不漏，有漏网之鱼，无不死之人。人人都会走进夕阳，都会有匕（老）的一天；

其二，死由歹（代表横死）、匕（代表老死）组成，表示人的两种死法，正常的人无不希望善终；

其三，甲骨文的"死"是一个人跪在一堆尸骨前祈祷的象形。

中国古人不同于其他民族的地方是：中国人把死视为活人的事情，人死之后要进行庄重的仪式，给予死者足够的尊严。这就是儒家主张厚葬的原因。厚葬有文化学之依据，也有社会学之意义。一个重视死的民族，其胸怀一定是宽阔的，眼光一定是长远的，思考一定是全面的。重活人轻死人的社会必然轻视未来人，不给未来人以生存空间，他们只重视活着的人，而无视比活人更重要的延续意义上的"人类"。

生与死都是自然而然的事情，都要顺从自然，顺从天道。强力强为往往体验不到人生真谛。

最后，用四句结语概括"生死"一词所含义理：死亡永恒，活仅一世；欲求超脱，合一生死。

哭笑

哭

从叩，从犬。許慎认为"哭"表示监狱中众囚犯发出的声音。可见，哭这个字最初是表示一种由痛苦引发出来的声音，后来逐渐有了更多意思。哭声来自于口，那么"犬"又是何意呢？犬是象形字，孔子说："视犬之字，如画狗也。"孔子认为狗字来自于"叩"，（叩气吠[①]以守）。其实人之哭也是一种"守"，守卫感情与心理平衡，守卫身体健康（身体中的一些毒素通过泪水得以排泄出来），守卫安定的生活。哭得最伤心的场合是亲人亡故，那时晚辈不仅哭，还要叩头（磕头）或叩心（以手捶胸），做痛不欲生状。此时，声音与形体动作合在一起，构成华夏民族独有的丧

[①] 叩气吠：狗发出似人哭之声音。

文化。

笑（咲）

从𥫗，从夭。古代又作咲。关于笑，解字之书如《广韵》只是说："从竹从犬，而不述其意。"唐朝一度流行咲。《集韵》《类篇》等有笑而无咲。宋之后，经典中再也未出现过咲字。蘇東坡对笑字颇感迷惑，说："以竹鞭马为笃，以竹鞭犬，有何可笑？"

笑（咲）是为数不多的古人未述其意的汉字。正因如此，这个字给我们提供的想象空间更大。

关于笑：我以为这个字的结构与"𥤢"字有关。𥤢是风吹入深穴发出的声音。据此，可以认为笑的结构告诉我们的是：人之笑声很像风吹竹林发出的声音。

关于咲：竹下之犬与叩下之犬相反，把竹简放到狗面前让狗读，当然可笑。"咲"字很幽默，然而幽默中却蕴藏哲理：只有人能够读得懂竹简，动物是不读的。

用哭与笑可以概括儒家的两种生活态度：

其一，哭是丧礼的标志，哭是弥补人生遗憾的一种生理机制，这种生理机制可以与文化结合起来，变为特殊的社会机制——礼，这种礼主要是为了维持人类的繁衍。

其二，笑是婚礼的标志[①]，笑是对幸福的真情吐露，是为了享受作为人的短暂幸福的。

最后，用四句结语概括"哭笑"一词所含义理：牛会哭不会笑，鸟[②]会笑不会哭；人既会哭又会笑，哭笑礼数不可无。

甘苦

甘

之古文象锅中五谷，表示：（一）五谷生美味；（二）谷熟味美。至于五味之甘乃是后来衍生之义。《尚书·洪范》中有"稼穑作甘"的说

[①] 也有例外，比如土家族有哭婚之习俗。
[②] 指澳洲笑鸟。

法，很有说服力，说明中国古人将稼穑视为甘美生活之源，也是华夏重农之力证。古人将及时雨称为甘霖或甘雨，说明了雨水与"甘"的直接关系。令人佩服的是，造字者造了苦与甘两个字，甘与苦表面上对立，其实"梅花甘自苦中来"。甘美的五谷"粒粒皆辛苦"！

苦

从艹，从古。許慎《説文解字·艸部》："苦，大苦，苓也。从艸。"① 苓即中药苍耳子，又名黄连，味大苦。《诗经》中有"采苦采苦，首阳之下"（《唐风·采苓》）的诗句，说明中国人自古就采苓入药，对大苦的草药有深刻的认识。《神农百草经》卷一："黄连，味苦寒。主热气，目痛，眦伤，泣出，明目。"

说到"苦"要追溯到神农尝百草。那时，世界绝大多数地区还处于茹毛饮血的野蛮状态。神农尝百草的可贵之处在于，他一反人类"苦则吐、甘则茹"之常规，不但辨别百草可食不可食，还辨认出能治病或强身的大苦草药，很了不起，为中医中药体系的形成做足了准备工作。后来，苦从味道转义至心理或生活状态。古人并不一味将苦视为坏东西，苦草能治身病，苦行则能治心病，能提升人的精神境界，正如孟子所说："天将降大任于是人也，必先苦其心志，劳其筋骨，饿其体肤，空乏其身，行拂乱其所为，所以动心忍性，曾（增）益其所不能……"② 这样，苦就成为国学的一种特殊营养素。

须注意，虽然儒、释、道皆冠以国学，然而对于苦的理解却大不同。

儒家把味觉意义的苦视为五味之一，缺之不可；把人生意义的苦作为成功之必要条件，苦而后乐。

释家对苦有两种理解：（一）人生处处苦[3]；（二）以苦攻苦，提倡

---

① 引自《説文解字注》，浙江古籍出版社2002年版，第27页。
② 引自《諸子集成》第一卷，《孟子·告子下》，上海書店1991年版，第510页。
③ 佛典中对苦的分类极多，以下分法最常见：二苦说：1. 源于身心的苦称为内苦；2. 受外界逼迫所产生的苦（如恶贼、天灾等），称为外苦。三苦说：1. 对不如意之对象感受到苦，为苦苦；2. 对所爱者之毁坏感到苦，是坏苦；3. 见世间一切无常不实而感到苦，是行苦。四苦说：1. 生苦；2. 老苦；3. 病苦；4. 死苦。八苦说：1. 生苦；2. 老苦；3. 病苦；4. 死苦；5. 爱别离苦；6. 怨憎会苦；7. 求不得苦；8. 五阴炽盛苦。十八苦说：1. 老苦；2. 死苦 3. 忧苦；4. 悲苦；5. 苦苦；6. 恼苦；7. 大苦；8. 无明苦；9. 行苦；10. 识苦；11. 名色苦；12. 六入苦；13. 触苦；14. 受苦；15. 爱苦；16. 取苦；17. 有苦；18. 生苦。

苦行。

道家基本不涉及苦之本义，只取"受……害"之义。比如，《莊子·盗跖》："柳下季之弟名曰盗跖。盗跖从卒九千人，横行天下，侵暴诸侯，穴室枢户，驱人牛马，取人妇女，贪得忘亲，不顾父母兄弟，不祭先祖。所过之邑，大国守城，小国入保，万民苦之。"

最后，用四句结语概括"甘苦"一词所含义理：五谷甘，黄连苦；不贪甘，不避苦。

梦

梦之正体字为夢。

夢

从艹，从转动九十度的"目"，从冖，从夕。眼睛侧转九十度，且上面覆盖着青草，显然所看到的都不与现实生活中所见相同。"夢"的下半部分由冖（冥之略）与夕组成。冖表示非现实之冥界，夕表示夕阳西下，暗指死亡。梦的上下两部分合在一起表示：人处于不能自已的状态，意识中出现模糊不清的图像，在这个图像中，活人与死人一起出现，像生活在同一个世界中一样。——人的头脑中出现奇怪图像的现象叫作"夢"。儒家大贤周公与孔子都对夢有深刻的认识。据说周公解过梦，孔子则经常在夢中与周公谈话交心，讨论问题。孔子说过，若几个月没有夢见周公他心里会感到不痛快。

人为什么会做梦？

科学家绞尽脑汁寻找答案，然而这种努力如同竹篮打水一场空，至今没有能说服人的解释。这是因为，夢不在科学研究范围之内，换言之，夢不具有逻辑性，属于非理性领域的现象。当然，在非理性领域，中国的直觉认识论才有发言权。

夢是人类的心理补偿机制，人生在世一定会遇到诸如失去亲人之类的大悲大痛，夢中与逝者相见多少是一种慰藉，能够平缓一下心情。

夢是人类的感情补偿机制，人得不到所爱之人，可以与所爱之人夢中相见，以解心灵之渴。

夢是人类的道德补偿机制，人难免做缺德之事，覆水难收，唯有接受噩梦自罚。

梦是人类的智慧补偿机制，梦是无意识的图像组合，但梦终究是大脑细胞活跃的表现，这种活跃能够让人得到启示，进而对人的认识有所助益。

梦是人类的凝聚机制，让死人与活人在同一个舞台上嬉笑怒骂，只有梦能完成这样的使命，因为梦，过去与现在连接为一个整体，使人类成为永不散落的一串璀璨明珠。

总之，做梦是为了让人记住，而非像罗伯特所说，做梦是为了使人忘记①。做梦是睡眠良好的佐证，而非像米歇尔·儒米②所说，梦是"反常睡眠"。

现代医学家往往把做梦作为睡眠不良的表现，把梦当作对人毫无用处的东西。从直觉上分析，这种说法是站不住脚的。经验告诉我：睡眠中梦幻场面越丰富，次日的精力就越充沛。相反，如果记不起昨夜的梦，便会无精打采。梦实实在在是生活的一部分。

最后，用四句结语概括"梦"字所含义理：梦中会亲人，共同叙天伦；生命虽短促，以梦托子孙。

老少

老

老的许多甲骨文象老者倚杖之形。老的一些古文则从人，从毛，从匕。隶变之后的"老"从考，从匕。古代七十曰老。③《礼记·大学》："上老老而民兴孝，上长长而民兴弟。"④ 古代，"老"是一种极为尊贵的称谓：

西周"老"指谓上公；

西周"老"亦指谓群吏之最尊者；

西周"卿老"指谓上卿；

---

① 罗伯特于1886年提出做梦是为了让人忘记的理论。

② 米歇尔·儒米：法国里昂梦学实验室神经生物学家。他的"反常睡眠"理论发表于1959年。

③ 周朝官员七十岁致仕（退休）。

④ 引自《礼记·大学》，岳麓书社2002年版，第804页。

春秋"老"指谓大夫；

历代"老"指谓父母；

……

老与劳读音相通是因为老人为一家之主，必须操劳一家大事小情，至死方休。

敬老是中国的一个优秀文化传统，已经有数千年历史。这一传统与信仰及思维方式紧密相连。比拼体力的社会一定以年轻为贵（至今在西方国家仍如此）；比拼理性智力的社会一定以思维能力强者为贵，一般来说，青年至中年的人思维力最为旺盛；比拼经验与直觉能力的社会一定以老为贵，因为老人过的桥比年轻人走的路还多。如果说农民年复一年地耕种，那么"老人"则在年复一年地向年轻人讲述重农的原因与重要性，显然，比起农人，"老人"的所作所为更重要，更宏观，也更根本。老人是捍卫中国文化传统的中坚力量。敬老是顺理成章的。

少

从小，从丿。古代小与少互训通用。"小"是"见物辄八分之"的意思。成人见到少年往往都要夸奖几句，七说八说，说辞不一，所以少年是没有固定的自我评价的。

少与韶（继承）的读音相通，是因为少年不但继承父母的血脉，也往往要继承父母的事业。

少与绍（接续）的读音相通，是因为少年能够接续家族的香火。

少与勺（调和）的读音相通，是因为少年可以像勺子调和锅中的菜肴那样，调和家庭氛围，给家庭带来欢乐。

少与劭（鼓励、勉励）的读音相通，是因为少年需要鼓励与勉励，这样才有利于他们有美好前程。

老少有别是中国文化的性质决定的。西方人认为孩子与父母是朋友，中国古人认为这样做绝对不正确，老就是老，少就是少，不容混淆。

最后，用四句结语概括"老少"一词所含义理：少成若性大成才，绍述圣人岂难哉；老而弥坚勘称颂，家风世代永不衰。

劳动

劳之正体字为勞。这是个难训之字。

勞

从火，从冖，从力。許慎说"荧火烧门，用力者勞"，王筠《句读》却认为"字形不可解，許君委曲以通之"①。

《尔雅·释诂》说"勞，動也"②，却未涉及实质。

某些钟鼎文与古文的勞，上边基本都是两个火字，变化的是下半部分。让人不由得联想到与"火"同音的"活"与"获"。要想活就必须获得生活资料，或许这是两个火字所隐含的深义。将"勞"按照上下位置分成三层，显示出这样的意思：要活命就必须得到生活资料，得到生活资料的门径（途径）唯有出力。許慎的解释也并非没有道理，他讲的是第三层意思："用力者勞"，即用力者功劳最大（鄭玄《笺》："勞，犹功也"）。③

动之正体字为動。

動

从重，从力。重则由"車"、撇、提组成，上面一撇自上而下表示下坡，下面一提自下而上表示上坡。動的原意表示车的位置移动。后来引申为物与人的移动。"拜"就是由"動"完成的。大拜分为两种：

（一）叩拜，即常见的跪拜叩头。

（二）振動，也是一种拜。鄭玄注引说振動就是两手相击，或曰振動。顾炎武《日知录》卷二十八："振動，即丧礼拜而后踊也……盖凶事之振動，犹吉事之稽首，皆拜之最重者也。"

動的旧字较为复杂，笔画甚多，多含有"辵"。《尔雅·释诂》将"動"训为"作"，符合《易经》的说法："擬之而后言，议之而后動。"

---

① 引自《漢語大字典》第一卷，四川辞书出版社、湖北辞书出版社1988年版，第376页。
② 同上。
③ 古代"勞事"相当于今天的干清洁等杂务，而没有"勞動"这个词汇。

中国人对动采取十分谨慎的态度，因为"人心惟危，道心惟微"①，随意乱动是不行的，必须"允执其中"，以免"動輒得咎"。《易经》的复卦详细论证了这个问题。人的信仰、精神、道德、智慧往往产生于静，而非产生于动。古人认为"实践"出不了真知，静（不動）才能接近道的本质，提高智慧的层次。翻阅古代汉语词典就会发现，汉语中以"動"打头的词汇非常少，而且中国人也蔑视研究"動"的学问（在某种意义上，科学就是研究"動"的学问），中国人将主要精力用到动的相反——静上，通过老子"为道日损"的方式认识自然与宇宙，保持与自然同步、合一、谐调。

事实证明，中国古人非常高明，高科技不能帮助人实现自我，只能让人类远离自我。如今动荡不安的世界已经濒临毁灭。

最后，用四句结语概括"勞動"一词所含义理：收获为勞，迁移为動；動过得咎，勞过无功。

得失

得

从彳，从旦（清晨），从寸（时间）。"得"之甲骨文、钟鼎文、古文皆从又。罗振玉将这个字的甲骨文字形训为："从又持貝，得之意也。或增彳。許书古文从見，殆从貝之偽。"② 这个字的古文简直如同手持贝之图画，贝之纹清晰可辨，所以可以断定罗振玉所说不差。

为什么后来加"彳"呢？

許慎的回答是"行有所得"。"行"有做的意思，也有品行的意思。男耕女织，至少两个人劳作，才能得到基本生活资料，彳既强调了分工，又表明中国人通过家庭得到基本生活资料这样一个事实。"得"描绘的是这样一幅图画：人们一清早就去劳动，经过一定的时间必然能够有所收获。得与德谐音绝非偶然，只有在道德的前提下才能真正有所得。现在，

---

① 蔡沈有一段解释非常精彩：……人之知觉，主于中而应于外者。指其发于形气者而言，则谓人之心；指其发于内者则谓之道心。人心易私而难公，故危；道心难明而易昧，故微。惟能精以察之，而不杂形气之私；一以守之，而纯乎义理之正。道心常为之主，而人心听命焉。则危者安，微者著，动静云为，自无过不及之差，而信能执其中矣。

② 引自《漢語大字典》第二卷，四川辞书出版社、湖北辞书出版社1988年版，第828页。

人类以不道德的手段从自然中攫取财富，虽然钱多了，但那不是真正的"得"。孔子为了告诫弟子毋贪得无厌，将"得"当作贬义词使用："及其老也，气血既衰，戒之在得。"

失

从手，由矢（箭）而来。箭在箭囊是随时可以发出的矢，一旦发出，弓就失去对箭的拥有，因为箭已经化为一种功用（射中）或者遗憾（未射中）。从这个角度看，失不仅是一种客观现象，更是一种主观放纵的结果：

失辞①是放纵言的结果；

失德②是放纵行的结果；

失节③是放纵欲的结果；

失体④是放纵自我的结果；

失度⑤是放纵意气的结果；

失候⑥是放纵惰性的结果……

以上所举都是古汉语⑦中常出现的词汇，现代社会，人类放纵到极点，失去的也多到极点，不仅失去道德、尊严、信仰、艺术，也失去或正在失去赖以生存的地球，失去大自然的庇护。人类数千年苦心经营的文化成果几乎丧失殆尽，除了金钱，人类不再拥有什么。

悲哉！

最后，用四句结语概括"得失"一词所含义理：农为得之本，贪为失之源；多少人头落，皆因一个"钱"。

---

① 失辞：言辞失当。
② 失德：丧失道德。
③ 失节：不合礼节。
④ 失体：有失体统。
⑤ 失度：丧失常度，失去分寸。
⑥ 失候：错过时机，失去机会。
⑦ 有人认为在以汉字为论述对象时不能使用"汉语"一词，应该使用汉文。其实大可不必。古代"语"可以涵盖书面语与口头语。

藏

藏

　　从裝（妆），从臣，从戈。原本作臧，艹是后加的。"藏"读音与仓相通时，表示藏物于仓，用于补缺。藏读音与葬相通时，表示葬于地下，物化于自然。莊子在《大宗师》中说，珍贵的东西藏在何处都会有人偷，我把自己藏到自然中，自然是不会丢的，所以我常存。人们往往认为这是一种近似诡辩的智慧游戏，其实莊子的比喻中蕴含很深刻的哲理，符合物理学所揭示的基本原理：自然万物形态不断更迭，但形态永远完好；人为造作之物则经受不住时间考验，形态与质地都会越来越坏。以地理生态为例。在无人类干预的场合，岩石被风化为沙粒，沙粒又变为土壤，土壤养育植物，植物又保护土壤。加之湿地、湖泊、河流、森林对水分的调节，形成完好的自然生态。自然生态有一种自我调节机制，不会坏死，不会改变根本性质。然而，人为造作情况就大不一样了：拦河筑坝则下游湖泊干涸，高铁密布则地震频发，人工制冷设备普及则臭氧层出现漏洞，施用化肥则土壤板结，用化学材料装修房屋以及汽车泛滥则导致空气污浊，氧气在大气中所占比例就会严重不足，石油、煤炭与有色金属的过度采掘导致地球空心化，地下水位下移，后果不堪设想……看一看残酷现实，再读一读莊子"藏于自然"的高论，怎能不由衷敬佩圣人之高见！

　　我们祖先早就洞察到：地下之物皆为藏，就如同人死后埋葬，入土为安，不允许盗墓贼觊觎陪葬品。自然宝藏亦然，挖掘宝藏一时得利，终遭报应。我与科学主义者的理解相反，我认为藏在地下为宝，被人类采掘则很容易变为祸害。藏于地下的宝藏属于自然所有，人类无权竭泽而渔式地疯狂采掘。人类理应顺从（如"臣"字所告诫的那样）自然，进而手持武器捍卫自然。后人将臧的上边加"艹"意味深长，只有人类不挖掘，宝藏上面才会长草。一旦草没土露，宝藏危矣。古人告诫后人："窃宝者为宄，用宄之财者为奸。"现在，人类全体为奸作恶，地纪①将断，地德将失，人类居于何处？② 我的双足踏在何处？

---

　　① 地纪：维系大地的绳子。
　　② 霍金号召地球人迁居火星，完全是疯话。

我忽然想起这样一件可怕之事，现在有一个狼子野心的国家正在疯狂地秘藏铁矿、煤矿、石油。他们把从他国开采出来的资源藏之于山，藏之于海，其叵测之动机昭然若揭。彼藏我用，待我用尽，奈其何？

最后，用四句结语概括"藏"字所含义理：剖我心脏，我不能活；挖地千尺，何等大祸！

隐

隐之正体字为隱。

隱

从阝（阝在左表示山），从㥯（略彳）。許慎《説文解字・邑部》："隱，蔽也，从自。"徐灏注笺："隱之本义盖谓自隔自不相见，引申为凡隐蔽……"[1]《易经》说："天地变化，草木蕃；天地闭，贤人隱。"[2]

"隱"字的左右两半边都有山（"阝"与"彐"），心被横山压在最下面，藏之甚严。

《老子・四十一章》一语道破隱之天机："大象无形，道隱无名。"[3]我们看见的世界万象都不是最大最本质的，最大最本质的象无形无影，无法感觉到它的存在。在我们看得见的道的背后还存在无名之道，无形之道，那是更深刻更本质的道。

长期以来，学界都把老子的这句话当作神秘主义认识论对待，现代物理学发现"测不准定理"[4]之后真相大白，原来老子道出了世界的本质与实情——基本粒子不具有物质的属性，然而所有的物质皆由基本粒子组成！果然大象是无形的，隱道是无名的！甚至可以认为世界的本质是隱蔽的，物质性完全是假象，所谓物质不过是强场的聚集而已。[5]

---

[1] 引自《説文解字注》，浙江古籍出版社2002年版，第264页。

[2] 引自《易經通解》，中国致公出版社2010年版，第349页。

[3] 引自《諸子集成》第三卷，《道德經・第四十一章》，上海书店1991年版，第26页。

[4] 测不准定理：一个微观粒子的某些物理量（如位置和动量，或方位角与动量矩，还有时间和能量等），不可能同时具有确定的数值，其中一个量越确定，另一个量的不确定程度就越大。这是物理学中又一条重要原理。

[5] 爱因斯坦对此早有察觉，他认为物质性不是世界之本质，而是一种假象。可以说，爱因斯坦继承了老子的认识论。

世界的本质是隐蔽的，当然人也应该隐蔽自己的本质——野性、自私与贪婪。在一定程度上，中国的礼就是关于隐的思想与学问体系。甚至"隱"还包括负面的东西，孔子所说"父为子隱，子为父隱"就是隱瞒负面的真相，虽然是负面的，但隐比不隐结果要好。中国古人不认为做人一定要全透明，该公开的信息一定毫不保留地公开化；该隱瞒的则绝不透露。

将以上原则外化：男人可以袒胸露背，女人则必须用衣服将自己遮挡起来，否则会伤害风化，使男女大防溃堤。一旦溃堤，男女之患犹如洪水猛兽，道德法律统统收拾不了残局。

现代病千条万条，归根结底就是一条，抛弃了隱的底线，即使是潘多拉魔盒这样绝对该隐的东西都开禁了，男女、老幼、父子、母子之间更是完全不设防，一切都在光天化日之下。在这种情况下社会不乱，人心不坏，天理不容。我没有看过 A 片，但知道那是什么货色，把男女赤身裸体地弄到一起，做阿猫阿狗都轻车熟路的游戏，看客非但不恶心还扬扬自得，非病而何？

当下流行网络，流行博客、微博，下流照片、龌龊言语，造谣生事等应有尽有，简直透明得无法更透明了。这样的人类还有什么意思？

最后，用四句结语概括"隱"字所含义理：知隱知耻才是人，无遮无挡像魔妖；千人一面无你我，都是信息大饿殍。

自律篇

人类之所以必须自律，是因为当初造物主造人的时候是附带条件的，这个条件就是人必须服从天（自然）。而人类偏偏具有刚愎自用的本性。不自律意味着冒犯天（自然），而冒犯天（自然）则意味着促使造物主收回自己的造物——让人类灭亡。

毋

毋

毋的主要钟鼎文与古文是性交之象形。《説文解字·毋部》："毋，止之也。从女，有奸之者。"段玉裁则说："止之词也。从女、一，女有奸之者，一禁止之，令勿姦也。"① 定型为汉字之后则成为母字多一画，会意性极强。

无疑，毋字是中国结束乱婚时代进入家庭时代的产物。乱伦对家庭的威胁最大，为防患于未然，造了这个具有警示作用的字。后来，"毋"逐渐形成广义的禁止的意思。

放纵与解放是西方文明之内核，禁止与节制则是中华文化之精华。在某种意义上，没有禁止与节制就没有儒家文化。孔子提出的四毋——毋意、毋必、毋固、毋我——是每一个中国人都应该牢记的。

"意"是臆断、臆想。现代社会之所以危机四伏、混浊不堪，就是因为现代人迷信科学。实际上科学是一种自以为是的臆想。科学主义者标榜科学是"按照自然规律办事"，实际上所谓科学技术就是关于如何违反自然规律从而获利的思维与技术体系。科学自以为给人类带来福祉，实际上

---

① 引自《説文解字注》，浙江古籍出版社2002年版，第626页。

带来的却是一个接一个的灾难。

"必"是主观成见。孔子预见到主观成见是人类之大敌，所以提出"毋必"。滥觞于欧美的消费主义就是"必"的典型表现。消费主义建立在物质资源永不枯竭的臆断之上，事实上，最重要的生活资料——如水、土壤、金属矿藏都是不可再生的。西方理性主义者违反了孔子关于"毋必"的教诲。

"固"是固执己见。现在几乎一人一个价值观，一人念一本为人处世经，人类处于空前分裂的状态，今不救，后必病入膏肓。

"我"即是佛教所说的"我执"。我执危害极大。它能吞噬人类最美好的情愫——认同感，把人变为无情无义、无是无非、无尊无长、无拘无束的个人主义者。由个人主义者组成的社会连蚂蚁都不如。

如今，中国人在西方所谓性解放的蛊惑下失去自持，倒退至家庭之前的群婚时代。本来以为在群婚中能够得到更多的性满足，结果事与愿违，乱伦的结果恰恰是失去对性交的敏感，从而失去快感，性交成为单纯的生理性发泄。

我们的祖先造出关于性交规则的象形字事出无奈，在象形字中，这算是一个特例，不足以成为诟病中国古文字的口实。作为华夏后裔，应该体谅先人的苦衷，认真接受这个饱含良苦用心之文化遗产。

最后，用四句结语概括"毋"字所含义理：先人造字，后人受益；毋懈毋怠，做好自己。

应该

应之正体字为應。

應

从广，从人，从隹（鹰之略），从心。这个字的钟鼎文与古文并不从心，也不从广，现在的这个字是隶变的产物。最初的"應"是老鹰捕食、小鹰待哺的象形，表示老鹰哺育小鹰是理所当然的。借用动物的某种情境表达道德规范——这同样是"远取诸物"的运用，是中国人文文化之结晶。

作为定型的汉字，應的结构很巧妙，借用一种飞禽表达應该的意思。

而这种借用是非常有道理的，老鹰是一种高洁的动物，具有很强的道德自觉性，当它感觉将要不久于世的时候会往偏僻荒芜的地方飞，不让自己的尸体污染人间。这种借用至少使我们产生以下各种联想：

（一）自然万象是人文建制永不枯竭的摹本；

（二）人應该学习鹰的高洁与仁爱；

（三）做應（鹰）做的事情，人类就会美好与安定。

應的读音与英相通，意在告诫人们，按照應字提示的去做就成为英才；

應的读音与赢相通，暗指坚持"應"会成为最终的胜利者；

應的读音与婴相通很有意思，哺乳动物与大多数鸟类的"婴儿"都要接受母亲的哺育，鹰是这些动物的代表，人类理應加以效法；

應的读音与盈相通，说的是做應做的事情能够得到满足；①

應的读音与颖相通，表示常做應做之事，人会变聪明。

该之正体字为該。

該

从言，从亥。許慎《説文解字言·部分》："該，军中约也。从言，亥声。"钱坫斟注："言军中戒约也。"② 亥的读音与害相通，表示害怕戒约。避免害怕的唯一方法就是遵守约定，遵守约定就是"該"，也就是必须。

古文亥与荄相通。荄是植物之根，称为根荄。说话（言）就該说到根子上，这是該字的又一解。

一般的古汉语字典没有"應該"这个词汇，古代基本不需要这个词汇，因为中国古代人文教化的核心就是自省与节制，只要翻开圣贤书，写的大多是如何做人，如何敬天，如何修身齐家，不需要"應該"这个过于生硬的词汇。之所以"應該"成为现代社会的口头禅，正在于现代人

---

① 《国语·周语中》："若贪陵之人来而盈其愿，是不赏善也。"

② 引自《漢語大字典》第二卷，四川辞书出版社、湖北辞书出版社1988年版，第3970页。

处处违约、时时违约，不能不出以严词，将"應"与"該"重叠，以加重警示力度。这个事实正说明道德在逐渐弱化，人心越来越难以教化。自从西方将其法律主义观念推向世界之后，情况愈发不堪，法律主义使人但求不犯法，不求修道德，行走于法律钢丝绳上的人越来越多，他们只知道如何避免做不應該做的事情，而不知道應該做什么。计算一下成本让人不寒而栗：以"應該"为治国方略的场合成本能够被压缩至最小；相反，以"不應該"为治国方略的场合，成本接近无限大。① ——这是现代社会的悲剧之一。

最后，用四句结语概括"應該"一词所含义理：鹰其学习，人亦学习；鹰其爱子，人亦爱子。

必须

必

从心，从匕（略乚）。"心"原是心脏之象形，必则是典型的会意字——兵器的把柄上穿孔。必定、必须等含义是逐渐演变的结果，这种演变将"必"的隐蔽性结构公开化——匕首刺心脏，人必死无疑。

古代"必"有时代表戈、矛等兵器把柄上的穿孔。军士可以将丝绸、麻绳等物穿过柄孔，系在把柄上，需要使用兵器时，一定要用自己的，这样使用起来更熟悉与便利。必的基本含义即由此而来。

须之正体字为須。

須

从彡，从頁。須字最初是长有须子的昆虫的形状。許慎《説文解字·頁部》："須，面毛也。从頁，从彡。"② 古代，颐（下巴）下之毛曰須，口上之毛曰髭，颊旁之毛曰髯。须由"胡须"转义为"一定""要

---

① 十多年前，美国警察为追捕杀妻嫌疑人辛普森，调遣了飞机、汽车、摩托车等交通工具，出动数百警力，围追堵截抓住嫌疑人，最后却以证据不足为由将其无罪释放。20世纪80年代，日本杀妻嫌疑人三浦和義也有同样的经历，他连续杀死五任妻子，骗取保险金，现在却逍遥法外。

② 引自《説文解字注》，浙江古籍出版社2002年版，第424页。

求""应该"是因为发生分歧时要听长者（有胡须者）的意见。《吕氏春秋·去宥》道出其中缘由："人之老也，形益衰，而智益盛。"① 幼服从长是中国古人为人处世的不可动摇的原则。至今须与需仍通假，因为中国古人的要求都是必需的东西，从不觊觎科学等危害自然的手段，不谋不义之财。

中国人将"必须"挂在嘴边，说明中国古人具有强烈自我约束意识，时刻想着怎样做人与如何处世，特别是如何对待自然。西方人不是这样的，他们的一切行为只以不触犯法律为准，而法律并不为自然主张任何权利。他们认为天地与人一样都是造物主造出来的，他们之间可以充分进行竞争，在竞争中自然失败了，人类不必感到羞愧，也不必忏悔，人类之胜利恰恰证明人类的高贵。——这些想法充斥于西方启蒙思想家的言论中。

人类与自然之间的竞争已经完结，无疑，人类是胜利者。然而，这是一种暂时的胜利，自然还保存着最后一招——让人类灭亡！所以，以下必须做的事情在等待人类去做：

其一，人类必须向天地自然赔礼道歉，忏悔忘恩负义的恶行；

其二，人类必须销毁足以毁灭自然同时毁灭人类的核武器——包括核电站；

其三，人类必须炸毁大型水利发电站大坝，让河流自然流畅；

其四，人类必须销毁转基因技术，并发誓永不再搞转基因实验；

其五，人类必须停止太空冒险，停止向太空发射任何飞行器；

其六，人类必须停止向大气中排放氟利昂，停止对臭氧层的破坏；

其七，人类必须立即停止使用化肥、农药，放弃科学种田的愚蠢行为；

其八，人类必须拆除一切化学工业设施，并发誓永远不搞化学工业；

其九，人类必须停止对地球页岩气的深度采掘，并发誓永不欺辱地球；

其十，人类必须建立互联网言论检查制度，停止对自然（神）与祖先的一切不敬言论；

其十一，人类必须拆除海上石油钻探设备，人与设备全部从海上撤离；

---

① 引自《諸子集成》第六卷，《吕氏春秋·去宥》，上海书店1991年版，第194页。

其十二，人类必须停止开发湿地与草原，停止无休止地扩张人类领地的行为；

其十三，人类必须停止全球一体化，恢复民族的自治权利；

其十四，人类必须深刻反省消费主义与"GDP"主义，停止对自然的榨取；

其十五，人类必须收回过度的理性，关闭潘多拉魔盒，永世不准再将魔鬼放出……

最后，用四句结语概括"必须"一词所含义理：以刀刺心心求饶，自然何尝不怕刀；人对自然三分好，自然给人十分报。

创新

创之正体字为創。

創

这个字古人很少用，在古代汉语词典中几乎没有由"創"组成的褒义词汇。这是因为这个字与"新"一样有一种不祥之兆。創的左半边是倉颉的倉。倉颉是造字者，但"倉"字不是倉颉造的，而是黄帝赐予倉颉的。为什么赐予倉颉这个姓名？是为了奖掖他发明了代替刻画与结绳的文字。直观地看，倉就是"君上一人"，什么人比君高？圣人（如孔夫子，君王也要跪拜的）。創字是圣人旁边放着一把刀，刀是古人的书写工具。用意再明确不过了，像倉颉那样发明汉字的举动叫作創造。世界上终究出不了几个圣人，所以对于中国人来说，創造并不是经常性行为，只是偶尔为之，而且只有圣人才有創造权，一般人是没有这个权利的。这就是古代汉语词典中用創组成的词汇绝大多数是贬义词的缘故。只有改朝换代时的創业才是合法的（"湯武革命顺乎天而应乎人"），那是特例。

有的书是这样解释創字的：創字左边是倉库的倉，右边是一把刀（代表钥匙）。这种解释有问题。如果想表达倉库旁边有一把钥匙那么就应该在倉库的右边有一个月字，那样岂不更达意。之所以右边一把刀，那是在提示：創造行为，兹事体大，不能轻易为之，轻易为之要闯祸的。創与闯谐音，用意正在于此。中国历史上的变法或者失败，或者变法虽成功而变法者却丢失性命。

事实正是如此，今天西方的创新已经达到令人发指的地步，"人造生命"成为时髦词汇。科学家法默断言，当未来具有意识的生命回顾这个时代时，我们最瞩目的成就很可能不在于我们本身，而在于我们创造的生命。他认为人工生命是我们人类潜在的最美好的创造。

如果法默一人说这种话我们可以认为他精神有问题，如果这种观点被普遍认同呢？

——人类集体疯狂。

新

从立（表示站立，活着），从木（树木），从斤（斧头）。这个字揭示的是：用斧头砍生长茂盛的树，如果树的命大不死，可能长出像疤一样的茬，这个茬就是新字所要揭示的意思。只有在极少数情况下树长新茬是好事，在多数情况下，砍树对树而言是一种伤害。所以，中国古人认为创新是有风险的。日本21世纪以后生产的丰田汽车很新，但没有旧型号的车安全，所以要大量召回，这是欲创新反丢丑的典型事例。

新事物没有受到时间检验，总是充满危险，充满变数，不能不防。特别要警惕这样一个迷雾弹：新事物往往散发出迷人的馨香，无论新割的草，还是新伐的木都能散发出沁人心脾的芳香。然而，那是以砍伐为代价的，新竹与新木的芳香是暂时的，而被砍伐之后的荒芜则旷日持久，甚至会造成万劫不复。物质上的创新如此，精神文化上的创新尤烈。发生在一百年前的所谓新文化运动，徒逞一时之快，留下的是持久的心灵荒芜。不禁回想起新文化运动的干将胡适创作新诗歌时的一件往事。

1916年7月17日，同在美国留学的任叔永、梅光迪与胡适本来交好，自从胡适要进行文学革命，任、梅二人与胡适的关系急转直下。任叔永断言，如果胡适的文学革命成功，"将令吾国作诗者皆京腔高调，而陶谢李杜之流永不复见于神州"。胡适闻听这样的批评，立即反驳说，文学革命就是要现代的陶谢李杜都能白话高腔的作诗，从而在白话高腔中产生出新的陶谢李杜来……我们不要《五经》、两汉、六朝、八家文字，而要家喻户晓的《水浒》《西游》文字。①

今天，胡适的预言基本应验了，文皆白话，诗皆高腔，没有好嗓子的

---

① 参阅《胡适大传》上卷，安徽人民出版社2001年版，第159—160页。

休想成为朗诵家！内容如何呢？艺术性如何呢？是不是做到了孔子"思无邪"这个基本要求呢？显然，回答是否定的。今之文学已经完全堕落为大气尽失的市井小说，今之诗歌已经完全成为京腔高调，与诗的本义已经相去十万八千里。更严重的是，胡适的創新之恶果将会持续下去，恢复古典文学的元气也许需要花费比培育古典文学更长的时间，在今后漫长的岁月中，中国人将失去自己的文学优势，以小说权充文学，成为以获得西方奖项为荣的可怜虫。

最后，用四句结语概括"創新"一词所含义理：創必受伤，新必留疤；迷恋創新，欲速不达。

变

变之正体字为變。

變

从糸，从言，从夊。上半边以糸比喻人的思维（糸读音与思相通），言当然就是人的语言。思维像糸一样可以拉长，产生變化。思维被拉长表现在语言上，就产生了文，即不同内容交错在一起（《易经·系辞下》："物相杂，故曰文"）。总结起来：古人赋予"變"这样的意思：语言不能准确表达思维，因为思维像糸一样可以拉伸。所以当一个人与另一个人通过语言进行思维交流时一定会产生新的思想，新的思想与原来想说的已经不一样（正如老子所说"道可道，非常道"），意思變了。

變与便谐音，表示變是一件很便利和容易的事情。變与辩谐音表示正是因为變的缘故，人们要争论不休。在古人看来，在某些方面是要變的，诗词歌赋就是變的结晶。但自然天道是不變的，必须遵照其规律，否则会遭殃。这与西方一味求變的思路是不一样的。

日月交替是變，日月交替所呈现出的规律性不變，變与不變的世界是很简易的，并不复杂，所以中国人不认为要对它进行深入的演绎、推理式的研究，直觉观察即可，这就是简易之易的含义。把世界简单化的目的是为了保持自然的本来面貌，避免自然被人类随意改塑。人把世界看得简单，人的心就简单，人的心简单欲望就不会过强，人的欲望被控制在合理限度之内，就能与自然共舞，实现天人合一，共生共存，天长地久。

世界是不断變化的，没有不變的事物，但是變化規律（道）是不變的，儒家保守的就是不變的道（正如董仲舒所说"天不變道亦不變"）"天不變道亦不變"是说，就道本身而言，有自我保守的要求，自身并不存在改變的动力。然而，人非要改變它也不是不可能，大量使用空调、冰箱可以改變天（破坏臭氧层）。结果如何？现在判定为时过早，往严重些说，也许那就是天道放弃人类，让人类灭亡的理由。天道具有近于无限的持久耐力（地球可以任劳任怨地一直按照同一节奏围绕太阳旋转），人类如果失去耐性，非要另辟蹊径，那么地球转速就有可能改變，那意味着人类将彻底毁灭。"不變"已经有数十亿年的经验积累，而"變"往往发生于瞬间，充满不可知因素。

更重要的是，名检须要永恒，道德与爱须要永恒，信誉也须要永恒，这些东西总是變，说明社会是浮躁的，人心在被外力牵引。举一小例：当下，中国的许多出版社刮起改名风：

安徽改为时代；
湖南改为中南；
湖北改为长江；
福建改为海峡；
宁夏改为黄河；
河南改为中原；
江西改为中文。

读到这些新名称真叫人不知所云。

以上种种虽有危害却不致命，转基因技术就完全不同了，不仅要亡国亡民族，还要亡人类。对此，转基因的推广国美国也供认不讳。他们撰文揭露转基因的危害：

一　危害人体健康

2009年5月，美国环境医学科学研究院推出报告称："一些动物实验表明，食用转基因食品有严重损害健康的风险，包括不育，免疫问题，加速老化，胰岛素的调节和主要脏腑及胃肠系统的改變……吃转基因食物，会把我们的肠道细菌转變成生活着的农药制造厂，可能直至我们死为止。"

二　产生超级杂草

美国环境医学科学研究院推出报告称："我们过去用不了一滴农药就能杀死的小草，如今被转基因转成了对所有农药都刀枪不入的超级大草。"安德森是美国田纳西州西部的农民，从 2002 年开始，他就开始为一种叫作长芒苋的杂草头疼。这种草每天可以长七八厘米，最高能长到两米多，把农作物全都盖在底下，见不到阳光。这种粗壮的杂草非常结实，收割机经常被它们搅坏。

三　产生超级害虫

转基因作物不但没能防虫害，反而促使原本是小虫害的害虫變成"超级害虫"。

美国惹了祸，还要百般遮掩。1992 年，老布什一当上总统就宣布转基因食品与天然食品实质是相同的，没有风险。此后，各届总统的态度都是如法炮制，直至奥巴马，没有一位总统例外。奥巴马一上任就任命孟山都公司的说客伊斯兰西迪基担任白宫农业贸易代表，受到美国社会的猛烈抨击。就此，《纽约时报》发表社论说："谁是我们的谈判代表？谁才可以真正代表美国农业的广泛意见？"让运动员兼裁判员，让与转基因有直接利益关系的人来裁定转基因，这就是美国政府的做法。

做贼心虚，投毒者知晓如何避险，美国对转基因也是留有后手的，他们不许转基因作物与天然农业生产系统相混淆。转基因农田都要远离天然农田。一旦出现不可收拾的恶果而不得不放弃转基因作物的生产时，美国还有足够的天然农田养活全体美国居民。

其实，这不过是一厢情愿，一旦转基因成气候，无论如何隔离，蜜蜂、蝴蝶都会将植物基因传遍地球，人类毁灭也就在所难免。

核聚變与核裂變的后果就更可怕了，2011 年日本福岛发生核泄漏，导致这一地区的酢浆灰蝶的基因发生突變，发生突變的基因占全部基因的 12%。第三代酢浆灰蝶发生基因突變的可能性高达 34%。其他类型蝴蝶的比例更高，有的高达 54%。蝴蝶尚且如此，人何以堪！

作为娱乐，變變戏法是可以的；随意改变人类的生活方式与生产方式无异于玩火自焚。

最后，用四句结语概括"變"字所含义理：以變应不變，传统必断线，人类无传统，无头蝇乱转。

断绝

断之正体字为斷。

斷

从丨，从一，从系，从斤。斷由继之古文与斤组成（参阅許慎《説文解字》）。可以望文生义：用斤（斧头）砍绳子，其后果就是绳子分为两截，这就是斷。也就是说，绳子由很多条线拧成，斷开之后一条条线便显现出来，所以这个字里包含四个系，极言绳斷之后的纷乱状。

可以将含有斤字的汉字作一下归纳：

斷：将一个整体分为两段（斷的读音通段）；

新：砍伐树木，树木上必然出现新的伤疤；

斩：将死刑犯人载入囚车，到刑场行刑（古代用刀行刑最为普遍）；

可见，作为奉行合二而一思维方式的中国人是不欢迎"斷"，不欢迎"斤"的，需要动刀斧的场合，也要按照时令与天道进行，不能乱来。

对于人类来说，斷是一件很可怕的事情，它可以葬送辛苦创造出来的文明或文化成果。由于文明成果通常被应用于日常生活之中，斷的可能性较小，而文化成果则时刻存在斷的危机。仅举一个小例。成语人浮于事，按照今人的解释，就是机构重叠，真正干事的人很少，多数人无事可做。这个成语出自《礼记·坊记》，原文是："子云：'君子辞贵不辞贱，辞富不辞贫，则乱益亡。'故君子与其使食浮于人也，宁使人浮于食。"意思是说官员应该让付出超出俸禄，而不要让俸禄超出付出，是十足的褒义词。传至清代，曲解了原意，将食拿掉换成"事"，使这个成语变为彻头彻尾的贬义词。这不能不说是一个惨痛的教训。

绝之正体字为絕。

絕

从系，从刀，从巴。以刀斷系系斷，以刀斷蛇（巴为蛇）蛇亡。《论語·堯曰》："兴灭国，继絕世，举逸民。"① 儒家所作所为，一言以蔽之就是为了华夏人民生生不息，延续不絕。延续不仅指生命之延续，更重要的是文化与信仰延续，使一代代华夏生民将人生意义叠加到最大限度。如果总是与时俱进，一代人有一代人的价值观与生活方式，如果今人与古人既无联系也无可比性，那么人的意义就被局限于一代人（甚至局限于十年或更短的时间）。中华民族之优秀与伟大，首先在于延续性强这一点上。以家族为例，虽然经过百年动荡，文化传统受到剧烈冲击，但瘦死的骆驼比马大，中国的许多家族的家谱都没有斷絕，一仍如旧地一代代续写。2010年，赵姓家族的一次年会竟然聚集了十万人，场面蔚为壮观。我有幸翻阅了岳（飛）氏家谱，岳雲、岳霖、岳雷、岳霆……支脉井然，记述清晰，令人叹为观止。

儒家很忌讳斷子絕孙，正所谓"不孝有三，无后为大"。后人不知就里，对此加以诟病，那是因为不了解生命延续的真义。所谓延续主要是指"人类"，其次才指家族、家庭。如果世世代代共用一种相同的文化与信仰，那么就可以：（一）将文化投入的成本降至最低；（二）社会文化资源能够最充分地被利用；（三）文化与信仰因为代代叠加更具权威性，从而有利于社会和谐。家庭是社会的基本单位，家庭延续乃是"人类"延续之基础，所以孟子才说"不孝有三，无后为大"。

最后，用四句结语概括"斷絕"一词所含义理：丝斷不成线，史斷族离析；前后不连接，人不如蝼蚁。

自由

自

关于自，許慎《説文解字·自部》说："自，鼻也。象鼻形。"②

为什么以鼻子象征自我？我也一度不得其解，直至2011年底我做了鼻血管瘤手术之后才恍然大悟。术前，我的鼻肿瘤很大，堵住了一个鼻孔的呼吸，导致身体状况急剧恶化，出现了一系列问题。我每天都反复照镜子，观察鼻肿瘤的变化，盼望消肿。术后，拿掉了肿瘤，鼻子畅通了，我

---

① 引自《諸子集成》第一卷，《論語·堯曰》，上海書店1991年版，第415页。
② 引自《説文解字注》，浙江古籍出版社2002年版，第136页。

的身体才一点点恢复,十多项不正常的化验指标大多也随之变为正常。这些活生生的事实告诉我一个道理:鼻子是人最重要的器官,一旦它不能正常工作,机体立即处于病态。在这个意义上,鼻子可以代表"我",代表生命的活力。古人对鼻子重要性的理解就是通过这样一个凭直觉就能体验到的事实:鼻子主呼吸,最为紧要,所以居中心位置。凡最重要的都处于中心,这正是中庸的重要依据。以鼻自指再恰当不过了。至于"鼻祖"之说法,那是来自于古代称第一个孩子为"鼻子"之习俗,另当别论。

"自"是生灵之本体,理应自我珍重。中国人的自我珍重更多地表现为珍重自己的民族与自己的国家。一位作家说:"中国人向来有点自大。——可惜没有'个人的自大',都是'合群的爱国的自大'。"① 咒骂中国人的爱国,这完全是在为日本侵略中国做舆论准备。其实这种辱骂也包含些微事实,那就是中国人确实有"合群爱国"的传统,只不过不是自大,而是自强。比如,中国的士大夫历来有三种职能:和平时期担当地方的教化与公益事业;逢到自然灾害出面"民赈",以补充官赈之不足;战时则组织团练,出外作战,曾国藩就是士大夫的杰出代表。自治、自卫、自救成为一个世代相传的传统,维系着社会的和谐与稳定。

由

从田,从丨。"由"是甲的倒立,表示在天干中,甲排列第一,第二是乙。丨代表龙,从天而降,与田(坤)交会,而且潜入坤之最下方。阴阳交合而生万物。"由"这个字揭示了万物生成之原因或根源。龙自上而下的动作称为由,"由"表示较为随意的移动。

自与由合在一起兼有二字的意思。不过,这个词是近代才有的,而且是从日文引进的,古汉语没有自由这个词汇,因为中国人并不主张现代民主意义上的"自由"。如果人的行为完全出于己意,为所欲为,也许个人不会有什么不良后果,但自然一定会承担不良后果。从爱护自然的视角出发,人类必须约束自己的行为,必须保证自己的行为不至于伤害自然,不至于侵犯子孙后代的利益。孔子教导其弟子:"民可使,由之不可,使知之。"② 这段话是中国人不主张民主意义上的自由的最好注解。

---

① 《鲁迅选集》第二卷,《热风》,中国文史出版社 2002 年版,第 305 页。
② 不少人把这段话断为"民可使由之,不可使知之",这样断句是错误的。

世人对西方的所谓自由存有极大的误解，他们把自由理解为摆脱思想枷锁，按照自己的意愿行事。实际上，西方的所谓自由指的是按照资本增值的意愿行事，一切服从竞争原则，服从利润最大化的要求。现在，这个准则已经普世化。资本确实在快速增值，然而地球与自然也在以同样的速度衰竭。

最后，用四句结语概括"自由"一词所含义理：人自贪心，由之不可；由天得福，由人致祸。

民主

民

从口，从氏，指的是成型之后的民。民的几个甲骨文是利器刺左目之象形。周代初期，将俘虏左眼刺瞎贬为奴工，瞎眼是标记。那时，民指的就是这些失去左眼、失去自由的做工人。

作为汉字的"民"，其结构完全颠覆了甲骨文，成为口与氏两个单体字之合成，意思交代得再清楚不过：

（一）口代表民以食为天；

（二）氏代表结成群（氏族）。

民以食为天与结成氏族都与农耕生产方式紧密相连。食物来自农耕，可以将"民以食为天"改为"民以农为天"。氏代表血缘与传统，是民的第二特征。

孟子有一个著名论断："民为贵，社稷次之，君为轻。"后人多诟病此话虚伪，完全不可能实现。其实并不虚伪。民为贵的真正含义是"农为贵"，"传统为贵"。没有农，天子当不成天子，诸侯也当不成诸侯。没有传统，农耕模式就无法延续与巩固。为什么"君为轻"？因为君无权改变"民"字的结构，更无法改变"民"字的内涵，君是被动的，君不能自作主张，必须牢记"民"字，并按照这个字的教诲做，不能有差错。

同理，对亲民也应该做类似的理解：亲民就是亲农，就是亲传统，就是亲被文化抟为一个整体的华夏民族。"亲"字时刻提醒着华人：只要生命之树还在，亲情就不会泯灭，因为对树木都加以保护，何况亲情？

当今，人类滥砍盗伐，把树变为生钱的工具，当然亲情就难以自保了。

将人与民连接起来组成人民一词为司马迁所首创。司马迁在《史记·货殖列传》中这样记载：山西、山东、江南、塞北等地的物产"皆中国人民所喜爱"。

主

从丶，从王。主是主人或做主的意思。主的古文象油灯，作为一个对象，油灯中的火就是"主"。以此类推，人类是个群体，这个群体中能够贯通天、地、人者就是"主"。有人将"主"解释为执权者点头，这是不符合事实的。

中国施行了两千多年君主制，然而，绝大多数人并不了解君主制的本质。君主制是针对"人（民）主制"而言的。人类由天管辖，还是人自我管辖，这是君主制与人主制的根本区别。人自己管理自己，听起来顺理成章，实际上其结果必然是人类对自然施行专制，不将自然压榨得干干净净不会罢休。君主制最大的好处是：在人的权力之上还有天的权威，天具有一票否决权，人类在权威的监督下不能为所欲为。这样做，尽管人类的文明程度大受限制，却可以得到长治久安。西方民主制对于解决人际关系不失为良策，对于解决天人关系则一筹莫展，故而不能予以过高评价。况且，西方民主也有明显的局限性，西方国家的言论同样是受到法律制约的，做不到充分的自由表达。比如，在多数西方国家，不允许怀疑上帝，如果家长对孩子说世界上并不存在圣诞老人，圣诞老人是虚构的云云，是违法的。就连击毙拉登的真实情况也不能随便讲，必须按照官方规定的口径进行宣传。我并不认为这样做值得厚非，我只是想说，真正的民主——人民想说什么就说什么、想做什么就做什么——那是地狱，而非天堂。

最后，用四句结语概括"自由"一词所含义理：天民孰第一，华夷各执词；民主天难养，天主或可贻。

贫穷

贫之正体字为貧。

貧

貧的古文为"穷",直接表达出分家则贫之意,鼓励家庭、家族要团结协力,避免贫的结局。中国历史上对"貧"解释得最好的是荀子,他说:"疆本而节用,则天不能贫。"① 荀子的话振聋发聩!在人类历史上,荀子第一次明确提出贫与不贫天说了算而非人说了算,这种认识入木三分,不是今人能够认识与理解的。现代经济学完全把经济局限于人类的行为,人的经济行为与天毫无关系,人类完全在自拉自唱,自娱自乐,管它天塌地陷、洪水滔滔!

按照荀子的理解,我们不妨作另一番解释:自然蕴藏的资源是有限的②,将人类对自然资源的掠夺称为分赃——这样说并不过分——人类越"分",自然越贫乏,分到自然枯竭那一天,人类真的除了钱什么都不再拥有,那时,人类的游戏也就不得不收场了。

信乎?

穷之正体字为窮。

窮

从穴,从躬。窮之古文为竆。我认为"窮"比"竆"更达意,将这两个同意字统一于窮是正确的。穴代表土室、岩洞,与浩瀚之天空和辽阔之大地相比,穴中人之渺小立现,不得不躬身礼拜天地。换言之,在天地面前,人类渺小不堪,一无所有。

窮之本义为尽、完结,如《列子·汤问》所说:烛尽则光窮,人死则神灭。③ 莊子笔下的"窮"接近于"道":"道无问,问无应,无问问之,是问窮也。"④

窮表示生活困苦,缺衣少食是后来的转义。《荀子·大略》对贫与窮进行了界定:"多有之者富,少有之者贫,至无有者窮。"荀子的界定至

---

① 引自《諸子集成》第三卷,《荀子·天论》,上海書店1991年版,第205页。
② 连科学家也无法否认这个残酷事实。
③ 引自《漢語大字典》第四卷,四川辞书出版社、湖北辞书出版社1988年版,第2737页。
④ 引自《諸子集成》第三卷,《莊子·知北游》,上海書店1991年版,第330页。

今仍在沿用。

如今,"貧窮"已经由富含哲理的词汇沦落为词义单一的"裸词",表示拥有财富少或不拥有财富——当然财富是指金银财宝、房屋汽车、土地证券、银行存款,绝不包括精神信仰、道德伦理、艺术修养与学问素养。在灵魂与精神层面,人类整体陷入极度的貧困之中不能自拔,而他们所拥有的又不能救赎他们,等待他们的只有绝望与抑郁。

最后,用四句结语概括"貧窮"一词所含义理:天貧人富,不能长久;天富人貧,细水长流。

保守

保

从亻,从呆。最初,呆象幼儿之形。幼儿须父母带在身边加以看护。許慎以"养"训"保"。唐兰《殷墟文字记》说:

> 负子于背谓之保,引申之,则负之者为保;更引申之,则有保养之义。然则保本象负子于背之义。許君误以为形声,遂取养之义当之耳。

唐兰前半部分说得不错,"父丁簋"与"癸爵"上的"保"皆清楚无误地显示了"负子于背"的画面。① 然而,唐氏对許慎的批评则不成立。許慎以为"保"之本义为"养"切中要害,符合中国人对这个字的实际使用情况:

《尚书·召诰》:夫知保抱携持厥妇子,以哀吁天。(保抱:抚养)
《国语·周语上》:慈保庶民,亲也。(这里的保是抚养、养育之意)
《国语·周语上》:事神保民。(保:养育)
《诗经·小雅·南山有台》:乐只君子,保艾尔后。(保艾:护养)
戴名世《徐节妇传》:诸孤携持保抱,及长教之,从师受学皆有成,为县诸生。

……

---

① 引自《漢語大字典》第一卷,四川辞书出版社、湖北辞书出版社1988年版,第160页。

婴幼儿不能自理，一切由人，許慎把婴幼儿的需求概括为"动静饮食衣服"，很准确。西周的时候，天子嫡长子出生的第三天要进行占卜。主持占卜的士要沐浴更衣，身穿朝服，在门外把嫡长子接过来抱在怀中。此时，射人用桑木弓和六支蓬草做成的箭向天地四方发射。然后，保姆接过孩子。可见，至少自西周始，"保"就与天地结合在一起，不可分割，因为人类的"动静饮食衣服"哪一样都离不开天地自然。西方人认为，一切物质生活资料都是人类通过劳动创造出来的；中国人则认为，一切物质生活资料都是自然赐予的。两种认识天差地别，因此对天的态度也随之不同。

守

从宀，从寸。小篆的寸字象人之手。从小篆"守"的字形上看，守乃以手卫。古代男耕女织，皆依靠双手，没有手家计就无法维持。許慎《説文解字・宀部》："守，守官也。从宀，从寸。寺府之事者。从寸。寸，法度也。"①《易经・系辞下》："何以守位？曰仁。"②（取得统治地位者，怎样守住自己的地位？靠实施仁政。）

如果接着问：孰最仁？

回答当然是天地最仁。

这样"守"就有了将时间（寸）锁住的意思，这就是保守。古代没有保守这个词汇（"保守"为现代词汇）。然而，保守之事自古有之。保守之依据就是日月交辉，四季交替，阴阳和合，天尊地卑，千古不易。人类道法自然，故而必须保守天道，不另辟蹊径。孔子"守死善道"（《论语・泰伯》），老子"知雄守雌"（《道德经》），孟子"守身为本"（《孟子・離婁上》），嵇康"守常不变"（《养生论》），荀子"守时力民"（《荀子・富国》）……唯今人不守天道，以科学坏之；不守人道，以自由坏之。

人不守道，天仍授人以福祉，余未之信也。

最后，用四句结语概括"保守"一词所含义理：保天所赐，守天之极；坚守义务，金城汤池。

---

① 引自《説文解字注》，浙江古籍出版社2002年版，第340页。
② 引自《易經通解》，中国致公出版社2010年版，第316页。

学术篇

谁都知道人不学习近乎白痴。至于学什么与怎么学就不是每一个人都知晓的了，甚至可以断定绝大多数人都不知晓，换言之，绝大多数人都不想知晓。其实仔细分析一下"學"这个字的结构，答案立见：

学习什么？

学习爻。

爻是什么？

爻是事物真相，学习就是要知道世界之真相，而不是知道理性主义者带有强烈功利偏见的由逻辑思维得出的结论。

儒道佛

历史上流传着这样一个故事：从前有座山，山上有座庙，庙里有个和尚讲故事。讲的是什么？讲的是从前有座山，山上有座庙，庙里有个和尚讲故事……往复循环，永无终结。其实这是一个概括儒、佛、道的隐喻。用山比喻道，用和尚比喻佛，用讲故事（历史）比喻儒。往复循环则隐喻佛家的六道轮回。这个隐喻想告诉人们：

（一）人类必须一代一代地传递生命的信息，传递信仰，传递道德情操，因为这些都是人类意义之所在；

（二）传递神圣的信息必须有同样神圣的场所，庙社与殿堂就是这样的场所；

（三）场所必须有主持者、传达者，故事中的和尚明指僧人，暗指广义的布道者，即圣人与士大夫；

（四）社或者庙必须建在山（自然）中，以示对自然的敬仰，因为中国之文化传统不仅是儒、道、佛相融合的，而且是天人合一的，游戏永远在山（自然）中进行，而非自拉自唱；

（五）世代传递同一个信息，这个信息就是文化传统，它是至情至性、美轮美奂的，因此千万年不易，如果总是轻易改变，它就没有那么大意义了。

下面具体分析儒、道、佛。

儒

从亻，从需。儒，人之精神方面之需也。世间万事莫大于生死。人呱呱坠地尚无思想，故主观上无所需。死则是天大之事，需要举行仪式。周代之儒特指掌握诗、书、礼、乐、射等知识技艺，担任教育、礼仪等方面职务之人。以儒命名源于伏羲、尧舜禹、文王武王周公旦、孔子建立的学问体系，是因为他们的学问都是人最需要的。除了死，成人仪式、结婚仪式、祭祀天地祖宗、建立家庭伦理、普及教化等也都是人之迫切需求。儒家就是解决这些问题的。

儒的读音通濡，意在说明儒对于人犹如水之须臾不可或缺；儒的读音通如，意在说明人必须遵照儒家所揭示的教化行事；儒的读音通乳，意在说明儒之于人犹乳汁之于婴儿；儒的读音通孺，意在说明教化必须从娃娃抓起……

道

从首，从辶。道字很可能出现在西周至春秋。钟鼎文之"道"象婴儿自产道出；石鼓文①之"道"象以手捧首。阴道是人出生必须经过的路径，这是道之最初的含义。隶变之后的"道"有两个基本含义：

其一，具体指道路，那是供人走路的，这个含义由"辶"来表达；

其二，是抽象的道路，即道理或规律，这个意思由"首"（头脑）来表达。

这两个含义都表达出"到"的意思，前者是到达目的地，后者是到达"圣"的境界。《易经》是中国古代专门研究"道"的经书。《易》所说的道，引用帛书《要》的话来说，那就是通过把握吉凶的损益之道，

---

① 石鼓文是我国最早的石刻文字，世称"石刻之祖"。石鼓文承秦国书风，为小篆之先声。石鼓文刻于十座花岗岩石上，因石礅形似鼓，故而称之为石鼓文。

达到顺天地之心的一种理论。有了这种道的理论，人们更便于观察得失、辨别吉凶，分析损益，将天道、地道、人道、时道、君道对象化、符号化、神秘化、系统化、整体化、关系化、理想化。这个"道"囊括了天道阴阳、地道柔刚、时道寒暑、人道上下、君道官府等众多范畴。

关于抽象的道，老子是这样描述的：

> 有物混成，先天地生。寂兮寥兮，独立不改，周行而不殆，可以为天地母。吾不知其名，字之曰道，强为之名曰大。大曰逝，逝曰远，远曰反。故道大，天大，地大，王亦大。域中有四大，而王居其一焉。人法地，地法天，天法道，道法自然。①

须要认真思考的是，在老子看来道并不是最高的，道之上还有更高的——自然。这一点，儒家、佛（释）家、道家的认识完全一致。之所以三者能够融合为一个体系，原因盖在于此。儒家告诉我们该做什么，佛（释）家告诉我们不该做什么，道家告诉我们自然最高，而人在最下面，不足为道。三者合在一起，成为完美的为人处世的学说。这个学说不仅属于中国，也属于世界。

佛

从亻，从弗。佛，人所勿为也。"佛"字出现得比较晚，佛教传入中国之后才用这个字表示一种宗教。这个字顾名思义：人不能为。"不能为"恰巧与儒家的"人之需"（必须为）互补，一个勿为，一个必为，合在一起，告诉人们该做什么，不该做什么。这样，对于人的告诫就臻于完善了。可以这样评价，"佛"字的结构非常巧妙与生动，是汉字蕴含哲理之典范。

最后，用四句结语概括"儒道佛"所含义理：儒释道，行弗思；如其行，上正道。

---

① 引自《諸子集成》第三卷，《道德經·第二十五章》，上海書店1991年版，第14页。

学习

学之正体字为學。

學

从臼，从爻，从宀，从子。臼代表臼齿（槽牙），爻代表《易经》六十四卦中的基本符号，宀表示學问深不见底，须长期摸索研究，子代表老师。

一般情况下，儿童六岁长出第一颗恒磨牙（臼齿），六七岁开始换乳牙，八岁时上下4~6个恒前牙基本长出，周朝以牙齿为依据，规定八岁为入學年龄，后世沿袭。爻是构成八卦或六十四卦的基本符号；理有同然，汉字是记录思想（而非记录语音）的基本符号，所以爻在这里表示事理或學问。宀是穴之省略，走进學问犹如钻进深不见底的洞穴，必须经过艰辛的探索方能走出来，而子（老师）起到引导作用。

综上所述，學字由三个要素构成：一为臼（學子）；二为子（先生）；三为爻（學习内容）。三要素缺一不可。应该特别注意的是，东西方对學的理解不尽相同，西方侧重于开发理性，學习知识；东方侧重于启发道德，温故知新。"温故知新"的"故"不是旧的意思，而是圣人的教导及典章，这些虽然历经千年，其价值却丝毫不减。东西方的學习狀态也大不同。西方人在學习数学时往往产生厌倦与抵触情绪，将學习视为畏途；而东方人在學习做人道理时则轻松愉快，不会产生任何不良情绪。

习之正体字为習。

習

从羽，从白。双羽为鸟之翅膀，白表示白色、白天。白读音同百，表示小鸟数百次地扇动翅膀，为飞翔做准备。"習"简直是一幅小鸟练习飞翔的美丽图画。所以《吕氏春秋·季夏》说："鹰乃學習。"

小鹰學習，人何尝不尔？正如孔子所说："學而时習之，不亦说

（悦）乎。"① 孔子的这句话含义非常深，揭示了这样一个有趣的现象：中国人的认知观不同于西方，中国人认为學问是习得的，而非學得的。西方人强调學，中国人强调習，这是东西方认知的分水岭。之所以东西方走上截然相反的认知路径，是因为东西方对"人"的理解大相径庭。西方人认为"人"是世界的主体，自然是客体②。人生的意义就在于认识自然，改造自然，从自然那里攫取财富，以不断丰富人类的物质生活。中国人则认为自然是主体，人是客体，人类必须顺从自然，丝毫不能伤害自然，否则人类无法长期生活在自然中。古代圣人已经告诉我们如何效法自然，所以只要认真习得圣人的教诲，自然就懂得如何与自然和谐相处。这就是中国人重视"習"的原因所在。科學是西方强调"學"的必然成果，礼则是中国典型的习得之结晶。前者有利于人类而不利于自然，后者不利于人类而有利于自然。世人对此的褒贬评价往往站在人类立场而置自然于不顾，所得结论难免偏颇。现在，这种偏颇所产生的弊端已经显露无遗，地球与生态环境已经接近自然所能承受的极限，人类与自然的对立愈演愈烈，危机在即。我说唯有儒家的天人合一能够拯救世界，根据即在于此。

最后，用四句结语概括"學習"一词所含义理：學而知之，習而悦之；闻道而死，无所悔之。

曰

曰

从口，从一。从字形上看，曰就是围绕天道（一代表天道）说话。道心惟微，人心不可能窥透道心，只能凭直觉说其大致，正因为如此，曰的读音与"约"相通，也与音乐的"乐"相通。曰字透露出这样的信息：人对天说话与对天奏乐一样，都是表示敬意与服从，表示感激上苍的喜悦心情，绝无征讨自然之企图。古代"说"与"悦"是通假字，表明"说"的情形与"曰"相似，都表示人在自然面前的谦逊。

须注意，古人造曰字的时候，是气从口出的象形，古人注意到张口说话必然要吐气。决定曰的发音很关键，"曰"的读音与约、悦、月（表示

---

① 引自《諸子集成》第一卷，《論語·學而》，上海書店1991年版，第1页。
② 这种认识至今在中国仍有很深的影响。

人说话像月绕日运行中规中矩)、乐等字相通,其义才最终确定下来。可见,文字界流行的"以甲骨文为依据训汉字最准确"的说法具有很大的片面性。汉之后的中国文字才叫汉字。汉字是随时代而变化的,正因为这种变化,其奥旨精义才积淀下来,动辄以甲骨文、钟鼎文为据的做法不足为训,应该具体情况具体分析。形声抑或会意并不是对立的,有的场合是先形声后转为会意,有的场合则相反,有的场合二者兼而有之。至于象形,也不是绝对的,早期的文字用象形比较多些,定型为汉字之后象形字大为减少,以至于不到10%。但象形仍然是汉字最本质的特征。以"曰"为例,古字曰有象形的成分,有会意的成分,也有形声的成分。——这些都不是问题本质所在,问题本质在于:中国人不认为人能够准确地说天说地,能够看穿一切表象进入到事情的内里,搞明白一切事情物理。这正是中国人与西方人本质的不同,西方人恃恃理性,认为人类能够洞悉自然的一切秘密,让自然为人类服务,自然中蕴藏的宝藏最终都属于具有理性这一利器的人类。

有人说,中国古人对天的虔诚与尊敬换来的是受西方列强的欺辱,所以中国人必须改变对自然的态度。是的,世态炎凉,列强逼迫中国人不得不拿起科学技术之利器,以其人之道还治其人之身。这无可厚非。然而一定要清楚,这是迫不得已的事情。树欲静而风不止,有人把自然当作取之不尽的仓库,能搬走的搬走,搬不走的毁掉,我欲阻止,而取宝人手握利器,我能奈何?

最后,用四句结语概括"曰"字所含义理:子在川上曰,逝者如斯夫;来到鄱阳湖,欲言而无语。

名检

名

从夕,从口。許慎《説文解字·口部》:"名,自命也。从口夕。夕者冥也,冥不相见,故以口自名。"《释名·释言》:"名,明也。名实事使分明也。"[①]《说文》《释名》道出"名"的玄机。

---

① 引自《漢語大字典》第一卷,四川辞书出版社、湖北辞书出版社1988年版,第582页。

名有两种，第一种是自命之名（包括父命之名①），另外一种是分辨而后名之。在何处分辨，在冥间（夕代表冥）分辨。孰分辨，后人之口碑分辨。

足见"名"不是统一的，自命甚高而口碑不济者不能长久保持其名。人在世时口碑好可以得一时之名，能否得长久之名，那要由其在后人心中的口碑决定。口碑就是名誉、名声。谚语"人过留名，雁过留声"之名指的就是名誉、口碑，绝非名利之名。

中国的名文化源远流长而且博大精深，几乎能单独构成一门学问。以中药名为例。中药的名称中，"瓦楞子"带"子"却不是子，是一种泥蚶与魁蚶的贝壳；"没食子"带"子"也不是子，而是树干或树枝上的虫瘿，而黄药子、白药子等中药均与子无关。冬虫夏草叫作草却不是草，而是草菌寄生在幼虫上的实体以及幼虫尸体，其他叫草而非草的还有凤眼草、灯芯草、通草等。蚕砂、夜明砂、望月砂等都不是砂，而是动物粪便。补骨脂言脂而非脂，实为一种豆科植物的果实。浮海石名石而实际上却是脊突苔虫的骨骼。再如译名，往往中文译名反能让原文增辉，如"Utopia"译为乌托邦、"Harvard University"译为哈佛大学、"Coca Cola"译为可口可乐堪称经典。

华夏物名之妙，不可胜数。

检之正体字为檢。

檢

从木，从僉。許慎《說文解字·木部》："檢书署也，从木僉声。"段玉裁注："书署，谓表署书函也。"表署书函，就是把杂乱的书函整理归类做上标记，便于查找。这个意思至今犹存，运动会檢录之檢正是檢之原意。

从檢之原义中派生出"法度""节操"两个意思。大凡人死之后，历史都会像"檢书署"那样给每一个人正名、定位。芸芸众生被檢出，节操好、贡献大者留名青史。儒家将历史的这个功能称作名檢。

---

① 《礼记·内则》："适子、庶子见于外寝，抚其首，咳而名之。"岳麓书社 2001 年版，第 393 页。

综上，名檢就是历史给予每一个死者的名分，籍籍无名者占绝大多数，他们不能进入史册，有德之贤者则得到相应名分。儒家认为，名檢是公平的，不会低估君子，也不会高估小人。

名檢具有巨大的感召力，它是中国人奋发向上的最强大、最持久、最有效的动力，也是对儒家乐生主义生活信念的一种支撑。历史上为名檢而牺牲自己的利益甚至生命的事情数不胜数，文天祥是其中的典型代表。他发出"人生自古谁无死，留取丹心照汗青"的铿锵之声，至今震撼人心。在一定意义上，正因为有名檢，才有华夏五千年光辉灿烂的文化，才有持之以恒的传统，才有无数不计较个人得失的仁人志士为这个民族的繁荣富强而献身。

决定名檢的因素是个仁者见仁，智者见智的问题。我将其归纳为：（一）道德节操方面之显示；（二）敬天敬祖方面之贡献；（三）忠君爱国①方面之表现；（四）绍述文化传统方面之努力；（五）道德文章方面之建树；（六）齐家方面之作为；（七）造福于民方面之功德。

名檢有一个不为人们喜欢的特点，那就是它常常是在人死之后发挥作用，而人在活着的时候得不到它。如大文豪陶淵明生前默默无闻，《宋书·謝靈運传论》列举了一长串魏晋诗人的名字，竟然没有陶淵明。劉勰在《文心雕龍》中也对陶淵明只字未提。鍾嶸在《诗品》中提到陶淵明，但在赞扬他时却很珍惜笔墨。陶淵明在世时以及在死后的一段时间，名声远在颜延之、謝靈運之下，甚至在文坛的地位不如殷仲文、王珣等人高，而后者今人几乎无人知晓！

最后，用四句结语概括"名檢"一词所含义理：人皆有常名，唯长短不一；短者一闪现，长者驻青史。

历史

都说历史是为胜利者书写的，历史总是黑暗的。中国的历史却例外，无论胜利者、失败者都原原本本地被写入历史。炎帝是失败者，伯夷是失败者，孔子是失败者，商君是失败者，項羽是失败者，田横是失败者，荆

---

① 现在的人对"忠君爱国"的误读甚多，以为忠君就是愚忠皇帝。其实忠君是忠于高居皇帝之上的权威——天。"君有过则谏"是忠君最常见的表现形式。

軻是失败者，陳勝是失败者，韓信是失败者……他们都在中国历史上占据重要篇幅。

历之正体字为曆。

曆
从厂，从禾，从日。厂代表广大的场所（田野），双禾代表赖以生存的农作物，日代表天、时间、曆法。中国人的天人观、时间观以及曆法都与农耕这一生产方式有千丝万缕的联系。农业的三大要素是空间、时间、劳动。空间是被安排好的，变数不多；经过经验积累，劳动也不成问题；须要着力解决的是时间（天时与节气）。最初的曆表达的就是对农业节气的直觉认识。现代化打破了传统的天时，生产大量的反季节农作物，这并不是福音，只是一时危害尚未完全暴露而已。

史
从口，从手。許慎《說文解字·史部》："史，记事者也。注：玉藻动则左史书之，言则右史书之。不云记言者，以记事包之也。"[①] 之所以史官的"史"由口与手组成，是因为从很早以前中国的记史就存在两种不同方式。

一　记言

史官将有关官员或曆史事件当事人的话原封不动地予以记录，这样的记史方式叫作记言。实际上记言就是现在所说的"口述曆史"，是用白话文[②]书写的曆史。中国早期史书《尚书》多采用记言。

二　记事

史官将记录下来的史料进行文字与结构再加工，变成史官自己的文字创作，这样的记史方法叫作记事。记事当然都是文言文体的，除了忠实于史实之外还具有美学价值，写得好的就是文学作品，如司馬遷之《史记》。

按说，有记言足矣，何必还要记事？换个问法，有白话文足矣，为何

---

① 引自《說文解字注》，浙江古籍出版社2002年版，第116—117页。
② 白话文并非新文化运动的产物，白话文自古就有。

还要文言文？

简单说，文言文有以下四个存在之必要：

其一，口语随着时代而变化，记言是对口语的如实记录，其内容当然也随时代而变化，时间过于久远，人们会读不懂，故而需要一种不变的文体，文言文就是一种相当稳定的文体。所以，从《春秋》开始，中国的史书都是文言文的记事，不再用白话文的记言方式。

其二，较之书面语，口语啰唆，占用的字符多，这在庸器不足的古代是个很大的问题，要想解决这个问题，必须寻找表达简约的文体，文言文正是简约而又不失其意的文体。

其三，记史往往涉及先祖或神灵，须对天命表示敬意，白话文拙于此，而文言文很容易表达敬意。因此，中国古人不仅书写曆史时使用文言文，在写祭文、悼词、檄文、贺词、誓词、士大夫之间书信等场合也使用文言文。

其四，写文言文需要极高的文化素养与表达能力，使用文言文能够避免出现滥竽充数的南郭先生，从而保证文章质量。

曆史到底是对前人社会活动的真实记录，还是后人根据史料进行捕风捉影式的编造？对此，曆来有两种截然对立的主张。信古者认为二十四史基本可信，疑古者则认为没有出土证据则史书所载不足为信。近代疑古主义学派以胡适、傅斯年、顾颉刚等为代表。他们认为，没有文字之外证据的曆史都不足为信。顾颉刚先生写过一篇题目为《紂恶七十事》的考证文章，他认为紂王的七十条罪恶多为后人加上去的，紂王没有司馬遷描写的那样恶。顾先生还罗列了明细表：

战国时代加二十四条罪状；

西汉加二十一条罪状；

东晋加十三条罪状。

顾先生还举例说，劉向描写的鹿台高千尺，皇甫謐却将尺变为丈，等于紂王要爬到两千米高的地方享受，这可能吗？

诚然，劉向、皇甫謐所说是实，然而那些都是文学夸张的说辞，与曆史毫无瓜葛。这正好说明用村言俚语随便写出的文字不能当作曆史读，只有用文言文正经八百写出的曆史才是可信的。

最后，用四句结语概括"曆史"一词所含义理：歷源于农业，史源于事功；易源于伏羲，教源于周孔。

政治

政

从一，从止，从攵。一代表天，与下边的"止"合在一起表示"止于天"（止于天为"正"）。攵在这里表示"敲打"，转义为警戒，也就是说政治就是时刻注意保持"止于天"的底线。

一般都认识到政有治民之意（如《左传·隐公十一年》中有"政以治民，刑以正邪"之说），但同时忽视了"止于天"，即忽视了政治家的行为底线（不能伤害天）。毋宁说守卫底线才是中国政治家的首要职责，治国治民则是第二位的。①

"攵"也有形式的意思。中国古代社会，政治的第一利器不是西方那样的法律，而是寓于礼之中的各种形式，从服饰礼仪到行为规范几乎无所不包。中国的政治模式是自然的微缩版，二者在结构或机理上几乎一模一样。西方中世纪是政教合一，中国古代则是"政天合一"，带有强烈的东方文化色彩。

如果问：西方的法治与中国的礼治有何区别？

我会这样回答：西方的法律属于"质"，它独立于形式，人们在不犯法的时候不会感觉出法律的存在，因此人们不可能通过法律培育出自觉性；东方的礼则寓于形式，人们随时随地都能感觉到礼的存在并对它产生敬畏，从而培育出遵守礼的自觉性。

治

从氵，从厶，从口。厶表示私心或私利，口表示人，氵是水平的意思，转而生出统一的意思。这个字刚造出的时候表示"治水"，现在"治"仍然有"治水"之意，但通常要说"治水"才能达意。

除去治水的意思，所谓治，就是祛除或弱化私心，把各种不同的人统一起来，像治水那样以疏导为主，而且在施行过程中要一碗水端平。孔子与孟子都有许多很好的政治观。如孔子的"为政以德""礼以导民""察

---

① 学界主流认为中国历史上发生的改朝换代的战争不属于一般意义的政治，要另当别论。

人之法"①"服民之法"②"使人敬忠"③"不可无信"等与孟子的"忧民之忧""以德服人""上好下甚""有过则改""枉己不能直人""君正国安""天爵人爵""逢迎之罪"等,都是宝贵的政治文化遗产。

最后,用四句结语概括"政治"一词所含义理:政者正也,治者壹也;正者正名,致天命也。

化

化

从亻,从匕。匕,变也。让人改变曰化。一般动物的本性是不变的,唯一能改变动物本性的是环境。人则可以主动实现自我改变、自我超越,做出不受本性中恶的部分制约的事情。这是人最了不起的地方。而西方的科学理性行为则没有超出逐利本性。所以,我认为中国的文化远远高于西方的文明,无论在道德方面还是在智慧方面。

"文化"这一概念为中国所独有,当今世界上所流行的"文化"与"文明"雷同,不能与中国传统上惯用的"文化"一词混为一谈。

文化与文明的区别如下:

(一)文明指人类在物质生活领域的成果,而文化指中国人在精神与信仰领域的建树。

(二)文明是理性的产物,是一分为二的产物,文明会造成人与自然的矛盾,而文化是合二而一的产物,能够促进人与自然和谐(和谐就是一种合二而一)。

(三)文明的动力出自人的自私与贪欲,而文化的动力出自人的善良与慈悲。

(四)文明建树的原则是创新,文化的传播机制是保守。

(五)文明的进程是一条由下至上的曲线,最高的成果永远是"下一

---

① 《諸子集成》,《論語·爲政》:"视其所以,观其所由,察其所安。人焉廋哉?人焉廋哉?"上海書店1991年版,第29頁。

② 《諸子集成》,《論語·爲政》:"举直错诸枉,则民服;举枉错诸直,则民不服。"上海書店1991年版,第35頁。

③ 《諸子集成》,《論語·爲政》:"临之以庄,则敬;孝慈,则忠;举善而教不能,则劝。"上海書店1991年版,第35頁。

个",文化的进程是由上而下,巅峰在数千年前,后人的任务是保守之,继承之,发扬光大之。

(六)文明的结果是造成人类的暴富,文化的结果则是让人类节制欲望,让自然修养生息。

有必要对(六)稍施笔墨。富裕与贫困都是相对于自然而言的,自然资源有限,人类暴富,自然必然穷踧。

文是交错的意思,无论是阴阳交错还是上下交错,抑或其他交错,都是合二而一,是让对立的事物互相融合,组成新的和谐体。比如,儒家的人伦道德就是人性善与人性恶融合之后的统一体。再如,家庭就是人的群聚性与个性融合之后的统一体……

"文"与"化"合在一起就是合二而一。西方的"一分为二"将整体分拆为部分,直至不能分为止。他们称这种方法为科学。科学的本质就是打破事物的和谐与平衡态,让事物处于分裂与不稳定状态,从而获得对事物本质的认识,再利用这种认识为人谋利益。关键在于,人类得到财富利益的同时,自然的和谐被打破,和谐统一体不复存在,利益难以弥补损失。正因为如此,古代,中国不走科学之路,而选择天人合一之路。

中国人选择细水长流,较之西方人选择一夜暴富理智得多。

最后,用四句结语概括"化"字所含义理:文明使人恋黄白,文化培育仁爱心;地球虽好仅一个,金钱生态孰更亲?

教育

教

从孝,从攵。之所以由"孝"与"攵"构成"教",是因为孝是自然界最基本的道德准则,一切真、善、美皆由孝派生。以太阳系为例:德、英科学家推算出月球的年龄为45.27亿年,地球年龄约为45.5亿年,太阳的年龄约为46亿年。从年龄上说,太阳是长辈,地球次之,月亮辈分最小,所以年幼的围绕年长的旋转,构成了太阳系运行图——这种运动排序反映的就是一种人间所说的"孝"的原则。没有"孝"宇宙就形不成章法与规矩,必然乱套。在某种意义上,教就是关于孝的文教。

中国教育的最基本的原则是道法自然,所以人间道德之核心也是孝,有了孝,小家(家庭)与大家(国家)就有了稳定而和谐的秩序。

教之读音通交，意在告诉人们：教育必须在不同事物交互作用下完成。

教之读音通较，意在告诉人们：在比较——特别是对人类与自然进行比较中完成教育，才能够达到目的。

教之读音通叫，意在告诉人们：孝的教育从呼叫父母及长辈开始。

教之读音通脚，意在告诉人们：求教长辈及老师一定要登门拜访，礼节上不能出差错。

教之读音通浇，意在告诉人们：教人犹如浇花，"随风潜入夜，润物细无声"。

教之读音通绞，意在告诉人们：将个人与集体拧成一股绳，以便形成全新的和谐统一体。

教之读音通窖，意在告诉人们：像把蔬菜储存在窖中那样把学到的东西储藏在心中。

教之读音通酵，意在告诉人们：要让所学的东西发酵升华。

育

从㜽（倒过来的子），从月。許慎《説文解字·㜽部》："育，养子使作善也。"[1] 倒过来的子表示逆子、倒行逆施之子，或心术不正之子。从月意味深长：月有圆有缺，比喻将有缺失的孩子育为完美无缺的孩子，从而有利于社会。

中国传统社会非常重视教育，而且完全是根据这两个汉字所蕴含的信息制定教育方法与教育路线。根据《礼记》与《周礼》的记载，学校教学以教学生做人为主要内容，其次是知识、技能。而在做人中，孝顺父母则是最基本的内容。现在，学校几乎完全不教做人，不教孝道，这是现代化送给中国人的最沉重的遗产。现代学校以学外语为重点，更是令人扼腕痛惜。不会做人，满腹数理化，一嘴外语，当"文化汉奸"倒是用得上，对于堂堂正正做人又有何用？

最后，用四句结语概括"教育"一词所含义理：教以孝为先，育使缺变圆；教人育人者，为让子行善。

---

[1] 引自《説文解字注》，浙江古籍出版社2002年版，第744页。

究竟

究

从穴，从九。《尔雅·释言》："究，穷也。"《正字通·穴部》："究，竟也。"①《诗经·大雅·荡》："侯作侯祝，靡届靡究。"②（意思是：诅咒陷害贤良，没完没了。）

现有资料表明，"究"出现得较晚，最早见于小篆，甲骨文、金文、籀文、古文中均未见此字。

究之本义为穷尽。西方之学术以穷尽真理、知识或自然真相为己任，而中国学术则认为天道无穷尽，人类穷尽不了。正如班固所说："六艺经传以千万数，累世不能通其学，当年不能究其理。""学"是学术义理，"艺"是书面或口头传承的六艺（六经）③。六艺是有限的，人对六艺的掌握则无限，永远学不完，永远不能说"我全部掌握了"。

中国古人认为世界可知，可以效法，可以为人师，但人不能穷尽其理，所以世界又是不可知的。——中国人的这种认识代表人类的最高智慧。中国古代学术之宗旨并非发现真理，并非究竟自然全部秘密，而是知其仿佛，描摹其象，化为人文，教化天下，从而实现天人合一。事实证明，中国古人的认识水平很高，无论自然可知与否，知之太多有害无益。应该像老子所说："知其雄，守其雌，为天下谿。为天下谿，常德不离。复归于婴儿。知其白，守其黑，为天下式。"④

人类即使做不到"为天下谿"，也万不能进行登山比赛，争先恐后地爬向山顶。人到了山顶，意味着开始走下坡路。

有人问登山者：你为什么登山？

登山者回答：因为山在那里。

我倒要反问登山者一句：你为什么不登正在爆发的火山，火山也在那里呀？雪山千万年耸立在那里，何罪之有，非要遭受人类的骚扰？

---

① 引自《說文解字注》，浙江古籍出版社2002年版，第346页。
② 引自《诗经》，岳麓书社2005年版，第287页。
③ 六经即六艺，为易经、书经、诗经、礼经、乐经、春秋。其中乐经是口头传承，汉失传，其他五艺都是书面传承。
④ 引自《諸子集成》第三卷，《道德經·第二十八章》，上海書店1991年版，第16页。

登山者以为追究到山的奥秘，其实登喜马拉雅山十次的登山者仍然对它一无所知。

竟

从音，从人（兼从八）。古代，乐曲终了为竟。古语"为德不竟"说的是虽然有德却不能善始善终。竟的甲骨文是一歌女躬身行礼，表示歌曲终了。隶变未伤其意："竟"由音与八组成，"八"是分别相背之形，表示分别。曲终人散，自然要分别。我说从人（兼从八），原因即在于此。

"究"与"竟"本来同义，都是穷尽之意，组合为"究竟"之后意思得到强化，含有一种强烈询问语气，人们常问："究竟怎么回事？"所答往往自以为穷尽了真相，然而往往是个人所见而已。无论何事，简单也好，复杂也罢，究竟其事，何其难也。

最后，用四句结语概括"究竟"一词所含义理：为何有人类，为何有自然，人又该何往？究竟也枉然。

为

为之正体字为爲。

爲

爲字本身就是一篇学术论文。

关于爲之古字，許慎说："爲，母猴也，其爲禽兽好爪。爪，母猴象也。"王育曰："爪，象形也。"罗振玉坚决反对许说，他认爲，爲"从爪，从象，绝不见母猴之状，卜辞作手牵象形……意古者役象以助劳，其事或尚在服牛乘马以前"[①]。

罗文中的"绝不见母猴之状"有武断之嫌，不符合中国的训诂传统。中国的训诂大家们往往说法抵牾，这不仅仅反映解字者学养方面的差异，更深层的原因在于，汉字本就多歧义，有时对立之说不能两立，有时则可以兼容。

---

① 引自《漢語大字典》第一卷，《增订殷墟书契考释》，四川辞书出版社、湖北辞书出版社1988年版，第2033页。

"爲"之早期文字不下十种，其中多数象母猴，少数象大象（其中睡虎地简二三·一的古文象大象）。可以说，象大象抑或象母猴并不影响我们对这个字的理解。总之，古人造这个字，是以动物打比方，说明：

（一）无论人还是动物，生出手与爪子，就是爲做事情的，做事情就是爲；

（二）既然做事情，就会创作，也就是说"爲"一定会不断超越手或爪子的最初功能，不断产生出新的功能，尽管这种趋势是极其缓慢不易察觉的；①

（三）于是，"爲"从有形逐渐向无形演化，衍生出治理、治疗、学习、种植、变成、设置、谋求、演奏、做、办、谓、伪、之（助词）、的（助词）、和（连词）、被（介词）、其（代词）、担任、行爲、用、给予、有、犹（副词）、使等诸多意思。

从"爲"字所演绎的众多意思考察，罗振玉的"役象以助劳"说很难服人。中国人的注意力并不在于向自然索取生产力，而在于开发人的道德与心智，从而实现天人合一。一味向自然索取，一味向自然借力，那是西方人之所爲。中国人的"爲"应该是内敛的。

与"爲"读音相通的字可以举例如下：

委：大地优柔委从，养育了包括人类的众生；

畏：畏天命、爱众生才能真正有所爲；

位：在其位谋其政（政也是一种爲）；

唯：古人对自然唯命是从；

违：不违农时，方有所爲；

威：君子不重，则不威，不威则无所作爲；

卫：保卫自然，才能有所爲；

危：危言极谏，不绝于皇帝耳畔，皇帝方能有所作爲；

微：只有理解了圣人的微言大义方能有所作爲。

……

最后，用四句结语概括"爲"字所含义理：对天无爲，对己有爲；农耕桑织，爲生计爲。

---

① 《尔雅·释言》："作，爲也。"

道德篇

地球看似很大，然而可供人类行走的道路却只有一条，而现在这条路已经被欲望遮掩得严严实实，很难看清。显然，看不清路却要疾行是相当危险的。人类看似很有智慧，然而做到万众一心、与天（自然）一心却很难。道德就是人类的指路明灯，人类当今最需要的不是石油，不是汽车，不是家用电器，而是道德这盏明灯。世界上的任何事物都在不停地变化，往往变得面目全非，唯有道德，不变则昌，变则衰。就连袁世凯也深深懂得这个道理。就在胡适、鲁迅之流猛烈地解构道德的时候，袁世凯下了这样一道政令：

> 中华立国以孝悌忠信礼义廉耻为人道之大经。政体虽更，民彝无改……自顷以来，人心浮动，于东西各国科之精微未能通晓，而先醉心于物质文明，以破个人道德，缘饰哲学，比附名词，厚污彼贤，私遂已过。抑知立国各有本末，岂能举吾国数千年之嘉言懿行，一扫而空。前述八德，百姓与能，乃妄者以为不便于己，弃如弁髦，造作莠言，误人子弟，几欲化全国人民为不孝不悌不忠不信无礼无义无廉无耻而后快……言念及此，忧心如焚。为此申明诰诫，须知家庭伦理、国家伦理、社会伦理，凡属文明之国，靡不殊途同归。此八德者，乃人群秩序之常，非帝王专制之规也。当此存亡绝续之际，固不必墨守旧说，拘拘于一家之说，亦岂可侵轶范围，毁冠裳而随鳞甲。惟愿全国人民恪守礼法，共济时艰。其或倡作诐词，引人入阱。国有常刑，岂能宽纵……①

---

① 《政府公报》第 144 号，1912 年 9 月 21 日。

真乃金玉良言也。

德

德

字如其形：端庄周正，饱满丰腴，结构配置与组合排列巧夺天工。

德从彳，从十，从四，从一，从心。"彳"表示人很多，同时表示人的各种社会关系，如男女关系、夫妻关系、亲子关系、君臣关系以及朋友之间的关系等。德字中含有"彳"，表明中国古人造这个字是为了解决各种复杂人际关系的。

德字中的"十"表示玉的十种品质，后来用以比喻君子的十种美德：仁、知、义、礼、乐、忠、信、天、地、德。玉之品质来自于天地的养育，来自于时间的陶冶，来自于安宁的自然环境（没有在其形成之前被采掘）……总之，玉是天人合一的模范，集敬天与爱民于一身。故而中国人以玉喻德，让玉成为德之象征。

德字中的"四"表示四德。古人对四德的表述有两种：其一，《周易》以元、亨、利、贞为四德；其二，儒家以孝、悌、忠、信为四德。四与"彳"一样，也是表示天人合一与人际关系的，只不过"四德"表示得更具体罢了。

德字中的"一"与"心"的组合有两种意思：其一，表示道与人，人服从道为德；其二，表示团结、和谐，德可以统一人的思想，形成民族凝聚力。

古代"德"有"得"与"登"两种读音，意味深长。"得"之读音告诉人们：德不仅意味着付出，同时意味着能够有所得。"登"的读音则表示德的养成是个漫长的过程，贵在坚持。如果把人生比作一座山，要付出终生努力，才能抵达巅峰[①]。

德是儒家思想体系中最重要的概念之一。如果说"道"指的是人对自然的认识的话，那么"德"则是人对自身的品质修炼与意志培养。

[①] 作者在前文表述过反对登山的观点，与此处所说似有矛盾。其实，作者反对登山是反对登喜马拉雅山那样的属于自然的山，对于能够与人和谐相处的山当然可以攀登，还可以居住在山上。

"德"具有共性（世界上所有的民族都产生过关于德的意识。"道"则为中国人所独有）。当然，中国的德也有其鲜明的个性，那就是：德渗透到政治行为之中，影响了中国人的政治观。政以治民，刑以治邪，形成了中国特有的德政。

孔子为德政设计出一幅蓝图：

> 为政以德，譬如北辰，居其所而众星共（拱）之……道（导）之以政，齐之以刑，民免而无耻；道（导）之以德，齐之以礼，有耻且格。①

孔子为政以德的思想完全来自于对天象的观察，是道法自然的产物，也是天人合一的结晶。孔子认识到依法治国，以刑治民，完全能够达到避免犯罪或少犯罪的目的，但是如果人民不知道廉耻，就不可能养成正确的是非观。用道德感化人民，用礼来规范人的行为，人民就能够懂得廉耻，能够产生正确的是非观，从而不仅接受法律管束，而且心服口服。并不像有些人误解的那样，中国古人治理国家以德为先是因为缺乏法治意识，制定不出有效的法律来，所以只能实行德治。事实并非如此。即使就世界范围而言，《周礼》也是一部相当完备的法典。这部优秀的法典最突出的特点就是：（一）以德为先，以德治国；（二）注重教育而非惩罚；（三）以防范为主；（四）以天道为法理依据。总之，礼是中国特有的教化与法律。作为中国的教化，数千年前就已经定型，而且自一出现就处于巅峰。中国的作为法律的礼，完全不同于西方的法律，中国的礼法是事前法，是天理法，是人情法，是首先保护自然，其次保护人的大法。只有在这个前提之下才有德政可言。

施行仁政，上层的表率是关键。孔子说：

> 政者正也。子帅以政，孰敢不正？②
> 上好礼，则民莫敢不敬；上好义，则民莫敢不服；上好信，则民莫敢不用情。夫如是，则四方之民襁负其子而至矣……其身正，不令

---

① 引自《諸子集成》第五卷，《論語》，上海书店1991年版，第20—22页。
② 同上书，第274页。

而行；其身不正，虽令不从。①

孔子的这一思想被世界各国广泛接受，特别是被西方国家接受。西方国家普遍有这样一个共识：对政治家的道德要求远远高于普通百姓，百姓道德上出现瑕疵不会受到谴责，然而换成政治家就成了大事，或许还会因此而下台。现代西方人之所以这样做，是因为他们牢记了孔子的教诲——上好礼，则民莫敢不敬。

在孔子的德政蓝图中，礼治占据重要的地位："礼者何也？即事之治也。君子有其事必有其治。治国而无礼，譬犹瞽之无相与，伥伥乎其何之？譬如终夜有求于幽室之中，非烛何见？若无礼，则手足无所措，耳目无所加，进退揖让无所制。"（《礼记·仲尼燕居》）

礼表现在中国古人生活的方方面面，比如沐浴就要按照道德规范进行，不能乱来。中国的沐浴文化起源于三皇五帝时代，高辛氏为沐浴文化之始祖，这可以在历史典籍中找到证据。周代已经确立了男女（夫妻）不能同浴（甚至不能共用同一个浴室）的礼法。汉代，朝廷官员每五天沐浴一次，那天是要放假的。中国人在祭祀之前沐浴更衣则已经成为定例。

可见，德与礼这两样东西不能分家。

清末民初以降，随着西方文明东渐，中国人掀起一股自戕风，拼命否定自己的文化传统，特别是否定经过数千年积淀形成的文化与道德。正如一位民国时期的文人所说，中国人泼洗脚水连孩子一起泼了出去。现在，我们有必要把孩子捡起来，为孩子疗伤，因为这个孩子并无过错。

最后，用四句结语概括"德"字所含义理：德政即仁政，两事能做成：一制约权衡，二醇化民风。

仁

仁

从亻，从二。許慎《説文解字·人部》：

---

① 引自《諸子集成》第五卷，《論語》，上海書店1991年版，第284—286頁。

仁，亲也。从人二。忎，古文仁从千、心。𡰥，古文仁或从尸。①

仁之古文的两种写法很有意义，"千心为仁"说的是"人之初，性本善"，人人都有仁心，𡰥指的是死者与活人之间的仁爱。尸之古字是人躬身肃立之象形，指古代祭祀时代表天子、王侯等尊贵死者受祭的活人，一般由臣下或晚辈充任。"二"代表阴阳相隔，祭祀就是为了沟通阴阳，使死者得到供奉，生者得到慰藉。古人认为祭祀反映了仁爱之心，所以造了"𡰥"字。"仁"之出现比较晚，应该说老子与孔子是这个字的最初使用者。

仁字由亻与二组合而成。亻代表人类，二既可以理解为天地自然，也可以理解为天地之间的人，还可以理解为阴阳或日月。仁字揭示了这样一些含义：宇宙充满仁爱，表现为天与地互相交流、互相关照，结为一体；人间也应该仿照宇宙形成人与人之间的仁爱，当然，还有人类与自然之间的互相关爱。

𡰥变为仁。这一字形上的转变反映出中国社会由原始宗教社会到人文社会之转变，在这一转变中，孔子起到了决定性作用。中国在商之前的漫长历史中形成对神的原始崇拜，崇拜之虔诚，用心之良苦，实为罕见。从周公旦至孔子的五百年是中国社会信仰的转型期，在这个转型期，昊天上帝被人文教化取代。孔子结束了这个过渡期，为人文教化的确立奠定了坚实的基础。而"仁"在这个教化体系中占据着不可或缺的一席之地。孔子将仁的概念广义化，将其变为人间道德规范。《论语》中总共出现过109次"仁"，出现率在实词中位列第一，足见孔子对仁的重视。然而，后人对仁的理解往往各执己见，难以统一。认识的差别集中体现在将仁单纯理解为人间的互爱，或者在等级制约下的有条件的爱。这样理解远远不够，"仁"最根本的含义不是人间互爱，而是人类对于自然持有仁爱之心，在这个前提下人类演绎自己的文明史或文化史。动物靠相互之间的残酷竞争维持自己的生存，人类可以超越动物，以仁待人，在一定程度上避免血肉相残。

可见，仁是人类超越动物的一个前提，解决的是浅层次的需求。将

---

① 引自《說文解字注》，浙江古籍出版社2002年版，第365页。

"仁"视为孔子学说之核心是不恰当的。《论语·阳货》有这样的记载:

> 子张问仁于孔子,孔子曰:"能行五者于天下,为仁矣。"请问之。曰:"恭、宽、信、敏、惠。恭则不侮,宽则得众,信则人任焉,敏则有功,惠则足以使人。"①

"五者"中只有"恭"与天有关,其余四者都是指谓人际关系的。可见仁并不是孔子学说中的核心概念,其重要性远在"天人合一"之下,也远在"礼"之下。人与人之间的仁爱是在天的庇护之下完成的,如果不敬天,人与人无论怎样互相仁爱,也休想过安定的生活。所以孔子说:"如有王者,必世后而仁。"② 从直观与宏观看,可谓仁者天地佑人也。人不可以须臾脱离天地之护佑,所以中国人造仁这个字,左边是人,右边是"二",形成天地在人之右(佑)的构造。这样,中国人一见到"仁"就会产生"天佑人"的联想,从而对天产生敬畏之心。从义理与微观上考察,正如孔子所说:"仁者,爱人也。"③

谁爱人?

天爱人。

为什么天爱人?

因为人类仁义,所以天庇护人类。

如前所述,虽然老子与孔子是最早使用"仁"这个汉字的圣人,然而老子与孔子对仁的理解不尽相同。老子认为仁义未必本来就是好东西,正因为人们不遵守道,仁义才兴起,并成为人们的道德规范("大道废,有仁义;智慧出,有大伪;六亲不和,有孝慈;国家昏乱,有忠臣")。言外之意,如果大道没有废,仁义就是不必要的东西。显然,老子所说并不符合生活现实。倒是孔子的"克己复礼,天下归仁"更符合事实。老子错在将仁完全理解为"爱人",忽视了天地爱人以及人敬畏天的一面。人类不遵守礼法,为所欲为,天就不佑人类,人类就不能获得安定的生活。韩非子对"仁"做纯技术性的阐释也有些肤浅,他说:

---

① 引自《诸子集成》第一卷,《论语》,上海书店1991年版,第371页。
② 同上书,第288页。古代"世"指三十年。
③ 人的称谓本身能反映自己与他人关系。

> 仁者，谓其中心欣然爱人也。其喜人之有福而恶人之有祸也，生心所不能已也，非求其报也。①

孔子所提出的"仁"并非不求回报，中国人以仁爱之心对待天就是求天保佑；中国人对他人施以仁爱之心就是为自己创造优良的人际环境，从而获得安宁的生活。

其实，仁的钟鼎文也好，古文也好，今字也好，都离不开"二"（天地），脱离天地自然，人间道德就不再有任何意义。反观今日之人类，既不爱人，也不敬天，只顾自己，只敬自己，一切围绕自己。仁爱渐渐淡出人们的生活。现在是将它呼唤回来的时候了。

最后，用四句结语概括"仁"字所含义理：智者爱天，仁者爱人；天人合一，志士仁人。

义

义之正体字为義。

義

从羊，从我。我羊为义。我是羊，具有与羊一样的品德——这就叫作義。人比羊高级，为何以羊自况？

这是因为中国古人习惯于直觉的、具象的、综合的思维方式，一般很少采用逻辑思维的缘故。西方人用逻辑思维决定人类的行为方式，结果是弱肉强食，适者生存，将人类等同于狮子、老虎，进行恶性竞争，在这种竞争中人的道德属性丧失殆尽。中国古人通过直觉观察，发现羊是所有动物中最善良、最慈悲、最唯美的。羊的善与美至少表现为：

（一）羊的身体柔软；
（二）羊的性格温顺；
（三）羊的叫声柔弱；
（四）羊与羊之间不争斗；

---

① 引自《諸子集成》第五卷，《韓非子·解老》，上海书店1991年版，第96页。

（五）羊对食物的要求极为简单；

（六）羊的食物是用之不尽的野草，所以羊的生活习性完全符合可持续生存的要求；

（七）羊天生有孝心，羔羊跪着吸吮母乳；

（八）羊不仅供人食用，还供人类祭祀之用，死前任人宰割，不叫不闹；

（九）羊易于放牧，人类牧羊的成本很低，可以认为羊是对人类贡献最大的家畜之一。

通过认真观察，中国人形象地以"我"与"羊"两个字造了义这个字，意在以羊鞭策人，告诉人们应该像羊那样生活，像羊那样知恩图报，像羊那样温柔可亲。这样就能保持和谐，有孝心，食用可以再生的食物，故而能够天长地久。

不能不提及《周易·坤卦》对宇宙运行规律的描述。按照《周易》所说，天体顺时针运行，地球逆时针运行，所以《周易》以牝马（母马）概括坤卦坚韧的特征，以羊表征兑卦柔顺与和悦的特征。《周易·序卦传》说："入而后说之，故受之以兑；对者，说也。"《周易·彖》说："兑，说也。刚中而柔外，说以利贞，是以顺乎天而应乎人。说以先民，民忘其劳；说以犯难，民忘其死。说之大，民劝矣哉。"这段话是劝民乐天与勤勉的。再加上汉字"义"，中国人就有了生活的勇气与乐观的精神，再也不会被艰难困苦吓倒。

"说"的本字是兑，而"说"与"悦"又是通假字。兑卦表示泽之象，泽中水滋润万物，令万物喜悦并茁壮地生长，显示出一派生机。从兑卦的卦形上看，刚爻得中，柔爻在外，中庸而又平和，正好符合羊的特征。正因为如此，中国古人选择用羊来表征人格，宣喻为人处世原则，并通过简洁的方式将其表现出来，这种简洁的方式就是创造了"義"这个汉字。

義之本义是"怎样做适宜人类约定俗成的准则"，故而义的读音与"宜"相通。宜从宀，从且。"且"是祖宗牌位之象形，祖宗乃是一家一族之始，也是具有权威性的楷模与模范。"宜"强调的是慎终如始（老子曰"慎终如始，则无败事"）。其实，慎终如始正是义的最主要的内容。正因为如此，古人才说："義者宜也。"宜不仅指对人类适宜，也指对自然适宜。如果对自然不利，人类得到再大的利也是不宜不义的。

作为五常之一的"義"，是每一个中国人都应该注意修养的品德，见利忘義或重利轻義表明是小人，不是君子。当然，義也像仁一样，有广義与狭義两种理解。广義的義是规范人类的。

2011年10月，我去曲阜孔庙祭祀先圣，顺便参观了一所小学的传统文化表演，孩子们真挚的表演令我泪流不止。如果所有的学校都能够義字当先，让孩子知道该做什么，不该做什么，即使不会英语，不谙高深之数学，又何妨？

当前，人类的所作所为中最不符合義的事情就是：

（一）征服自然，过度开采自然资源，造成温室效应、厄尔尼诺现象与严重环境污染；

（二）破坏人体环境，使人体内部从自然生理状态变为化学加工厂，滥用添加剂，过度施用化肥与农药，造成人体的严重污染；

（三）用拜金主義取代道德与文化，造成物质与精神之间的严重失衡，人们普遍感到精神空虚，抑郁症患者的人数快速增加，人类的精神健康状况令人担忧；

（四）自然基因正在快速消逝，物种数量快速削减，人类难以得到正常的优化；

（五）人类的一些所谓自由主義的行为促成伦理秩序的崩溃，在婚姻家庭以及公共道德领域越来越无序化……

不立即悬崖勒马，人类危矣，地球危矣！

最后，用四句结语概括"義"字所含義理：羔羊跪乳感动人，效法羔羊有孝孙；人终不能由本性，善恶忠奸以義分。

礼

礼与禮两个字自古并存，而且基本同义。

禮

从礻，从丰。許慎《説文解字·示部》："禮，履也，所以事神致福也。"徐灝注笺："禮之言履，谓履而行之也。禮之名，起于事神。"[①] 这说明，中国的礼是一种实践，而非单纯的意识形态。禮左边的礻表示神，

[①] 引自《説文解字注》，浙江古籍出版2002年版，第2页。

右边由曲与豆构成，曲有两个基本意思：一个是曲折婉转，一个是酒之种子。豆在这里表示古代的一种容器，用来盛祭祀用的食品。曲与禮互为表里。禮之表是曲身鞠躬或作揖，须要表达出行禮者的谦逊。另外，曲是酒之种子，禮则是教化之种子，禮中含有"曲"非常巧妙。

综上所述，禮字至少透露出以下四个重要信息：

其一，禮是中国古人的一种信仰方式与生活方式，中国人将生命理解为：生生我者，生我者，我，我之后代。其中，"生生我者"就是天地自然。所以，禮的施与对象首先是天地自然。

其二，禮的原理是委曲求全，只不过不是舍己从人，而是舍己（矮化自己）从神（表达对自然的敬畏）。

其三，禮是一种程式，是一种很容易学会而且很容易推广的程式（曲本身就是一种形体动作），法律可以寓于禮。

其四，禮与理谐音，说明禮者理也。理是禮之里。

禮的本义是事神致福。何以事神？

中国古人将神拟人化，供给神丰富的食品，供其享用，期待神庇护自己，降福给人间。

禮读音通理，意思是说理是禮的最重要的根据。周禮依据自然的状态将国家管理机构分为六个部门：

一天官冢宰（相当于今之内阁）；

二地官司徒（相当于今之民政部或财税部）；

三春官宗伯（相当于今之宗教事务部）；

四夏官司马（相当于今之国防部）；

五秋官司寇（相当于今之司法部）；

六冬官司空（相当于今之建设部或经济发展部）。

纵观今日之世界，无一不仿照周禮而行，虽然发生一些变化，然而周禮之窠臼历历在目。

禮的意思很丰富，《左传·隐公十一年》是这样概括禮的："禮，经国家，定社稷，序人民，利后嗣者也。"[①] "经国家"即治理、管理国家；"定社稷"即通过法律等手段安定社会；"序人民"即将人民分为若干等级，各就各位，各司其职，使社会井然有序；"利后嗣"即有利于繁衍子

---

① 引自《左传》，北京燕山出版社 2001 年版，第 37 页。

孙，有利于将文化传统传之于后世。《汉书·公孙弘传》说得更简明些："进退有度，尊卑有分，谓之禮。"

从大的方面看无外乎：（一）中国式的法律体系——以《周禮》为代表；（二）中国式的祭祀仪式与生活方式——以《儀禮》《禮记》为代表。

作为法律的禮，昌盛于西周，从共和元年（公元前841年）开始，中国社会逐渐"禮崩乐坏"。"禮崩乐坏"中的禮指谓的是法律，而那时的祭祀、禮仪等则属于"乐"。禮崩乐坏的情形持续了数百年，至汉武帝才基本实现了孔子的梦想——克己复禮。"克己复禮"之禮是全方位的，而且一直持续到清乾隆前后，将近两千年。

必须强调两点。其一，中国的禮法基本上是公正与公平的。正所谓"禮不下庶人，刑不上大夫"。皇帝可以逃避刑，但逃不出禮的制约。

其二，中国的禮始于西周，集大成者则是孔子。《禮》为孔子所作的证据有二：

一是孔子自说，孔子谓老聃曰："丘治《诗》《书》《禮》《乐》《易》《春秋》六经。"

二是扬雄《法言·问神》："《诗》《书》《禮》《易》《春秋》，或因或作而成于仲尼。"也就是说，五经或是孔子所作，或是经过孔子的审订、修改、整理而后成篇。

近代，国人对"禮"渐渐疏远，以至于以讹传讹，将"禮义之邦"误传为"禮仪之邦"。其实，无论内涵还是外延，前者都比后者深而且广。前者包括禮义廉耻、禮义教化、以禮治国等深刻内涵，而后者不过指谓仪容风度而已，二者不可相提并论。

关于禮，中外都有著明的典故。

中国的典故，阎锡山遗嘱就很有意思。阎死前立遗嘱，令妻子在其死后将其日记的第100段、第128段全文刻到墓碑上。第100段写的是：义以为之，禮以行之，逊以出之，信以诚之，为琐事之顺道。多少好事，因禮不周，言不逊，信不孚，致生障碍者，比比皆是。

外国也有有趣的典故。流传着这样一个非常有名的关于歌德与贝多芬的故事：一天，歌德与贝多芬并肩行走在路上。突然，对面缓缓走来国王的仪仗队，贝多芬从仪仗队旁边昂首挺身而过；而歌德则退到路边，脱帽肃立，待仪仗队走过再继续赶路。

当时的西方人普遍认为贝多芬敢于蔑视权威很了不起，而歌德过于平庸。如果当时有中国人在场，一定会持相反的态度，因为在中国人看来歌德的做法不是平庸，而是知书达理。像贝多芬那样逞匹夫之勇并不难，但像歌德那样牺牲自己的尊严保护传统礼仪倒是需要很大勇气的。

最后，用四句结语概括"禮"字所含义理：禮从事神来，祭神如神在；做人而无禮，枉到人世来。

监

监之正体字为監。

監

本字作鑒。監的古文是一个人躬身面对一盆水的象形。隶变之后的監仍不失象形之本义。

了解了"臣"的结构含义，"堅"就迎刃而解了。

許慎《説文解字·臣部》："臣，牵也，事君者。象屈服之形。"①

《广雅》："臣，坚也。"②（《春秋说》持同样说法）

杨树达专门写了一本《臣牵解》，书中说：

> 臣之所以受义于牵者，盖臣本俘虏之称……囚俘人数不一，引之者必以绳索牵之，名其事则曰牵，名其所牵之人则曰臣矣。

杨树达所说是有根据的，鄭玄曾明确地说"臣谓囚俘"。郭沫若也解释过許慎的"臣……象屈服之形"：（甲骨文臣）均象一竖目之形。人首俯则目竖，所以"象屈服之形"者，殆以此也。郭的解释基本正确，然而"殆以此"则值得商榷，应该说"人首俯则目竖"只是其中一个因素。

综上所述，很容易得出这样的推论：所谓臣就是被君主牵引的官吏。这个推论不完全对，也不完全错。"臣"的含义存在一个漫长的变化

---

① 引自《説文解字注》，浙江古籍出版社2002年版，第2801页。
② 引自《漢語大字典》第一卷，四川辞书出版社、湖北辞书出版社1988年版，第2801页。

过程。①

其实，凡含有"臣"的汉字都有服从、屈服之意，只不过有人将服从、屈服理解为奴颜婢膝，那是大错特错了。这里的屈服、服从是一种克己复礼，是对顽固自我放任的本性的自觉约束，是人类最可贵的品质。试想，人类没有自我约束的意识，必然放纵贪欲，让虎兕出柙，群魔乱舞，毁了好端端的世界。

林光义《文源》说："監即鑑之本字，上世未制铜镜时，以水为鑑。"《新书·胎教》说："明監，所以照形也。"唐兰《殷墟文字记》说："象一人立于盆侧，有自監其容之意。"《两周金文辞大系考释》说："临水正容为鉴，盛水正容之器亦为監。"② 如果说"監狱"是收容罪犯的，那么明監、監督、監察则是无形的監狱，刑期之长短、刑罚之轻重完全取决于自己。

汉字是一种特殊的"監"，华夏民族每天都用它来自视、自察、自省，形成了长达数千年之久的具有明确收敛特征的文化传统。正因为有了这样的传统，西方的扩张性的文明才没有成为唯一的生存模式。

中国是世界上最早以鉴自省、以監修德的民族之一，中国人应该因此而自豪，世界上像中国这样自觉将自己放置受批判的位置，自我审视，自我反省，并长期乐此不疲的找不出第二例。

最后，用四句结语概括"監"字所含义理：天若有情天亦"監"，扬善惩恶无有偏；人间有情孰无错，日省三回以自鞭。

诚实

诚之正体字为誠。

誠

从言，从成。所说之话句句成立，不为虚构，是为誠。可以理解为：一旦话说出口就要守诺如守城，正所谓"君子一言，驷马难追"。誠是礼的最重要保证，是礼之大经，同时也是农耕社会之基石。

---

① 引自《漢語大字典》第一卷，四川辞书出版社、湖北辞书出版社1988年版，第2801页。

② 同上书，第2566页。

誠的读音与承相通，是说"誠"应该是代代相承的，一旦中断很难恢复。

　誠的读音与秤相通，是说誠是评价人品的一杆秤，缺斤少两的人不可交。

　誠的读音与澄相通，表明誠者其心自澄，小人怎么搅和也不混浊。

　誠的读音与乘相通，比喻誠者能够驾驭人生，对各种事物的处理都游刃有余。

　《礼记》中出现"誠"字五十三处之多，足见"誠"对于礼节的重要性，对于中国人的重要性。

　实之正体字为實。

實

　从宀，从貫。許慎《説文解字・宀部》："實，富也。从宀，从貫。貫，貨貝也。"① 家有貫（钱财）为實，草木结果亦为實。段玉裁注得好："以物充于屋下，是为實。"②

　如何得到"實"？

　一曰是是非非；

　二曰尸居龙见；③

　三曰读诗、书、礼、乐；

　四曰师法圣人；

　五曰矢志不移；

　六曰以史为鉴。

　誠与實组成"誠實"一词，极其巧妙，反映了二者的因果关系。如果说农耕作业是以誠获實（果實）的话，西方人则是以争获利。二者孰优孰劣，即使引车卖浆者亦分得出来。中国人坚守誠實并不局限于人际关系，也适用于天人关系。中国人对天（自然）也是誠實不二的，决不从

---

　① 引自《説文解字注》，浙江古籍出版社2002年版，第340页。

　② 同上。

　③ 典出于《莊子・在宥》："故君子苟能无解其五藏，无擢其聪明，尸居而龙见，渊默而雷声。神动而天随，从容无为，而万物炊累焉。""尸居龙见"意思是说：停下来像尸体，动起来像龙，比喻动静得宜，与自然合一。

自然那里攫取不义之财，这固然导致中国的相对贫困，然而中国人因为不欠自然的债务而获得心理的平衡，这种心理平衡比任何财富都宝贵。

最后，用四句结语概括"誠實"一词所含义理：诳者获假贷①，诚者得真實；實从稼穑来，贸迁②不增值。

直

直

从十，从目，从一。这个字的字形如其字义，所有笔画都是直的。直的本义是一只眼睛看一条直线，表示"正见"。现在，"正见"除表示直外，还表示正确的见解。中国有句老话叫作"眼见为实"。"十"表示：（一）东西南北；（二）上下左右；（三）数之最大者。下面的横表示大地。"十"与一横合在一起就是目之所及的范围。出了这个范围，就不是直觉所能够认知的了。

中国人以眼见、耳听与触觉感知为真实之凭据，这与西方人以科学实验为真实之凭证大相径庭。

到底哪个可靠？

我以为中国的方法更可靠，原因如下：

（一）中国古人的直觉认知是直接对认知对象的体验，而西方人的科学认知是间接的，决断是非完全凭借于逻辑思维，而置认知对象于不顾③。

（二）中国古人的直觉认知是以崇拜自然为前提的，从整体上把握与认识自然，从不肢解自然，从而保证了自然在人心中的完整性。

（三）中国古人为直觉认知设定了范围，范围之外是禁区。目的是最大限度地保护自然的原生态。

《論語·雍也》有一句话，千百年来人们不得其要："人之生也直，

---

① 假贷：借贷的钱。这里比喻不真正属于自己的财富。
② 贸迁：买卖。
③ 这样的例子很多。比如，哥白尼提出日心说，并非他观测的结果，而是出于对古希腊托勒密的地心说的质疑。他认为星系运行图不会如同托勒密画得那么完美无缺，于是反其道而行之，画出了以太阳为中心的运行图。

罔之生也,幸而免。"① 孔子的意思是:人刚出生的时候是按照"直"的本性做事的,饿了就哭,困了就闹,丝毫不掩饰,不拐弯抹角。然而,一"直"到底也有问题,走向社会的成人都直来直去社会非乱套不可。所以孔子说"罔之生也","罔"是不正直,是"直"的反面。违反直的原则是为了更好地活着,为了免于发生各种灾祸。正如大臣怨恨皇帝是不能直接表示出来的,只能委婉地表达,否则会大祸临头。

西方的"丛林原则"使奉行直觉认知方式的民族大受其害。近二百年,中国人更是饱受西方列强的欺辱与残害。事实证明,孔子的"罔之生也,幸而免"也适用于民族与民族、国家与国家之间。为了幸免于难,我们也要违心大搞原子弹、航空母舰、导弹与宇宙航天器。我们不是有意对自然不敬,是为了生存,实属无奈。

"直"是中国直觉思维的一个注脚。知—智—直构成了中国古人的认知路径。这条路径的核心是不背离自然,不背离道,不冒险寻找快捷方式。西方人相信科学技术,中国人相信自己的眼睛,这是东西方最大的差别。科学技术把人类带进现代化泥潭,而中国古人早就知道不顺着自然指引的路线走,必然误入歧途。

孔子与弟子的对话道出了古人对"直"的理解与活用:

子曰:"孰谓微生高直?或乞醯焉,乞诸其邻而与之。"②(《论语·公冶长》)

子曰:"巧言,令色,足恭,左丘明耻之,丘亦耻之。匿怨而友其人,左丘明耻之,丘亦耻之。"③(《论语·公冶长》)

颜渊季路侍,子曰:"盍各言尔志?"子路曰:"愿车马,衣轻裘,与朋友共,敝之而无憾。"颜渊曰:"愿无伐善,无施劳。"子路曰:"愿闻子之志。"子曰:"老者安之,朋友信之,少者怀之。"④(《论语·公冶长》)

---

① 引自《諸子集成》第一卷,《論語》,上海书店1991年版,第125页。
② 孔子说:谁说微生高直爽?有人向他讨点醋,他不说自己没有,却到邻人那里讨一点儿给人。
③ 孔子说:花言巧语、伪善的容貌,十足的恭顺,这种态度,左丘明认为可耻,我也认为可耻。内心藏着怨恨,表面上却要同他要好,这种行为,左丘明认为可耻,我也认为可耻。
④ 孔子坐着,颜渊、季路两人站在孔子身边。孔子说:何不各自说说自己的志向?子路说:愿意把我的车马衣服同朋友共同使用,坏了也没什么不满。颜渊说:愿意不夸耀自己的好处,不表白自己的功劳。子路向孔子说:希望听到您的志向。孔子说:我的志向是使老者安逸,使朋友信任我,使年轻人怀念我。

子曰："已矣乎！吾未见能见其过而内自讼者也。"①（《论语·公冶长》）

子曰："十室之邑，必有忠信如丘者焉，不如丘之好学也。"②（《论语·公冶长》）

葉公语孔子曰："吾党有直躬者，其父攘羊，而子证之。"孔子曰："吾党之直者异于是，父为子隐，子为父隐，直在其中矣。"③（《论语·子路》）

现在，地球已经被破坏得满目疮痍，大气层也已经千疮百孔，地震频发，洪水泛滥，气候异常，沙尘暴肆虐，战争危机加剧，原子弹、转基因、克隆等科学的宠儿猖獗……在这个时候复习一下汉字，虽不能力挽狂澜，但也足以使自己内心获得些许安宁。

最后，用四句结语概括"直"字所含义理：东直西罔，寰宇不安；直欤罔欤，很难两全。

智

智

从知，从日。细分下去，知从矢（箭头），从口。口不假思索地像放箭似地将话传出去，是为知。——这与西方人所理解的"知"大不一样，西方人的知是经过理性分析、理解之后的心理状态。中国人的知是直观地观察到某一现象，确定无疑之后将其存储在脑子里，并且传播给他人。日是自然的代表，而且又在八卦中表示阳，所以了解日的人最有学问，最有智慧。

"智"这个字把中国的直觉认识方法与西方的理性分析认识方法区分得清清楚楚。知日者智，明示中国古人使用直觉、具象的思维方式认识事物，并在这一认知过程中不断增加智慧。太阳光线伤人眼，在没有科学观

---

① 孔子说：算了吧，我没有看见过能够看到自己的错误便自我责备的人呢？

② 孔子说：在十户人家居住的地方，一定有我这样又忠心又信实的人，只是赶不上我的好学罢了。

③ 叶公对孔子说：我的家乡有一位正直的人，他父亲偷了人家的羊，他便向有司举报他父亲。孔子说：我的家乡的人和你所说的正直不是一回事，他们父亲为儿子隐，儿子为父亲隐。这才算是正当的行为啊。

测仪器的情况下，直接观日考察是愚蠢的自戕行为，所以中国古人从没有动过研究太阳内部结构的念头，只对太阳做直觉与综合的认识，将太阳视为阳之象征（与之相对应，将大地视为阴之象征），形成阴阳和合构成万物的伟大理论。中国人采用这样的认知方式并非因为当时缺乏科学观测仪器，而是因为中国人认为没有必要了解太阳的内部构造，知其仿佛就可以了。所以造了"智"这个字，并用这个字表述中国人的思维方式。

西方人的认知途径与"智"所揭示的思维方式大相径庭，他们不仅对太阳，对一切事物都要寻根究底，以便开发自然，征服自然，从自然那里攫取财富，填充人类的欲壑。在某种意义上，现在的地球满目疮痍、危机四伏乃是西方认知方式结出的恶果。

寻常论师每每诟病中国的直觉认知方式，以为直觉认知不如理性认知高明，是因为这些人评断是非标准有一个前提——能够让人类富有的理论就是好的，反之是坏的，完全不考虑子孙后代的福祉。

即使从所谓真理性的角度进行评价，中国的直觉认知也优于西方的理性主义认知。2012年，英国物理学家希格斯发现了一种新的被命名为希格斯粒子的粒子，正是这种粒子赋予了其他粒子质量与位置，使得基本粒子非物质性的困惑被解除。希格斯粒子本身不具有完全的物质性，它也没有质量，没有固定的位置，它不过是一种"场"。然而，当其他粒子进入这个场便发生神奇的变化，质量产生了，准确的位置也产生了，可以称其为"物质"了。这说明，世界是由两种性质相反的元素组成的，这两种元素只有结合到一起才出现物质，就如一男一女在一起才能生育后代。这雄辩地证明：中国综合的认识论完全符合自然自身的规律，这个规律的核心就是合二而一，就是整体看问题，不能将阴与阳拆开（也就是说不能一分为二，只能合二而一）。

希格斯粒子的发现石破天惊，宣布逻辑理性已经走进死胡同。而中国的直觉认知则越来越显示出其无比优越性。说直白些，直觉认知就是看大自然的脸色行事，就是俯首帖耳地绝对服从大自然，将人类的狂傲彻底收回。

考察智，不能不考察一些同音字。

第一，请注意直——直接的直，直觉的直，直言的直。"仁、义、礼、智、信"中的智指谓的就是关于"直"的智慧。直接认识事物看似很愚蠢，然而这是大智若愚。逻辑理性的认知方式看似严谨，有根有据，实则顾此失彼，属于大愚若智。

第二，请注意祗——祗栗（敬畏）之祗，祗耸（恭敬惶恐）之祗。祗是恭敬的意思。管子说："顺民之经，在明鬼神，祗山川，敬宗庙，恭祖旧。"① 管子的话委婉地告诉了我们智的精髓，那就是"敬"。西方的科学主义显然对自然大不敬，而中国的直觉认知则不伤害自然的一草一木。

第三，请注意旨——旨意之旨，宗旨之旨，旨不涉及细节，只涉及最能代表事物本质的东西。显然，直觉所见就是事物之实质，而其内部结构如何，人类本无权过问。人有人权，天有天权，天权就是天（自然）有不被人类肢解的权利，人类不替天伸张正义，天就会以各种形式向人类还以颜色。

第四，请注意止——止步之止，禁止之止，停止之止。直觉认知就是止于"直"，止于"祗"，止于"旨"。非如此不能与自然恒舞，人类不能长治久安。

东方人与西方人孰"智"？

与其直接回答，莫若换一个问法：东方人的天人合一与西方人的征服自然孰更长久？

答案不言自明。

最后，用四句结语概括"智"字所含义理：收敛贪婪方为智，放荡恶欲非真智；莫道自然无理智，报应来时即可知。

信

信

从亻，从言。《字汇·人部》："信，愨实也……不差爽也。"② 《礼记·礼运》："讲信修睦。"孔颖达注："信，不欺也。"许慎《说文解字·言部》："信，诚也……直言曰言，论难曰语。"③ 也就是说，信要求说话人"直言"，不要诡辩，不要强词夺理。直言是无须多想的，事实怎样就怎样说。现代人对"信"字产生了很大的误解，以为信产生于法律，

---

① 引自《诸子集成》第五卷，《管子·牧民》，上海书店1991年版，第1页。
② 引自《汉语大字典》第一卷，四川辞书出版社、湖北辞书出版社1988年版，第165页。
③ 引自《说文解字注》，浙江古籍出版社2002年版，第92页。

实际上，信的基础是道德，是文化，而法律不过是对不信者的一种惩戒而已。

先贤们对"信"字的解释都很中肯，很重要，尤其是許慎将言与语严格区分开来更具有重要意义。許慎的意思是，言是建立在直觉之上的说辞，语则是"吾言"，是个人见解。直觉之言的言字，虽然也含有口，然而其上有天地玄德（玄德乃是自然无为的品质），面对自然，天不加威而人敬畏之。言从玄，从一，从口，表示说话是有条件限制的，即人在天地的监视下开口说话。"直言"是中国人直觉思维方式的产物，"直言"并非不假思索地乱言，而是看到自然——如日月运行——守信，人模仿之。正如《吕氏春秋·贵信》所说："天行不信，不能成岁；地行不信，草木不大。"① 自然之守（比如节气一到，气候一定发生相应转变，绝不失信）从来不欺骗人类，天道自古如斯，天无私照，地无私覆——这便是中国古人心中道德之基础。中国人凭直觉效法自然，建立了信的道德理念。

信表明人之直言，既然是直言，当然是真情与真心的，说话要算数，不能反悔。正因为如此，信与心谐音，出自内心的话是可信的。

在某种意义上，作为中国古代社会五常之一的"信"代替了法律契约的作用，使得人际关系与酬酢往来更顺畅。所谓"君子一言，快马一鞭"说的是言既出，就有契约效用，不能爽约。远古时代，契约需要专门的刻匠在甲骨或竹片上刻写，成本非常高，于是聪明的中国人约定俗成，用口立约，免去刀笔之繁，效能却丝毫不减。信之用，可见一斑。

信是五常之一，是一种重要的道德规范。说重些，没有信就没有中国数千年的农耕社会，就没有两千多年的文化传统。如果农户与农户或者农户与地主之间言必有凭，事事求诸文牍，那么农民必然被契约等事务纠缠，农事大受影响。有了信这个法宝，难题迎刃而解。直到20世纪30年代，口头约定仍具有与书面契约同等的效力，比如西安事变，蒋中正口头答应停止内战一致抗日，后果然付诸实施，并未爽约。

信的读音与囟相通，说明信非迷信，而是通过大脑批准的，是有主见的信。

信的读音与心相通，则说明信必须是心服口服，不能口是心非。

信的读音与欣相通，是因为诚信是快乐的源泉，谎话连篇的人永远不

---

① 引自《諸子集成》第六卷，《吕氏春秋》，上海書店1991年版，第250頁。

会快乐。

信的读音与薪相通，是因为信誉中含有能量，如同柴薪，能照亮人心，照亮前进的路途。

信的读音与馨相通，是因为信誉能够让人馨香远闻，得到好名声……

须注意，信是对中国人治学态度的高度概括。信的对象至少包括：

（一）自然，相信自然所表现出来的一切都是对的；

（二）道，相信道无所不在，无所不覆；

（三）神启，相信天赐河图、洛书的真实意义；

（四）圣人，相信尧、舜、禹、周文王、周武王、周公旦、孔子的事迹；

（五）美与善，相信美、善是道德之核心；

（六）历史，相信《尚书》《春秋》《左传》《史记》等典籍是圣人真传；

（七）祖先，相信祖先能够庇护今人；

（八）五经，相信五经都经过孔子的整理、删约或再创作；

（九）汉字，相信汉字是圣人根据天启而创造出来的，是中国人的思维体操与百科全书；

（十）传统，相信传统是文化最重要的载体，好的文化可以代代相传。

现代社会，事事皆需有书面立约，闹得合同满天飞。离开强制毫无信誉可言，就像马戏团的狗熊离开食物的引诱毫无作为。然而，许多人竟然说这是社会发展与进步的标志。

呜呼！混淆黑白竟至如此！

最后，用四句结语概括"信"字所含义理：重信者齐心合力，无信者分崩离析；今人重约因无信，有约无信又何必。

恕

恕

从如，从心。"如"的甲骨文（前五·三〇·三）、石鼓文象女人听从男人吩咐，后来演化为女口。

如心为恕，恕蕴藏于人的本性中。正如孔子所说："子贡问曰：'有一言可以终身行之者乎？'子曰：'其恕乎！己所不欲，勿施于人。'"①
"恕"的本义正如孔子所论述的，是仁爱，是推己及人的仁爱。有些国家将这种仁爱称为"黄金法则"，意思是比黄金还珍贵。

孟子把这种仁爱概括为四端：

> 人皆有不忍人之心。先王有不忍人之心，斯有不忍人之政矣。以不忍人之心，行不忍人之政，治天下可运之掌上。
>
> 所以谓人皆有不忍人之心者：今人乍见孺子将入于井，皆有怵惕恻隐之心；非所以内交于孺子之父母也，非所以要誉于乡党朋友也，非恶其声而然也。
>
> 由是观之，无恻隐之心，非人也；无羞恶之心，非人也；无辞让之心，非人也；无是非之心，非人也。
>
> ……
>
> 恻隐之心，仁之端也；羞恶之心，义之端也；辞让之心，礼之端也；是非之心，智之端也。
>
> 人之有是四端也，犹其有四体也。有是四端而自谓不能者，自贼者也；谓其君不能者，贼其君者也。
>
> 凡有四端于我者，知皆扩而充之矣。若火之始然，泉之始达。苟能充之，足以保四海；苟不充之，不足以事父母。②

孔、孟皆主张人性善，区别仅仅在于说法不同，孔子喜欢用"恕"与"直"表示人性善，孟子则将人性善归于恻隐之心，并将其概括为四端。荀子的人性恶论看似与孔、孟抵牾，实则一脉相承。荀子所说的"恶"乃是指人很容易产生足以吞噬善的恶念，必须建立礼制以杜绝恶念。孔、孟的人性善多指理论，荀子的人性恶则站在实践与操作的立场上，出发点有所不同，仅此而已。从本质上说，至少人可以表现出本能的善，尽管这种本能的善时刻有被恶念吞噬的危险。儒教（礼教）的建立就是为了防止这种危险。从修行的角度说，习儒很简单，就是驱除恶念，展示出"恕"的真心——无论与怎样性格的人都能友好相处。

---

① 引自《諸子集成》第一卷，《論語·顔淵》，上海書店1991年版，第263页。
② 引自《諸子集成》第一卷，《孟子·公孫醜上》，上海書店1991年版，第138—140页。

恕可以组成饶恕、宽恕等词语。有余为饶，屋大为宽。心胸宽广的人才可能做到恕。

想起《新唐书》记载的这样一件事：唐太宗在攻打潞州时，路遇一个五代同堂之家，而且听说五代人相处得还很融洽。出于好奇，唐太宗不由得询问家长如何做到五世同堂的。家长回答："无他，唯能忍耳。"

家长所说的忍就是对"恕"的具体应用，颇有效。范仲淹的儿子范純仁堪称中国历史上恕的楷模。程颐与范純仁为同僚。范純仁退休之后的一天，程颐前来拜访，当范純仁表现出对自己当宰相时的留恋之情时，程颐很是不以为然，直截了当地说："仁兄你当年有些事情处理得不妥，难道你不惭愧吗？"范純仁不慌不忙地说："愿闻其详。"程颐说："你任宰相的第二年，苏州发生百姓抢粮事件，你有义务向皇上禀告真情，你却沉默，致使众多百姓遭殃。"范純仁连连点头说："是啊，我当初应该站出来为百姓说话。"程颐接着说："你任宰相第三年，吴中闹灾荒，百姓以树皮、草根为食，地方官多次上报，你却置若罔闻。"范純仁说："这是我的过失。"

过了一段时间，皇上问政，召见程颐。程颐述职之后，皇上夸奖他说："你大有当年范純仁的风范啊！"程颐对范純仁抱有成见，不愿意与他相提并论，忍不住问皇上："范純仁常向皇上进言吗？"皇上指着案几上的奏折说："这些就是范純仁当年的奏折。"程颐读了这些折子恍然大悟，原来自己冤枉范純仁了。第二天，程颐登门道歉，范純仁哈哈大笑说："不知者无过。您不必这样。"从此二人和好如初。

就这样，范純仁与程颐演绎了一出关于恕的活剧。这个故事载于《宋史·范純仁传》。范純仁真可谓宰相肚里能撑船！

最后，用四句结语概括"恕"字所含义理：恕乃推己及人，世称黄金法则；世间人皆遵守，足以免灾除祸。

孝

《吕氏春秋·孝行》云："夫执一术而百善至，百邪去，天下从者，其惟孝也。"[1]

---

[1] 引自《諸子集成》第六卷，《吕氏春秋·孝行》，上海書店1991年版，第137页。

孝

从老（略匕），从子。老在上，子在下。金文的"孝"象一位驼背老人的手抚摸一少年的头。看到这样的画面，自然而然产生两层联想：（一）老为尊，子为卑，卑者服从尊者；（二）上行下效，以老为师。而孝的读音更是意味深长：孝者校也，教人以人文也；孝者笑也，教人以乐生（老而无忧才是真正的乐生）；孝者晓也，教人通晓天下至理也；孝者效也，上行下效也，表明中国传统社会不仅尊重老人，也效法老人，老人处于价值之高端，为众人学习效法之楷模。更为难能可贵的是，在中国，"孝"的理念并非来自于逻辑推理或者逻辑演绎，而是效法自然的产物，换言之，孝的现象本就存在于自然界。慈乌即乌鸦。李时珍对乌鸦有过详细描述，他说：此鸟出生，之后母鸟为雏鸟喂食六十日，小鸟长大后则反哺六十日，以此报答养育之恩。如果雏鸟翅膀硬了，不再管母亲的死活，那么母鸟必死无疑，因为母鸟为养育雏鸟已经耗尽心血，导致羽毛脱落，失去了捕食能力。其命运握于自己的子女之手！文学家蘇轍感于此，写出"鸟哺何辞日夜飞"的诗句。

汉字孝充分展示了中国传统社会是尊老的社会。

西方崇尚逻辑理性，在逻辑推理方面年轻人占优势，老人较之年轻人终究迟钝一些，所以西方是年轻人的天堂、老年人的地狱。古代西方一直流传这样的说法：

远古的时候，忒拜城附近一座山的悬崖上有一个人面怪兽，名叫斯芬克斯，每逢有人路过他都会让路人猜一个谜语：什么东西早晨用四条腿走路，中午用两条腿走路，晚上用三条腿走路？

无数人因为答不上来而被怪兽吞噬。只有俄底浦斯猜中了——人！

猜中又如何？在西方至今仍是儿童的天堂，中年人的战场，老年人的墓地！

中国从整体上评价人，认为老年人最值得尊敬，因为老年人经历人生的大部分过程，经验最丰富，见识最广。所以《周礼》有五十杖于家、六十杖于乡①、七十杖于国②、八十杖于朝③的敬老措施。杖代表德性与资

---

① 杖乡：西周时，人到六十岁，就有资格拄拐杖，有这条拐杖走遍乡里都受到尊敬。
② 杖国：西周时，人到七十岁，可以在全国拄拐杖，走到哪里都受到尊重。
③ 杖朝：西周时，人到八十岁，可以在朝廷当着皇帝的面拄拐杖，当然也会受到满朝文武官员的尊重。

历，很具权威性，有了这个权威，老人的三条腿由贬义转变为褒义。中国崇尚先贤。大千世界，林林总总，不用毕生精力感知它就得不到真知，老年人的智慧一般更胜于年轻人，所以才形成以老为宝的价值观。舜姓姚，名重华，号有虞氏，史称虞舜。相传舜的父亲瞽叟及异母的弟弟象多次欲置其于死地。一次，他们先让舜修补谷仓，等到舜爬到谷仓顶部他们立即从下面点火，想烧死舜。聪明的舜高举斗笠跳下，得以幸免于难。又一次，他们让舜掘井，乘舜在井下之机，他们下土填井，舜掘地道逃脱。事后舜毫不怨恨，仍恭顺父亲，慈爱弟弟。舜的孝行感动了天帝。舜在厉山耕种，大象替他耕地，鸟儿代他锄草。帝尧正是因为听说舜孝顺才把两个女儿娥皇和女英嫁给他，经过多年观察和考验，选定舜做继承人。舜登天子位后，看望父亲时仍然恭恭敬敬，并封象为诸侯。

根据《周礼》记载，西周时法定退休年龄是七十岁，一般可以推迟至七十二三岁。那是因为老年人是宝贵的人才资源，不可替代。这样的社会产生孝的文化再正常不过了。

西方追求平等，他们认为人与人生而平等，由竞争所产生的格差是社会奖惩机制造成的，不算是对平等法则的破坏。所以，孩子不必对父母尽过多义务，甚至也不必给予老者特殊的尊严①。足够长寿的每一个人都经历过年轻时的辉煌与年老之后的落寞——这也算是一种公平。

传统的中国社会的情形与西方社会迥异。

从生理上说，老年是人生最为不幸的阶段，不仅多病，而且时时刻刻受到死亡的威胁，心理上很难安宁。中国古人通过孝道巧妙地化解了老年人的不幸与尴尬。具体办法就是尽可能给老人以尊严，让老年人老有所得。更为巧妙的是，足够长寿的每一个人都能够得到这种优待。总的来说，年轻人先付出尊严而后又得到尊严，这种做法颇为公平，颇为有效。

孝道的更大意义在于，老人所具有的非理性智慧可以在一定程度上抵御过度的理性主义，从而使人类社会不至坠入科学主义深渊。

一般来说，年轻人喜欢功利，老年人则喜欢恬淡，如果一个社会能够让恬淡制约功利，就可以防止过度功利化，防止拜金主义盛行，有利于社会的健康，也有利于人类的健康成长。

孟子说："不孝有三，无后为大。舜不告而娶，为无后也。君子以为

---

① 基督教信徒的家庭，孩子对父母直呼其名。而在中国，直呼父母之名者则被视为逆子。

犹告也。"① 宋朝的赵岐列出三不孝：

一谓阿谀曲从，陷亲不义；

二谓家贫亲老，不为禄仕；

三谓不娶无子，绝先祖祀。②

看得出来，中国的传统孝文化是讲道理、顺人情的。阿谀父母与盲目清高都是不孝。

近百年来，孝文化受到西方个人主义思潮的极大影响，年轻人纷纷宣告自己的人格独立，不再对自己的父母尽什么义务。这种思潮达到甚嚣尘上的程度。文化虚无主义者钱玄同三十岁时曾郑重宣告，老人对社会毫无意义，所以凡四十岁仍然不死的应该"绑缚天桥枪毙"。为宣泄反对古、反对老的情绪，三十七岁的他在北京召开的一次国语大会上高呼："打倒古文！打倒汉字！打倒国粹！"钱玄同过了四十岁却不身体力行自己的号召，鲁迅看不下去了，写了这样一首打油诗："作法不自毙，悠然过四十。何必赌肥头，抵挡辩证法？"

可见，蔑视老人的人，自己也都想当老人，不愿意年轻时便死。既然如此，何不遵从孝道，安度晚年呢？

最后，用四句结语概括"孝"字所含义理：遵从孝道，以老为宝；后生谦恭，社会协调。

---

① 引自《諸子集成》第一卷，《孟子·離婁上》，上海書店1991年版，第313页。

② 同上。

信仰篇

人类的糊涂认识千千万万，以信仰为甚。一般人总是认为信仰上帝才是信仰，信仰自然则不是信仰。其实信不信上帝绝对不是断定是否有信仰之标准，如果所信之上帝完全是人造的，那么信这种神就不一定是真正的信仰。对人类有益的信仰，信仰对象只有一个，那就是代表自然的神。这种信仰包含有像对待神灵那样对自然的虔诚。

仰

仰

从亻，从卬。卬为仰之古字。許慎《说文解字·匕部》："卬，欲望有所庶及也。"① 《荀子·议兵》："上足卬则下可用也；上不卬则下不可用也。"② 统帅者令人敬仰，下面当兵的就能够用命；做统帅的不足令人敬仰，下面的人当然就不会用命。

《字汇·卩部》："卬，翘首望也。"③ 翘首即昂首。

昂首做什么？

如果是在户外，如果是晴天（这样的概率很大），一定能看到太阳。之所以仰有信仰、崇拜的意思，是因为太阳是人类肉眼能见到的最大、最亮的星体，能够给人间带来温暖与光明。温暖与光明对人类实在太重要了，人类崇拜太阳的理由是非常充分的。

仰与阳读音相通，意味着中国人的信仰不是产生于宏大的宗教叙事，

---

① 引自《説文解字注》，浙江古籍出版社2002年版，第385页。
② 引自《漢語大字典》第一卷，四川辞书出版社、湖北辞书出版社1988年版，第310页。
③ 同上。

而是产生于最基本的直觉,产生于中国人对太阳(代表自然)的深切崇拜。这与西方的宗教信仰有着本质的区别。西方人所崇拜的是人自己——这个命题是费尔巴哈明确提出的,他为此专门写了一部很厚的著作,书名是《基督教的本质》。他在这部书的第九章里说:

> 世界并不就是上帝,世界是上帝之他物,是上帝之对立物。如果这样说法太强了,词句上再考究一下,则至少是跟上帝区别开来的东西。但是,跟上帝区别开来的东西不能直接来自上帝,而是仅仅来自上帝里面某种跟上帝的区别。另一个人格是这样一位上帝,他在自己里面跟自己区别开来,他使自己跟自己对立起来,因而自己成为自己的对象,自己意识到自己。上帝之跟自己的自我区别,是那跟他区别开来的东西之根据;从而自我意识是世界之源泉。上帝只是由于想到自己才想到世界。想到世界就是创造世界。产生先于创造。世界——并不就是上帝的另一本质——之生产性的理念,是以另一个跟上帝同等的本质之生产性的理念为媒介的。①

费尔巴哈的论述有些拗口,不过意思已经表达出来,那就是,基督教崇拜的本质就是人崇拜自己造的上帝。我觉得,费尔巴哈的这一论述价值千金,他道出了这样一个会使许多人——包括东方人也包括西方人——尴尬的现实:实际上西方基督教并不是有神论的,基督教在本质上是崇拜人的宗教而非崇拜神的宗教。换言之,基督教并不具有宗教普遍具有的约束人在自然面前所作所为的功能——至少可以说这个功能有缺陷——基督教允许人有罪(原罪),也允许人犯罪,只要犯罪之后向上帝表示忏悔,罪恶就可以一笔勾销。——这正是西方人肆无忌惮地向大自然进军的底气之所在。

最后,用四句结语概括"仰"字所含义理:仰以观天文,俯以察地理;德如山仰止,行如景②行止。

---

① [德] 费尔巴哈:《基督教的本质》,商务印书馆2013年版,第123—124页。
② 景:太阳。

尊

尊

从酋，从寸（另一种写法从廾）。"酋"有三个基本意思：

（一）陈酒；

（二）酿酒官；

（三）部落、部族之长。

"寸"具代表性的古文象手之形，寸也有三个基本意思：

（一）长度单位，十分为一寸；

（二）器物之极小或时间之极短，"圣人不贵尺之璧而重寸之阴，时难得而易失也"①；

（三）寸脉，气口成寸，以决死生。

综上所述，"尊"这个字事关重大，相当于人体脉象中生死攸关的气口。这里的生死攸关主要指生命的延续，换言之指人类，若想人类能够像酒一样，存之久远，越久越醇，离不开"尊"。

尊谁？

尊给予我们寸之阴者。

谁主持尊的仪式？

部族之酋长（君主）。

用什么方式尊？

举樽酹之。

——如此，形成尊所勾勒出的图画。

許慎《説文解字·酉部》："周礼六尊：牺尊、象尊、箸尊、壶尊、大尊、山尊，以待祭祀宾客之礼。"

关于六尊，《周礼·春官》有详细描述：

> 司尊彝：掌六尊、六彝之位，诏其酌，辨其用与其实。春祠、夏禴，祼用鸡彝、鸟彝，皆有舟。其朝践用两献尊，其再献用两象尊，皆有罍，诸臣之所践昨也。秋尝、冬烝，祼用斝彝、黄彝，皆有舟。

---

① 引自《諸子集成》第七卷，《淮南子·原道》，上海書店1991年版，第10頁。

其朝献用两著尊，其馈献用两壶尊，皆有罍，诸臣之所昨也。凡四时之闲祀：追享、朝享，祼用虎彝、蜼彝，皆有舟。其朝践用两大尊，再献用两山尊，皆有罍，诸臣之所昨也。凡六彝、六尊之酌，郁齐献酌，醴齐缩酌，盎齐涚酌，凡酒修酌。大丧，存奠彝，大旅亦如之。[①]

可见，古代的尊起源于祭祀。祭祀是人类最尊贵的行为，所以祭祀的时候最需要尊，须处处尊，时时尊，一举一动、一言一行都要尊。

最后，用四句结语概括"尊"字所含义理：天尊地卑，男尊女卑；此天之道，非人所为。

永

永

从丶，从一，从水。許慎《说文解字·永部》："象水坙理之长永也。诗曰：江之永矣。凡永之属皆从永。"[②]

水是人类最基本的生活资料。《尚书·洪范》将水列为五行之首[③]，足见其重要。难得的是，水还有如下特殊性质：

（一）流动性（水往低处流）；

（二）融合性（水可以融化物体）；

（三）稳定性（变为水蒸气或冰之后可以还原为水）；

（四）聚集性（水通常总是聚集在一起）；

（五）透明性（没有隐私）；

（六）服务性（水的存在就是为维持生物的生存）；

---

① 引自《周礼》，岳麓书社2002年版，第192页。这段话的意思为：司尊彝掌管六尊、六彝陈设之位置，告知滤酒酌酒的方法，辨明各种尊彝（祭祀的礼器）的用处与里面的酒的种类。春季祠祭、夏季禴祭，行祼礼用鸡彝、鸟彝，都装在承盘上。朝践用两献尊，再献用两象尊，皆有承盘，供诸臣酬酢之用。秋尝祭、冬烝祭，行祼礼所用的斝彝、黄彝，也都有承盘。朝践用两著尊，其馈献用两壶尊，皆设有罍，供诸臣饮酒酬酢之用。凡四时不常举行祭祀，如禘、祫，行祼礼用虎彝、蜼彝，皆有承盘。朝践用两大尊，再献用两山尊，皆设有罍，供诸臣饮酒酬酢之用也。凡盛在六彝、六尊之中的酒：郁齐用献酌的方法，醴齐用缩酌的方法，盎齐用涚酌的方法，事酒、昔酒、清酒用修酌的方法。大丧或大遣祭所用的彝尊，大旅所用的奠彝亦如此。

② 引自《说文解字注》，浙江古籍出版社2002年版，第569页。

③ 《尚书·洪范》："五行：一曰水，二曰火，三曰木，四曰金，五曰土。"

（七）脆弱性（水是很容易被污染的一种资源）。

用一个字概括水的特性，非"永"莫属。所以，永成为一个非常美好的字，在儒家思想中占据重要位置。儒家之主旨非求人生之富贵，但求人类之永永。中国古人厚古薄今的用意也在于从整体上理解"人类"，不给生者以任何特权，否则，人类的生命过程就很难像长江、黄河那样延绵不绝。

中国古人见水生情的例子很多，老子见到水，发出"上善若水"的感慨；

孔子见水吟出"逝者如斯夫"的诗句；

屈原投江，祈求自己的名声像江水那样流传下去；

……

永的读音通用，用分为有用之用（直接之用或现实之用）与无用之用（间接之用或长久之用）。中国人更看重后者。

永的读音通庸，庸的本义是用或者经由。汉字的书写材质被称作庸器，表示汉字像流水那样流传给后世。

永的读音通咏，咏什么？当然是咏传世之作，应时之作是不值得吟咏的。

永的读音通雍，雍是和谐的意思，和谐的本质就是将某种状态保持下去。

永的读音通俑，俑是殉葬用的木人或陶人，希望这些木偶永久地守护在死者身边。

永的读音通勇，只有勇士才能面对"人生如白驹过隙"（莊子语）的现实，以人类之绵延抗拒造物主之吝啬。

最后，用四句结语概括"永"字所含义理：传统如水坚理长，长流不绝泽四方；如若贪图一时富，水断人亡遭祸殃。

巫

巫

从一，从丨，从人。这是象形与会意兼顾的汉字。从象形的角度考察，二人坐在天地之间，与天地沟通。从会意的角度看，表示：（一）人的两种性质——阳与阴（男人与女人或人与鬼）；（二）丨为王之略，表示沟通天、地、人三才。巫的读音通舞，是说巫师通过舞蹈完成其职能。巫师通天时必须有舞蹈这一关键的式子导引（就像气功师发气必须有导引一样）。

巫是最能反映国学精髓的汉字之一。

中国最早的部落首领一般都兼巫师，比如八卦的发明者伏羲就是当时中原部落的巫师，他通天地，知阴阳，能够让人与自然保持协调的关系。据说五六千年前的一天，伏羲正在黄河沿岸巡察民情，忽然河面上泛起五色的光芒，光束氤氤氲氲，升腾而起，接着一匹龙头马身的怪兽现身。这就是后人所说的龙马。伏羲还没有缓过神来，只见龙马已经匍匐在伏羲眼前，伏羲这才得以仔细观察。发现龙马身负一张图，这张图是由圈与点组成的。圈圈点点呈矩形排列。更奇妙的是，圈是右旋的，如卍字，点是左旋的，如卐字。伏羲赶紧把这张图描摹了下来。后人把这张图命名为河图。这件事情被载于《尚书》等文化典籍。

伏羲回到住处之后反复琢磨这张图，受到神启，发现用两个不同符号可以表达复杂的思想，于是他利用阳爻与阴爻画出八个卦形，这就是流传数千年的八卦。

八卦由两个被称作爻的基本符号组成，这两个爻实际上就是巫字中的两个人——阴性人与阳性人。正是这两个性质相反的"人"组成了对国学起到奠基作用的八个卦象：乾（天）卦、坤（地）卦、震（雷）卦、巽（风）卦、坎（水）卦、离（火）卦、艮（山）卦、兑（泽）卦。

伏羲用的方法是"近取诸身（男女），远取诸物（雷、风、水、火等自然天象等）"，显然，巫师最具备这样做的条件。

巫音通无是因为轻气上升，没有负重的人才能通天，满腹俗欲的人是无法与天沟通的。佛家、道家修炼，目的之一就是甩掉浊气，让自己无欲而轻。

现在，巫师几乎绝迹，随之人的欲望越来越重，私心越来越重，身体也越来越重，长此以往，非坠入地狱不可。

最后，用四句结语概括"巫"字所含义理：巫师伏羲，通天大师；体天格物，得天精义。

恭敬

恭

从共，从忄（心）。恭之古文为龏（读公声），象艸拜龍。艸（草）

代表刍狗，是古人祭祀用的代替活物的供品。造这个字的时候中国盛行龙崇拜，故而字的结构中有龙。"龏"变为"恭"反映出龙为中国最高图腾的时代结束，继而进入天地、祖先崇拜时代，而龙逐渐成为皇帝的专崇。

为什么共心为恭？因为人人都有受他人尊敬的需求，这是一种共同的心理需求。

如何满足这种需求？

必须通过恭的读音加以理解。恭的读音通躬，把身体弯下来，让自己变矮，让对方显得高大，这样对方就得到了尊严。当然，事情不是单向的，在别的场合，你也能够得到同样的待遇。大家都这么做，把共同的心理需求化为共同的行动，就有了恭的规范。"恭"的利他行为最终也能使自己受益，所以也是利己的。

敬

从艹，从句，从攵。許慎《说文解字·句部》："句，曲也。"[①] 一般情况下，草不可能长得笔直，只要到一定高度，总会弯曲——在重力作用下垂下来。"敬"所表达的曲，其意思也来自于草。实际上，苟是两个草，强化了弯曲、谦恭的意义。加上右半边的攵，就赋予这种弯曲、谦恭以教化的内容。这样一来，"敬"就成为中国传统文化中相当重要的概念。"恭"与"敬"合起来，教化的意义得到进一步强化。《周礼·地官司徒》记录了西周施行的十二种教育：

> 第一种以祭祀的礼教民尊敬，人们就不会苟且随便；
>
> 第二种以乡射、饮酒之礼教育人们谦让，那么人们就不会互相争夺不休；
>
> 第三种以婚姻之礼教育人们相爱，人们就不会产生怨恨；
>
> 第四种以六乐教育人们和睦，人们的行为就不会乖戾；
>
> 第五种以礼仪辨别尊卑等级，人们就不会犯上作乱；
>
> 第六种以习俗教育人们安居乐业，人们就不会苟且偷生；
>
> 第七种以刑法教育人们处世中正，人们就不会发生暴乱；
>
> 第八种以警戒教育人们敬慎，人们就不会怠惰；

[①] 引自《説文解字注》，浙江古籍出版社2002年版，第88页。

第九种以等级制度教育人们节制，人们就会知道满足；

第十种以世代相传的技艺教民技能，人们就不会失业；

第十一种根据功劳颁发爵位，人们就会崇尚德行而行善；

第十二种根据功绩给予俸禄，人们就会努力建功立业；

以上十二种教育方法的核心就是让人们恭敬。由此可见恭敬两个字在国学中的重要作用。①

现代人对于传统文化越来越生疏，以至于产生许多误会，想恭敬而适得其反。比如，有人为了更尊重自己妻子的父母，不称其为岳父、岳母而改称为爸爸、妈妈。其实，岳父、岳母比爸爸、妈妈更尊敬。古人敬仰泰山，泰山享有"五岳独尊"之地位。李隆基泰山封禅的时候让中书令张頊做"封禅使"，职权很大。张頊利用职务将妻子之父鄭鎰由九品升至五品。张頊的同僚黄幡綽见到他讥笑鄭鎰之升官乃是"泰山之力"。李隆基得知此事大怒，将其官职贬回原来的九品。后来此事传至民间，大家觉得张頊徇私枉法固然可恶，然而他对妻子父亲备加关爱也情有可原，从此人们将妻父尊称为岳父，将妻母尊称为岳母。

可见，中国的各种称呼都包含着深厚的人文文化，不是随意命名的。

最后，用四句结语概括"恭敬"一词所含义理：共心为恭，草垂为敬；恭人自恭，敬人自敬。

跪拜

跪

从足，从危。危从⺈，从㔾。⺈是人的变形，比人多了一个丿。跪的动作由腿与足完成，危的发音与微相通，表示把腿变小，收敛起来，展示出小我的姿态，以示谦恭。

比较难理解的是跪与贵谐音。按照常理，矮化自我应该是猥琐的下贱

---

① 原文：因此五物者民之常，而施十有二教焉：一曰以祀礼教敬，则民不苟。二曰以阳礼教让，则民不争。三曰以阴礼教亲，则民不怨。四曰以乐礼教和，则民不乖。五曰以仪辨等，则民不越。六曰以俗教安，则民不愉。七曰以刑教中，则民不虣。八曰以誓教恤，则民不怠。九曰以度教节，则民知足。十曰以世事教能，则民不失职。十有一曰以贤制爵，则民慎德。十有二曰以庸制禄，则民兴功。

行为，与"贵"何干？

矮化自我是儒家的主要主张之一。矮化自我为的是让自然（神）、祖先、圣人更加高大起来。自然往往通过"形体"变化表现其脾气秉性，比如，天不高兴的时候降豪雨或暴雪，地不高兴的时候发生地震，大海不高兴的时候发生海啸……相反，天高兴的时候透明度增加从而显得高深，地高兴的时候将绿色铺满大地，大地显得厚实，大海高兴的时候……

中国人效法天地自然，在尊贵的自然（神）或先祖圣人面前下跪，通过矮化自我而衬托崇拜对象的伟大。这是一种高级的道德践履，是中国对世界文化的最伟大贡献之一。

拜

从手，从奉（读巩）。扬雄说"拜从两手下"。扬雄说得不错，然而，古文的拜也很像两束草，而且上边是下垂的。古人道法自然，见到草木长高之后顶部一般都要下垂，像是在感谢大地的养育。许慎在《说文解字》里分析的是"捧"："捧，首至手也。"① 奉的具有代表性的古文是两手被一个器械铐在一起之象形。《周礼·秋官·掌囚》说："凡囚者，上罪梏奉而桎。"②

综上所述，跪拜的原意是双腿平铺在地上，双手也伏地，然后头向下屈伸至手的位置，做被桎梏状。

这不是太自卑了吗？

如果想一想今天自然（神）对人类的惩罚，想一想人类越来越接近末日的现实，就会惊叹古人的绝顶聪明。天不可欺，不可侮，也不可置之不理。人必须在天面前跪拜，虔诚地向天神承诺：感谢天神一切所赐，绝不暴殄天物，绝不贪得无厌，绝不忘记祭祀与祷告——唯有如此，人类才得长治久安！

现在，地球病了，天空病了，社会病了，人病了。究其病因，主要是因为人类疏远自然，疏远先祖，拒绝接受圣人教诲，不再跪拜天神（日本、韩国等少数国家仍保留跪拜的良风美俗），改拜金钱，改拜自我。儿女不跪拜父母，学生不跪拜老师倒也罢了，人类不跪拜自然（神），怎能

---

① 引自《说文解字注》，浙江古籍出版社2002年版，第595页。
② 引自《周礼》，岳麓书社2002年版，第345页。

不招致灭顶之灾？

羊羔尚且知道跪乳，人类反而不如动物，呜呼，余欲言无语。

最后，用四句结语概括"跪拜"一词所含义理：跪者自谦，拜者敬天；借助形状，体物承天。

慎独

慎

从忄（心），从真。人的真心（本我之心）是谨慎的，人的胆大妄为是因为起了恶念，而真心又阻止不了恶念，这才产生罪恶。所以儒家创造了慎独[①]这一概念。慎的读音与深相通，表明真心不在表浅之处，是深藏着的，所以特别需要道德修养，需要一种强大的自觉，让它显灵，制止恶念的产生。慎的读音与神相通，表明人越是小心谨慎越接近于神，从而越能正确地把握自己，不做出格之事。慎独是考验人的自觉性的，指在独处的环境中仍然保持自觉，仍然真心服膺道德约束。

用"慎"可以组成以下词语：

慎独（独处时也能谨慎从事）；

慎始（小心谨慎地开始）；

慎终（小心谨慎地收尾）；

慎微（注意细微之处）；

慎火（草名，种植在房顶用以防火）；

慎密（谨慎保密）。

……

独之正体字为獨。

獨

从犬，从蜀。蜀的具有代表性的古文是四条犬，左边一条，右边三条，构成群犬相斗的场面。許慎《説文解字·虫部》说："蜀，葵中虫。

[①] 《礼记·中庸》："莫见乎隐，莫显乎微，故君子慎其独也。"

从虫，上目象蜀头形，中象其身蜎蜎。"① "蜎蜎"（读圆圆）是形容蚕屈曲爬行的样子。蚕是獨行客，它们之间并无配合，是各自为政的，所以取蜀与犭造獨。

关于獨，許慎在《说文解字·犭部》说："獨，犬相得而斗也……羊为群，犬为獨。"② 野狗是群居动物，被驯化之后逐渐失去群居性，变为以个体为本位的家养动物。正因为如此，古人将"獨"设计成现在这个样子，意在告诫人们：人是群体动物，经常互相争夺，接受教化之后能够像狗那样驯服。

《论语·八佾》中有这样一句名言："祭如在，祭神如神在。子曰：'吾不与祭，如不祭。'"（祭祀祖先的时候，应该就如同祖先真的在那里，对其恭恭敬敬；祭祀神灵的时候，就如同神灵真的在那里，对其毕恭毕敬。孔子说："如果我不赞成祭祀，那么祭祀如同没有祭祀。"）

这是对孔子鬼神观的最好概括：鬼神的存在与否是一回事，人类以怎样的态度对待之又是一回事，二者不能混淆。孔子经常提及天命，天命究竟是什么？其实就是上天的旨意。孔子从来没有证明过上天会发出旨意，然而孔子对天命表现出深深的敬畏。以慎獨之心对待天，对待神，对待自然——这正是孔子的伟大之处。

最后，用四句结语概括"慎獨"一词所含义理：天命孤操，只授贤达；圣人慎獨，发扬光大。

社庙

北京天安门的西侧为社（今中山公园），东侧为庙（今文化宫）。社与庙分别是古人与社稷之神以及祖宗沟通的场所。

社

从礻，从土，合在一起就是土地之神。《说文解字·示部》曰："社，地主也。春秋传曰：共工之子句龙为社神。"如果说崇拜天是世界各国共同信仰的话，崇拜土地则是中国人特有的信仰。作为农耕民族，中国人深

---

① 引自《说文解字注》，浙江古籍出版社 2002 年版，第 665 页。
② 同上书，第 475 页。

切知道土地对于人类意味着什么。中国人几乎全部的生活生产资料都来自于土地，土地是中国人的生命线。中国人祭祀土地可以追溯到数千年前。汉代以前只有春社，汉代以后增加了秋社，这样一年中就有了两个国家级的社日。这个传统一直到20世纪初才中断。

中国人的做法与西方人大不同。西方人敬仰天，却不屑地把地踩在脚下，把大地视为人类之奴仆，尽可以供人类驱使。从英国圈地运动开始，土地便备受欺凌，迁延至今，地球早已满目疮痍，不堪入目。许多耕地与牧场已经不再适合耕种或放牧。剩余的50%也将在很短的时间内丧失农业功能。这一恶果就是西方轻视大地、糟蹋大地导致的。

庙之正体字为廟。

廟

从广，从朝。广是宽阔或扩大的意思，朝是朝廷，廟是广义的朝廷，先祖们被供奉在这个广义的朝廷中，一方面享受后人的祭祀，另一方面间接地参与朝廷的各种重大决策，而且先祖们不是摆设，他们在世时的行为举止都成为后人决策的依据。

老北京的布局是"前朝后市，左廟（祖）右社"。现在，劳动文化宫与中山公园依稀可见太庙与社稷①坛的样子，当然更可以看出传统中断、祭祀凋零的败景。昔日的社与廟变为公园，说明现代人只知道游玩休闲，不知道祭祀天地祖先，人类忘本已经忘到除了自己谁都不认，除了眼前利益什么都不关心的地步。现代人只信科学，不信神灵，也无视祖先的生活经验与教诲，我行我素，一意孤行。只有汉字"社"与"廟"仍然活在中国人心中，见证着沧海桑田与世态炎凉。然而也不必过分悲观，有这两个汉字在，至少可以勾起我们的点点回忆，不至使我们完全忘记历史，我们终究是具有五千年文字记载历史的民族！

历史是无情的，也是客观的，社与廟安在，社会和谐无忧。社与廟不在，人堕落为只有欲望的怪物，此时，神灵与祖先就不再保佑人类，人类危矣！

我是从哪里来的？

---

① 社稷：社为土神，稷为谷神。

我要去哪里？

我最终的归宿何在？

这些疑问，不去社廟，纵然想上千年又有何益？

最后，用四句结语概括"社廟"一词所含义理：土神为社，广朝为廟；未亲临者，不知其妙。

感谢

感

从咸，从心。咸者，众人一律也。人与人的身体构造以及组织器官都是一样的，从而直觉中的世界也应该大致是一样的。——这便是感字给予我们的直观提示。凡人皆有感知世界之能力，都会闻而心动，视而有知，触景生情。正如荀子所说："感而自然，不待事而后生之者也。"[①] 也如《潜夫论·本训》所说："天道曰施，地道曰化，人道曰为。为者，盖所谓感通阴阳而致珍异也。"[②]

"感通阴阳而致珍异"一句非常重要，意思是说得到珍异（各种有用的生活资料）的先提条件是"感通阴阳"（在直觉上按照阴阳的规律办事），如果通过破坏阴阳攫取财富，那就会脱离自然的保护，陷入危险境地。现在，人类用理性代替"感通"（直觉），自以为是，已经陷入千钧一发的危险境地，不悔必亡。如果说一个字能够为科学主义者纠谬，那么这个字非"感"莫属。

人与人之不同在于，有人感而产生心理活动，有人感而无动于衷。感而产生心理活动者属于勇敢者（故而感与敢谐音），感而无动于衷者则属于懒惰者。

感与干同音表明，干（做）是感的后续行为，感而后干，一步步迈向君子的行列。感是人人皆有的生理功能。不过，造感字的初衷并不局限于人的心理活动，而是对"天地感而万物化生[③]，圣人感人心而天下和平"[④] 的感知与感谢。

[①] 引自《諸子集成》第二卷，《荀子·性惡篇》，上海書店 1991 年版，第 290 页。

[②] 引自《諸子集成》第八卷，《潛夫論·本訓》，上海書店 1991 年版，第 154 页。

[③] 阴感于阳而有形，阳感于阴而象乃著。

[④] 引自《易經通解·彖》，中国致公出版社 2010 年版，第 281 页。

《春秋公羊传》说:"圣人皆无父,感天而生。"巧合的是,西方也如此,耶稣基督的母亲圣玛利亚就是在梦中感天而生耶稣,与中国的伏羲诞生的情形逼肖之至:

> 伏羲之母华胥氏生活在华胥国,有一天她来到一个叫做"雷泽"的地方游玩,偶见一个巨大脚印,便好奇地踩了一下,于是受感而孕,于三月十八日生下一个男孩子,取名伏羲①。雷泽的巨大脚印其实是雷神留下的,雷神长着龙的身子与人的头②。

"感"亦有道。多愁善感的人很难尽形寿。《素问·至真要大论》说:"所谓感邪而生病也。"然而,感是人的一种心理反应,是即时产生的,事后才产生的反应不是感。感是不经过理性思考的一种自然而然的意识。必须通过教化防止"感邪",让人的精神世界保持健康。比如,作为教化载体的雅乐就是一种感人的手段。《礼记·乐记》云:

> 人心之动,物使之然也。感于物而动,故形于声。声相应,故生变;变成方,谓之音;比音而乐之,及干戚羽旄,谓之乐。乐者,音之所由生也;其本在人心之感于物也。③

《吕氏春秋·音初》是这样描述音乐之用的:"凡音者,产乎人心者也。感乎音则荡乎音,音成乎外而化乎内。"④《礼记·乐记》还说:"人生而静,天之性也;感于物而动,性之欲也。"⑤ 可见,儒家建立礼乐乃是为了疏导人的感情。⑥ 这样儒家的教化就有了前因后果:

天性(静)——欲望——感于物——通过教化引导感情——实现天人合一。

---

① 伏羲生日为农历三月十八,现在中原地区还有在三月十八祭祀伏羲的风俗。
② 《山海经·海内东经》载:"雷泽中有雷神,龙身而人头,鼓其腹。"雷神与女娲、盘古等神一样是人头蛇身。
③ 引自《礼记·乐记》,岳麓书社2002年版,第494页。
④ 引自《諸子集成》第六卷,《吕氏春秋·音初》,上海書店1991年版,第59頁。
⑤ 引自《礼记·乐记》,岳麓书社2002年版,第498页。
⑥ 中国人讲究感性,西方人讲究理性。这是东西方最主要的区别之一。

谢之正体字为謝。

謝

从言，从身，从寸。言是语言，身代表形体动作，一般躬身为敬，屈身为谦，至于拱手更是表达敬意的固定做法。寸则表示分寸或度，谦虚过度变为骄傲，谦卑过度变为猥琐，都远离了謝的初衷。职是之故，言谈、身段、分寸便成为謝的缺一不可的三要素。

"謝"读卸，表示感谢之后卸掉包袱获得轻松。"謝"读泄，表示将郁积心中的不良情绪发泄出来，心情就舒畅了。"謝"读写，说明謝是一种抒发，而且謝完之后在心中要留下印记，就像把字写在纸上。

有意思的是，最初謝的本义是认错或道歉[1]，感激之意是派生的。古人祭祀都含有自责的成分，因为那时人们有一种动辄得咎的感觉，不知道怎样做才能让天神、地神欢心，所以战战兢兢，不敢稍有怠慢。所以，在中国形成了这样一个传统：无论祭祀还是祷告，都含有道歉与感激两种成分。这一点在世界上是独一无二的。

最后，用四句结语概括"感謝"一词所含义理：感出于心，谢出于口；配以形体，一丝不苟。

鬼神

鬼

許慎《说文解字·鬼部》：

> 鬼，人所归为鬼。从人，象鬼头。鬼阴气贼害，从厶。从厶，鬼阴气贼害，故从厶。[2]

落叶归根，入土为鬼，在这个意义上，鬼是人之归宿，没有谁能够逃脱，哪怕位高权重的帝王。阳气上升，浊气下降，地下之鬼自然阴气很重，见不得阳光，只能鬼鬼祟祟，秘密行动，人是观察不出来的。厶是私

---

[1] 日语"对不起"与"感谢"至今用一个词。
[2] 引自《说文解字注》，浙江古籍出版社2002年版，第434页。

的古文，意思与私相同，表示私下、秘密、不公开等意思。

撇开厶不论，鬼字上边是骷髅，下边是婴儿的儿，反映了中国古人的生命观：人死去之后头颅变为骷髅，同时又一茬人降生，新的生命开始，周而复始，永不中断。这种生命观与佛教的轮回、基督教的升天堂完全不同，中国人是从"类"的视角洞察生命的。老子有一段十分精彩的论述："天地不仁，以万物为刍狗；圣人不仁，以百姓为刍狗。"① 按照老子的说法，生命不曾以一瞬，生命犹如用完便弃的草扎成的用来祭祀的狗！是的，在历史的任何一个时点，鬼都远远多于人，人不过是延续的人类中微不足道的一小部分。这一小部分无法改变人类的走向，无法代表鬼发言或决策（鬼的议事场所在神社或寺庙，故而生人的重大决策必须在那里进行）。中国古代社会，不仅掘坟盗墓是滔天大罪，而且古人的人文传统也神圣不可侵犯。

"鬼"字的演变说明中国经历过崇拜鬼神的阶段。鬼的古文从示，汉字则从人（或儿）。作为汉字，"鬼"已经基本脱离了鬼神崇拜，鬼成为人之所归，成为人学中的一个范畴，逐渐摆脱了单纯的神学。

神

从礻（示），从申。示的上面两横代表天地（这是中国人造字时就有的基本规定），下面的"小"字，按照解字专家萧启宏先生的说法："小字：八字中间一钩。在八的撇与捺要产生交变时，中间来了一钩，这一钩代表'合'字中的一。'合'字，上面为八字相交，下面得到一口，其中有节，定于冥数。刚刚诞生出来的小生命年少（幺为一），故为幼。现在一为竖钩，表示'天上一颗星，地上一颗丁'刚刚落地，落在八方之中，小也……小音通消，易塑易消。物小易消，一粒尘埃风一吹就消散了；生命体在幼小时容易去教化它，塑造它，当它长大后，一切都定型了。根据这种现象，君子要有居安思危、见微知著、明察秋毫的品质和能力，做到防微杜渐，把灾难和事故消灭在微小的苗头中。"②

把萧先生对小字的理解运用到对"示"的理解上，示中的小有两种含义：其一为倒着的"三"，表示日、月、星辰；其二，小是小心的意

---

① 引自《諸子集成》第三卷，《道德經·第五章》，上海書店1991年版，第12页。
② 引自《汉字世界》，军事谊文出版社2007年版，第972页。

思，表示侍奉天地要小心。这种对天地的小心正是心存敬畏的体现，有了敬畏，心中才能有神的地位。

　　神的右边是个申字。申字所代表的图像是：自上而下的一束光明——丨贯穿了臼，牙齿咬住来自天上的光明，让光明常驻大地。显然，如此伟大的功德，非神莫办。也就是说，神是使宇宙得以和谐、使人类得以繁衍与生存的神秘而又伟大的力量。中国人自古就对这一神秘力量十分崇拜。有人认为，中国人在帝武乙到孔子的几百年中，把神解构了，建立起关于人的文化体系。这种论断并不符合实际情况。按照上述中国人对"神"的理解，孔子"不语乱力怪神"，但孔子是敬天敬祖的，天与祖合成了中国所特有的神。① 中国人对神的崇拜一直没有放弃，直到20世纪初叶。

　　从偶像的角度看西方是有神论，中国是无神论国家（受人们崇拜的人物孔子是人，而非神）。从对待神秘未知世界的态度看，西方对未知世界采取不断入侵直至完全打破它的态度。中国人则坚守未知世界不可侵犯的信念，中国人与天同在（所谓天人合一）。从这个事实看，中国是有神论，而西方是地地道道的无神论。

　　所以，将来能够拯救人类灾难的一定是中国的天人合一的儒教。

　　最后，用四句结语概括"鬼神"一词所含义理：有气为人，入土为鬼；人鬼共生，社会和谐。

---

　　① 中国古代的神指的是引出万物者，但这不同于基督教之耶和华，中国的神指的就是自然本身，或者说指自然规律之使然者。

人生篇

人生是自然的微缩版，自然的规律在人生中也都能体现出来。直观地看，自然是平静的、一贯的、包容的、刚柔并蓄的、周而复始的……反其道而行之的人生一定是无趣甚至无聊的。

幸福

当我们不珍惜甚至糟践幸福的时候，抑郁就会向我们袭来，骚扰我们，让我们远离幸福。中国古人深谙此理，把其中的道理寓于"幸"与"福"这两个汉字中，传之后代。

幸

从土，从羊。本义为吉而免凶。《尔雅·广义》："幸，非分而得谓之幸。"[1] 总之，本义的幸不是纯粹褒义词。具有代表性的甲骨文的"幸"象镣铐之形，意思是幸福经常与不幸相伴，脱离比较就不存在幸福。老子在《道德经》中所说的"知足者常乐"是对甲骨文"幸"字的形象诠释，至今仍对我们有所启发。这是从辩证的角度认识"幸"的概念。《左传·宣公十六年》中有这样一句有趣的话："善人在上则国无幸民。"幸民就是心存侥幸之民，在仁政之下，百姓不用心存侥幸，也不会产生幸生[2]心理，因为凶与灾并未成为须要摆脱的常态。

可以这样理解隶变后的"幸"：

幸由土与辛组成（这两个字共享土字下面的一横）。这个字揭示：在

---

[1] 引自《漢語大字典》第一卷，四川辞书出版社、湖北辞书出版社1988年版，第434页。
[2] 幸生：心存侥幸而偷生。

土地上辛勤劳作就是幸福。这是幸之正解。这种理解支持中国人走上农业这条可持续发展之路，支持中国人积极的人生观。

农民"幸"吗？

未必。唐朝李绅①有诗曰：

> 锄禾日当午，
> 汗滴禾下土。
> 谁知盘中餐，
> 粒粒皆辛苦。

农民不幸吗？

也未必。

农民所从事的是最崇高的事业，他们负责向大地索取吃穿等基本生活资料，然后将这些生活资料提供给社会全体成员。农民的索取是经过自然许可的，因此不会伤害天地元气，为此他们宁肯忍受劳苦与低效。这不是天之大幸吗？不是人类之大幸吗？

福

左右结构，左边是礻(示)，代表天(神)，右边是残缺的富，代表人为造成的富足。按照左右的顺序，福首先来自于天赐，其次是自己努力，二者结合在一起构成了福。这个字告诉人们：离开了天(自然)就没有幸福，而没有自然庇护的富是残缺不全的。不是吗？当人类只顾眼前利益，竭泽而渔式地开采地球资源以追求幸福的时候，福被肢解了，变得残缺不全，自然环境被污染，人类生病，就不再有真正的福。

最后，用四句结语概括"幸福"一词所含义理：幸太过不幸，福太全无福；残缺与坎坷，常伴随幸福。

---

① 李绅（772—846），字公垂，无锡（今属江苏）人，元和进士，是中唐时期新乐府运动的倡导者和实践者之一，与著名文人白居易、元稹等交往甚密。元稹对李绅说："予友李公垂，贶予乐府新题二十首，雅有所谓，不虚为文，文章合为时而著，歌诗合为事而作。"

吉凶

吉

从喆（略一吉）。喆通哲，聪明睿智。吉告诉我们：去掉一半聪明或将一半聪明深藏不露是吉利的。

这个字涉及对人的智慧、能力、理性的理解与评价问题。

西方自柏拉图之后一直坚持理性主义，先是在哲学层面坚持，后上升为逻辑层面，最后上升为科学层面，形成强大的工具理性。对工具理性可以做各种不同解释，但有一点是公认的，那就是祛除遮蔽，将人的全部智慧与能力释放出来。至于吉凶与否是不加考虑的。中国古人不是这样的，中国人认为不加限制的智慧给人带来的不一定是吉，很有可能是凶。如果某种智慧或能力在给人带来利益的同时还带来凶，不一定划得来。

伎（伎之古文通技）巧指的就是利用过度智慧创造财富的行为。老子说："民多利器，国家滋昏；人多伎巧，奇物滋起。"诚哉斯言！现在民手中掌握的利器不可谓不多，伎巧不可谓不花样翻新，秩序不可谓不"滋昏"，奇物不可谓不泛滥！克隆羊、试管婴儿、人造生命、能分辨胎儿性别的超声波仪器、整容术、化肥、农药、测谎仪、宇宙探月器、深海钻探、氟利昂、地沟油分离机……数不胜数。这些奇物没有给人类带来吉祥，相反，带来的是巨大的、潜在的隐患。

凶

从凵，从乂。許慎《说文解字·凵部》："凶，恶也。象地穿交陷其中也。"徐鍇系传："恶不可居，象地之堃也，恶可陷人也。"《尔雅·释言》鍇："凶，咎也。"《广韵·钟韵》："凶，祸也。"

凶是吉之反义词，本义是天堃、陷阱、灾祸。自然发生的"地穿"以地震为甚。显然，汉字"凶"之所指并不局限于天灾，人祸也可导致"地穿"。现在美国正在研究深度采掘技术，据说采掘深度将超过1000千米，如果深度采掘技术进一步提高，地球就真的被刺穿了，那时即使地球不被一分为二，也再无秘密可言。生活在一个透明的、毫无遮掩的地球上，对于人类来说绝对不是一见好事。

中国古人之伟大与睿智令人惊叹。为了防止"地穿"之凶，中国古人：（一）不采煤；（二）不深耕①；（三）人死不深埋。

作为农耕社会，"地穿"意味断粮，意味断命脉。以"地穿"释凶字也就不难理解了。现在人类的危机主要表现形式就是"地穿"，"地穿"离山崩地坼只有一步之遥，离人类毁灭也只有一步之遥。也许人类尚有最后一线转凶为吉的希望，然而，谋事在人成事在天，天是否能够饶恕人类的罪愆，那就不得而知了。

最后，用四句结语概括"吉凶"一词所含义理：吉凶不独在天神，人力能转凶为吉；华夏有幸知天命，忍受贫困来济时②。

天

汉字是修身养性、理解人生的一把钥匙。在人生之路上，有了困惑或遇到挫折求教于汉字，或许会得到意想不到的收获。

天

从一（天），从一（地），从人。天的甲骨文与早期钟鼎文都象人形，很容易理解为人之头顶为天。

"天"由两横与一个"人"组合而成，上面一横表示天，下面一横表示地，人的一部分在天与地之间表示活着的人，地下的部分表示故去的人。如下图所示：

　　　　一（天）
　　　　丨（活人）
　　　　一（地）
　　　　人（死人）

这种组合透露出这样一个信息：天地不能为活人所独占，它属于延续的"人类"。人的一举一动不仅要考虑活人，还要照顾到死人（死人在"天"字中占的笔画比活人多），甚至还要关照未来的人。总之，要从大

---

① 古代耕地的工具实现标准化，为的就是防止将生土翻起，使土壤丧失肥力。
② 济时：救世。

写的"人"（人类）出发，以保持和谐。无疑，"天"所蕴含的信息对今人具有重要意义。比如，作为一个人，应该孝顺父母，即使父母已经亡故仍应该在清明为父母扫墓，在祭日、诞辰进行祭奠。——因为他们并没有消逝，仍属于"人类"的一部分。

天人合一是中国最重要的文化传统，是儒家的核心思想之一。其要旨在于将天视为有灵性、能够对人间善恶做出正确回应的实体，人类与天和谐相处，合二而一，人不能高居于天之上，更不能支配天、奴役天，就如混沌初开时阴与阳合和而化成万物一样。唯有如此，人类方能长久，天才能不受伤害，天与人才能长久地和平共处。

关于天人关系《礼记·礼运》有令人叫绝的论述：

> 故人者，其天地之德，阴阳之交，鬼神之会，五行之秀气也……故人者，天地之心也，五行之端也，食味、别声、被色而生者也。[①]

许慎将人的这些特征概括为"天地之性最贵者"。（《说文解字·人部》）

也就是说，人心坏，天随之坏。天坏，人类将无栖身之所。

最后，用四句结语概括"天"字所含义理：天庇护万物，地滋润万物；王贯通天地，人在其间舞。

美

美是中国传统文化中十分重要的概念，如果说西方人着意求真的话，中国人则刻意求美。

美

从羊，从大。羊是中国古人最尊崇的动物之一，这是因为羊的外形、心灵与习性都很美。羊之外形美表现为洁白绵软，心灵美表现为知恩图报（羊羔跪乳），习性美就更令人类敬佩了，羊吃草却不啃噬草根，有利于草的再生。当然，羊还有一点让人怜爱之处，就是人类在宰杀它时，它不

[①] 引自《礼记·礼运》，岳麓书社2002年版，第307页。

哭不闹，甘愿将生命奉献给人类。大的读音通达，表示：（一）天下；（二）包容。老子说："天大，地大，道大，人亦大。""美"这个字告诉我们：羊也大，羊所代表的美也大。

美之古文象人戴羊角做成的首饰，或可备一说。段玉裁注《说文解字》中的"美"是这样说的："（美，甘也）甘者五味之一，而五味之美皆曰甘。"①《诗经》首先将"美"用于形容女子之容貌。可见，味道甘与形体好，乃是美之初义。至孔子始见美用来形容艺术所产生的优美。比如孔子曰："子谓《韶》尽美矣，又尽善也。"②

难能可贵的是，中国古人以粪与美互训，反映出其博大的审美情怀："可以粪田疇，可以美疆土。"郑玄注："粪美互文耳。"孔颖達疏："土润辱则土之膏泽易行，故可粪美之，使肥易也。"③

如今，美丑观念已经被颠倒：

古人以自然美为美，今人以人工美为美，所以全球风靡整容术；

古人以道德为美，今人以不道德④为美；

古人以隐晦为美，将美深藏不露，今人以暴露为美，生怕他人看不见自己的隐私；

古人以大智若愚为美，今人以大愚若智为美，崇尚科学，崇尚机器人，崇尚互联网；

古人以男女大防为美，今人以男女平等为美；

古人以约束本性为美，今人以放纵本性为美；

古人以文言文为美，今人以大白话为美；

古人以天主人事⑤为美，今人以民主天事⑥为美；

古人以粪为美，今人以化肥为美。

……

---

① 引自《說文解字注》，浙江古籍出版社2002年版，第146页。
② 引自《諸子集成》第一卷，《論語·八佾》，上海书店1991年版，第73页。
③ 引自《漢語大字典》第五卷，四川辞书出版社、湖北辞书出版社1988年版，第3126页。
④ 在社区中养宠物狗、吸烟、开私人小汽车，在公寓住宅中弹钢琴、袒胸露臂，在公共绿地上喷洒农药，男女在公交车上接吻，把父母当作朋友平起平坐，把孩子当作朋友放任自流等，都属于不道德行为，然而现代人多以为美。
⑤ 天主人事：人间之事必须求得天的同意，即天人合一的政治制度。
⑥ 民主天事：人类自己决定自己的事情，不理会天意，即今人所说的民主政治体制。

如今，"粪美互文"已经成为历史。今人恶粪而好化肥，土地不堪其辱，板结变硬，良田渐渐变为垠地，断粮危险近在眼前。以科学为美的新价值观正在把人类带向毁灭。

最后，用四句结语概括"美"字所含义理：羊美鹿丽①，牛大犬忠；动物皆美，令人惶恐。

善

善

从羊，从艹，从口。中国有许多表示价值取向的字都含有羊字，善是其中一个。毋庸置疑，在各种动物里羊是最善良的。值得注意的是，中国人把"善"设计成"羊食草"，意味深长。老子所说的"人法地"就包括学习羊食草的生存方式。这种生存方式既环保又能持久，草不会有被吃尽的一天。人类何尝不该如此，如果不选择一种可持续的生活方式与生产方式，生命就难以延续。人类生存的首要条件毕竟不是现代科学技术能够提供的，人类永远都是最需要自然的资源——包括空气、水，也包括羊吃的草与人吃的粮食。这些基本的物资匮乏或变质，人也会随之灭亡或者变质。

有如下五个与"善"同音的字须格外注意。

山：博大容物，风吹不摇，地震不陷。人间舍命争夺金银珠宝、名利地位，然而对于山而言，这些东西虽多又有何用？山无语、无欲、无怨、无恨、无私、无仇。不过，山也不是好欺负的，人类把山掏空，山会还以颜色的。

删：欲善先删，人不删除私心恶念无以为善。正如先哲老子所说："为道日损。"

闪：人之念分为两种：一种是恒久之念；另一种是闪念。恒久之念往往是自私的，甚至常常稍带一些恶意，而闪念往往是善念。孟子抓住了人之闪念，提出四端，四端属于闪念，是人性善之体现。

椫：一种木质很硬的古树，古人用椫木制作梳子与勺。椫木以素（无华丽花纹者）为贵，而善心像椫木一样，以简单与单纯为贵。

---

① 鹿丽：丽的正体字为"麗"。麗之一些甲骨文、钟鼎文象雄鹿，以鹿为麗。

禅：祭山川土地曰禅（《说文解字·示部》："禅，祭天也"），皇帝谦让帝位亦曰禅（《论衡·正说》："尧老求禅，四岳举舜"）。足见，禅义通善。

人们经常将真、善、美放在一起，表示人类的审美取向与价值取向，这是没有问题的。但是需要注意，东西方具有巨大的差异：东方重视善与美；西方更重视真。

世界存在善与美，而且求之可得。人类却不能够获得自己所期待的真（即西方人习惯上称为真理的真）。长期以来，人们认为世界上存在真理，以罗素、维特根斯坦为代表的逻辑实证主义者还将真理的范围局限于数学与物理学，似乎这两门学科可以全权代表真理。曾几何时，这种说法已经过时。最新的物理学研究成果告诉我们：数学并不代表真理，因为数学通常所设定的公理永远得不到自证，而物理学的测不准定理甚至向我们揭示，世界的基本属性或许不是物质的……凡此种种，都证明中国传统文化，特别是汉字所蕴藏的无可估量的价值。中国人没有权利小觑它，更没有权利中断它。

最后，用四句结语概括"善"字所含义理：最美是羊，最善是羊；追求善美，华夏泱泱。

阿爸（阿）妈

阿

"阿"代表汉字的字形与读音的巧妙关系。从读音看，"阿"的读音属于最基本的发音，无论大人孩子，突然遇到蛇时都会下意识发出"阿"的声音。从字形看，阿从阝，从丁，从口。阝代表山，是参照物；丁是对男人的称呼，代表阳；口是家口的意思，代表阴。阿这个字是对《易经》高度浓缩之后的图解：左边是作为参照物的山，以山为界，太阳落山月亮升起，月亮落山太阳升起……周而复始。右边是阴与阳，代表人伦方面的男女。如果只能用一个字表示这个世界，那么这个字非"阿"莫属。

阿字的重要性表现为，"阿"是中国人最常用的称呼语，爸、妈的前面往往冠以阿字，以表示爸、妈是我头顶上的天，是生我养我者。

爸、妈二字看似简单，其实蕴藏着丰富的内涵，作为中国人不可不知。

爸

从爻，从巴。爻是《易经》用来表示卦的基本符号元素，巴是传说中的大蛇，名为巴蛇。罗愿在《尔雅翼·释鱼》中说："巴者，食象之蛇。"① 组合起来，"爸"就是人的基本元素（精子）的提供者，精子像蛇一样地蠕动，其中最有力量的获得孕育新生命的权利。爸发音八，正好与八卦相吻合。都说中国人有文化之根，仅仅通过爸这个字就会感到所言不虚。

妈之正体字为媽。

媽

从女，从馬。女无须多说。馬是《易经》坤卦的动物象征。按照易的理论，乾（阳）具有创造性，是主动的、积极的、阳刚的；坤（阴）则是被动的、接受的、温柔的。之所以用牝（母）馬表征坤，是因为天体顺时针运动，地球逆时针运动，地球的运行并不顺风顺水，必须逆势前行。地球（坤）像母馬一样不知疲倦地奔跑，馬尾被甩在后边，飘逸起来。任劳任怨、永不停歇，这就是坤的属性。职是之故，媽发馬的音，而且馬成为"媽"字的重要组成部分。

"爸"与"媽"不是对等的，一个起主导作用，另一个是任劳任怨地接受与忍耐。男女分工以及男女有别也就不可避免，不如此就不能与天道保持一致。如果不顾事实非要实行所谓男女平等、同工同酬，孩子非要将父母当作"朋友"，父母非要与孩子平起平坐②，并非只会引发道德沦丧，导致社会秩序混乱，遭殃的不仅是爸爸、媽媽，还有他们的孩子以及孩子的孩子。

最后，用四句结语概括"阿""爸""媽"三个字所含义理：物大莫若山，恩大莫若爸；耐力莫若馬，慈爱莫若媽。

---

① 引自《漢語大字典》第三卷，四川辞书出版社、湖北辞书出版社1988年版，第2039页。

② 消除辈分差别，实现所谓人人平等，这是从西方舶来的荒唐观念，必须予以肃清。

朋友

朋

由两个月组成，一个是月之实体，另一个是水中月，是月的影子。成语"形影不离"说的就是朋友之亲密程度。朋之古文也是表达实体与影子关系的。王国维认为殷代的时候玉与贝都是货币，只不过用处不同，作为装饰之物，所系之贝、玉，于玉则谓之珏，于贝则谓之朋。古代将串在一起的贝称作朋。有两贝为一朋、五贝为一朋两种不同说法。

作为实体与影子关系的"朋"说的是人际关系，可以视为褒义词。作为贝的单位的朋说的是同类为朋。孔子说："君子和而不同，小人同而不和。"① 显然，挂在腰间的朋——无论是五个贝还是两个贝——总要互相撞击发出声响，这便是"同而不和"。所以，有了朋党之说。朋党是十足的贬义词，小人才会结为朋党。

友

从ナ，从又。ナ是手。又的古字是三个手指之象形。高鸿缙在《中国字例》一书中有这样的解释：

> （又）字原象右手形。手本五指，只作三（指）者，古人皆以三表多。后借为又再之又，乃通假右助之右以代之。久而成习，乃加人旁作佑，以还右助之原。

根据高氏的解释，"友"乃手得助。友的古文两手是平行的，后来为符合审美要求变为现在的样子。有的友的古文酷似"習"，所以"友"含有共同做事、互相合作之意。古人认为同门曰朋，同志曰友。显然，作为君子的为人处世准则，友是高于朋的。

用两只手构造"友"字很有趣。手的传感神经是最敏感的，男女"授受不亲"的禁忌就是因为处男、处女的手碰到一起会有触电般的感觉，如果处男与处女并不是将来的配偶就很麻烦。然而，在同性之间，特

---

① 引自《諸子集成》第一卷，《論語·子路》，上海書店1991年版，第296页。

别是男性之间,如果二人心有灵犀一点通,那么就说明相知相交已经很深,故称之为同志(同志一词出现得很早)。

世态炎凉,朋易得而友难求,所以管鲍之交、老孔之会、李杜之谊等都传为千古佳话。

了解"朋友"二字的内涵就不难理解为什么《论语·学而》将"有朋自远方来,不亦乐乎"[①] 放置首篇了。如果不是求道者,而是求利者来访也许心烦还来不及,哪里有乐可言?

孔子除了是思想家与教育家之外,还应该算是交友大师,他有弟子三千,贤人七十二,这些人中很多成为孔子的终生朋友。多数人一生一个真正的朋友也没有,与孔子相比真该无地自容了。

今天流行这样一句话:没有永远的朋友,只有永远的利益。虽然这句话是针对国家之间的,但许多人不分青红皂白将这句话用于交友,造成恶劣影响。真正的朋友并不牵扯利益,君子之交淡如水,成天在酒桌上打交道的不是真朋友。

最后,用四句结语概括"朋友"一词所含义理:小人同而不和,君子和而不同;要交正人君子,勿交狗友狐朋。

农工商

中国古代的社会阶级排位很稳定,在元代之前一直是士、农、工、商。近百年来,许多人攻讦这种排位,认为这是抑制工商,是造成中国积贫积弱停滞不前的原因之一。他们不知道,世界终有一天会认同"士、农、工、商"的排位。唯如此才可以持续发展,人类也才有前途。

农之正体字为農。

農
从曲,从辰。曲由艹与日组成,表示日头照在庄稼上,庄稼发生弯曲。显然这是一幅生机盎然的农作物图画。辰代表水星(俗称启明星),辰时是早上七时至九时,这正是农民田间作业的时间。为了不误農时,農

[①] 引自《諸子集成》第一卷,《論語·學而》,上海書店1991年版,第1页。

民很守时，天天下地干活。所以農字的下半部分是农民干活的图画。两幅图画构成了農这个与中国人生活与生产息息相关的汉字。

許慎《説文解字》："農，庶人明而动，晦而休，故从農。"① 与《黄帝内经》的"上古之人，其知道者，法于阴阳，和于术数，饮食有节，起居有常……"② 如出一辙。从古代圣人的文字中我们能够感悟出，中国人之所以选择农业，不仅是因为中国的地理环境适于农业生产（这当然是一个重要原因），更是因为中国人认识到：（一）农业可以世世代代地延续下去，只要得当就不会将资源耗尽；（二）从事农业符合天道，是人法自然的具体实施，所以能够得到天的保佑；（三）农业的节奏符合养生原理，有利于长寿。正因为如此，俄国伟大的思想家列夫·托尔斯泰曾经说过这样的话："人类最理想的社会不是西方的工业社会，而是中国古代的農业社会。"

工

从一，从丨。工字像一根柱子顶着天地。这是典型的会意字。凡是工程都得建立在地面上，都得向上或者向下伸展，这是工程的基本特征，工字抓住了这个基本特征。需要注意的是，中国历来都把农业视为主业，将工商并列称为"末业"或"末作"，备受歧视。"工"字的结构揭示：（一）土木工程不得了，上容易伤害天，下容易伤害地，很难把握分寸；（二）通过技巧创造出的财富并非人类最需要的，有其可，无其亦可；（三）天上有神灵，地下安睡着先人，大兴土木对其不敬；（四）工能助长人的贪欲。职是之故，"工"字时刻提醒人们：人类的工程，上不能破坏天，下不能破坏地，必须保持合理的度。

商

从立，从兑。商的组成比较特殊，"兑"被分解开，需要认真组合才能看清。这是古人故意为之，因为中国古人认为逢商必奸，商场云谲波诡，处处陷阱。仿照商场的实际情况，古人造了有点怪异的"商"字。被拆散的商字告诉我们：商人应该兑现承诺，但有时你见不到这些承诺。

---

① 引自《説文解字注》，浙江古籍出版社2002年版，第106页。
② 引自《黄帝内经》，中国戏剧出版社2006年版，第6页。

正因为如此，中国人自古对商就小看三分，将其与"工"一起打入末流。许多国人对此耿耿于怀，认为这正是中国积贫积弱的根源。不错，中国人确实因为蔑视工商而少得到许多财富，然而换一个角度想，中国人也因此保护了资源。如前所述，中国在汉武帝时就发现了煤炭，如果那时就开始开采，中国的煤炭资源早就用光了。

即使在崇尚商业的西方社会，奸诈的商人也会受到诟病。英国戏剧家莎士比亚就因为趁饥荒囤粮卖高价而得奸商的恶谥。虽然莎士比亚于1613年退休时成为名噪一时的大财主，死后却留下恶名，得不偿失，因为他的奸商履历使得他讥讽拜金主义的剧本黯然失色。

最后，用四句结语概括"農工商"所含义理：農人最荣光，劳作换食粮，工商不可少，泛滥必遭殃。

玉

玉

从王，从丶。許慎《说文解字·王部》：

> 玉，石之美。有五德：润泽以温，仁之方也；鰓理自外，可以知中，义之方也；其声舒扬，专（传）以远闻，智之方也；不桡而折，勇之方也；锐廉而不技，絜之方也。象三玉之连①。｜，其贯也。②

許慎对玉的概括令人折服。中国古人称贯通天、地、人三才者为王，即内圣外王。内圣外王指的是心灵（精神、道德、信仰）。玉则是王的物质的、外在的象征。精神、道德、信仰也有外在表现，但那是时隐时现的，不易被直接察觉。玉挂在腰间或置于几案，成为生活中的常见之物，情形便迥然不同，见玉必然联想玉之五德，必然想到"宁为玉碎，不为瓦全"这个古老的箴言，必然想到作为信物，玉成全了无数男女的姻缘……

---

① 玉之古字由三个王组成。
② 引自《説文解字注》，浙江古籍出版社2002年版，第10页。

古代，君子玉不离身①，身不离玉，表征君子时刻注意仪容，时刻注意品德修养。当然佩戴玉还有附加的作用，那就是节行步，整容装，让人行不放荡，坐不歪斜。

古人常以玉喻人，如"白茅纯束，有女如玉"②（用捆扎好的白茅当礼物，如玉的姑娘接受了）的美丽诗句。

巧和的是，玉之开采雕琢与人之选拔擢升逼肖之至，足以互训。王充说："夫采玉者，破石拔玉；选士者，弃恶取善。"③

现代人有将玉当作财富标志的倾向，堂室摆满玉石，以示富贵，甚至以玩玉为务，不思进取。这样做，使"玉"变为愚，变为虞，变为欲（欲望、嗜好），变为娱，变为郁……这样的人忘记了老子的告诫："金玉满堂，莫之能守。"④

玉非器，气也；玉非得，德也；玉非鬻，育也；玉非家产，家传也；玉非有用之物，无用之物也。⑤

最后，用四句结语概括"玉"字所含义理：爱玉者不郁，惜玉者不鬻；守玉者不娱，持玉者不欲。

禁

禁

从林，从示。"林"有两个意思：其一，树木、树林；其二，古代林的读音通灵，代表灵验、灵异。示代表神灵或天象（天展示给人间的景象）。許慎《说文解字·示部》：

> 示……见吉凶，所以示人也，从二。三光，日月星也。观乎天文以察时变。示，神事也。⑥

---

① 《礼记·曲礼下》："君无故，玉不去身。"岳麓书社2002年版，第41页。
② 引自《诗经·召南·野有死麕》，岳麓书社2005年版，第20页。
③ 引自《諸子集成》第七卷，《論衡·累害》，上海书店1991年版，第5页。
④ 引自《諸子集成》第三卷，《道德經·第九章》，上海书店1991年版，第5页。
⑤ 中国古人将直接对生活有用的器物或文化学术称为有用之物，将对人类有间接功用的什物或文化学术称为无用之物。作者认为后者价值更高。
⑥ 引自《説文解字注》，浙江古籍出版社2002年版，第2页。

神事之所一般有很多禁忌——譬如不准打闹喧哗，不准摆摊买卖，不准嬉戏猥亵等，没有禁忌也就不灵验了。神社庙宇总是林木环绕，那样的地方当然有禁忌。

学问是有禁区的，强不知以为知的领域是不能涉足的，所以庄子说："六合之内，圣人论而不议。"① 后世浮华之学支离道义，求入虚诞之域，明里张追求真理之大旗，暗里以求不义之财为宗旨。这一切都是不设禁区的恶果。

禁是人类的一种自觉，是对本性中不利于同类长远利益的冲动、欲望的一种有效节制。如果完全不设置禁区，任凭本性，想做什么做什么，那么人类就很难从一般动物上升为高等动物。不过，不同民族不同国家"禁"的方式很不同，可以归纳如下：

中国以自然为参照，顺自然者行，逆自然者禁。在这个意义上，可以认为《周礼》是一部自然法。这部法典中几乎没有太多人为的东西，全部都是以自然万象所展示的规律作为标准，不许逾越。比如，孝的概念产生于孔子对一些动物的观察，羊与乌鸦等都有孝的行为。孔子据此联系到人，人不能连动物都不如，于是有了家族中晚辈对长辈的禁忌，产生了孝道。

基督教覆盖的国家与地区以耶和华（人的代表）的指示为依据，制定禁忌条文。最有名的是《摩西十诫》。诚然，这些戒律很好，但遗憾的是摩西十诫解决的是人与人的关系问题，没有涉及天人关系，没有解决人类如何与自然共处这个重大问题，故而这些约束条文不免有护短之嫌。

佛教覆盖的国家与地区以佛教戒律为禁忌的依据，符合戒律的事情可为，不符合戒律的事情不可为。虽然有不杀生等禁忌，却缺乏对自然的宏观方面的关照与敬畏。

美国以法律为禁忌的依据，我称之为法律主义。从人与自然一体的角度看，法律主义对人际关系产生影响，对保护自然环境与生态环境则效果不佳。因为暂时利益总是比长远利益更具有诱惑力，况且法律都是人造出来的，都带有偏袒人的倾向性。

日本以在传统中积淀下来的规则为依据，而这些规则并不一定以条文的形式出现，很多规则寓于各种形式（祭祀等年中行事）之中，因此其

---

① 引自《諸子集成》第三卷，《莊子·齊物論》，上海书店1991年版，第14页。

作用是潜移默化的，而且具有超稳定性。当然，日本受到中国传统文化的强烈影响。

　　最后，用四句结语概括"禁"字所含义理：禁是神灵，监视人类；约之以礼，分清是非。

思想篇

思离开心,"囟"不过是一个空脑壳而已;"想"离开心反映的不过是两个事物之间的一般关系而已。用心能够产生有益的思想,用心能够达成奇妙的心交。

思想

思

从心,从囟。囟是大脑,囟逐渐演变为田。然而认识"思"还得从囟与心说起,当然与田也有关系,但那是次要的。

中国古人认为,人的思想活动产生于两个器官——心与囟(脑)[①]。心偏重于感性,脑偏重于理性。二者有主次之分,心为主,脑次之。一个人道德沦丧,说他心坏了,如果说脑坏了,那属于精神病,精神病是纯粹的疾病,与道德关系不大。

现代医学与生理学证明,中国古人的认识是正确的,人的思想活动的确与心有联系。前几年临床上出现过这样一例病案:一位接受心脏移植的患者在成功接受移植手术之后不久无缘无故地自杀了。医生百思不得其解,最后查找出原因:提供心脏的人生前患有严重抑郁症,原来是带有抑郁症基因的供体惹的祸!心脏对人的思想感情的支配力由此可见一斑。

西方人正确认识心的"思"功能至少比中国晚三千年。中国人对"思"的认知具有另外一个重要意义:如果心坏了,不讲道德,思得越深、越妙,对道德与社会伦理秩序的破坏力也越大,正所谓"聪明反被

[①] 孟子对思的功能认识得相当明确,他说:"心之官则思,思则得之,不思则不得之。"引自《諸子集成》,《孟子·告子上》,上海書店1991年版,第467页。

聪明误"。

想

从相，从心。想之本义是思某人某物而不得的一种心理。正如韓非子所说："人希见生象也，而得死象之骨，案其图以想其生也。"① "案其图以想其生"是一种特殊的具象思维。中国古人认为想从心生，故从心而不从囟（脑），这就界定了思与想之区别，思之心理活动乃由心与脑共同完成，想之心理活动则单独由心完成，并不涉及逻辑思维。

一般来说，"想"总会有个引子，因某某而联想到某某（如韓非子所说由死象之骨想到活象）。这种意思恰好由相②表示出来。联想是中国古人常用的认知方法，比如由谷子成熟之后谷穗低垂联想到谷子是在向大地感恩，进一步联想到人也要感谢自己的父母……

"思想"一词系外来词汇，是一百多年前从日本舶来的。中国人从来不将思与想联成一词，因为思的外延大于想，而且词义又有明显区别，组合成"思想"一词很难融入中国的主流文化。这是因为中国古人的思想方法与西方人的思想方法大相径庭，西方人奉行的是逻辑思维（分析思维），中国人则推崇整体思维（综合思维）。李约瑟将中国古人的思维概括为"通体相关"的思维，他认为，也许最现代化的欧洲的自然科学理论基础应该归功于庄周、周敦颐和朱熹等人，他们所认识到的要比世人至今所认识到的更多。

最后，用四句结语概括"思想"一词所含义理：大脑生逻辑，具象生国学；如果无良心，越思越拙劣。

真伪

真有两种写法，一种是真，另一种是眞。

真

从十（代表数量），从目（眼睛），从一（代表面，表示广泛），从

---

① 引自《諸子集成》第五卷，《韓非子·解老》，上海書店1991年版，第108页。
② 参阅本书对"相"的解释。

八（一撇一捺象征一阴一阳，合起来代表卦象）。组合在一起表达这样一个意思：众人亲眼见到的，可以将其视为公认的事实。这就叫作真。须注意，中国人认为只要看见就可以确定是真的，无须实验证明，这与西方人所理解的真理的概念完全不是一回事。真与阵谐音，表示真是一种暂时的假象，真相无时不刻不在变化，所以绝对的真其实是无法捕捉的。

真的另外一种写法是眞。

眞

眞与真有所不同，眞从匕（比较），从目（眼睛），从一（广泛），从丨、横、八（组成一个"公"字）。在眞字里，"公"的两个部分被拆开，匕（表示厶）在上边，八（表示公）在下边。综合起来就是：对众人所见进行比较，化私（个人意见为私）为公（统一的意见为公）。于是眞字就具有了很强的形而上学的含义：比较大家所见，统一的意见为眞。这同样说明，中国人以直觉（眼见）为眞，不涉及逻辑论证。可以认为，中国人在造字的时候就有意回避了逻辑理性，把人们引向追求美与善的道路。

西方文明在萌芽时期就已经确定了求眞之路。古希腊哲学之父泰勒斯实际上是一位不折不扣的科学家。他最喜欢做的事情就是观测天文，记录星体的位置变化，寻求其运动规律。有意思的是，西方确立理性之眞的过程的同时也是否认直觉之真的过程。他们不以众人所见为眞，相反，他们认为真理往往被少数人甚至一个人首先发现，然后众人给予承认。西方的理性概念就是建立在科学家个人主张基础上的。柏拉图认为一个实在的物体只是理念的表象，其根本属性隐藏在理念之中，只有理念才是真实的。亚里士多德为柏拉图解决了证明理念真实的方法，那就是逻辑。

按照柏拉图的理解，中国的传统文化当然不真实，因为中国的传统文化建立在中国人独特的对真（眞）的观察（而非逻辑推理）基础之上。

其实，何止中国传统文化与西方理性之真龃龉不合，就是佛教所理解的真与西方也是不同的。可以认为，世界上有多少学派，就有多少种对真的理解。

如果有人问我，是西方的真更"真"些还是中国古人的真更"真"些？

我会这样回答：

水至清则无鱼，人至真则无趣。如果人类被真牵着鼻子走，那么许多良风美俗就都没有存在的必要了。按照西方的真，一个人向其他人表示敬意可以认为是虚假的，张扬自我才是真的，那么礼节就成为多余的了。

人类的价值主要不是体现为真，而是体现在容忍不真的宽容心上。

伪之正体字为偽。

偽

偽字从人，从為。偽与卫谐音，说的是人做一些不那么真的事情是为了保护人类，保护自己。礼就是一种偽，在这里偽不是贬义，而是十足的褒义。按照中国人的理解，人的作为可以形成文化。所以，荀子将偽与礼互释。

顺着这个思路走下去，可以认为，中国人选择了"人为"的文化之路；西方人则顺应人的本性，任本性自由发展。中国的文学艺术之所以异常发达，正是因为中国人所表达的总是像某某又不是某某，给人以巨大的想象空间，从而让人产生一种特殊美感。

最后，用四句结语概括"真偽"一词所含义理：自然诸象为真，真本无须证明；人为可建礼制，天人合一太平。

世

世

从十，从廿（二十）。直观看，世表示"三十年为一世"。林义光《文源》说："当为葉之古文，象茎及葉之形。草木之葉重累百叠，故引申为世代之世。"古代葉与世确实通用，比如"末世"也作"末葉"。后来转义为人的一生。孟子说："君子之泽，五世而斩；小人之泽，五世而斩。"[①] 孟子的推断与客观情况大致相符，无论皇族还是世家，传至第五代大多会显示出败落的迹象。古人将这种情形形容为"天下没有不散的

---

① 引自《諸子集成》第一卷，《孟子·離婁下》，上海書店1991年版，第340页。也有"君子之泽三世而斩"一说。

筵席"。

《楞严经》传入中国之后，出现了一个新词汇——世界。在这个词汇中，"世"指时间，"界"指空间，"世界"与宇宙的意思相仿。当时，中国人说到"世界""宇宙"主要指中国人生活的空间，没有延伸至化外地域。

由于儒家注重名检，所以将生命看作一个永恒的传递，而非短短几十年的事情。所以以"世"组成的词汇往往带有贬义，例如：

世纷：表示世人追逐名利的纷乱状态；

世累：表示世俗的拖累；

世念：表示俗念；

世态：表示世俗的情况与状态；

世喧：表示尘世的喧嚣；

世道：表示社会风气；

世尘：表示世俗之事；

世味：表示人世滋味，多用于贬义；

世韵：表示世俗的气质；

世役：表示世间事物；

世事：表示世俗事物。

……

儒家注重名（名由夕与口组成，夕表示墓穴，口表示口碑，名就是在阴间的口碑，即死后的口碑），注重傳（傳由亻与專组成，甲骨文的專象纺锤，傳如线相傳也），注重永（生命之名如水常流）。

最后，用四句结语概括"世"字所含义理：人活一世，名留永永；传之后代，家族光荣。

认识

认之正体字为認。

認

从言，从心，刃声。認识事物须用心思考，须表达（言）出来——这很容易理解。难以理解的是为什么認识事物要动刀子？换言之，为什么认识事物需要忍耐？

"認"出现得较晚，《论语》中没有出现这个字。可以断定，認字出现的时候，中国的天人合一思想已经趋于成熟。

何以见得？

通过認字可以看出：古人深刻了解自己与自然的关系，特别認识到人的宾格地位与人的能动性之间存在巨大的抵牾，没有忍耐力无法克制能动性，因此无法真正認识自然、認识自己，更不用说正确处理天人关系了。中国古人不是不知道征服自然可以得到财富的道理，他们不走戡天之路，是为了求得长治久安。这样做是需要强大忍耐力的，用孔子的话说就是需要克己复礼。——这就是認字中有刀的原因。

识之正体字为識。

識

从言，从戠。識字的出现早于認。許慎解識为常。織与幟（帜）皆由戠来。戠由音与戈组成，比喻织布与音乐相似，音乐是不同的音符交织在一起，织布是不同的丝线交织在一起，二者都要求和谐、缜密、美。旗帜是古人常用的标志，叫作旗常。許慎所说的"常"就是人见而知之的意思。孔子有以下一段感人肺腑的故事：

> 子曰："吾闻之，古也墓而不坟。今丘也，东西南北之人也，不可以弗識也。"于是封之，崇四尺。①

中国为故去者建立坟墓始于孔子，为的是"常"——便于識别。

有意思的是，認字中有刃，識字中有戈，刃与戈都是不祥之物，难道这是巧合？

不是巧合，是有意为之。目的是告诫人们：认識世界不是人与生俱来的权利，自然没有赋予人类这样的权利②，所以人类进行认知时要自我控

---

① 引自《礼记·檀弓上》，岳麓书社2002年版，第58页。据说孔子为母亲立的坟，是中国坟墓之滥觞。

② 西方人认为人类有认知自然的权利。

制，認知自然是可以的，但不能涉及禁区①。既然有禁区，就应该严格把守，故而在这两个字中分别放置一个兵器。

最后，用四句结语概括"認識"一词所含义理：刃防贪心生，戈御音不谐；天之谜难测，岂能造次解？

觉悟

觉之正体字为覺。

覺

从學，从見。与學字不同的是将"子"（老师）换成見（眼见为实）。能够以自己的观察得到启发，促进思想认识，认识原来不认识的就是"覺"。这个字提示人们：学习不一定与覺悟互为因果，学习并且通过观察加以印证叫作覺。不仅儒家强调覺，道家与佛家也强调覺。覺是最能概括中国古代认识论的汉字之一。

覺与决谐音，是因为覺的认知犹如淤塞的河水打开缺口，水能够重新流动，从而获得活力；

覺与掘谐音，是因为覺是一个发掘过程；

覺与嚼谐音，是因为覺并不意味着对某事物认知的完结，还须仔细咀嚼；

覺与绝谐音，是因为既然"覺"了，从前不正确的想法自然就会断绝，不再困扰自己；

覺与诀谐音，是因为覺之后与困惑告别；

覺与抉谐音，是因为覺必须经过选择的过程。

释迦牟尼学说（简称释学或释）的引进增加了覺字的意思。据慧远之《观经义疏卷本》载，覺有二义：（一）覺察之义，系相对于"烦恼障"②而言。烦恼之侵害如贼，仅圣者能覺知而不受其害，故谓之覺。（二）覺悟之义，系相对于"所知障"③而言。无明之昏暗如睡眠，然圣

---

① 西方人认为认知无禁区。这正是人类当前危机四伏的主要原因。
② 烦恼障：佛教术语。昏烦之法，恼乱心神，故名烦恼。谓贪欲、嗔恚、愚痴等惑，障蔽正道，是名烦恼障。
③ 所知障：亦名智障。谓执所证之法，障蔽智慧之性，是名所知障。

慧一起则明朗了知，如自睡眠中醒悟，故谓之覺。又凡夫之人，了无覺义；声闻、缘覺等二乘之人，仅具自覺；而菩萨虽能自覺、覺他，然覺行未满；唯独有佛，为自覺、覺他，而又覺行圆满者。

悟

从忄，从吾。悟者，我之心也。《广韵·暮韵》："悟，心了。"[①] 然而，"我之心"不等于悟，否则有心者都是悟者，修行就成为多余之事了。"悟"告诉我们的是：悟在自己的心中，而不在师傅、老师心中或教科书中。修行靠自己——儒、道、释三家都这样认为。

悟与寤谐音，是因为悟与睡醒覺的情形相似，睡着时心不由己，醒了才明白事理；

悟与物（观察、选择）谐音，是因为悟正是观察与选择的结果；

悟与五谐音，是因为悟的过程会有反复，如同五的笔画——一横一竖一横一竖一横。

悟与舞谐音，是因为悟是很快意的事情，悟了不由得手舞足蹈；

悟与误谐音，是因为悟是不断排除错误的过程；

悟与务（专心致力于某事）谐音，是因为不专心者不能悟；

悟与牾在古代是通用的，一般来说所悟必然与以往认识有所抵牾，否则悟就没有作用了。

佛学对覺悟的重视程度达到无以复加的地步，认为"覺悟一切种智"就算成佛了。

最后，用四句结语概括"覺悟"一词所含义理：学习虽重要，观察不能省；老师不可缺，覺悟自己证。

欣

欣

从斤，从欠。古字斤为斫木斧之象形。斤是小斧头，砍物之工具为斧，斫木之工具为斤。"欠"在这里是欠身，身体稍前倾。欣的本义是身体前倾斫木。古人为什么用斫木的动作表示高兴呢？

[①] 引自《漢語大字典》第一卷，四川辞书出版社、湖北辞书出版社1988年版，第506页。

树木是古人重要的生活资料，其用途至少可以归纳为：

（一）作为燃料；

（二）作为房屋的建筑材料；

（三）保持水土；

（四）作为绿化的屏障，净化空气，遮阴避暑；

（五）美化环境。

古人发现了可持续取材的方法——不违天时，所以斫木时不担心木材会被用尽，故而高兴。有孟子的话为证："斧斤以时入山林，材木不可胜用也。"① 意思是，只要按照天时取材，树木就取之不尽——当然天时会在礼中有具体化表述，要做到并不难。

斫木虽然是体力劳动，但是因为干活时想到"以时"（樹木之樹的结构令人深思，寸表示时，树木与天时关系甚紧密，不该收获木材时不滥砍伐）斫木，林木是用不完的，心中不免高兴（滥砍盗伐时做贼心虚，想必是高兴不起来的）。

表面看，"欣"属于心理活动，其实这个字更反映出中国人天人合一的思想。中国人不是把自然当作物质资料仓库，而是将自然看作母亲，人类可以吸吮母亲的乳汁，但不能剜母亲身上的肉，不能让母亲超负荷地为人类提供生活资料。人类生活资料不足的部分应该自己想办法，不应该死揪着母亲不放。在某种意义上，一部中国古代史就是中国人的护天护民史、一部天人合一史、一部自我约束史、一部忍"贫"负重②史、一部敬天③史、一部与自然和平相处史、一部守雌④史、一部重农⑤史、一部节制欲望史……

王羲之的"木欣欣以向荣，泉涓涓而始流"⑥ 早已成为千古名句。如果"木靡靡以垂地，泉默默而干涸"的话，人手中握有再多财富，银行

---

① 引自《諸子集成》第一卷，《孟子·梁惠王上》，上海書店1991年版，第33页。

② 中国人在西汉就发现了煤，并了解了煤的性质与功用，然而为了保护大地，皇帝下诏严禁开采。这个禁令维持了一千多年。这才使今天的中国人有煤可用。

③ 作者认为人类越富有自然就越贫穷，人与自然同时富有是不可能的。

④ 守雌：以柔自守，不与人争。典出《道德经·二十八章》："知其雄，守其雌，为天下谿。"

⑤ 法国以魁奈为首的重农主义学派不过是继承中国重农主义传统而已，重农主义根在中国。

⑥ 引自《古文观止·归去来兮辞》中卷，京华出版社2002年版，第479页。

账户中储有再多金钱又有何用？

最后，用四句结语概括"欣"字所含义理：伐木以时欣，欣出于良心；若以良心论，古代远胜今。

顾

顾是典型的以自然为摹本造出的字。

顾之正体字为顧。

顧

从雇，从頁。顧取雇之本义与頁（头颅）组合，用意颇深。雇之本义是一种候鸟，鸠的一种。許慎这样描述雇鸟：

> 雇，九雇，农桑候鸟，扈民不婬者也。从隹，户声。春雇鳻盾，夏雇窃玄，秋雇窃蓝，冬雇窃黄，棘雇窃丹，行雇唶唶，宵雇嘖嘖，桑雇窃脂，老雇鴳也。①

雇鸟能窃取女人涂抹的玄（青黑色染料）、蓝（蓝色染料）、丹（朱红色染料），有雇鸟监督，男人不能随便沾妻子之外女人的化妆色彩。所以，用顧来表示自我反省。《尚书·康诰》："用康乃心，顧乃德。"孔传："用是诚道，顧省汝德，无令有非。"② 可见，"顧"是一种德行，为古人所倡导。后其义具体化，转为回顧（吾日三省吾身）、顧念等意思。

顧之古代俗体字为顾。

---

① 引自《説文解字注》，浙江古籍出版社2002年版，第418页。这段话的意思是：雇，又名九雇，是一种农桑候鸟，正因为有这种鸟，官与民都没有淫乱的行为。雇，从隹，户声。春雇也叫鳻盾，夏雇也叫窃玄，秋雇也叫窃蓝，冬雇也叫窃黄，棘雇也叫窃丹。行雇唶唶地叫，宵雇嘖嘖地叫，桑雇就是窃脂，老雇就是鴳。

② 引自《漢語大字典》第三卷，四川辞书出版社、湖北辞书出版社1988年版，第4361页。

顾

从厄，从頁。这个俗体字的价值并不低于正体字①。厄从厂（表示广阔），从犯（犯错误），意思很明显，"厄"指犯错误导致大灾难。頁代表头，想到灾难，必然要左顾右盼观察一下环境，看一看存在不存在危险因素，当然也要想对策，想如何照顾自己，照顾家人。——这样便形成顾的基本字义。中国古人认为人类最大的顾虑来自天，而非人。因此，要时刻保持对天的敬畏，不能有丝毫的麻痹大意。显然，只顾自己的利益，不顾天的感受，这严重违背了造字者的初衷，对不起我们的老祖宗。

遗憾的是，现代人恰恰犯了只顾自己不顾自然的错误。人们忘记了顧（顾）的本义，把这个字的内涵缩小至自顾自，缩小至严重的人本位（所谓以人为本），缩小至狭隘的实用主义（只顾眼前利益，不顾长远利益），缩小至只顾追求物质不顾精神修养的享受主义……

人不顾天，天能顾人乎？

予未之信也。

最后，用四句结语概括"顧"与"顾"字所含义理：人间乱伦，顧来告发；顾顾面子，顾顾我家。

毒

毒

从三，从丨，从母。毒的古字是艹字头，下方左边是畐，右边是刀。畐是满的意思，园子长满毒草，用刀割之。——这就是毒为我们展现的图画。隶变后的毒转义为：三精为一毒，即女子接受三个男子的精子，女子身体里就会产生毒素。显然，隶变后的"毒"与毒的古字在形上相去甚远，完全对"毒"做了另外的解释。古人这样做是因为，他们认识到，由乱伦产生的毒远比毒草危害大，故以毒字作为警示。

中国在明朝之前没有梅毒，梅毒是西方人传到中国来的②。为什么中国本土没有产生梅毒？原因很简单：中国人在性问题上比较保守，坚持一

---

① 这种情形极为罕见。
② 有人认为中国的梅毒是葡萄牙人带来的。本人尚未对此说进行查证。

夫一妻制度①，所以杜绝了梅毒的滋生。

《礼记·曲礼上》是这样界定人与动物的：

> 鹦鹉能言，不离飞鸟；猩猩能言，不离禽兽。今人而无礼，虽能言，不亦禽兽之心乎？夫唯禽兽无礼，故父子聚麀②。③

"三精为一毒"的三，指多，不一定特指三人。据有关机构调查，在同性恋行为只涉及两人的场合，染上梅毒或艾滋病的可能性非常小，当性伙伴中出现第三者或更多的场合，沾染病毒的概率大增，性伙伴越多，感染病毒的概率就越大。现在，因性生活感染梅毒与艾滋病的患者，绝大多数都不止一个性伙伴。这个事实充分证明"毒"字创造者有先见之明。

"母"在这个字中含有以下三个意思：

（一）古代没有那么多的人造毒素，最有可能人为产生毒素的因素就是性生活，而女性（母）是毒素传播的主要载体。只要女性从一而终，由性引发的病毒就无法滋生。

（二）古代母通毋，意思是毋乱伦。

（三）在性生活方面，三为万恶之源。

现代社会，不知有多少家庭因为第三者介入而家破人亡，不知有多少人因为第三者介入而染上艾滋病或梅毒。今天，毒草已经不再对人类构成太大的威胁，因为不用说毒草，就是杂草也很难见其踪迹了，我们平时见的大多是人工种植的草坪，人造草理应无毒，然而似乎人们对于毒情有独钟，所以现代人定期往人造草上喷洒有毒的农药。——古代造字者没有见到这种现象，故而在结构字形上没有暗示。看来，人类制造罪恶、制造毒素的本领大大超出人类的想象力。不过，人类以毒为乐的日子维持不了多久了，因为现在地球这个小小空间已经充满太多的"毒"，已经快到达极限。

最后，用四句结语概括"毒"字所含义理：毒草可避之，毒身难去

---

① 有人怀疑中国古代的一夫一妻制度，认为那是一种理想主义的描述。其实一夫一妻（允许有条件的纳妾）是一种真实的存在，而且持续两千多年。

② 聚麀：乱伦。

③ 引自《礼记》，岳麓书社2002年版，第3页。

除；如若心染毒，难免遭死苦①。

契

契

从㓞，从大。許慎《説文解字·大部》："契，大约也。从大，从㓞。"② 后代圣人易之以"书契"。古代将证明出卖、租赁、信贷、抵押等的文书称为契。《周礼》中出现的契都是指邦国之契，不涉及民间个人之间的约定。契字最初乃是手持刀之形。"大"有两个含义：一如許慎所说，最初契约都是邦国之约定，是为大契；另一层含义，"大"为"达"之通假，刻写文书以达成约定。

古代契约分左、右两部分，即左契、右契。左契为贷方或出让方持有；右契为借方或接受方持有。有人认为老子是中国契约精神的奠基人，理由如圣人所述：

和大怨，必有餘怨，安可以为善？是以圣人执左契而不责于人。有德司契，无德司彻。天道无亲，常与善人。③

大意是：通过讲和平息大怨大恨一定会留下祸根，怎能实现真正的善呢？所以圣人手里拿着左契（贷方所持契约）而不逼债，有道德的人手里拿着左契并不总想着讨债。没有道德的人则总是想着让借方还债的事情。天道不讲情面，永远向着善良的人。

有人以老子的这段话为根据，断定老子是一位契约主义（法治主义）者。其实，上面一段话恰恰说明老子是反对法律主义的，反对人与人的关系成为契约关系，老子对待契约的态度与儒家基本一致，那就是：

（一）要用契约规范人与人之间的利益关系；

（二）契约是不得已而为之，不能过度依赖它。

老子的"和大怨，必有餘怨，安可以为善"的潜台词是：法律契约

---

① 佛教用语，死亡之苦。
② 引自《説文解字注》，浙江古籍出版社2002年版，第493页。
③ 引自《諸子集成》第三卷，《道德經·第七十九章》，上海书店1991年版，第46页。

是靠不住的，解决不了心理问题，契约文书表面只可以消除纷争。老子并不反对契约，但认为契约只对小人有用，圣人有没有契约无所谓。

老子的话高度概括了中国古人对法律契约文书的态度。道家与儒家的区别仅仅在于：道家认识到契约的局限性；儒家在认识的基础之上建立了一套补充契约之不足的体系——礼。

须强调，中国古代的契约有成文的，但更多的是不成文的。比如，"杀人偿命，欠债还钱"就是不成文的契约，具有提纲挈领的作用。现在，有些人受到西方人权思潮的影响，怀疑自然契约（自然法），要求废除死刑。这是非常荒唐的。杀人者违背了人间基本契约，从其杀人那一刻开始他就被人间社会排除在外，不再享有人间法权，对他们不再存在什么人权，更不能发慈悲心。否则，会有更多的无辜者被杀害。当前，社会上流行一种可怕的思潮——法院因凶手使用的杀人工具不同而给予截然不同的判决。比如，用刀子无故杀人者判处死刑，而用汽车轮子将无辜者碾死的凶手则判有期徒刑，而且刑期很短。这是对自然形成的而且流传数千年的口头契约的公然背离，是违背"上天有好生之德"这个基本天理的。违背天理，人类将失去最可靠的庇护，后果不堪设想。生命等价是又一个基本天理，否认这个天理，人类非乱套不可。

最后，用四句结语概括"契"字所含义理：契约刀刻成，文与口相传；一朝将其毁，歹徒更嚣然。

公私

现代汉语习惯说"公私"，公在前私在后，古代则先有私，公则是从私衍生而来的。

私

从禾，从厶。許慎《説文解字·厶部》："厶，姦衺（衺，邪之古字——引用者）也。"[1]《韓非子》："倉頡作字，自营为厶。"[2] 自营就是

---

[1] 引自《漢語大字典》第三卷，四川辞书出版社、湖北辞书出版社1988年版，第2589页。

[2] 同上。

以我为中心，什么事情都围绕自己。韓非子的解释容易理解，許慎的奸邪论似乎与"人之初，性本善"相抵牾。

其实不矛盾。人之初还没有"营私"的故意，婴儿的所作所为虽然是"营私"，但那不是故意的，故而不算邪恶。显然，許慎所说的"姦衺"非指婴儿，乃是指成人。"私"除指私心，还指谓只有自己在场并无他人，此时最容易产生恶念，甚至产生作奸犯科之念。"慎独"之提出正是因为这个原因。

为了除掉私，中国先贤特意造出"私"的同音字：

肆：古代罪犯被处死之后陈尸示众，是为"肆"。肆是一种警示：这是过于自私的下场。

嗣：子嗣。嗣读音通死，通私，为子孙后代着想也不要放纵私邪之念。

祀：祭祀。这是一种礼。祭祀是祛除私念的最佳方法，被广泛地使用。

寺：寺庙。如果无缘参加祭祀，去寺庙也可以，哪怕无钱供香，驻足神佛之前足矣。

斯：劈开。《诗经·陈风·墓门》："墓门有荆，斧以斯之。""私"也是一种植物名，当然也可以"斧以斯之"。

公

从八，从厶。将私分成八块（背）即为"公"。《字彙·八部》："公，爵名，五等①之首曰公。"《韓非子·五蠹》："自环者谓之私，背私谓之公。"意思是说：只顾自己的利益是自私，放弃自己的利益是大公无私。《尚书·周官》："以公灭私，民其允怀。"② 意思是说：从政以公平灭私情，则民信归之。

公私之辨是中国传统文化的重要内容之一。"公"之古字种类很多，最初八下面的厶多为"口"。说明吃饭是私事，不可能一个人吃饭两个人饱。然而公这个字偏偏是八个人吃饭。其实，八个人吃饭并无今日"大锅饭"之意，指的是众人吃饭之事。《尔雅·释诂》说得很明白："公，

---

① 五等：公、侯、伯、子、男。
② 引自《漢語大字典》第一卷，四川辞书出版社、湖北辞书出版社1988年版，第242页。

事也。"① 中国有"公"的传统，也就是说，中国古人关心众人（如家族、家庭、乡村、朝廷）之事更甚于关心个人之事。《礼记·礼运》所说"天下为公"的公即众人之事、天下之事，与所有制风马牛不相及。

公本位优越抑或私本位优越？

现代人与古人的回答截然相反。中国人与西方人的回答也截然相反。随之，古代的生存状态与现代的生存状态更是截然相反。现代社会，私心得到最大限度的释放，人人脑满肠肥，而公越来越干瘪，凡属于公的都糟糕到极点——如阳光、空气、水、土地。

最后，用四句结语概括"公私"一词所含义理：天地为公，情深义重；以私灭公，必遭报应。

---

① 引自《漢語大字典》第一卷，四川辞书出版社、湖北辞书出版社1988年版，第242页。

国家篇

汉字"國"字揭示了一个极为朴素的道理：有口成国，无口为或。口就是围墙——有形的或者无形的围墙。世界一体化是一场与当年无政府主义思潮一样的闹剧，必将以身败名裂而告终。汉字"家"同样揭示了一个朴素的道理：在"家"这个特殊环境中，像当初野猪被驯化为家猪那样，人能被家驯化为有道德、讲伦理的人。

国家

国之正体字为國。

國

从囗，从或。囗表示东、南、西、北或上、下、左、右，中國居天下中心，故而华夏之邦称为中國。或，古代与國通。《說文解字·戈部》："或，邦也。从囗，从戈以守其一。一，地也。"[1] 囗是城，一是领土，戈是武器。以武器守卫國土就是國之本义。后来将"或"套在一个大口之中，强化了城墙的作用。城墙是纯粹防御性工事，这种工事反映了华夏民族对战争所采取的态度：不向外扩张，只加强内部对敌的防守。不懂历史的人以为这是华夏民族懦弱胆小的体现，事实恰恰相反，以城墙为邦國的做法说明中國人很有自信——以文教化成天下足矣，不必兴师动众向外扩张势力。所以，國的功能被局限于防卫，中國也向外扩散，但扩散的不是领土，而是文化。

---

[1] 引自《說文解字注》，浙江古籍出版社2002年版，第631页。

家

从宀，从豕。家是"房子里一头猪"，这很令人费解。家里有人不更合理吗？其实"家里一人"确实有这个字，写作"㝉"，不过那不是家的意思，而是读"荣"的音，长毛的意思。以豕（猪）喻家的真正用意在于：猪是驯化得最成功的哺乳动物。古代有一种猪长有锋利的剑齿（学名剑齿猪），老虎也奈何不了它。经过家养，猪彻底改变了凶残的本性，由肉食动物变为杂食动物（而且对食物几乎没有什么要求），由横冲直撞的野生动物变为安于一隅的定居动物，更重要的变化是由唯我独尊变为顺从主人。有家之后人类所产生的改变，与豕（猪）由野生到家养的变化逼肖之至，所以用宀（家）与豕诠释这一改变。正因为有了家，人类才结束游牧的动荡生活，进入安定的农耕时代，随之人的性情也产生了相应的变化，由唯我变为服从——服从天意，敬仰地德。在中国古人看来，人类饲养猪恰似天司牧人间，人必须服从天。——这便是"家"这个汉字的寓意所在。

"修身、齐家、治國、平天下"九个字概括了儒家之宗旨。修身为了齐家，齐家为了治國，治國则为了平天下（让天下太平）。儒家所作所为，最终是为了人类社会长治久安。中国人深知國不安天下不能安，更知道家不安國必然风雨飘摇。至于修身，那乃是齐家之必要准备。俗话说國有國法，家有家规。这句话说明，维护家庭和谐，主要依靠教化与规范而非严刑峻法。现代家庭之悲剧在于：（一）人不修身，因此失去齐家之资本；（二）将法律移至家庭，教化之功能荡然无存；（三）宏观上失去文化传统之怙恃，教化不再具有权威性，人自为政，家则名存实亡。

从现代的价值视角看，中国古代的家文化几乎遍体瑕疵；然而从长治久安的视角看——换言之，从天（自然）的立场出发，则中国古代的家文化几乎无懈可击，是人类历史上的瑰宝。

最后，用四句结语概括"國家"一词所含义理：家能磨掉豕利齿，家能教人知自持[①]；无家人死变野鬼，有家安定又熙怡[②]。

---

① 自持：自我克制。
② 熙怡：和悦安详。

华夏

华之正体字为華。

華

由五横、五竖组成，除去横竖没有其他笔画。華之本义为花草，至今佛教仍以華作花。整体看華很像一棵枝叶繁茂的大树（下面是树干，上面是树冠）。分开看，横代表空间，竖代表时间。"華"总共有十画，而且正好是五横五竖。五的意思较多，可以归纳为：

（一）古代以横竖（时空、阴阳）交错为五（五的笔画为横—竖—横—竖—横）；

（二）五常①；

（三）五色②；

（四）五代③；

（五）五帝④；

（六）五德⑤；

（七）五祀⑥；

（八）五行⑦；

（九）五纪⑧。

"五"赋予"華"太多的内涵，中国人以華命名自己的民族当之无愧。

植物有草本、木本之分，草本茂盛为荣，树木繁茂为華。中国古人以树喻人是为了彰显：

（一）中華民族像一棵根深叶茂的参天大树；

（二）以横竖交错隐喻阴阳五行；

---

① 五常：父义、母慈、兄友、弟恭、子孝。
② 五色：青、赤、白、黑、黄。
③ 五代：黄帝、唐、虞、夏、殷。
④ 五帝：一说指伏羲、神農、黄帝、堯、舜；一说指黄帝、顓頊、帝嚳、堯、舜。
⑤ 五德：儒家以温、良、恭、俭、让为五德；兵家以智、信、仁、勇、严为五德。
⑥ 五祀：禘、郊、祖、宗、报五种祭祀。
⑦ 五行：金、木、水、火、土。
⑧ 五纪：岁、月、日、星辰、历数。

（三）木本植物每年的春天都会发芽吐叶，象征華夏民族世代繁衍、生生不息；

（四）中国人以自然中最美的花朵来表征自己的审美观；

（五）更重要的是用華（树）的名称进行自我警示：我们是自然的一部分，昭示生生不息的生命传递——像大树一样，虽然秋季落叶，春季一来又重新生机勃勃。

夏

从頁，从夂。夏的古字是两手与双足之象形。隶变后的"夏"由一（代表天）、自（代表人）、夂（代表双手）组成。本义为大厦，为中原一个部族的名称，后来用于称呼中国。中国人用"夏"来区别周边不同于自己的人：

称北方人为狄；

称东北人为貉；

称南方人为蛮；

称西方人为羌；

称东方人为夷。

这种做法被称作華夷之辨。[①] 后人往往诟病華夷之辨，我则予以高度评价，華夷之辨乃是中庸之道、自我意识[②]、农耕作业这样三种因素对中国人产生强烈影响的结果，这是華夏儿女能抟成一族并将自己的文化延续数千年的根本原因之一。

最后，用四句结语概括"華夏"一词所含义理：中国上下五千年，天人合一见奇观；刀枪斧钺砍不断，传统文化心画[③]传。

君

君

从尹，从口。許慎《説文解字·口部》："君，古文哲，从三吉。君

[①] 参阅拙作《亨嘉五论》之《儒家辨章》。

[②] 由于中国的早期文化领先于世界，灿烂辉煌，中国人有形成自我意识的资本。

[③] 心画：文字，这里指汉字。

尊也。从尹口，口以发号。"① "从三吉"是说古字的"哲"写作"嚞"或"喆"②，为"君"之古字，后来演变为两个不同的字。哲人为君，这一理念与古希腊柏拉图的主张不谋而合③。有人将君解释为手执权杖发号施令，这种理解不符合造字者的初衷，同时也与中国数千年历史事实不符。在中国，尤其自西汉始，君的第一特征不是权力，而是义务——替天行道的义务。无论君本人愿意与否，他必须代表天执政，必须把敬天置于其他政务之上，否则他就不能够安坐君位之上。不是君的品德使然，是强大的文化传统使然。我这样讲的主要依据为：

（一）中国历史上，除了光绪皇帝迫不得已施行所谓变法（未遂）之外，没有任何一个皇帝产生过用工业替代农业，让工商业成为国家占统治地位的产业的念头。正因为如此，直至19世纪，中国一直是世界上自然生态最好的国家之一。不是中国迟迟不进行产业转型，是有意不为，因为中国人深知机心过重会导致人类整体的退化。

（二）中国历史上，各阶层政治地位的排位始终是士—农—工—商，重农轻商的方针从未动摇。法国重农主义学派领袖魁奈就是中国文化的崇拜者，他的理论完全建立在中国数千年坚持重农的基础之上。农业是唯一能够维持人类生存而又能够做到与自然共生的产业。

（三）中国历史上，皇帝可以数十年不上朝，但没有一个不祭天的，没有一个疏于郊祀④的，没有皇帝不去耕籍⑤的，遇到自然灾害没有不赈灾的。

（四）中国历史上，西汉以后基本没有完全独断专行的皇帝，普遍设有谏议制度，谏官的主要任务就是保民。在中国，"民"主要指农民。

（五）中国的皇帝也必须照礼行事，不准许脱离礼的约束。礼，首先约束皇帝与朝廷，其次才约束万民。

最后，用四句结语概括"君"字所含义理：君乃哲学王，华夷共主张；比喻为君子，其义更妥当。

---

① 引自《说文解字注》，浙江古籍出版社2002年版，第57页。
② 至今"喆"字仍在使用。
③ 柏拉图在其代表作《理想国》中提出哲学王的理念。
④ 郊祀：在国都近郊祭祀天地。
⑤ 耕籍：每年春天，皇帝到都城近郊的皇田亲自参与耕种，以示重农。

黄帝

黄之正体字为黃。

黃

从廿，从一，从田，从八。廿乃是光的古字的上半部分，一代表天，田是土地，八是人之变体。黄字包含了天、地、人三才，田居中，田（土）的颜色就是这个字所表达的意思，光的元素则表明中国人认为黄色是最亮丽的。

黄之具有代表性的甲骨文、金文的字形接近，都由三部分组成：下面是植物根须，上面是植物枝叶，中间是田地。黄之古文下面有火，刻有刀耕火种的历史烙印。

在华夏历史中，黄色始终是最高贵的颜色，从唐朝开始被皇家所专用，比如只有皇帝才能穿黄袍，只有皇帝下达的告示方能称为黄榜。中国人崇尚黄色乃是崇尚农耕的反映。皇与黄同音也绝非偶然。中国传统社会的结束，正是以工业取代农业成为主要生产方式为界限的。与其说中国人是黄种人，莫若说中国人是土地色人，中华民族是依靠土地生活——而非依靠挖掘地下财富生活的民族。中国人崇尚黄色，乃是崇尚农业之表征。从物质层面说，中国古人崇尚黄色源于那时中国人主要生活在黄河两岸的黄土高原。中国古人尊崇地德，土地为黄色，黄色便成为人们心中最尊贵的颜色。后来的历朝历代皆沿袭此风，直至清朝倾覆。

帝

从立，从冖，从巾。篆文作丄，后作帝，丄则演变为上，成为独立的字，表示方位。立表示处于最高位置（立在"帝"字的最高位置上），冖表示幂（巾覆物曰幂，覆物之巾亦曰幂），巾由冖与丨组成，丨表示系巾之物。許慎在《说文解字》中将帝训为"王天下之号"①，而王指的是贯通天、地、人三才者。所以，"帝"就有了两个含义：一个是人间的王天下者（天子、皇帝）；一个是自然界的王天下者（昊天上帝）。

---

① 引自《説文解字注》，浙江古籍出版社2002年版，第2页。

为何以巾覆物成为"帝"字的核心结构？

这是在告诫国人：不可探秘世界的内部本质，也不可以动机论人（应该观其外在的形式）。古代中国，不仅皇帝与大臣要覆巾（冠是巾的衍生物），百姓通常也以巾覆头。"覆巾"（戴冠）的目的是：不使人脑直接与自然接触，以防止人类觊觎自然中蕴藏的财富，另外也表示对天地的尊重。其实覆巾、戴冠是一种暗示。中国古人很早就发现了暗示的奇妙功能，并将暗示用于实际生活之中。据医书记载，元代四大医家之一的朱丹溪有一次被难产产妇的家人请去。朱丹溪稍作观察，然后在院子里随便拾起一片梧桐树叶，吩咐家人煎水给产妇喝。产妇喝下不久便生下一个胖小子。在场的人无不称奇。只有朱丹溪心知肚明：这不过是暗示的作用。

以黄帝为华夏国开国者恰如其分，古人以五色配五行、五方，土居中，故以黄为中央正色，华夏又是讲究中庸的，黄之重要性就不言而喻了。不过，中国人只是将黄帝作为文明先祖，并未把他视为文化先祖，因为黄帝最大的贡献大多都与生产活动和物质生活相关，与精神、信仰关系并不紧密。

黄帝与炎帝都是中华文明的奠基人，中国人自称炎黄子孙。对中国文化传统吹毛求疵的人认为，炎、黄并非实有其人，尽管他们被写进正史（《史记》），却缺乏证明他们确有其人其事之证据。我要正告这些证据主义者，古人是言而有信的，司马迁不会欺骗他的子孙，我们不能以小人之心度君子之腹，何况，"黄帝"这两个汉字本身就是铁证，证明华夏民族是有祖宗的，不是从石缝中蹦出来的。那些以自己是黄皮肤的中国人为耻者，不足与论。

最后，用四句结语概括"黄帝"一词所含义理：黄帝启文明，五色配五行；确立中原祖，传统代传承。

仓颉

仓之正体字为倉。

倉

从人，从丶，从君。传说这个字是黄帝赐予仓颉的姓，以表彰他造字的功劳。虽是传说，却有道理。倉乃是"君上一人"，这一赐封把文字之重要性张扬至极致，也把倉頡之功劳张扬至极致。① 中国有文明以来的历史数千年，能站在君上而无愧的人并不多，倉頡是其中一位。战国时代，财物与米粟分别入库，一般来说入货财之所为府，入米粟之所为仓，分工是明确的，各有官员负责进出。倉頡姓仓很有道理，汉字也如货财、米粟，平时也存于府库之中，待需要时一个个将其调出，以供驱使。倉頡是汉字的发明者，担任司府司库当之无愧，世世代代的中国人都信得过他。

頡之正体字为頡。

頡

从吉，从頁。鸟飞向上为頡，鸟飞向下为頡。倉頡所创造的文字是通过花草鸟兽得到灵感的，所以被称为鸟跡书。以頡为作者的名字再恰当不过了。頡与借谐音，是因为在某种意义上，倉頡不是造字，而是向自然借字，以为人间所用。

倉頡造字是铁的事实，被记录在《史记》《淮南子》等典籍中，此案永远翻不了。汉字正是在伏羲、倉頡等圣人的努力下有了雏形。至隶书，汉字臻于完善，现在我们所说的汉字指的是中国历史上出现隶书、楷书之后的文字。

倉頡是四五千年前的历史人物，由于年代久远，尚不可能寻找到能够存之恒久的庸器②，故而有关倉頡造字的遗迹难以保留。幸好华夏是个言而有信的民族，绝不会毫无根据地编造历史，更没有必要假造圣人，因为中国古代并不缺圣人。

记载倉頡造字的典籍很多，其中《淮南子》等都极尽神话之能事。《荀子·解蔽篇》载："好书者众矣，而倉頡独传者，一也。"《吕氏春秋》载：

> 奚仲作车，倉頡作书，后稷作稼，皋陶作刑，昆吾作陶，夏鲧作城，此六人者所作，当矣。③

---

① 当然，倉姓未必是黄帝的赐予，因为甲骨文、金文都还是象形字，没有出现"君上一人"的字形。"君上一人"的字形出现在古字（战国六国之文字）中。
② 文字书写的介质、材料。
③ 引自《諸子集成》第六卷，《吕氏春秋》，上海书店1991年版，第201页。

仓颉描摹花草虫鸟的造字原则恰恰成为后来中国人造字的基本方法，可以称之为"近取诸身，远取诸物"，基本不借助于逻辑思维。这样造出的字不带主观色彩，忠实反映了自然与人类的关系。

不能不提及这样一个让人气愤的事实：至今仍有一些中国人不承认仓颉实有其人，更不承认他是汉字始祖。也难怪，这说明胡适、傅斯年、顾颉刚等所谓权威的历史观余毒还很深（以上诸位认为凡无证据证明其有的都不构成历史，按照这个怪论，孔子、老子、荀子等诸贤都成为虚构的了，因为至今提取不出他们的"DNA"），有待大力清除。面对无理的诘难，我每每这样回击：汉字就是最好的证据！

最后，用四句结语概括"仓颉"一词所含义理：仓颉造文字，雨粟鬼神哭；泱泱华夏国，数典不忘祖。

圣

圣之正体字为聖。

聖

从耳，从口，从王。聖是中国古代很重要的一种道德规范。聖由耳、口、王三部分组成。耳代表听闻；口代表言论与话语；王乃是贯通天、地、人者，即真正实现天人合一的人。如何断定实现天人合一呢？"聖"这个字给予了回答：耳朵所听、口中所说皆符合天人合一的原则，这样的人应该被称为聖人。天地本身就是道德之标准，所以能够贯穿天地，并且将天地之德传给人间的，一定是道德楷模。这样的人就是聖人。聖人不是封的，是后人根据其真才实学与所作所为自然形成的。中国古代的聖人分为两种：一种是有建树的、能够顺天应人的政治家；另一种单纯是道德、学术、文化的楷模。前者如伏羲（《易经》的最早一位作者，八卦发明者）、炎帝（农耕与中医的奠基人）、黄帝（中国最早政治制度的奠基人、许多器物的发明者）、尧、舜、禹、商汤（商朝之开国者、明君）、周文王、周武王等；后者如仓颉（黄帝的史官，迄今所知最早的文字创造者）、周公（周礼的主要制定者）、孔子、孟子、董仲舒（天人合一思想的集大成者）等。其中伏羲、尧、舜、禹、文王、武王横跨政治与文化两个领域，而孔子虽然身为文化人，从未掌握国家最高治理权，却由于道德文化上的巨大功绩被后代誉为"素王"。

　　圣人不是权力家赐予的，更不是炒作的产物，而是历史的产物。孔子在世的时候并不是什么圣人，他只不过是众多思想家中的一位，他死后好久还不如墨子、杨朱（春秋诸子中很有名的一位）名声大。但历史（而非汉武帝）最终还是选择了孔子，让他世世代代受到中国人（而非只是朝廷）的敬仰。有一种流传甚广的谬说，认为孔子是一个被利用的工具，统治者利用孔子做遮羞布。事实并非如此，孔子之所以被中国人认同，是因为孔子的耳朵所听（用孔子自己的话说就是"耳顺"）、口中所说都符合天人合一的原则，这正是中国人信仰之核心。中国人崇拜孔子所表达的正是天人合一的原则。这种原则摆脱了"以人为本"的人类利己主义，摆脱了拜金主义，摆脱了人类唱独角戏而让自然充当布景与道具的危险做法，人类主动将自己置于自然之下，甘做配角。所以，中国人敬圣人，乃是敬天、敬地、敬自然。即使是帝王也要"内圣外王"（内圣外王并非针对个人修养意义上的道德而言，而是指天人合一的信仰与价值观。在这个意义上，中国历史上的绝大多数皇帝做到了内圣外王）。

　　"圣旨"有两种情况：第一种是皇帝以天地自然代表的身份发布关于敬天、敬神或求雨祈福的公文；第二种是向臣工或国人发布的命令、政令。一般来说，命令、政令都是皇帝与大臣商量之后由专门负责起草诏书的官员起草的，代表的并非皇帝的个人意志。

　　"圣人"的意思是通达事理、具有很高智慧的人，正如《尚书·大禹谟》所说："乃圣乃神，乃武乃文。"

　　"圣哲"的意思是具有脱俗超凡的道德才能的人，中国古人认为只有圣哲才有资格治理国家。正如屈原在《离骚》中所说，上天对一切都公正无私，见到有德之人就给予扶持。只有德行高尚的圣哲，才配享有对天下土地的支配权。

　　"圣典"的意思是圣人的著作典籍，由于圣人的著作多能传世，故也称经典。有些人对于经典（圣典）不甚了解，认为读经典就是翻故纸堆，没有太大意义。这种认识是片面的。

　　总而言之，中国是尊圣、崇圣、传圣的国度，是由圣人（内圣外王者）治国，以圣典为治国依据的国度。

　　表面看，世界上的治国模式总共有三大类：

（一）法治；
（二）人治；
（三）圣治。

其实法治与人治应该归于同类，因为法律也由人来制定，由人来执行，法治与人治并没有本质区别，应该说二者都是人治。圣治则大异其趣，一切都以天人合一为出发点，为是非判别标准，为一切行为的目的与归宿。在圣治中，治理国家的第一个原则不是最大限度地向自然索取，而是与自然和谐相处，以求长治久安。这是一种与天地恒舞的生活方式，一种谦恭礼让的生活态度，一种虚左以待（人不占据价值的顶端，将最高价值留给未知，留给自然，留给神）的价值观。

最后，用四句结语概括"圣"字所含义理：天地虽无言，应感①如神鉴；若想长久在，坚持读圣典。

继承

继之正体字为繼。

繼

从糸，从㡭。从糸是说从头到尾连成一条线。从㡭而去其斤（斧头）表示不断开，因为糸线不用刀斧是断不了的。繼与籍谐音，表示将文化写进典籍就能让后人繼承。

承

承的甲骨文象一个人在跪跽，手在下部，显然是极其虔诚的样子。小篆的承有所改动，中间又加了一只手。告诉人们的信息是，承是手捧着或者手托着的一种姿态。《左传·襄公二十五年》中"承饮而进献"说的就是手托着器皿进献。古人床的帐帘也叫作承尘，因为它有接尘土的功能。隶变之后的承从子，从上，从水。从子表示承接的主体是子孙后代。承字中间的三横不一样长，最下边的长些，它是子字的一横，它上边的两个短些的横代表上（古代的时候两横代表上），加在一起表示

---

① 应感：因外界影响而引起的感情或行为。

承上。两边的笔画构成一个水字，水往低处流，表示启下。合在一起就是承上启下。承与诚谐音，明白无误地告诉我们，诚实是承上启下的保证。不诚，一个民族的文化就传不下来。

中国关于文化繼承的思想是由孔子确立的，作为文化巨人，孔子的作用并不是抛砖引玉，而是一锤定音。定什么音？

第一是"克己复礼"之音（约束自己，实现礼）；

第二是"述而不作，信而好古"之音（只阐述前人的思想，自己并不创新）；

第三是"学而时习之，不亦说乎"之音（学习并且不断复习所学的东西，是件快乐的事情）；

第四是"温故知新"之音（温习旧知识，能够产生新的体会，从而更好地认识现在）；

第五是"慎终追远"之音（谨慎地对待死亡，虔诚地祭祀先祖）；

第六是"不悔中庸"之音（"索隐行怪，后世有述焉，吾弗为之矣。君子遵道而行，半途而废，吾弗能已矣。君子依乎中庸，遁世不见知而不悔"[①]）。

中国的繼承与西方的创新是人类两种截然相反的思考路径。至今仍存在对这两种路径评价的偏见。许多人断定西方的创新之路是活路，而中国的繼承之路是死路。这是一种颠倒黑白的评价。现实证明，恰恰西方的创新是一条死路，因为每一次被称为"革命"的创新都给人类带来数不尽的灾难：

工业革命：启动了人类不可持续发展之路，一方面工业发展亢进，另一方面农业不断萎缩，人类前途堪忧。

化学工业：开辟了工业的外延，使得经济有了新的增长点。然而，也使疾病有了很多新增长点，化学正在把人类由"自然人"变为"化学人"。

"IT"：有什么可非难的？许多人会做如是想。其实，作为杀手，IT之凶恶并不亚于化学。IT技术助纣为虐，把已经遍体鳞伤的道德彻底摧毁，片甲不留。

航天技术：使人类的野心与贪婪达到极点，人类陷入疯狂。

---

① 这段话的意思是：探求新奇的理论，做荒唐怪诞的事情，或许后人会加以记录，留下名字，但我绝不这样做。君子永远遵道行事，半途而废的事情我是不做的。君子永远奉行中庸之道，即使被历史埋没也不后悔。

生物工程：是人类自我毁灭的最危险的杀手，人造生命与克隆是杀手最有力的武器。

医学革命：并没有让人类更健康，相反，道高一尺魔高一丈，疾病变本加厉，越来越不好对付，人类离对疾病无能为力的一天越来越近了。

只有创新没有繼承的社会太像地狱了。

最后，用四句结语概括"繼承"一词所含义理：线断难繼，不诚难承；教化传统，岂容芟刈①？

固定

固

从古，从口。固之本义，四塞而无懈可入曰固。郑玄说："固，国之所依阻者也。国曰固，野曰险。"② 最早的固字是口中有"十"，"十"下为"日"，城池能守十日曰固。后来，"十日"演绎为"古"。

固的引申之义很多，主要是坚定、专一。《广韵·暮韵》："固，一也。"③ 固的字形为这个意思做了注脚：守住自古传下的文化传统就是"固"的真正含义。固转义为本也讲得通，因为古人已经准确掌握的世界本来面貌，后人理应守之不移。对于通过直觉与经验得到的认知成果，后人需要做的是固守而已，所以"固"字才如此构造。

固也作贬义用，如《广雅·释言》所说："固，陋也。"④ 这也符合儒家中庸思想，过犹不及，"固"过了头，或"固"错了地方就变为陋。

定

从宀，从正。字面理解，家风正则安定。正的结构可以拆解为"止于一"，一代表天，正的意思就是"止于天"。有了行为的上限自然可以安定下来。"止于天"是中国数千年农耕社会河清海晏、百姓安居的根本原因。如何才能做到"止于天"？老子给出答案："无欲以静，天下将自

---

① 芟刈：残害。
② 引自《漢語大字典》第一卷，四川辞书出版社、湖北辞书出版社1988年版，第716页。
③ 同上。
④ 同上。

定。"① 我要做一点补充：固守古人的人文传统，自然无欲或少欲。

有厚古薄今与厚今薄古两种截然相反的价值取向。前者从自然出发，人宾从于自然；后者从人出发，自然宾从于人。出发点不同，结论迥异。从人出发，人能最大限度得利，然而好光景结束得也快；从自然出发，天能够得到最大限度保护，虽然人类贫穷些，但能长治久安。短暂的奢华与长久的守贫，如何取舍？现代人应该重新思考这个既简单又不简单的问题。

如果用一句话概括现代化社会，而且必须深入浅出，那么我说，现代化社会一切都在变，无时无刻不在变，除了"创新"的思维模式是固定的，其他一切都不固定，一切事情都没有定准，有人美其名曰"时尚"，其实就是朝秦暮楚，朝三暮四，是价值观飘忽，信仰随着利益走。人类成为物质的俘虏，被金钱役使，脑子里只有一根弦——最大限度地捞钱。一切都在昭示：人类又返回猿猴时代。而我在呼吁回归传统的时候每每听到这样的诘问：不变法则亡。我要正告变法迷：没有固定的价值观与固定的信仰，人是成不了类的，即使表面上以类的形式自诩，那也是乌合之众。

最后，用四句结语概括"固定"一词所含义理：国固野险，君子固穷；家定人和，国运必兴。

宁

宁之正体字为寧。

寧

从宀，从心，从皿，从丁。可以从两方面分析这个字。

首先分析这个字的雏形，比如甲骨文的字形。寧的甲骨文是居室中摆放着各种食具器皿，有条不紊。案上的器皿是静态的，一点都不凌乱，显然，居室的主人一定是安居乐业的。这种场面显得安静、祥和。古人将这样的氛围称作"寧"。

其次，分析隶变后的寧。"寧"继承了最初之义，只不过在字形上进行了全新构造：最上面是宀，这是寧的氛围发生的场所；宀的下面是心，这是寧的感觉的处所；再下面是皿，代表有饭吃，这当然是寧的重要条

---

① 引自《諸子集成》第三卷，《道德經·第三十七章》，上海书店 1991 年版，第 21 页。

件；最下边是丁，指谓人丁——就是人，人是宁的感觉主体。这样就把宁的要素全部勾勒出来了：

（一）人无家①不宁，狗无窝不安。家是安宁与温馨的必要条件，帝王将相抑或引车卖浆者概不例外；

（二）宁的达成条件有物质的也有精神的，如果心理不健康就感觉不出宁，所以宀的下面是心；

（三）皿代表食具，引申为粮食等食物②，这是达成宁的氛围的物质条件；

（四）古代"丁"指劳动者或工作者，说明宁离不开生产作业，因为皿（以及粮食）都是通过劳动得来的。

中国古代，宁是一种常用的修身之法。《吕氏春秋·仲冬纪》："君子斋戒，处必弇，身欲宁，去声色，禁嗜慾，安形性。"

实现宁，须要政治清明。《尚书·大禹谟》："野无遗贤，万邦咸宁。"古人认识到，贤人不在其位社会难以安宁。这确实是一条规律。

另外，中国古人也认识到宁和乱的关系。《莊子·大宗師》："攖宁也者，攖而后成者也。"③ 也就是说由乱到宁是一种客观规律。长期扰动会对社会产生巨大破坏性，不得人心。

华夏民族具有坚不可摧的凝聚力，原因就在于，宁字教导人们要拧成一股绳，以产生凝聚力，从而有了宝贵的安宁。④

最后，用四句结语概括"宁"字所含义理：善人求安宁，恶人好争斗；争斗促科学，使人变为兽。

稷

稷

从禾，从畟。古代，稷为五谷之首。然而，稷究竟为何物至今说法不

---

① 在古人的头脑里，家与国是分不开的，所以宀也代表国。
② 即古人所说的"首出庶物，万国咸宁"。
③ 引自《諸子集成》第三卷，《莊子·大宗師》，上海書店1991年版，第115页。
④ 西方人批评中国人如一团散沙，那是因为近代中国人对自己的文化传统产生怀疑，看法不一致，而满清王朝又排斥国学，所以才形成一团散沙的局面。这个情形不足以证明国学有什么过失。

一。总共有四种意见：
　　（一）粟（小米）；
　　（二）没有黏性之黍物；
　　（三）高粱；
　　（四）五谷之总称。
　　尽管稷之具体含义不明，但它是重要的谷物则确定无疑。中国是重农的国家，农业又是最有利于持续发展的产业，而土地是农事之本，稷是生命之所系，所以中国人以社稷命名国家，"国家"反倒很少使用。由于社本身就是社神，稷本身就是稷神，所以社稷除代表国家，还代表一种信仰——对土地的信仰，对自然的信仰。中国人不仅用社稷命名国家，还用以命名星座。《晋书·天文志》载："稷五星，在七男星。稷，农正也，取乎百谷之长以为号也。"
　　那些胡说中国从来没有信仰的人，完全是因为不了解历史所致，可悲复可怜。
　　最后，用四句结语概括"稷"字所含义理：尧臣[①]播五谷，教化有源流；句龍平九州[②]，九州变神州。

[①] 古书载，尧之臣襆始播五谷，造福于民。
[②] 古书载，共工之子，谓句龍，能平九州，为社神。

修养篇

修养与廉耻紧密相关。现代人普遍缺乏修养，主要表现为信仰意识淡薄，讲话粗野，固执己见，见利忘义，没有羞耻心。

修养

修

从亻（主体），从丨（时间），从夂（修饰），从彡（胡须）。人应该坚持不辍地整束自己的衣冠，修饰自己的门面，这就是"修"的原意。

修的读音通秀，说的是通过修饰人可以变美；

修的读音通臭，说的是不修饰身上会发出难闻的气味；

修的读音通绣，说的是修饰如同绣花，须要一点点做起，有耐性而且要心细；

修的读音通锈，说的是不修饰，就像铁生锈那样，心灵也会生锈；

修的读音通羞，说的是不修饰会被人看不起，自己也害羞。

通过分析"修"的内涵可以了解到中国人对外在与形式的重视。如果说西方哲学重本质的话，那么中国哲学则十分重视形式。

养之正体字为養。

養

从羊，从食。将刚出生的生命哺育成活，让其健康成长，这个过程叫作養。然而，中国人对養育这件事情并没有停留在物质层面上，而是进一步将这个过程引申至形而上层面：蚁将食物聚于一处而同食，獭将猎物祭于岸边而"祈祷"①，羊羔跪乳，乌鸦反哺……自然界的动物養育幼子的细节启发了中国人，特别是启发了孔子等圣人，他们感觉，養文化含有人文义理，含有形而上的因素。也就是说，養的过程中含有很好的文化性（如養拙藏愚），含有应该沉淀为传统的东西。

修養是中国古代士大夫做人之基石，没有修養进不了士大夫的门槛。北宋文学家、书法家黄庭坚的養生格言是：

> 山谷②四印云：我提養生之四印，君家所有更赠君。百战百胜不如一忍，万言万当不如一默。无可简择眼界平，不藏秋毫心地直。我肱三折得此医，自觉两瞳生光辉。团蒲日静鸟吟时，炉熏一炷试观之。

山谷的座右铭颇值得玩味。

中国人称那些不懂礼仪、不守规矩、不尊重他人的人"没有教養"。"没有教養"是不带脏字的骂人话。确实，没有教養的人就连挖苦别人时也要借助脏字，他们无脏不成文。明末的張獻忠就是一个没有教養的人，当"皇帝"之后，他给违命的部将劉進忠下过这样一纸诏书：

> 奉天承运，皇帝诏曰：咱老子教你不要往汉中去，你强要往汉中去，如今国人折了很多兵马。驴球子！入（错字，应为"日"——引用者）你妈妈的毛！钦此。③

后来，張獻忠感慨道：

> 皇帝极是难做，咱老子断做不来。老子金银甚多，想来做皇帝不如做绒货客人快活！④

張獻忠说皇帝难做也许多有所指，然而第一难恐怕就是难以补上修

---

① 中国古人将水獭捕到猎物祭祀之后才食用的现象称为"獭祭"。
② 黃庭堅号山谷。
③ 引自《快乐老人报》2012 年 3 月 8 日第 16 版的《張獻忠圣旨通篇脏话》，作者佚名。
④ 同上。

養课。

  子谓子产:"有君子之道四焉。其行已也恭,其事上也敬,其養民也惠,其使民也义。"[1]

  这里的"養"就是養育的意思。
  孔子说:"唯女子与小人为难養也。近之则不孙(逊),远之则怨。"[2] 孔子的这段话遭到后人诟病,认为将女子与小人相提并论是对女子的不敬。其实,孔子所说并无不当。在这句话中,養是调和、相处的意思。小人不好处,这是显而易见的。女子指婚后之妇人,正因为妇人与丈夫不好相处,哄着会让丈夫丢面子,疏远了又容易招致怨恨,变为怨妇。人们往往抓住孔子这句话,而不顾圣人们为解决男女难以相处这个难题而做出的卓有成效的努力。这种努力包括:
  (一)确立男子的户主地位,避免政出二门;
  (二)确立男尊女卑的原则,以与自然的原则保持一致;
  (三)确立男主外、女主内的家庭分工,以减少夫妻之间的矛盾,变"难養"为"好養";
  (四)确立三从四德的道德准则,以确保妇道;
  (五)确立男人的义务,以确保弱者(妻子)的家庭地位。
  最后,用四句结语概括"修养"一词所含义理:人与天合一,做人讲修养;修養有标准,以天为榜样。

忍耐

忍

  从刃,从心,刃在心上而不怒也。許慎《说文解字·心部》:"忍,能也。"古代认为能是贤者的外在表现。勇敢是一种能,可以出击或发泄时却敢于止,是一种高级的"能"。中国人更重视后一种能,更善于以忍去过。汉武帝为操练水师挖湖挖到煤,当时不知煤为何物,请来高人。高

---

[1] 引自《諸子集成》第一卷,《論語·公冶長》,上海書店1991年版,第101页。
[2] 引自《諸子集成》第一卷,《論語·陽貨》,上海書店1991年版,第386页。

人告诉汉武帝，此物乃是劫灰，耐燃烧。汉武帝沉思良久，采取了忍的策略，因为他不知道开采地藏会招致什么后果，小不忍则乱大谋，与其冒险开采不如按兵不动。莊子早就提醒人们，倚重技巧必然导致心机过重，使人变坏。事实证明，莊子、汉武帝皆非杞人，"天"的确很脆弱，应该忧，忧天不吃亏！

另外，忍也是衡量一个人心理素质与意志品质的尺度。宋朝有一位叫做富弼的大臣，因忍耐力强而名流史册。有一次，一位同僚对他说："某某骂你。"富弼笑着说："恐怕在骂别人吧！"对方说："指名道姓，骂的就是你呀！"富弼不慌不忙地回答："天下重名者很多，也许骂的是另外一个叫富弼的。"富弼的话传到骂他的人的耳朵里，那人很惭愧，立即停止了谩骂。

《明史·循吏传》还记载了这样一件有趣的事情：松江府有一位知府名叫赵豫，他处理民间诉讼纠纷的方法很特殊：每有因鸡毛蒜皮纠纷前来告状的，他总是对原告说："我今天很忙，你明天再来吧。"第二天，仍旧是这套说辞。拖来拖去，原告就不再告了。当地百姓发现，赵豫主政之后民风大变，百姓之间相处得越来越融洽，纠纷越来越少。原来，是"忍"发挥了奇妙的作用。

耐

从而，从寸。而是胡须之象形。段玉裁给小篆"而"做了如下形象的分析：一横代表鼻子，一竖代表人中，大的半圆代表嘴边的髭，里面小的图形代表下巴上的须。王船山有另外一种说法[①]：

> 而，本训颊毛也，又为鱼项背鬣。口辅动则颊毛张，鱼之动也以鬣，故借为助语词、动转词也。语有转折，则系之以"而"，尤鱼欲回旋而鬣动也；或为加进之词，尤鱼欲进前而鬣动也。若诗言乎"而"，则疑其未然而固然，亦转词也。其用为"尔""汝"之称者，则音与"尔""汝"相近，方言清浊不同，故随借一字行之。[②]

[①] 对汉字存在不同理解是很正常的。只要不违反天人合一的主旨、言之有据且能自圆其说就可以成为一说。

[②] 引自《船山全书第九册·说文广义》，岳麓书社1989年版，第69页。

船山治文近于白话，比较容易理解，"而"之转折含义来自于"鱼之动也以鬐"。能在极短时间（寸表示极短时间）里转向，就是"耐"。耐就是不一根筋，能够及时转弯。

孔子所说的"恕"含有忍的成分。子贡问曰："有一言可以终身行之者乎？"子曰："其恕乎！己所不欲，勿施于人。"①

对于孔子来说，受多大的侮辱都能忍，唯有"八佾舞于庭"不能忍，说出"是可忍也，孰不可忍也"的狠话，这样的狠话孔子是轻易不说的。

忍（能）与耐（受得了委屈或磨难）是中国人最优秀的品质之一，是对农耕生产的巨大精神支撑，也是让中国人甘守清贫的巨大精神力量。所以，忍耐是传统文化之精髓。

现代化何以产生无法克服的危机，就在于人类不能甘守清贫（人类本就应该是清贫的，暴富是用资源透支换取的，既不合自然之法，也不合人情之理）。人类知道地球埋藏很多资源而资源可以转为财富之后，忍不住发财欲望，借助于工具理性，向自然开刀，向地球攫取，终于惹怒自然，降下各种灾难。

最后，用四句结语概括"忍耐"一词所含义理：忍是心之至境，不忍难以清净；天地充满诱惑，全靠忍耐守经②。

克服

克

从十，从兄，克的古字为象形字。許慎《说文解字·克部》："克，肩也，象屋下刻木之形。"表示肩能胜任（如《诗经·豳风·伐柯》："伐柯如何？匪斧不克"），胜任（能够）为克之最初的意思，其他皆为转义。由"胜任"转义为"克服"顺理成章：胜任是向外发出信息，克服则是向内发出动员令（如克己复礼）。

罗振玉认为克象人戴胄形。胄是盔，确实克之甲骨文（掇二·四六八）很似头顶盔帽之形。

二者各道出"克"之一义，并不扞格。許君道出克之本义中胜任功

---

① 引自《諸子集成》第一卷，《論語·衞靈公》，上海書店1991年版，第343页。
② 守经：遵守常法。

业的一面；罗振玉则道出克本义中善于负载的一面。

克与可音同义通，只是后者更俗些。

克与科读音相通，是因为"科"能够将事物一律化，含有能的意思。

克与柯读音相通，是因为柯树用途极广，材可造船，皮可入药，古人还用柯木做斧柄，总之能做许多什物，也含有能的意思。

克的读音与客相通，是因为门客能给主人出主意。

克的读音与刻相通，是因为古字克通刻，都表示克制、约定或者限定时间。

服

从月（古字为舟），从卩，从又。古字卩与又的部分是人以手驭舟之象形。驭舟要服从舵手指挥，做人焉不如此？做人也要服从道，服从圣人，孩子则要服从父母……总之，西方人强调个性与独立性，强调自己主宰自己的行为，中国人则强调服从，二者出发点以及效果完全不同，也有人说二者殊途同归，其实是殊途"异"归，天冠地屦。

为什么中国古人如此重视克制与服从？

这是因为中国人谦恭地将自己置于自然之下，置于道之下，置于天之下，置于地之下。人的作为与能量主要收敛于内，而非发泄于外。人对人克制远不如人对天克制重要。中国人首先是服从自然，服从道，服从天地，人对人的服从不过是前者的折射而已。皇帝并不掌握一票否决权，皇帝永远不能违背天意，否则就当不了皇帝。有人不以为然，天地无言，服从如何不服从又如何？中国古人并不这样看，他们认为人服从天则国泰民安，人不服从天必遭天谴。董仲舒的"天人感应"绝非迷信，是被无数历史事实所证明了的规律。

人们在称赞美国人自由的时候往往忽视了这样一个严峻事实：从人类自身角度看，自由未尝不好；从天人关系的角度看，人对于天自由行事万万行不通，人类必须克制自己，因为地球只有一个，而人类又必须生活在地球上，霍金号召人类迁移至火星纯属白日做梦①。还是孔子的克己复礼（约束自己，回到天人合一、与天恒舞的道路上来）来得更实惠，更有效。

最后，用四句结语概括"克服"一词所含义理：克制贪欲，服从天

---

① 霍金是在 2011 年讲这番话的。

命；天人合一，天下太平。

问

问之正体字为問。

問

从門，从口。这个字的结构昭示了中国一个古老的规则：学生问学于师必须登门拜访，哪怕学生是豪门子弟，老师是寒门之家。登门请教是礼仪，不能不遵守。問也包含技巧，《礼记·学记》说："善問者如攻坚木，先其易者，后其节目。"①

《礼记》有以下关于"問"的论述：

谋于长者，必操几杖以从之。长者問，不辞让而对，非礼也。（《曲礼》）

若非饮食之客，则布席，席间函丈。主人跪正席，客跪抚席而辞。客彻重席，主人固辞。客践席，乃坐。主人不問，客不先举。（《曲礼》）

入境而問禁，入国而問俗，入门而問讳。（《曲礼》）

孔子是最著名的学问家，把学问家省略一个字，孔子就是最著名的問家，这样说并不令人费解。孔子的一大半学问是问出来的，而且多数场合是登门求教来的，要走很多路。后人把学问之道概括为"读万卷书，行万里路"，其实读书也是一种问，一种无言的问。不问只读，收获不会太大。史书记载，孔子入太庙每事问，这才积累了丰富的历史知识。孔子不耻下问，有问题就请教，并不考虑对面是谁，水平如何。

之所以"問"字以门罩口，还有这样一个原因：门有门路、途径的意思。悟性高的人请教问题时往往提出抽象的、综合的、具有指导性质的问题，而不是从书本中可以查询的具体问题。换言之，把握不住"問"的度，什么都问反而不美，作为老师一般不愿意回答这样的问题。如果提问题之前能够仔细揣摩一下"問"的结构与内涵就不至于盲目了，因为"問"这个字本身就在提示应该如何问。

治学，有成功的，有失败的；有坚持到底的，有半途而废的；有事半

---

① 树木枝干交替之处叫作节，纹理纠结不顺之处叫作目。

功倍的，有事倍功半的；有成为学者的，有成为专家的；有知行合一的，有纸上谈兵的……究其根由，绝大部分原因在对问的态度上，无论天分如何，只要勤思勤问，就会不断进步。

问读音与稳相通，表示问老师问题时要稳，毛毛躁躁不行；

问读音与闻相通，表示问老师问题时要认真听，塞耳不闻就白问了；

问读音与文相通，表示问老师问题时对语言要加以修饰，不能直截了当；

问读音与温相通，表示问老师问题时要态度温和。

最后，用四句结语概括"问"字所含义理：三人之行必有师，有师不问也徒劳；规矩礼仪做不到，师又怎能用心教。

让

让之正体字为讓。

讓

从言，从襄。襄者夹也，有形之物，在手曰握，在身（衣兜）曰襄，故有藏掖之意，将此意转至口，本欲言而又止，这就是讓的字形之义。嚷与讓音通，字义却大相径庭，这是因为"襄"所表达的意思不同。嚷所含之襄乃是盗窃他人襄物，盗贼理亏，狡辩时言必声高，非嚷不可。

讓与瓤谐音，是因为瓜瓤很柔软，谦讓时言谈举止柔软似瓜瓤；

讓与壤谐音，是因为土壤松软，土壤硬则不宜耕耘，此义也与讓所表达的意思相通，谦讓之心就是慈悲之心，也是俗话所说的"软心肠"。

讓与瀼谐音，是因为古代"瀼"通"瓤"。

礼讓是华夏道德的核心内容之一，是五德之一。讓字在《礼记》中共出现七十三次，足见这个字对于华夏民族之重要。讓的形式繁多，不能一一列举，仅举三个有趣的例子：

善讓：多见于庙堂臣工之间，自己行善事却称他人所为，他人有过则称己过，勇于承担，此举并非虚伪，乃是为起示范作用，使民效仿善讓。

齿讓：以年龄为依据，年纪小者礼讓年纪长者。孔融讓梨就属于齿讓，那时孔融才四岁，足见中国的家庭的齿讓教育是从小抓起的。

利讓：《礼记·曲礼》："见利而讓，义也。"

如果非要求用一个字总结古今之别，我认为前者讓后者争。经济学家从经济视角评价得失，他们认为竞争才是经济发展的真正动力。这是一种看似有理的诡辩。之所以称其为诡辩，是因为这种论调忽视了自然的承受力，忽视了地球资源的有限性与人类对生存环境的依赖性。放大眼光来看，竞争只能导致资源早日枯竭，环境早日恶化，人类早日灭亡。

不能泛泛地认识"讓"，应该：

（一）着力思考"言"这个偏旁的含义。礼讓首先表现为言语，表现为外在的形式，为的是使"讓"这一道德规范能够便于实行且行之有效、传之久远。讓的外在形式不仅表现于言，也表现于形体动作。在多数情况下，言语形体动作（如作揖）同时进行，这时的"讓"叫作揖讓。古代，几乎每一个中国人每天都发生多次揖讓的行为，堪称一道亮丽风景线。

（二）讓的概念不仅针对人，也针对自然。礼讓，首先是对天（自然）而言的，所以中国人祭祀的时候一定要有说辞，而且说辞一定要使用文言文，以示恭敬。当然形体动作也要显示出毕恭毕敬的态度。——这一点是中国人与以天为征服对象的西方人的最大区别。

最后，用四句结语概括"讓"字所含义理：不与人争，不与天争；事事礼讓，何来纷争。

谦虚

谦之正体字为謙。

謙

从言，从兼。許慎《説文解字·言部》是这样解释"兼"的："兼，并①也。从又（手——引用者）从禾。兼，持二禾，秉持一禾。"② 现在读这些解释稍微有些费解，这是因为許慎所说的兼不同于现在这个兼。综上所述，謙字透露出如下信息：

（一）謙是一种服从，无论是真心服从，还是为了安抚对方而表现出的服从，都是一种顺着对方的态度。

---

① 并：相从。
② 引自《説文解字注》，浙江古籍出版社2002年版，第94页。

（二）谦暗示当事人手持二禾。禾在这里是谷穗。孔子最先发现谷穗具有谦逊的品质，它成熟之后下垂，酷似鞠躬向大地表示感谢。从谷穗转到人，同样表示谦逊的姿态。

（三）谦的态度不仅是心理活动，还要表现在语言上。

謙与前（向前、进步）谐音，是因为谦能促使人进步，谦与进步有因果关系；

謙与浅（浅薄）谐音，是因为只有知道自己的浅薄才能进步；

謙与歉（不足、不安）谐音，是因为只有知道自己的不足才能进步；

謙与潜（隐藏至深处）谐音，是因为龙隐藏于水中，蓄势而发，力量才大；

謙与乾（八卦与六十四卦之首）谐音，是因为这一卦的卦辞有"亢龙有悔"的话；

謙与牵（强制）谐音，是因为人的本性是张扬自我，要想做到"谦"必须强制自己，避免自我膨胀；

謙与骞（腹部低陷，鸟类皆然）谐音，是因为鸟儿腹部低陷，体重被压缩至最轻，才有利于飞翔。

虚之正体字为虛。

虛

从虍（虎），从业（正体字"業"上面的部分）。古时候业是板墙。虍与业的组合昭示：老虎处于板墙之内，其心境是"虚"的。按照原意，虚是很特殊的一种心理状态：一方面可以因迷失信仰或无所事事造成；另一方面也可以是一种自我调控之后的心理状态。2012年10月5日，美国一名叫作爱德华·阿奇尔德的博士因为心理空虚参加了一场吃虫子比赛。他一口气吞下数十只各类爬虫，结果当场毙命。确实，心灵空虚的人会做出极端无聊的事情。然而《周易·咸》却说"君子以虚受人"[1]，这是因为为人处世或治学的场合也是如临深渊、如履薄冰，与老虎被关在板墙内的情形逼肖之至。

古代，謙与虛两个字分而用之，近代将其合成为謙虛这个美妙的词

---

[1] 引自《易經通解》，中国致公出版社2010年版，第281页。

汇。人在躁动不安或志得意满之时不妨想一想低垂的谷穗与笼中的老虎，也许就会冷静下来，"虚左"，以等待更多的未知与美好的事物进入自己的头脑，使自己变得更善良、更睿智。画家齐白石堪称谦虚之楷模。1952年，艾青捧着一幅齐白石的画作去拜访他，年及米寿的齐白石拿着放大镜观画良久，然后开口说："我用刚刚创作的两幅换这一幅行吗？"艾青笑答："二十幅也不换！"白石老人叹了一口气说："我年轻时画画多认真啊，现在退步了！"从那一天开始，白石老人又恢复了天天描红的习惯……

中国人的年岁有虚与实两种论法。古人尊重虚岁，今人看重实岁，认为实岁才代表实际年龄。其实，中国古人遵循这样一个原则：人一出生就算一岁。联系上面对"虚"字结构上的分析，胎儿在母腹中犹老虎处于板墙之内，虽然有些不踏实，却也是生命的雏形，生命之年龄为何不从生命之雏形算起呢？

最后，用四句结语概括"谦虚"一词所含义理：做到谦否，比比谷物；做到虚否，想想笼虎。

坚

坚之正体字为堅。

堅

从臣，从又，从土。堅之古字为臤，土是后来加上去的。許慎《説文解字·臤部》："堅，土刚也。"

土是松软的，何以言刚？

《九章算术》给予了回答："穿地四为壤，五为堅。"土壤的下面有堅硬的岩石。臣匍匐在地，手掌向下是在表示自己的忠诚堅如岩石。

理解"堅"的关键是搞清楚"臣"的意思。"臣"的含义存在一个漫长的演化过程：

最早的"臣"是弓箭的象形，表示弓弦听从弓箭主人的役使，这种役使是通过牵引弓弦实现的。

"臣辰父癸鼎"上的"臣"似头朝上、尾部着地的涸泽之鱼，这条鱼失去活力，姿势也不对，它不能不屈服于天（正是天不降雨导致河水干涸，才使它陷入困境）。

后来君主以臣名其下属官僚。此时，君主成为天子，代表天司牧人间，所以在屈服天子的背后，仍然隐含有屈服于天的含义。

回到坚字上来，"臣"表示屈从牵引，按照惯例"又"是手，下面一个"土"字，综合起来构成这样一个意思：臣被天以及天的代理人——天子牵引，见天子时以手撑地，表示自己的忠诚如土壤下面的岩石。

孔子在《易·象》中教诲君子应该以自强不息的精神来呼应"天行健"，健就是坚强，就是不屈服于外力，按照自己的节奏运行。天行健之健与坚乃是一个意思。

文臣要敢于谏，甚至敢于尸谏，也就是说谏是须要一颗坚强的心的，否则想谏也谏不成。

建功立业何尝不如此？心不坚者建不了功业。

艰与坚谐音具有深意，只有艰苦磨练才能够培养出坚定的意志。

最后，琢磨见字也会给我们带来启发。见的甲骨文与金文都是一个跪着的人，目视前方，若有所思。

为什么"见"还得如此虔诚？

段玉裁给予了回答："有视而不见者，浑言之，则视与见一也。"也就是说，虽然人人都有眼睛，但是有的人看不见自然的微妙之处，有的人则视力所及都看得到，孔子就是这样的人。所以，"见"也不简单，也需要坚这个条件。

最后，用四句结语概括"坚"字所含义理：坚者法自然，怯者欺自然；欺天非好汉，守雌乃真坚。

安静

《大学》开篇曰：

> 大学之道，在明明德，在亲民，在止于至善。知止而后有定，定而后能静，静而后能安，安而后能虑，虑而后能得。物有本末，事有始终。知所先后，则近道矣。①

---

① 引自《礼记·大学》，岳麓书社2002年版，第796页。

老子曰："万物芸芸，各归其根。归根曰静，静曰复命。"① 安静之意在其间矣。

安

从宀，从女。女人在宀（家）曰安，家庭平稳无事，静如处子曰安。安居、安定、安全、安宁为"安"之本义，余皆转义。女人在家就是儒家所主张的"女主内"，这是正确的社会分工，男女一起主内、一起主外，家就不安宁了。家不安宁社会就不安宁，乃至于国家不安宁。原因很简单：造成社会动乱的主因是争夺社会资源，而对异性的占有是争夺重点之一，如果让一种性别大体在社会中，另一种性别大体在家庭中，就能最大限度地保证一夫一妻制度，从而避免因争夺异性而引发社会混乱。

剩下的问题是：男女两性，哪一方适合进入社会，哪一方适合打理家务。无论从理论上还是从社会实践上考察，都是男主外女主内较为合适，最有利于保持社会安定，同时也能节约安定社会所需之成本。

当今社会不安定，家庭不稳定，究其原因就在于违反了汉字"安"所揭示的规律，男女同时主外，造成家庭仅仅成为两性同居之所，其他功能大多丧失。今天，安字没有变化，实际生活中女子却并不在家中，又没有男女大防，岂能不乱？今不救之，家将不存！

静之正体字为靜。

靜

从青，从爭。許慎认为安与静同义。我查到的古代文献没有从结构上讲这个字的。其实，从字面看，静所蕴含之意并不隐晦：青是青苗，指植物；争则为动物所为。青（禾苗）看着动物飞翔、爬行或嬉戏不为所动，这便是静。許慎说"靜，審也"，就是指我上面所揭示的情景。

中国人崇尚安静是有理论根据的。物理学有一个定律：凡人造之物，都会随时间的推进而变化，而且是越变越糟糕。② 中国哲学的合二而一就是要保持事物的稳定，不要用人力或借助于理性打乱它的宁静，否则往往

---

① 引自《諸子集成》第三卷，《道德經·第十六章》，上海書店1991年版，第9页。
② 这个定律就是著名的穆菲定律。

无法收拾。西方人主张一分为二，喜欢变化，喜欢将事物拆解成碎片①，以从中得利。得利是得利，世界却因此而不再安静。这样下去，人类只有攥着金钱下地狱。因为没有一颗安静的心，一切都没有意义。现在，这个世界处于毁灭的前夕，其征兆就是躁动，寻不到一丝安静。

最后，用四句结语概括"安靜"一词所含义理：动是人之本性，变是财富源泉；安靜被人遗忘，必然举步维艰。

约束

约之正体字为約。

約

从糸，从勺。糸是绳子，許慎说"約从勺音"。② 勺有媒妁之意，勺子本身就是汤羹与嘴的媒介。有时中国人干脆用"約"替代"绳子"，如《左传·哀公十一年》就有"人寻約，吴髪短"③ 的句子，寻是长度单位，意思是人人手中拿着一根八尺长的绳子（以备绑缚俘虏之用）。绳子之主要功能是缠束、捆缚，这是约之本义，由此引申之义皆与本义有关：

约束：如同用绳子捆缚身体不使乱动，约束是用无形之绳索捆缚欲望与冲动，以合于礼法或契约。《论语·子罕》："博我以文，約我以礼。"

契约、公约：中国的契约靠心中的绳索维持，西方的契约靠成文的法律维持。不言而喻，在诚信的文化氛围中，心比法更具有保证，也更能持久。

约会：定好佳期绝不食言为约会之本义，爽约为古人所不齿。

节约：生活简朴、不铺张，当然也属于心之约。

束

从木，从口。木是树木，口象征缠绕在树干上的绳索，"束"表现了树被绳子缠缚状。实际上，在缠缚的意义上約与束同义。

---

① 化学工业是专门干这个事情的。
② 引自《説文解字注》，浙江古籍出版社 2010 年版，第 647 页。
③ 引自《左传》，北京燕山出版社 2001 年版，第 504 页。

自我约束是儒家的重要思想，在某种程度上可以说是核心思想。儒家思想起源于天人关系。面对昊天上帝，面对自然大道，面对人之有限与天之无限，人类应该如何认识自己，又该如何面对天地自然？从大的方面来说有两种态度可供选择：

（一）以天为神，以天为父母，以天为崇拜对象，事事处处以天为式，实现天人合一；

（二）以天为征服对象，通过理性逐渐解开自然之谜，向天地索取财富。

显然，中国人选择了第一种，西方人选择了第二种。

中国人选择了于自己不利却能够最大限度地保护自然原生态的生存方式，选择了具象的思维方式，选择了"礼"这样富有人情味而又讲道理的自我约束形式，选择了天主人事而非民主人事的政治制度，选择了"不患寡而患不均"的物质生活资料分配思路，选择了保守文化而非创新文明的生存对策，选择了重精神轻物质的价值取向，选择了集体主义而非个人主义的社会组织模式，选择了"伐放昏君"、君臣分权的政治机制，选择了以自我约束（道德）为评价标准的成功观[1]，选择了以名检为人生最高追求的人生信仰……

看今日之世界，约束之绳索早已被剪断，并被抛至九霄云外，各自为政，争名夺利无所不用其极。人类对自然尤其残忍，凡于人有利，没有不能做的事情，什么开山放炮、填湖盖房、深度采掘[2]、核能发电、飞船探月、高速公路、高速铁路[3]、化肥农药、激素色素、试管育婴、人体克隆、人造生命、石油污染大海、废水污染江河、辐射无所不在、病菌弥漫空间，西瓜中有膨大剂、辣酱中有苏丹红、地下水源即将枯竭、原始森林消失殆尽、氟利昂破坏臭氧层、杀虫剂覆盖农作物……凡此种种，皆人类不能自我约束所致也！

最后，用四句结语概括"约束"一词所含义理：约与束，义本同；皆用绳，束言行。

---

[1] 举孝廉与科举制是这种成功观的典型体现。科举制的场合，文章好坏主要取决于道德修养，因为习文的过程就是修炼道德的过程，所以才有道德文章之说。

[2] 深度采掘：采掘地球1000千米深的页岩气。美国正在全力推进此项技术。

[3] 有两位俄罗斯科学家指出，高速公路与高速铁路能够通过地表传递一种特殊的波，这种波的积累容易引发地震。

等级

等

从竹，从寺。許慎《説文解字·竹部》："等，齐简也。从竹部声，从竹寺。寺，官曹之等平也。"官曹亦称官寺，即官署、衙门，朝廷办事之所。

"等"的本义是整理书简使之整齐。寺是官府，现代训诂者将其理解为寺庙是不对的。由齐竹简而转义为齐朝廷法令，再转为如段玉裁所说："凡物齐之，则高下历历可见，故曰等级。"① 这里有一个十分有趣也十分重要的地方：等级并非来自于分，而是来自于齐。有了足够多的具有相同特质的事物，用这一事物同其他事物比较，这才出现等级。《左传·昭公七年》：

> 天有十日，人有十等，下所以事上，上所以共神也。故王臣公，公臣大夫，大夫臣士，士臣皂，皂臣舆，舆臣隶，隶臣僚，僚臣仆，仆臣台，马有圉，牛有牧，以待百事。②

足见，中国之等级起源于朝廷管理国家之分工。这种分工有明确的高下之别，就是因为天干从甲到癸是不同的（此即"天有十日"），太阳—地球—月球也处于等级序列之中。天高地卑的自然环境给中国人以强烈的参照，加之中国人的直觉思维方式，仿照自然，将人分为等级再正常不过了。

如果人类是人人平等的，那真是连狮子、老虎、蜜蜂、蚂蚁都不如。

级之正体字为級。

級

从糸，从及。最初指丝之优劣次第，后来延伸至官爵及其他。

---

① 引自《説文解字注》，浙江古籍出版社2002年版，第191页。
② 引自《春秋左传注》第四卷，中华书局1981年版，第1284页。

级的读音与记相通，表明记录在案的证据是决定级别的参照；

级的读音与既相通，表明级别依据的是既成事实，而非预见性的标准；

级的读音与集、积相通，表明级别升迁有一个积累渐进过程；

级的读音与计相通，表明级别擢升须计算功劳。

"君君，臣臣，父父，子子"为很多质疑儒家的人所诟病。原话是：

> 齐景公问政于孔子。孔子对曰："君君，臣臣，父父，子子。"公曰："善哉！信如君不君，臣不臣，父不父，子不子，虽有粟，吾得而食诸？"[①]

齐景公说得对，如果父不父，子不子，父亲老了就吃不上饭。如果君不君、臣不臣，朝廷就无宁日，无清明政治可言。等级是保护弱者的利器，没有等级，比如没有敬老的措施，中国的农耕之路就走不通，中国就会与西方走到一条路上——社会犹如年轻人的天堂、老年人的地狱。西方的平等社会说白了就是无所作为的社会，一切任由人的本性调节，那实际上与野兽并无二致。事实证明，无等级就无秩序，社会一团混乱，人人唯利是图，必然滑向功利主义，滑向人伦道德与精神信仰的无政府主义，滑向狮虎横行的丛林法则……

最后，用四句结语概括"等级"一词所含义理：官寺分等，丝绸分级；人亦有别，小人君子。

[①] 引自《诸子集成》第一卷，《论语·颜渊》，上海书店1991年版，第271页。

大道篇

大道在天不在人，理性主义者通过逻辑思维分析得出的所谓真理，其实并不真。大道昭昭，不容鬼蜮惑众。

常

常

从尚，从巾或从衣。尚由丷与同组成，丷表示一点点，同表示高或增加。这样，尚就有了以下诸多含义：（一）高；（二）上；（三）增加；（四）添饰等。巾代表衣服或装饰。综合地理解：随着地形不断增高，人必须得增添衣饰，以适应自然。所以，常这个字的本义所要表示的乃是对自然规律——道的尊崇。后来，索性直接用常来表示自然之道。老子的表述最为明确：道可道，非常道；名可名，非常名。常道是客观的、与人的理解无关的自然规律；常名是能够反映客观真实的、与人的好恶无关的名称。儒家用"五常"——仁、义、礼、智、信——来表示五种道德，意思是，这五种道德就应该像随着季节变化而增减衣服一样，成为家常便饭，成为自然而然的事情。同理，中国人还用"常伦"表示常理，用"常式"表示固定的制度，用"常数"表示一定的法则，用"常性"表示固定不变的本性，用"常体"表示固定的格式，用"常法"表示固定的法制，用"常节"表示固定的节度……

最后，用四句结语概括"常"字所含义理：常道无处不在，捕捉难之又难；单用理性捕捉，都是过眼云烟。

阴阳

阴阳构成万物的思想是中国人对世界的最大贡献之一，可以简单地将这种思想概括为合二而一，也可以说，西方二进制乃是中国阴阳思想的翻版（阳为一，表示有、创造；阴为零，表示保守、接受）。长期以来许多中外学人否定中国的这一贡献，然而2012年希格斯粒子问世（希格斯证明存在两种性质不同的基本粒子，希格斯粒子作为质量的赋予者在物质构成方面起到主导作用）之后，一切怀疑立即烟消云散。现代量子物理学揭示：世界的确像《易经》《道德经》描述的那样。

阳之正体字为陽。

陽

第一种理解：从阝，从日，从一，从月；

第二种理解：从阝，从一，从易；

第三种理解：从阝，从日，从一，从勿；

第四种理解：从阝，从旦，从月。

万变不离其宗，陽的构成元素包括：

（一）阝；

（二）日；

（三）一；

（四）勿（月）。

以上每一个构成元素都有意义：阝表征山，是参照物，其他构成元素都是针对山而言的。日、月是天的表征，一代表道，旦是早上，勿表征不变。

综合每一个构成元素的意义，我们可以这样叙述"陽"：

陽气来自于太陽，太陽每日早上出山、晚上落山，从不改变，这个字告诉我们：道是最简单的事情，不过就是太阳升起与落山而已，是最容易理解的事情。在这个意义上，陽这个字是一幅生动的自然图景。老子说："人法地，地法天，天法道，道法自然。"老子把自然置于最高位，这与"陽"字所揭示的道理完全一致。

阴之正体字为陰。

陰

从阝，从今，从云。相对于陽，陰的结构简单得多。今表示时间，显然，"陰"是自然某一时间点的状态。比如，天气本来是陽（晴）的，突然乌云升腾，立即变为陰。陰不是永恒的，最终还得回归陽的常态。

陽与陰这两个字基本可以概括中国古人的哲学理念，这些理念包括：

（一）世界不是谁造出来的，而是陰陽和合的产物；

（二）万物产生之前就已经存在陰陽，世界是陰与陽的合二而一；

（三）陽是主导方，陰是接受方；

（四）陽是常态，陰是特殊态，陰服从于陽；

（五）陰是陽的一部分；

（六）陰是柔顺的，陽是刚劲的。

最后，用四句结语概括"陰陽"一词所含义理：陽为主格，陰为宾格；陰陽谐调，万事和合。

易

易

从日，从月（勿）。这个字有三个主要构成要件：

其一，日（阳）；

其二，月（阴）；

其三，读作"一"（一表示太极）。

综合三个元素，可做如下思考：

（一）日月（阴阳）交替，始终如一，因为那是一（大极）的状态，人是改变不了的。故而易者，不变也。

（二）日与月不能永远高悬空中，它们的位置始终处于变换之中。故而易者，变也。

（三）日在上，月在下的构造昭示：阴阳不是对等的，阳起主导作用，具有创造性；阴处于服从地位，起到配合阳的作用。

（四）用"勿"表示"月"具有隐蔽的含义：阴阳的初始性质一旦确定就不能破坏，必须遵守。

（五）如上所述，道是很容易理解的，只要按照"易"这个字的意思做，自然符合天道。

（六）在某种程度上，一就是易，易就是一，二者是一回事。《易经》说的就是中国人对一（太极）的理解。当然不是笼统地讲，而是把一看成是阴与阳的和合。

与易读音相通的字非常多，这是因为与"易"有关联的事物非常多。《易经》被尊为群经之首，是因为易之理是天下第一义理，抓住这个义理，万理归宗，一切都能迎刃而解。

对于《易经》，许多人有误解，认为《易经》是个筐，什么都往里面装。其实事实并非如此，《易》不是偶然的产物，其成书先后历经三千多年，经过伏羲、周文王、周武王、周公旦、孔子五位圣人之手，历经千辛万苦才写成的。这部书融汇了中国古人的世界观、方法论与无与伦比的智慧。中国人想问题或者做事情站得高，看得远，看似杞人忧天，实则包含着大智大勇。这种大智大勇首先表现为主动放弃人类自身的利益，放弃眼前利益，最大限度地保护自然，恩泽子孙。许多人至今对这种义举仍不能理解，因为物质财富应该对人类具有更大的吸引力，何况人类具有理性，而理性可以帮助人类找到开启地藏的钥匙。然而，理性的可怕之处恰恰在于它不能帮助人类在大方向与"度"上把握吉凶，人类插上理性翅膀，如珈伦姑娘穿上红舞鞋，只有一直跳下去，直至筋疲力尽，衰竭而亡。

综上所述，人类第一方略应该是不作为，而非作为。人类的第一生存法宝是对"易"的正确认知，而非开发理性。

最后，用四句结语概括"易"字所含义理：易与一同，阴与阳异；易经是镜，照照自己。

元

元

从一，从兀。高鸿缙《中国字例》："元，兀一字，意为人之首也。"[①] 元之具有代表性的甲骨文、钟鼎文、古文都是一个身体稍微前躬的人，其上方为二——天与地。显然，这是个指事字，表示阳与阴（天

[①] 引自《漢語大字典》第一卷，四川辞书出版社、湖北辞书出版社1988年版，第264页。

与地)乃是人之始,也是万物之始。《易经·乾》:象曰:"大哉,乾元,万物资始。"① 说明天地始于元,即元气。

隶变之后,元之意不变。这个字直接的意思仍是天地生子;间接的意思是:自然有所弃(丿),有所留(乀),留下的称作儿,其中最有灵性、最有智能的称作人。虽然人很高贵,却是天地的儿子。

国学最大的特点就是大天地而小人类,把人放到自然之中,而非独立于自然之外,更不能与自然为敌,动辄征服自然,索取财富。抓住这个特点就基本懂国学了,否则讲得天花乱坠仍然是国学的门外汉。

元字是易经乾卦的卦辞"元亨利贞"的第一个字,所以这个字对于中国人是非常重要的。这个字表征源头,表征事物最本质的状态,当然也表征大吉大利。太极、大极也叫作元气。我们说一个人伤了元气,是说这个人的本受到伤害,不是标(一般的病),而是带有根本性的伤病。

中国人认为世界的源头是元气,这与西方人认为世界的源头是耶和华(其实耶和华不过是人的表征)是截然不同的,甚至是对立的。西方人试图通过科学实验证明自己的正确,结果事与愿违。最新的科学实验证明:世界的本质不是物质,也不是类似物质的东西,世界的本质是带有信息的场,按照爱因斯坦的说法,所谓物质不过是较强的场而已。宇宙形成于场,正是因为150亿年前,场过于强大产生了爆炸,才产生宇宙。这个结论与中国的元气说更接近,而与西方的神创世说则相去甚远。其实,西方著名哲学家康德已经产生过强烈的隐忧,他说,科学的弊端最终还要靠科学来清算。不幸被康德言中。一百多年过去了,科学告诉世人:中国古人对宇宙的认识最接近宇宙的真实!而科学的一个个最新发现都在揭示科学自身的弊端,并不利于科学自身。

在现实世界中,人类游戏不是在比谁正确,而是在比谁强大。西方所走的路不一定正确,但这条路使得他们强大却是确凿无疑的——这正是人类悲剧之所在。

最后,用四句结语概括"元"字所含义理:阴阳之始曰元,宇宙之初为气;元气乃万物祖,本没有救世主。

---

① 引自《易經通解》,中国致公出版社2010年版,第58页。

和同

和与同互相对应。

和

从口，禾声。和之古文口在左，写作咊。和之甲骨文、钟鼎文很像龢的前身。龢是一种乐器，很像今天的笙。笙是多管乐器，由于管子长短不一，声调也有高低之别。高低和音令人感到悦耳，那就是"和"的本义。"发而皆中节谓之和"①，"音声相和，前后相随"②，说的都是一个意思，就是听起来自然、顺耳，令人怡悦就是和。

口是脾胃的重要出纳器官，负责与外界的物质交换。在农耕社会禾（谷物粮食）是安身立命之本，断一日则疾，断三日则乱，断十日则亡。在这个意义上，大至一个国家、一个社会，小至一个家庭、一个团体，口不断粮是实现和谐的首要条件。

口又是发声器官，人与人的关系和与不和，在很大程度上取决于口，正所谓祸从口出。礼的相当一部分是对口的规制。

汉字不是一字对一意的狭义文字，汉字是能够延伸的。"和"首先延伸到人际关系领域。孔子说："君子和而不同，小人同而不和。"孔子的意思是，君子与人相处，既广交朋友又不失原则性。

何止人际关系，中国的许多事情都在遵照这个原则。比如，华夏民族有统一的文字——汉字，然而不同地区的人却操不同的方言，以至于十里不同音，各说各话。实际上，这完全是为了维护"和"。盖房子需要以水泥为黏合剂，但是光有水泥达不到预期效果，必须掺杂一些沙子。沙子起到"不同"的作用。水泥加沙子，比例又合适，就做到了"和而不同"。

只讲男女平等，不讲男女差别，一林二虎，令出多门，造成家庭的"同而不和"，严重的可以导致婚姻解体。

追求物质利益过了头，人人都像守财奴一般，使得整个人类"同而不和"。

---

① 引自《礼记》，岳麓书社 2002 年版，第 693 页。
② 引自《諸子集成》第三卷，上海書店 1991 年版，第 1—2 页。

现在动辄时尚，不跟随时尚的人被视为不合群。其实，女人都文眉化妆，反倒不美，因为同过了头，差别不见了，也是"同而不和"……

"和"在汉字中占据非常重要的地位，意思有数十种之多，我认为最重要的意思如《广韵·戈韵》所说："和，不坚不柔也。"在这里，和含有中庸之意。《周礼·春官·大司乐》说："以乐德教国子：中、和、祗、庸、孝、友。"足见和之重要。

和与合之间存在紧密的关联，合是和之条件，同是和之结果。用老子的话说，中国人的认识论就是："道生一，一生二，二生三，三生万物。万物负阴而抱阳，冲气以为和。"① 现代生物学基因学揭示：基因存在于每一个细胞核中的染色体上，一个人浑身上下所有的细胞的基因都相同。而且，基因的一半来自于父亲，另一半来自于母亲，通过基因对比可以确定亲子关系。这雄辩地说明人是阴阳合和的产物，换言之，人是合二而一的产物，不是一分为二的产物。然而，并非所有的西方人都坚持自己的价值观，也有喜欢中国哲学思想的，法国前总统希拉克就是典型的代表。他在1997年访问中国的一次谈话中引用了《周易》的一句话："二人同心，其利断金。"正因为希拉克深谙《周易》并善用《周易》中的思想，故其在位时开创了中法外交的"黄金十年"。

和的读音非常多，重要的有：

（一）和读合；

（二）和读鹤；

（三）和读活；

（四）和读胡。

同

如字所示，表示众人一口同音，分不出张三、李四，众人的作用不过是增加了声音分贝数而已。

须要注意，同是个中性词，虽然在"同而不和"的短语中它具有贬义，但换个场合，可以是褒义。比如"同舟共济"表示患难与共，完成一个艰巨任务时"同心戮力"等。在这些场合，同成为首要问题。

---

① 引自《諸子集成》第三卷，《道德經·第四十二章》，上海书店1991年版，第26—27页。

最后，用四句结语概括"和"与"同"两个字所含义理：口有禾则和，和而求不同；宁要和不同，不要同不和。

富

富

从家，从一，从口，从田。富与福读音与意思都相近，所以东汉劉熙说："富者福也。"然而这两个字还是有明显区别的。富之古字象祭祀时用的供桌或酒坛。富之本义是祭神用的酒肉，祭祀过后，人们将这些酒肉吃掉。祭祀使得人们的心里一下子变得踏实了，因为从此可得到神的保佑了。当然，有神保佑，离富贵就不远了。古代，神与天通，因此富字的构思含有强烈的天人合一思想。人敬天了，天就赐福给人间——这一思想一直指导中国人的世界观，成为信仰之核心。許慎将富训为备（完备不缺）是对富字本义的展开说明，人敬天，则万物不乏；人毁天，则万物匮乏。

以上是从宏观方面讲的，也可以从微观方面讲。每一个家、每一个人都有相应的口田，生活就会富裕。这个字有以下含义：

（一）财富来源于农业；

（二）田地是农业之本；

（三）耕者必须有田可耕；

（四）农业生产必须以家庭为基本单位。

社会发展至今，以上四条仍不可或缺，这充分说明中国人很早以前就已经对农业有深刻的理解。

今天，世界的经济发展很快，农业在经济中所占比重越来越微乎其微。其实，人们并没有富裕，相反，人类越来越贫穷。我在拙作《人类的自我毁灭》开篇就做了说明，大意是：人类最需要的生活资料，依照重要性分别是：

（一）空气；

（二）阳光；

（三）水；

（四）风；

（五）食物。①

现代人的财富增长与上述五个要素完全无关，增加的不过是汽车、电器、通信设备等相对次要的东西。空气污染了，水污染了，食物不干净了，风减弱了，雾霾随之猖獗起来……人类贫穷得只剩下毫无用途的GDP，除去GDP一无所有，那不是贫穷得无法再贫穷了吗？

富的直观意思是一个家庭（宀）每一个成员都有其口田（一、口、田）。平均一人一亩耕地，即可保证最基本的生活资料供给。在中国人看来这已经很富足了，不必贪得无厌。可笑的是，科学主义者一口一个现在生活水平提高了，却完全不顾人均耕地越来越少的严酷事实。从汉字"富"所教导的标准考察，人类并非越来越富，而是越来越贫。大部分耕田被用于高尔夫球场与化学工业厂房建设，可耕地日趋减少。长此以往，是要闹粮荒的。

最后，用四句结语概括"富"字所含义理：富自田亩生，神灵来庇护；若竭泽而渔，必万劫不复。

利益

利

从禾，从刂。这个字的甲骨文很像古代一种兵器，叫作铦（读鲜），铦有锋利之意。古文始见左边之禾旁与右边之刀，后来刀演化为刂。利，以刀割禾之所得也。禾暗指和，《易经·乾·文言》："利者，义之和也。"②

利的读音通力，说明要得利必须出力，坐享其成所得不是真正的利。利的读音通理，是因为所得之利必须符合天理，不合天理的所得是非法的或不道德的。利的读音通礼，得利的行为必须遵从礼，不是为所欲为的。

益

从水，从皿。水注入器皿曰益。如果倒满器皿，水流到器皿之外，那就不是益，而是溢。"满招损，谦受益"说的就是这个道理。

---

① 王文元：《人类的自我毁灭》，华龄出版社2010年版，第2页。
② 引自《易經通解》，中国致公出版社2010年版，第349页。

益的读音通宜，是说水倒得适宜才有益的结果；益的读音通义，说的是人可以取得利益，但是必须适度、合宜，否则便为不当之利；益的读音通懿，说的是适当而又合理的受益是美好的。

关于利，孟子有一段精彩论述：

> 孟子见梁惠王。
> 王曰：叟，不远千里而来，亦将有以利吾国乎？
> 孟子对曰：王何必曰利？亦有仁义而已矣。王曰何以利吾国？大夫曰何以利吾家？士庶人曰何以利吾身？上下交征利，而国危矣！万乘之国弑其君者，必千乘之家；千乘之国弑其君者，必百乘之家。万取千焉，千取百焉，不为不多矣；苟为后义而先利，不夺不餍，未有仁而遗其亲者也，未有义而后其君者也。
> 王亦曰仁义而已矣，何必曰利！①

孟子关于利的思想与孔子"君子喻于义，小人喻于利"的思想是一致的。重义轻利乃是儒家核心思想之一，反映在儒家世界观、价值观、政治观、社会观等方方面面。总的来说，儒家的利益观就是：君子生财，取之有道。② 孔子曰："君子食无求饱，居无求安，敏于事而慎于言，就有道而正焉，可谓好学也已。"许多人根本不相信孔子的这段话，认为孔子在讲大道理。我以前亦作如是想，现在真正理解了这段话的妙处：不饱（六七分饱）才能享受美食之乐；居室够住即可，不必求豪华。

最后，用四句结语概括"利益"一词所含义理：手不执刀欲求禾，器皿充满仍不休；不义之财祸不浅，人财两失付东流。

好坏

好

从女，从子。女人是美丽的，男人是雄健的。好之本义为美，故以女子表示美。许多动物都是雄性比雌性美，比如狮子以及大多数鸟类。人是

---

① 引自《诸子集成》第一卷，《梁惠王·章句上》，上海书店1991年版，第21—25页。
② "君子爱财，取之有道"不是儒家的主张。

一个例外，无论哪个时代，人体审美都有重女轻男的倾向。这是因为：

（一）男权社会的审美主体是男性，当然要将异性作为审美对象；

（二）现实是男强女弱，从中庸（平衡）的角度考虑，应该适当放大女性的优势；

（三）形成女子美的意识，有利于使男性产生更多满足感。

好之古文女在右子（男）在左，女子跪在男子面前，形象地表现出男尊女卑的两性观。

如何评价中国古代的这种两性观？

笼统评判是不行的，必须分为两种情形：

第一种情形，人人平等是人类的正义法则，必须按照正义法则行事。在这种情况下中国古代偏向于男性的两性观是违背正义的，所以应该予以批判与抛弃。

第二种情形，自然是唯一立法者，人类的立法应该服从自然的立法。阳尊阴卑乃是自然之正义法则，人类理应效法之。按照这个法则，中国的男尊女卑符合正义法则。

公说公有理，婆说婆有理，显然这是个千百年无法断定的公案。

暂将这个公案搁置一边，看一看女权主义盛行的现实，也许有利于得出公正的答案。现实生活中的男女平等[①]至少造成以下恶果：

（一）男女平等使得家庭无主，使社会处于"无政府"状态；

（二）男女平等使得传统的合理社会分工被打乱，男子因分心家务而影响工作，女子因分心工作而不能很好地持家与育子，可谓两败俱伤；

（三）男女平等使男子因纠缠婆婆妈妈的事务而失去阳刚之气，女子因为在工作中常与男子同工而失去阴柔之美；

（四）女子进入社会，进入市场，必然要发挥其优势（这是市场法则决定的），因此在二奶市场上寻租便成为少部分女子之首选，在某种意义上，这些女子的身体成为公共财产；

（五）由于男女分工被打破，现在有些女人几乎成为男人的玩物与附庸。

如此比较，善恶立见。

[①] 真正的男女平等是无法实现的，这里所说的男女平等是指作为意识形态的男女平等给人类社会带来的灾难。

坏之正体字为壞。

壞

从土，从褱。壞之古字由三部分组成：一曰土，二曰复，三曰工。意思一目了然：土木工程须要翻工，因为工程壞了。

古代，"壞"不是"好"的反义词，字义上二者风马牛不相及。现在，"壞"已经由"物自毁"转义为"好"的反义词。

最后，用四句结语概括"好壞"一词所含义理：好壞任天断，善恶由人为；戡天若不止，亢龙必有悔。

乡村

乡之正体字为鄉。

鄉

从乡，从郎。許慎说："鄉，国离邑，民所封鄉也。嗇夫别治，封圻之内六鄉……"《周礼》对鄉做了详细界定：

> 令五家为比，使之相保。五比为闾，使之相受。四闾为族，使之相葬。五族为党，使之相救。五党为州，使之相赒。五州为鄉①，使之相宾。②

"使之相宾"有文字上的证据。鄉有好几个古字，这些古字极其相似，都是两人相向对坐共食一簋的场面（而且逼真，很像一幅画）。所以，鄉之本义乃是鄉人共食。同时，氏族部落共食也是中国家族主义源远流长的铁证。

中国古代的鄉有一定的自治性③，足可与古希腊的城邦相媲美。

---

① 古代的鄉比今天的乡大得多。比如汉代的鄉，有一万两千五百户之多。
② 引自《周礼·地官·大司徒》，岳麓书社2002年版，第96页。
③ 自治是民主制的精髓。

隶变后的"鄉"会意性仍然很强：右边的阝代表邑，郎代表年轻男子，表示年轻男子是鄉的中坚力量，左边的"乡"则是由古字中一位跪食的人演化而来的。

鄉与香同声绝非偶然，聚餐时饭菜格外香甜，这种经验即便在今日仍然能够得以验证。

村

从木，从寸。木是树木，寸表示时间或长度。时间与长度（树的高）恰好通过树木的生长可以显示出来。古代，都市之外很少有高大建筑，人们一般根据树木辨认不同的村落。从远处看一个村子，映入眼帘的首先是树木，而非房屋。陆游将这种场景描绘成"山重水复疑无路，柳暗花明又一村"①。我儿时经常偷偷离家远游，就是凭借环绕村落的树木辨认方向的。那种不同的景致深深烙入脑海，至今仍清晰可辨。曾几何时，儿时的村子绝迹了，代之以"水泥村"。千村一面，难以分辨，即使能够从建筑样式上进行分辨，也毫无生趣。"村"，这个汉字所勾勒出的景致已经不复存在！

可怕的是，如今鄉村不再是吸引文人骚客的宝地，倒是像与自然隔绝的纯粹居处，人被拘房中，用电话、手机、电脑与外界联系。村民不仅没有古代共食之亲切，村与村之间几乎老死不相往来。如今，鄉村几乎成为被遗忘的角落。

还有更可怕的事情，那就是今日之鄉村已经没有了传统的诚实与淳朴，他们奉行一家两制的方针：将田地一分为二，供自家食用的田地，不施化肥，不喷农药，不用激素；供出售的田地则反其道而行之，生产有毒有害甚至让人食用之后断子绝孙的农产品。当然，也不能怪他们，他们唯有靠"高科技"提高产量才能增加收入，进而缩小与城里人的巨大差距。

比这更可怕的是，中国所谓的城市化进程仍在加速进行，长此以往，真正的鄉村将消失殆尽，人类统统沦落为房屋里的囚徒。

悲夫！

最后，用四句结语概括"鄉村"一词所含义理：鄉人共食，村子易识；鄉音难改，鄉风不移。

---

① 《游山西村》，引自《古代诗歌鉴赏辞典》，北京燕山出版社1989年版，第744页。

男女

男

从田，从力。男，农田劳动力是也。男的读音通难，是因为农耕作业万分辛苦与艰难，正所谓"谁知盘中餐，粒粒皆辛苦"。《说文解字·田部》：

> 男，丈夫也。从田力，言男子力于田也。注："周制八寸为尺，十尺为丈。人长一丈，故曰丈。《白虎通》曰："男，任也，任功业也。"古男与任同音。①

人类生存的要素有些是自然赐予的，如空气、水、阳光、风等，有些则需要人类通过劳动获得，如食物、衣服等。在人类必须通过劳动获得的生活要素中，食物排在首位，正所谓民以食为天。

女

为象形字。許慎《說文解字·女部》：

> 女，妇人也。象形……段玉裁注：男，丈夫也；女，妇人也。立文相对。《丧服经》每以丈夫、妇人联文浑言之。女亦妇人。析言之，适人乃言妇人也。《左传》曰："君子谓宋共姬女而不妇。女待人妇义事也，此可以知女道妇道之有不同者矣。言女子者，对男子而言，子皆美称也。曰女子，子者，系父母而言也。"②

"男女有别""男女大防""夫唱妇随"等都是中国非常优秀的文化传统。也许以现代人视角解读这些概念无论如何也理解不了，这是因为现代化的社会运行准则早已颠覆了这些理念，代之以男女平等。现代化能满足人们极大的物质"需求"③，在这个假象的掩盖下，人们理所当然地认

---

① 引自《説文解字注》，浙江古籍出版社2002年版，第698页。
② 同上书，第612页。
③ 之所以将需求加引号，是因为现代化满足的需求都不是最必要的，最必要的需求——如空气、水、阳光、风——越来越难以满足。

为男女平等是一个福音，不假思索地接受之、赞美之。殊不知，男女平等会给社会带来严重的负面影响。以下四个理由足以支持男尊女卑：

（一）男女有别是自然法则，不应该抹杀；

（二）男女大防是保持男女有别的有效机制，缺少了它，男女很容易趋向畸形的平等；

（三）男尊女卑是仿照"阳尊阴卑"的产物，只要自然界仍然是"阳尊阴卑"，人间便应该男尊女卑，不能本末倒置；

（四）夫唱妇随是唯一有效的家庭稳定剂，家无主必然造成家庭无政府主义，和谐便无从谈起，一家公司尚且有什么"CEO"，一个家两个做主的怎能不乱套？现在，家庭乱象正是由于忽视男女差别造成的。

西方的女权主义与男女平等荒谬绝伦，无须从理论上进行批驳，从现实利益上考察也不成立。在人类生产中，人的再生产是第一位的。母亲教儿女天经地义，是不能替代的。现在偏偏被替代，母亲放下教育子女的义务去上班挣钱，把孩子丢给靠不住的人教养，就算母亲日进斗金，孩子不成才，难道这算成功吗？

最后，用四句结语概括"男女"一词所含义理：男人生产粮棉，女人缝衣做饭；男女合璧为家，男人担任主管。

艺术篇

自然是唯一的艺术家，那些自诩为艺术家的都不过是在向自然学习的过程中小有心得而已。而那些企图通过颠覆自然，哗众取宠的人则是与艺术无染的小丑。

艺术

艺之正体字为藝。

藝

从艹，从埶，从云。藝之本义是种植。《孟子·滕文公上》："后稷教民稼穑，树藝五谷。"[①] 藝字上面是艹，指农事；下面的埶（温度）与云（雨水）表示稼穑的基本条件。再加上埶字中的土与丸（种子），土壤、温度、水、种子农事四要素就齐备了。——这些比较容易理解。较难理解的是：为什么后来"藝"脱离原意，转义为藝术之藝？

在中国，自然以及自然所遵从的"道"是藝术之源泉。如果说中国的学术是"体天格物"的话，那么中国的藝术则是"体天造象"。象，是自然的外在表现形式，也是藝的描摹对象。中国古代藝术活动离不开自然之象。而自然之象的四个基本元素恰恰也是四个——阳光（热）、天（云）、草木（艹）、繁衍（丸）。中国的藝术永远不会脱离这些主题。

藝与农事有着惊人的相似之处：

（一）二者都是一分耕耘一分收获；

[①] 引自《諸子集成》第一卷，《孟子》，上海書店1991年版，第224页。

（二）二者都有渐进积累的过程；

（三）二者都是"良种驱逐劣种"，优秀的种子或作品得以保留甚至传世；

（四）二者都忌讳标新立异。

历来对六藝有不同理解：

（一）六藝为孔子教学的六种科目——礼、乐、射、御、书、数；

（二）六藝为六种经典——《易》《书》《诗》《礼》《乐》《春秋》。

关于藝的第一种功用，《礼记·学记》做出精练的表述："不兴其藝，不能乐学。"妙哉！"礼、乐、射、御、书、数"不能养家糊口，并无实用，然而能够让人乐学，无用之用远在有用之用之上。

藝的第二种含义——六经（后多言"五经"）对中国人的积极影响巨大，可以说是善与美的种子，世世代代播撒在中国人的心田。污蔑六藝的人除极个别的恶人之外，都是因为不了解其用其妙所致，不足为虑，六藝迟早会被世界认可。

术之正体字为術。

術

从彳，从朮，从亍。術之本义是邑中之道路、途径，而且常指大道派生出的小路，小路纵横交错，需要行路人牢记，否则有进无出。于是由"认知途径"转义为"认知技能"。既然是技能，就具有不确定性，有恶技与善技之分。孟子云："矢人唯恐不伤人，函人①唯恐伤人，巫匠亦然，故術不可不慎也。"② 孟子之言至今仍不失其意义。学人从事"学術"，有唯恐伤人的，也有唯恐不伤人的，不能不察。

最后，用四句结语概括"藝術"一词所含义理：藝教人善，術教人能；善而能者，称其为圣。

---

① 函人：指造铠甲的工匠。典出《周禮·考工記·函人》："函人为甲。犀甲七属，兕甲六属，合甲五属。"

② 引自《諸子集成》第一卷，《孟子·公孙丑上》，上海書店1991年版，第140页。

文章

文

从亠（玄），从乂（爻之略）。文的具有代表性的甲骨文与钟鼎文是人身体上交错的图画（即今之文身），远古之人喜欢文身以显示身体之美。《礼记·乐记》载："五色成文而不乱。"孔穎達疏："（五行之色）各依其行色成就文章而不乱。"这已经是文的人文之义。文的字义演化进程大致如下：

文身—花纹—文字—文辞—文章—天文—人文—礼乐仪制—法令条文—美德—华丽—柔和—儒雅—装饰—掩饰

由上可知，"文"之精华在中间（即儒家所说的中庸）地带，两端并不代表文之真正含义。中国人创造"文"字的灵感来自自然的交错之象，先是效法文身，而后创造文字，创造文化，并将"文"引申至人伦道德领域。当然，过犹不及，文也可以走向反面，所以要始终保持中庸的心态，不温不火，不过还要避免"不及"。

文是自然的本质，是中国人效法之对象。文成为儒家思想的核心概念之一。可以将早期人类的需求分为两大类：

（一）物质的；

（二）精神的。

文是对中国人精神追求的凝练概括。之所以墨家学说昙花一现，就是因为墨子"蔽于用而不知文"[1]。之所以儒家大行其道，就是因为儒家坚持"观乎天文，以察时变；观乎人文，以化成天下"[2]，走的是天人合一之路。

章

从音，从十，会意字。許慎《说文解字·音部》："章，乐竟为一章。从音十。十，数之终也。"王筠句读："《风》《雅》每篇分数章，无论入

---

[1] 引自《諸子集成》，《荀子·解蔽》，上海書店1991年版，第261页。
[2] 引自《易經通解》，《周易·贲》，中国致公出版社2010年版，第121页。

乐不入乐者皆然。"① 表达情感或讲述道理的文字也一定是一段一段地推进，段落就是章。高手写作惜字如金，一句话也能成章。

文与章结合成文章十分巧妙，文是字与字之交错，章是句与句之连接，相得益彰，珠联璧合而成妙篇。

文章属于艺术范畴，"术"是善恶杂糅的，为了扬善弃恶，古人在"文章"的前边加上"道德"二字，变为道德文章，这样表达便臻于完美。曹丕提出文章是经国之大业、不朽之盛事，对后世影响极大。士大夫的名检总是与道德文章连在一起，正如杜甫所说："文章千古事，得失寸心知。"如果说世间存在具有永恒意义的精神创作的话，首先想到的就应该是中国的道德文章，那是中国人的道德与智慧之结晶。可惜，中国人自己也在退化，越来越不会写文章，如果不予以大力抢救，道德危矣！文章危矣！

最后，用四句结语概括"文章"一词所含义理：文章大业，华夏代传；毁于吾侪，罪名谁担？

诗

诗之正体字为詩。

詩

从言，从寺。从言表明诗是关于语言文字的艺术。从寺说明诗不是简单的白话，不是随便说就能说出诗的，作诗要像在寺庙中祈祷一样，不能有邪念，不能大声喧哗，不能啰唆（"寺"的意思是寸土寸金，詩借用这个意思，便是寸言寸金），要高度简约。

为什么《詩》被纳入经书范畴，而且是铁定的经书？

原因有四：

（一）中国主流文化强调善与美（不强调真），好诗有利于把人引向善与美。所以孔子用"思无邪"评价《詩经》，无邪自然善，无邪自然美。

（二）把《詩经》确立为经典等于宣告华夏文化属于雅文化，这是一

---

① 引自《説文解字·音部》，浙江古籍出版社2002年版，第102页。

个最根本的前提。实际上,《詩》流传到社会之后确实起到督促人们向雅靠拢的作用。春秋时期,诸侯之间的外交辞令以引用《詩》中美丽的詩句为时尚。① 所以孔子才发出"不学詩,无以言"② 的感慨。

(三)将《詩经》确立为重要经书表明:中国人最重要的学问是文学,而非其他。确立了中国人通过审美(而非训练思维)达到教化目的的特殊文明路径。正如曹丕所说,文学是"经国之大业,不朽之盛事"。

(四)《詩经》成为中国文学的营养库:

比如曹操《短歌行》的"青青子衿,悠悠我心。但为君故,沉吟至今"乃出自《詩经》的"青青子衿,悠悠我心。纵我不往,子宁不嗣音?"③

《礼记·少仪第十七》说:

> 言语之美,穆穆皇皇;朝廷之美,济济翔翔;祭祀之美,齐齐皇皇;车马之美,匪匪翼翼;鸾和之美,肃肃雍雍。④

《詩经》《楚辞》《莊子》是中国文学的三大源泉,是中国文学取之不尽的营养库。另外,还有一点常常为今人所忽视:《詩经》《楚辞》《莊子》代表了中国古典文学的高峰,而到了唐朝,诗人过分讲求技巧,流行新体詩,已经开始脱离詩之正轨。

清朝乾隆的时候,李晓园与百菊溪是很要好的朋友,仅因为对某个问题看法不一致而闹僵,再不来往。百菊溪有些后悔,就在扇面上写了一首诗叫人送给李晓园,诗中有这样两句:"我非夏日何须畏,君似清风不肯来。"李晓园看后顿觉汗颜,从此二人重归于好。詩之魔力,由此可知。

现代人发明了白话詩(新詩),想怎么写就怎么写,全然不顾詩自身的特点,不顾孔子"思无邪"的基本要求,使得神圣的詩庸俗化了。这种情况让一个叫作严独鹤的文人看不下去了。一次,他探访一位白话诗作者,恰巧那人不在家,严独鹤被请进屋子里等。严独鹤无意发现桌子上的一首新詩:"越开越红的石榴花,红得不能再红了。"他忍不住在后边续

---

① 《左传》所引用的诗95%都是《詩经》上的诗。
② 引自《諸子集成》第一卷,《論語·季氏》,上海书店1991年版,第363页。
③ 引自《詩经·郑风·子衿》,岳麓书社2005年版,第82页。
④ 引自《礼记·少仪》,岳麓书社2002年版,第471页。

写了两句："越做越白的白话詩，白得不能再白了。"

本来，詩是白还是文，无关紧要，李白也写过优秀的白话詩。然而，李白之所以成为大詩人并非是因为他的白话詩写得好。

最后，用四句结语概括"詩"字所含义理：好詩读后泪沾衣，故而詩字读做湿；若似离骚感肺腑，詩人名字留青史。

辞赋

辞之正体字为辭。

辭

从𥫄（亂去掉乚），从辛。辭的本义是诉讼理辜。《尚书·吕刑》：

> 民之辭，罔不中听狱之两辭。孔传："民之所以治，由典狱之无不以中正听狱之两辭，两辭去虚从实，刑狱清则民治。"①

中国古代的刑狱之事一般是被告被问得理屈词穷、无言以对时方得结案。"两辭"就是原告、被告两方的讼辭。

辭转义为一种文学体裁是因为作为诉讼的"辭"有简约而不失说服力的特点，刑堂之上不容啰唆（《易经·系辭下》："吉人之辭寡，躁人之辭多"），不容泛泛而谈、了无重点，不容空洞乏味，让听者昏昏然欲睡——这些也适合文学创作。于是，将骚体诗、汉赋等极重修辭之文体称为辭、赋（合称辭赋）。所谓辭赋，就是心知道，言合心，辭能成就其言者。当然写辭很辛苦，故而有辛。

辭之同音字尤须注意瓷。瓷器外华丽而内质朴，上佳之瓷乃是国之重器，然而稍有懈怠，一触即碎。辭，何其不然，一字能坏一句，一言能伤众人，故而作者不能不字斟句酌，慎思慎笔。

赋之正体字为賦。

---

① 引自《漢語大字典》第六卷，四川辞书出版社、湖北辞书出版社1988年版，第4043页。

赋

从贝，从武。许慎《说文解字·贝部》："赋，敛也。从贝，武声。"[1] 赋税一词沿用至今。有人这样解赋字：用兵征赋税，故从贝从武。这种解释有些牵强附会。实际情况是，中国古代有以兵役代赋税的制度，所以赋从武。古文中赋与兵通义就是有力的佐证。

赋成为一种文体似乎显得突兀。我以为诗赋之"赋"乃是"敷"之通假字，用敷解释诗赋之赋迎刃而解。"敷"乃铺展、敷布之意，而作为文体的赋正是为敷布胸臆的，正如刘勰在《文心雕龙·诠赋》中所说的："赋者，铺也，铺采摛文，体物写志也。"[2]

显然，辞与赋是有区别的，尽管人们常常将二者视为同物。辞让人慎思慎笔，而赋让人直书其事。似乎矛盾，其实不然，清朝之前，中国很少有文字狱，在辞赋中发些微词一般是不会受到朝廷追究的。[3]

最后，用四句结语概括"辞赋"一词所含义理：高唐神女子虚赋，归田洛神白发赋；陶潜归去来兮辞，最喜潘岳怀旧赋。

比兴

比

比具有代表性的甲骨文、钟鼎文皆从二人。二人分出前后顺序的场合构成"从"，横向并列则构成"比"。比之原义是相与比叙（段玉裁：比者密也；叙者，次第也）、比较、并列。比本是古代遗址出土的盛饭器皿，与今之饭勺类似。比之形乃是两个背面的人站在一起。既然是背面，二人比的就不是相貌，而是身高与胖瘦。为什么比后背？因为正脸（相貌）各有各的审美标准，无从比较，而身高与胖瘦有客观标准，可以断定。——这便是造字者之匠心所在。

《礼记·学记》阐述了比与学——包括文学——的关系："古之学者，

---

[1] 引自《说文解字·音部》，浙江古籍出版社2002年版，第282页。
[2] 引自周振甫《文心雕龙今译》，中华书局2005年版，第76页。
[3] 南唐李后主因写下"问君能有几多愁，恰似一江春水向东流"的词句而被诛杀，是因为他是被俘的皇帝，他之被杀不属于文字狱。贾谊的《吊屈原赋》确实让朝廷不满，但并未遭封杀，还是流传为名篇。

比物丑类。"孔颖达疏:"言古之学者,比方其事以丑类,谓以同类之事相比方,则事学乃易成。"

《诗》有"六义",《诗》之分类占三,分别是:

(一) 风——先贤之遗化。
(二) 雅——言今之正者以为后世法。
(三) 颂——颂今之德广以美之。

《诗》之修辞手法占三,分别是:

(一) 赋——铺陈政教之善恶。
(二) 比——见今之失不好直言,取比类以言之。
(三) 兴——见今之美,嫌于谄媚,取善事以比喻之。

比的修辞手法很常见,如隋末祖君彦在《为李密檄洛州文》中以"决沧海而灌残荧,举昆仑而压小卵"① 形容起义军势不可挡,成为千古佳句。

兴之正体字为興。

興

从舁,从同。興之古字是一堆火。火之有无,界限分明,而且火苗向上升腾,所以興之本义是"起"与"升"。臼是坑的意思,古时有一种灶叫臼灶,在地下挖坑,上面架锅,下面点火,多用于军队临时起灶之用。起兵也叫興兵,即由此来。之所以以興作为婉转溢美之文学修辞手法,是因为"起情,故興体以立"(刘勰《文心雕龙·比興》)。情之起类火之起。火起,不能不救也;情起,不能不吐也。胡适说中国古代文人无病呻吟,是因为胡适完全不了解中国古典文学。②

最后,用四句结语概括"比兴"一词所含义理:记言记事各有依,诗辞歌赋皆瑰奇;写作好比织文锦,求精求美须修辞。

---

① 引自《古代散文鉴赏辞典》,农村读物出版社1987年版,第317页。
② 胡适写了一本厚厚的《中国白话文学史》,这部书极尽污蔑中国古典文学之能事。胡说一部中国文学史就是白话文学史,胡说唐朝最好的诗人不是李白、杜甫、白居易,而是王梵志,令人啼笑皆非。

书写

书之正体字为書。

書

从聿，从曰（古字的"書"从口）。聿，笔也；曰，说话也；書，用笔说话也。笔非灵物，不能说话，然而握在手上就能变为会说话的灵物。不是手有特异功能，是心在支配手。書者，输也，输送情感与信息也。归根结底，書是心说话而非口说话，所以古代称文字为"心画"。正如扬雄在《法言》中所说："故言，心声也；書，心画也。"① 今人说毛笔通灵，出处即在于此。

正因为如此，好書，特别是善本历来受到读书人的垂青。明代藏书家王世贞在研究《尚書》的期间，遇到一位书商卖书，那是一部宋版《两汉書》的善本。因为他掩饰不了喜悦之情，卖家抓住这一点故意抬高价格，他最终以一座庄园换得此书。

明代著名文人胡應麟建"二酉山房"，专门用于藏书。十多年间，他荡尽家财——甚至典当妻子的衣服首饰——购書42384卷，留下"典衣购書"之佳话。

清代藏书家黄丕烈购得《周易集解》十卷中的首卷，其余九卷为其好友陈鱣所得。陈鱣因为缺一卷不能齐全而发愁，终于一病不起。黄丕烈得知立即奉书前来拜访，将首卷转让陈鱣，陈鱣立即病愈如初！这就是有名的"得書病愈"的典故。

《释名·释書契》："書，亦言著也。著之简之永不灭也。"② 書是记的意思，是动词。書还有名词的用法，如書籍、典籍等。許慎说"载于竹帛谓之書"。以竹帛为庸器（材料），成本相当高，加之古代讲诚信，人皆有自知之明，故而著書之人甚少，从三坟五典算起至明清，中国历史上的書籍总共约十四万种。而今天，中国一年出版的書竟达三十万种。所

---

① 引自《諸子集成》第七卷，《法言·問神》，上海書店1991年版，第14页。
② 引自《漢語大字典》第六卷，四川辞书出版社、湖北辞书出版社1988年版，第1509页。

以我说：

> 造化灭生必先令其多。人与物莫不患多，所谓寿多则死物多则亡者。多而生者必不多也：先秦百家，不过儒、道、墨、法、名、兵、阴阳等数家而已，唐诗盛不过三百首，宋词昌不过柳永、晏欧、苏秦、易安、白石、辛弃疾数人，唐宋文章发达亦不过八家矣。今日写家多如聚蚁，日产万篇，皆索引附会穿凿罗织者，读之，除作睡媒，别无他用，故什九未受题拂已回纸炉。待文集尺厚脸皮亦尺厚也。①

今之書非古之書矣。

写之正体字为寫。

寫

从宀，舄声。許慎《說文解字·宀部》："寫，置物也。② 从宀，舄声。"徐灝注箋："古谓置物于屋下曰寫，故从宀，盖从他处传置于此室也。"③ 从物之移位转义为心画之传递合情合理，何况有"書"作媒介。書的读音与输相通，通过書寫，将信息输送给他人，这个工作靠寫作完成。古字寫通泻是有道理的，寫作过程就是情感发泄过程。没有情感的寫作是无效的。——无感而发，这正是导致如今作家多如牛毛的主要原因之一。为稿费而寫，为出名而寫，甚或为造谣中伤而寫——这些都是"邪"导致的。

最后，用四句结语概括"書寫"一词所含义理：思不熟不書，情不笃不寫；文章千古事，经国大事也。

颂扬

颂之正体字为頌。

---

① 拙著《亨嘉五论》卷三，《文房织锦》，中国档案出版社2007年版，第207页。
② 引自《說文解字注》，浙江古籍出版社2002年版，第340页。
③ 引自《漢語大字典》第六卷，四川辞书出版社、湖北辞书出版社1988年版，第953—954页。

颂

从公（古文从八口），从頁。公，公众；頁，头、头领。公形声而頁表意。这个字的古字是八个人跪倒在地，两手前伸的画面。显然是在表示信仰或赞许。这个意义被延续下来，为颂之本义。

最初，颂是一种文体，是古人祭祀时的舞曲歌词，为《诗经》六义之一。颂蕴含这样的字理：百姓讴歌为公众服务的好头领，颂扬其业绩。如周文王、周武王、周公旦都得到许多颂扬，他们当之无愧。中国有一个约定俗成的规矩，一个人死去，只要他做过有益之事，祭奠他的时候可以溢美，可以适当夸张其善行美德，不会因此而遭诟病。

将颂扬头领的言辞变为固定的文学体裁，中国在世界上恐怕是独一无二的。许多人诟病这种做法，以为是为帝王将相歌功颂德。诟病者搞错了，不是歌功颂德，而是一种宗教仪式。中国人颂扬孔子，甚至将颂扬孔子的文章写得有些肉麻，并不属于盲目崇拜。在某种意义上，中国人崇拜孔子乃是借助孔子表达对自然的敬仰之情，因为孔子奠定了天人合一的方针，这个方针使中国在两千多年的时间里保持和谐与凝聚力，创造出灿烂的人文文化。群臣跪拜颂扬帝王，是因为帝王有"天子"之名分，通过颂扬帝王表示服从天意——当然只限于贤明的帝王。

扬之正体字为揚。

揚

从扌，从昜。最初的"扬"为一只举起的手托着一只小鸟，小鸟作飞翔状。故而扬之本义为飞、举，转义为仰、显露、传播、继承等。

古人观察细致入微：鸟从静止状变为飞翔状，要用力振动翅膀，从而得到初始加速度。

人文文化何尝不尔？文化从无到有也要有一个原动力，这个原动力就是以伏羲、周文王、周武王、周公旦、孔子为代表的圣人之教诲[①]。圣人教诲集中于五经，五经就相当于小鸟起飞时产生加速度的原动力。后人应该世世代代颂扬他们的功绩，对他们的伟大功绩加以继承与传播，并将其

[①] 参阅本书对"圣"字的分析与解释。

发扬光大，造福全人类。

最后，用四句结语概括"颂扬"一词所含义理：首恶则伐之，圣人则颂之；善美则传之，丑恶则弃之。

演奏

演

从氵，从寅。典型的先造字而后赋予意义的案例，与"汉"字相似，"演"也取自河流。命名某河流为演，而后赋予"演"以各种意义。被赋予的意义与河流之本义多多少少有些联系。

演之衍生义始于"像水流那样延绵不绝"。王引之说：

> 演，润也。土得水则润，润则生物，而民得用之。若水竭，则土无所演，不能生万物，而民失其所用矣。①

王引之的话就是演与衍读音相通之理由。水流不绝乃是人类繁衍不绝的第一要件。

转义为演奏（音乐）之演，仍保留着水流不断的初义，演奏也是连续的，不能中断。其他艺术表演同理，也应该行云流水，一气呵成。

奏

从奉（略），从天。许慎以奉训奏，本义为上进。事实亦如此，无论是演奏，还是上奏（向皇帝上奏折），都是奉。"天"则表示：（一）演奏要道法自然，人籁法于天籁；（二）奏折是给天子看的，不能儿戏，一定要说真话。奏效的说法出现得较晚，这里的奏是"取得"的意思。

演奏两个字，一个有氵旁，一个有天，足以说明中国的艺术活动的原则是道法自然，不仅内容上模仿自然，而且演奏用的乐器也都是丝竹等天然材料制作的，与西方形成强烈的反差。

最后，用四句结语概括"演奏"一词所含义理：水流为演，上进为

---

① 《國語·周語上》"夫水土演而民用也"句之韦昭注的述闻。引自《漢語大字典》卷三，四川辞书出版社、湖北辞书出版社1988年版，第1730页。

奏；人间演奏，为求天休。

经典

经之正体字为經。

經

从糸，从巠。許慎《説文解字·糸部》：“經，织也，从丝巠声。”①《正字通·糸部》：“經，凡织纵曰經，横曰维。”《广韵·青韵》：“經，徑也。”《玉篇·糸部》：“經，义也。”②

综上，"經"主要有三义：

（一）织布机上纵向的丝线；
（二）初指南北之路径，后延伸为一般的路径；
（三）引申为义理。

糸指棉丝。巠既象形又会意，巛很像纺织机上的纵丝，工则代表纺织者。由丝线而路径，由路径而义理，反映出中国文字的演绎轨迹。中国人自古就有两个明显的价值取向：其一，重视纵向，相对忽视横向；其二，重视古，相对忽视今。經字的创造就是沿着这种价值取向展开的。

典

从曲，从册，从丌。許慎《説文解字·丌部》：“典，五帝之书③也。从册在丌之上。尊阁之也……古文典从竹……典，大册也。”典的直接信息是：典籍书册被恭敬地放置在书阁之上，待阅。大册指有重大意义的书册，非指开本大。作为汉字，册表示圆融、圆润、圆满。车轮之轮含有册，是因为车轮必须是圆的，不容许出哪怕很小的棱角。中国的典籍亦如此，人与天、人与人都必须圆融，这是治学之基本原则。

經与典组成經典表示經得起时间（时间为纵，空间为横）考验，始

---

① 引自《説文解字注》，浙江古籍出版社2002年版，第644页。
② 引自《漢語大字典》第五卷，四川辞书出版社、湖北辞书出版社1988年版，第3402—3403页。
③ 据《左传》载，三坟五典为五帝时代之典籍。

终被人们"尊阁之"的典籍，用以作为世世代代的中国人的思想与行动之指南。中国的經典主要有五經、十三經两种：

五經：

（一）易經；

（二）书經①；

（三）诗經；

（四）礼經；

（五）春秋。

十三經：

（一）易經；

（二）书經；

（三）诗經；

（四）周礼；

（五）仪礼；

（六）礼记；

（七）左传；

（八）榖梁传；

（九）公羊传；

（十）论语；

（十一）孟子；

（十二）孝經；

（十三）尔雅。

有人感到疑惑，为什么国学主要經典不包括《老子》《莊子》《荀子》等名著？

我以为原因有四：

（一）宇宙是简易的，經典也应该是简易的；

（二）《老子》《莊子》虽然有很高价值，但消极的一面——比如"绝圣弃智"等主张很容易产生负面作用；

（三）国学以儒家学说为主，儒家經典入围顺理成章；

---

① 《书经》即《尚书》。

（四）五經与十三經都是历史决定的，很少人为干预。①

最后，用四句结语概括"經典"一词所含义理：天人合一，载于經典；人间义方，见于圣贤。

舞蹈

舞

从無，从舛。舛为足相错。無，一方面表音，另一方面表示舞蹈的对象（神是看不见的，所以用無代表造物主或自然神）。舞蹈忌讳四肢一顺，必须左右错开（舛），从而给人以美感。中国早期的舞者并非作为艺术家的舞蹈者，目的也不仅是为了让观者得到美的享受，最早的舞者是巫师，舞是为了与天沟通，起到以下作用：（一）祭祀天；（二）征询天意，让天就人间之事做决定；（三）为人治病；（四）向天神忏悔自己的错误；（五）激扬精神；（六）向神灵祈求智慧；（七）增进部落凝聚力。正因为如此，舞的读音与巫、无、勿、悟等相通。

蹈

从足，从舀。《释名·释形体》："蹈，道也，以足践之如道路也。"《六书故·人九》："蹈，踏也，错足为蹈。"② 按照以上解释，错足"舞"的时候也在"蹈"。在错足的意义上，舞即蹈，蹈即舞。当然，蹈也有自己特殊的意义，那就是"道"。

《礼记·檀弓下》有以下一段话：

> 子遊曰："礼：有微情者，有以故兴物者；有直情而径行者，戎狄之道也。礼道则不然，人喜则斯陶，陶斯咏，咏斯犹，犹斯舞，舞斯愠，愠斯戚，戚斯叹，叹斯辟，辟斯踊矣。品节斯，斯之谓礼。"③

---

① 有学者认为五經是汉朝的朝廷确定的，十三經是宋朝的朝廷确定的，其实不全是朝廷的意思。中国从汉武帝提出"罢黜百家，独尊儒术"之后，学术主流就基本确定了，皇帝也无法撼动。从历史视角看，读者公认的书而且经历不同时代的考验确认其好，那就是經典。

② 引自《漢語大字典》第六卷，四川辞书出版社、湖北辞书出版社1988年版，第3729页。

③ 引自《礼记·檀弓下》，岳麓书社2002年版，第131页。

意思是：子遊说："礼的各种规定有的是用来节制感情，有的是借助外在事物来引发内在的感情的。如果感情没有节制，衣服没有好的样式，这样的话与禽兽就很难区别了。依礼而行，情况就不一样了。人遇到可喜之事就高兴，感到高兴就唱歌，唱歌还不尽兴就扭动身体，扭动身体还不尽兴就舞蹈；人们恼怒过后就愤恨，心中愤恨就叹息，叹息仍不能发泄就捶胸，捶胸还不够就顿足……将这些情绪加以区别与节制就形成了礼。"

上面一段话写得非常生动到位。在中国古代礼乐文化中，舞蹈属于乐，占据很重要的位置。孔子"名正言顺"的感慨就是针对"八佾舞于庭"的僭越行为的。

最后，用四句结语概括"舞蹈"一词所含义理：巫师本是舞蹈家，管理部落与国家；连接上天与众庶，天人合一为一家。

正义篇

正义有参照物。大参照物是自然，小参照物是人类整体。对自然不利的事情，无论怎样有利于人类，也不属于正义。

辨（辩）

辨

从刂，从辡。許慎《说文解字·辛部》："辨，判也。"① 辨的本字是辡，争辩，论证自己没有过错。古代，辨与辩通，后有分别。辨有分别、区分的意思，而且这种区分一目了然，"辨"中间的两竖长短立见，能准确无误地分别出来。

辩之正体字为辯。

辯

从辡，从言。辯是靠口分别事情的是非曲直，带有强烈的主观色彩，辯论者未必在陈述事实，往往是在陈述自己的观点。

孔子年轻的时候好辯论，六十岁之后则"耳顺"，遇到问题喜欢自己琢磨，而不是与人辯论。儒家不主张依赖辯论宣扬自己的观点。中国人的认知方式看重的是事物自身的形状特征，并不过多地借助于逻辑进行判断，而逻辑思维常常借助于辯论。

可以将先哲对"辯"的看法简略归纳为：

《论语·公冶長》：或曰："雍也仁而不佞。"子曰："焉用佞。御人以

---

① 引自《説文解字注》，浙江古籍出版社2002年版，第180页。

口给，屡憎于人，不知其仁。焉用佞？"①

《论语·八佾》：讷于言而敏于行。

《论语·学而》：巧言令色，鲜矣仁。

《老子·第八十一章》：善者不辯，辯者不善。

《莊子·盗跖》：强足以距敌，辯足以饰非。

《孟子·滕文公》：予岂好辯哉，予不得已也。

《墨子·修身》：慧者心辯而不繁说。

《尚书·孔传》：利口覆国家，故特慎焉。

《榖梁传·序》：《公羊》辯而裁，其失也俗。

《荀子·劝学》：有争气者，勿与辯也。

《韓非子·显学》：是以魏任孟卯之辯，而有华夏之患；赵任馬服之辯，而有长平之祸。此二者，任辯之失也。

《史记·李斯列传》：慈仁笃厚，轻财重士，辯于心而拙于口。

《太平天国史料·太平天日》：孔丘始则强辯，终则默想无辞。

……

有一句非常流行的话叫作"辯论出真知"，这句话致使许多人产生误读，以为辯论是追求真理的不二法门，事实并非如此。以辯求理性之知不失妙法，以辯求非理性之知其弊大焉。原因很简单：理性必须借助于逻辑，逻辑可以通过语言表达；非理性（即非逻辑）之知产生于直觉或潜意识，直觉的证据完全在外部世界，人的描述再好也不如不描述（正如老子所说"道可道非常道"）。最有名的例子是孔子与少正卯之间的辯论，少正卯口才比孔子好很多，孔子学问则远胜于少正卯。他们二人同时办私学，结果孔子的学生几乎都跑到少正卯那里。现代学术之没落在很大程度上是因为雄辯家独霸学界，有真才实学的木讷学者则备受冷落，与孔子、少正卯争夺学生的情况非常相似。默者无法把自己的心声传递出去，只有听那些不学无术的辯论家信口雌黄了。

最后，用四句结语概括"辨"与"辯"两个字所含义理：美善何须辯，真与口何干；若想辨曲直，务先祛辯念。

---

① 有人说：冉雍这个人有仁德，却没口才。孔子道：何必要有口才呢？强嘴利舌地同人家辯驳，常常被人家讨厌。冉雍未必有仁，但为什么要有口才呢？

齐

齐是与儒家思想联系最紧密的汉字之一。

齐之正体字为齊。

齊

齊的古文有一二十种，定为齊的字形时间较晚。最初的齊字多从禾（谷、稻），乃是穗之象形。一般是三个穗，或者一般高，或者一般大，或者形态完全一样，组成品字形，表示禾穗整齊状。显然，这是从自然中"远取诸物"造出的字。

許慎《说文解字》说：

> 齊，禾麦吐穗上平也。象形。段玉裁注：禾麦随地之高下为高下，似不齊而实齊，其参差其上者，盖明其不齊而齊也。引申为凡齊等之义。①

段玉裁所说的引申之义包括平等、一致、齊全、聚集等。段玉裁的注很重要，符合孔子"君子和而不同"的原则。禾苗是齊的，土地不一定平整，特别是古人并不主张把土地搞得过于平整②，在这种情况下，禾穗上齊而下参差。齊字的玄机（亠代表玄）在于地面之上的禾穗像刀切瓜那样齊整，而地面下的根部则各有不同。这个事实说明，中国人所主张的齊是相对的，不是绝对的。中国人所强调的齊指的是外部的、形式的齊。这样的齊有利于人际关系的和谐，而无损于个人才能的发挥，有百利而无一害。

众所周知，西方人重个性，把人视为以个人为本位的具有英雄主义气质的生灵。中国人重共性，把人视为能够结为共同体（如家庭、家族等）的睿智生灵。儒家所主张的"齊家"就是为了强化共同体——家。家庭

---

① 引自《漢語大字典》第七卷，四川辞书出版社、湖北辞书出版社1988年版，第4783页。

② 中国古人尊重自然形成的地势的做法至今仍然被日本人忠实地遵照与效法。甚至东京等大都市的地势都明显高低不平，落差大的达到一二十米。

的外形整齐划一的好处甚多，举其荦荦大者：

一　稳定社会细胞，促进国家之安定

如果家庭形成一种稳定的模式，这种模式是以善为宗旨的，而且具有很强的权威性，不言而喻，家庭一定是相对稳定的，为国家之稳定提供了保证。

二　作为文化传统之载体，让民族的道德、信仰与艺术代代相传

一个单枪匹马、各自为政的民族基本谈不上文化，更谈不上文化传统，如果有什么习俗，很可能只是些陋俗而已。以家庭为文化承接载体大不一样，父传子，子传孙，子子孙孙无穷尽。

三　保证性生活质量

在很大程度上，性生活质量取决于性的开放度，然而是负相关，而非正相关，也就是说，性越开放，性生活质量越低。中国古人对性采取保护主义与神秘主义的对策是非常明智的，是保证性生活质量的不二法门。

四　促成家庭生活多样化

古代中国的家庭并非只是简单的传宗接代场所，家庭还是教化的场所、文化传统承接与传递的场所。

五　降低犯罪率

性被局限于家庭，社会上因为性而发生的犯罪就会大大减少，在耻辱感强于性欲冲动的场合，人是可以守身自洁的。

六　节约人际关系成本

农耕生产方式的特点是，土地永远暴露在光天化日之下，如果到处是小偷，农民一定因为付出看青成本而苦不堪言，齐家的结果是让每一个人都知道"己所不欲勿施于人"的道理，事情自然就好办了。

最后，用四句结语概括"齐"字所含义理：齐有奇效果，利民又利国；妻齐易管理，家齐诸事和。

喜怒

对于喜与怒，中国古人有自己独特的解释。

喜

从吉，从廿（二十），从口。口中说出二十句吉利的话，人们听了就

会欢喜。当然,神灵听了同样欢喜,祖先听了同样欢喜。

我在拙作《人与道》中表达了这样一种观点:在某些场合,形式比本质更重要,在极端特殊的场合,本质毫无用途。别人尊重你,赞美你,只要赞美得体,不过分,就不要追究其动机。孝顺父母不能只从心里孝顺,必须亲切地呼叫爸爸、妈妈,必须在父母面前表示出顺从的样子,否则就算不上孝顺。对于中国这个不以金钱为最高追求的国家,听到吉利话或者自己说了吉利话让他人高兴,这些都足以让自己欢喜。对别人吝啬得一句赞美话都不说,这样的人自己也得不到他人喜欢。与喜同音的戏,其初衷就是"装虎动戈,逗人以乐"。喜除了有高兴的意思,还有爱好的意思,爱好也会让人高兴,所以两个意思是一回事。

喜是中国人的一种生活态度,也是一种生活习惯(所以喜的发音通习)。有人称其为"乐生主义",也有人称其为"入世主义",都是一个意思,就是充分挖掘生活中的喜剧成分,回避那些让人不快的事情。这就是为什么中国小说一般都以大团圆为结局的原因。作为一个农耕民族,过着清贫的日子,再愁眉苦脸的话,生活就难以为继了。

怒

怒,从奴,从心。心沦落为不良情绪的奴隶所出现的应激反应叫作怒。怒反映了一种不良情绪。正常人没有愿意做别人奴隶的,但做不良情绪的奴隶时往往泰然自若,不以为耻。为纠正人们这种甘做不良情绪奴隶的倾向,聪明的中国古人造了怒这个字,让人们时时警惕,避免发怒。怒不仅伤害身体,还会使人变傻、变迟钝(人发怒时智力迅速下降)。从一定程度上说,有智慧的人就表现为善于化解怒气,不使怒气伤害自己。

然而,事物都有两面,怒也有其必发之理,《淮南子·本经训》是这样归纳怒的作用的:

> 人之性,有侵犯则怒,怒则充血,充血则气激,气激则发怒,发怒则有所释憾矣。[1]

尽管如此,怒大伤肝,还是少怒为妙。古来制怒之道不一,各有妙

---

[1] 引自《諸子集成》第七卷,《淮南子》,上海書店1991年版,第123页。

招：西门豹"佩韦①以缓气"；王述"面壁以避怒"②；陆游"赏花以破怒"；郑板桥"面竹以忘怒"；李渔"著书以释怒"；林则徐"悬联以警怒"……皆有其用。

孔子有许多让人趋喜避怒的教导，比如"学而时习之，不亦说（悦）乎""有朋友自远方来，不亦乐乎""知之者不如好之者，好之者不如乐之者""不迁怒，不贰过"等，读之必受益。

最后，用四句结语概括"喜怒"一词所含义理：众口赞之则喜，甘做心奴则怒；求喜当做君子，时时注意制怒。

畏惧

畏

从甲（竖未出头），从衣。许慎认为甲代表脑袋。畏上面的甲是一个缩头的脑袋，而且是缩进衣服里，不敢露出来。这是一种心理状态。按说，畏是不好的，人理应勇敢。然而通过畏的读音，我们却体会不出畏的贬义。试看与畏谐音的字：

伟：伟大，十足的褒义词。有畏惧心的人才可能伟大，无知者则无所畏惧，当然无知者谈不上伟大。

威：威望、威信。有畏惧心的人做事谨慎，想得周全、长远，这样的人才可能有威信。

为：作为、有为。有畏惧心的人知道什么该为什么不该为，这样才能真正有所作为。

位：位的原意是朝廷祭祀时各种官吏所站的位置，后来演绎为官职。无论哪个意思都与畏有关系，没有畏惧的人不会甘居其位，秩序就不可能形成。

危：危险、危机。有畏惧心的人常常会产生危机感，这是好事，可以化危机于未萌。

纬：经是纵向的事件，纬是横向的空间。人最应该畏惧的并非时间，

---

① 韦：柔软的皮革。
② 此典出自《世说新语》，说的是蓝天侯王述脾气暴躁，常常因芝麻大点儿的事情动怒，如果不加克制根本无法搞好人际关系。于是，他想出一个招：别人大声向他叫嚷时，他立即面对墙壁，不回嘴，不理会，不生气。嚷他的人嚷累了只得悻悻而归。

而是空间宇宙，因为它深不可测。

惧

从忄，从具。关于具，許慎《说文解字·収部》："具，共置也。从廾贝省。古以贝为货。"① 具的意思是，就像每一个人都有贝（钱）那样，都有某物或某种状态。加上忄，显然惧指人人都有的一种心理状态。

惧是人人都有的心理状态，畏却不是人人都有的，所以畏惧合在一起就产生一种更复杂的意思：人应该畏惧什么？

孔子给出了答案：《论语·季氏第十六》："君子有三畏：畏天命，畏大人，畏圣人之言。小人不知天命而不畏也，狎大人，侮圣人之言。"

请注意，孔子说"小人不知天命而不畏也，狎大人，侮圣人之言"，君子畏，小人不畏，一语中的。

唐太宗有一句名言："朕每思出一言，行一事，必上畏皇天，下惧群臣。"

一次，康熙设坛祈祷竟然长跪三日，其畏惧之心可见一斑。

中国的畏惧文化传至日本，深受日本人喜爱。日本二本松市至今仍有一块"戒石铭"，上面刻着这样的话："尔俸尔禄，民脂民膏，下民易虐，上天难欺。"这十六个字出自五代后蜀主孟昶所撰的《颁令箴》，宋朝第二代皇帝赵匡义将其刻成石碑，以为警示。敬畏之心，昭然若揭。

最后，用四句结语概括"畏惧"一词所含义理：无知者无畏②，知命者有畏；何谓有知者，知天道惟危。

心情

心

最初是心脏之象形，而且很逼真。古人很早就知道心主身之血脉。③ 而且古人认为心是人体的发令中枢，正如荀子所说："心者，形之君也。"

---

① 引自《說文解字注》，浙江古籍出版社2002年版，第104页。
② 西方理性主义者是无知者无畏的典型。
③ 《素问·痿论》对此有所论及。

也如楊倞所注:"心出令以使百体,不为百体所使也。"①

中国古人认为心主人的喜、怒、哀、乐,但是也不排斥脑对心的作用,所以心之读音才与囟(脑)相通。心与脑之区别在于:心为君,脑为臣。

毋庸置疑,心与自然的关系是以自然为本体,心能够感应自然,所以人才能产生心情。②

情

从忄,从青。青表示阴。孟子说情就是"物之不齐"③,許慎说情就是"人之阴气有欲者"④,王充则说情是"接于物而然者"⑤。关于情义,《礼记·礼运》有一段精彩的论述:

> 何谓人情?喜怒哀惧爱恶欲,七者弗学而能。何谓人义?父慈、子孝、兄良、弟弟、夫义、妇听、长惠、幼顺、君仁、臣忠,十者谓之人义。讲信修睦,谓之人利。争夺相杀,谓之人患。故圣人所以治人七情,修十义,讲信修睦,尚辞让,去争夺,舍礼何以治之?⑥

情本来是无师自通的,傻瓜也有情绪的变化。然而疏导心情,让心情好的时候多,不好的时候少,做到这一点非常难。《礼记》告诉我们,学会人义(人义就是人应该做到的)是保持好心情的最有效的途径。这个途径的核心意思是:只有适当付出,适当约束自己的行为,才能获得好心情。

最后,用四句结语概括"心情"一词所含义理:感物生情人之常,放纵欲望不可长;修睦辞让人之礼,有所张扬有所藏。

---

① 引自《漢語大字典》第一卷,四川辞书出版社、湖北辞书出版社 1988 年版,第 2267 页。
② 程颐认为"一人之心即天地之心"。陆九淵说:"宇宙便是吾心,吾心即是宇宙。"王守仁说:"所以某说无心外之理,无心外之物。"都是柏拉图理性主义之翻版,背离了中国哲学的认识论。
③ 引自《諸子集成》,《孟子·滕文公上》,上海书店 1991 年版,第 234 页。
④ 引自《説文解字·心部》,浙江古籍出版社 2002 年版,第 502 页。
⑤ 引自《諸子集成》,《論衡·本性》,上海书店 1991 年版,第 30 页。
⑥ 引自《礼记》,岳麓书社 2002 年版,第 306 页。

怜悯

怜之正体字为憐。

憐

从忄，从粦（鳞），憐爱。最初的憐字是这样一幅图画：下面是烧着火的鼎，上面是一条鱼骨。见到这样的画面，再联想被烹之前先让鱼离开水，然后活刮鱼鳞，对鱼是很残忍的。联想到这些不免脸红，产生哀憐同情与不忍之心。孟子说，不忍之心人皆有之，是本性使然。正是这种不忍之心使人的欲望得到收敛。

上文大致勾勒出联想—脸红—收敛的心理过程。哀憐鱼的命运只是比喻，其实泛指人的一种"不忍"之心。即使是暴戾恣睢的人也有不忍之心，只不过不忍之心往往被其暴行掩盖，不易让人察觉罢了。

孟子将哀憐同情之心视为四端[①]之一，大力提倡，丰富了中国人的道德规范。

悯之正体字为憫。

憫

从忄，从閔。憫有两个相反的意思：

其一，烦闷、忧愁。心理活动翻覆不定，然而被关在门中，无法释怀。

其二，同情、勉励。閔乃是在家或在学堂习文。中国古代之文教是教人善的，不是教人如何争斗的，所以习文当然能够让人产生慈爱之心。《礼记·学记》记载了古代学生学习的科目，知识课所占比例很小，人伦道德科目则占很大比重，是一种德育为先的教育方针。迈进这样的学堂之门，不产生憐憫之心就奇怪了。反观现代学校，一律以知识为重点，道德可有可无，而且不进行道德科目的考试，培养出的学生只有知识，没有道

[①] 《孟子·公孙丑上》："恻隐之心，仁之端也；羞恶之心，义之端也；辞让之心，礼之端也；是非之心，智之端也。"

德，不讲人伦，连孝顺父母都不懂，按照古代标准属于识字的文盲与满肚子知识的白痴。

怜悯之悯是同情的意思。通过以上分析可知：悯是教化之产物，不是生理之本能。

只有理性而无怜悯心的人类是十分危险的，因为他们只会从自然那里攫取，不爱惜自然，把自然当作摇钱树，让自然一个劲地摇钱，不让休息片刻，不用说是树，就是神仙，也累死了，自然能不发怒吗？自然发怒，后果可想而知。

最后，用四句结语概括"怜悯"一词所含义理：礼尚往来是天极，违反规律必被弃；人类若想世代传，必须怜悯天与地。

权

现在，有人把人权喊得震天响，却并未搞懂"权"的意义。

权之正体字为權。

權

權之本义为黄华木①，是一种植物。也许因为黄华木质硬、不易变形故，取来制作秤或秤砣，随之權就有了度量、權衡、比较乃至平均之意。我对这些并不十分关心，我所关心的是隶变后的權。

權，从木从雚（一种栖居灌木林的小鸟），意思是雚鸟栖居灌木树枝上，树枝是其生存的必要条件，是自然赋予的，因此是神圣的。人类将这种神圣性引申为權利。人生活在大地上，必须脚踏实地，就像雚鸟必须落在树枝上，这个權利与生俱来，因此是神圣的。

为什么古人这样造这个字？

就是因为古人认识到，脚踏实地是双向的：其一，人必须脚踏实地；其二，人必须保护大地，以保证能够脚踏实地。这就形成中国古代的环保意识。中国（也是世界）最早的法典《周礼》明确地记载了保护自然环

---

① 一说權是黄英，是一种草。从"權"的本义（秤或秤砣）来看，将權作草的解释不太合情理。

境的条文，细致到严禁捕杀怀孕的母鹿以及禁止滥捕鱼苗。《周礼》的主旨不是赋予人类所谓的人权，而是赋予天以"天権"。只有天安然无恙，人类才能长治久安。这是东西方价值观方面最重要的差异之一。中国为世人做出了一个可持续发展的榜样，提供了一个绿色生活方式的蓝本。至今，我们仍能体味得出先人创造"権"这个字时对自然的热爱与忠诚。那些高喊"以人为本"，把自然置于脑后的民族在读到権字时应该汗颜。

当前，世界强权者强行推行人权。人有其権，本是好事一桩，然而凡事有度，将人权拔高到人类最高行为准则那就大错特错了。人权！人权！叫得震天响，天地何堪？自然何堪？难道人生来就具有凌辱山河、大地之権利？难道人生来就具有把地球掏空、让江河断流的権利？人类倾其全力保护自己，谁来保护天，保护自然？

近来，常常发生保护宠物的闹剧，有人甚至以收留宠物为义举或善事，乐此不疲，不遗余力。其实宠物根本不是自然中的一分子，它是人类的造物，像工厂流水线生产的产品一样，生产的目的是为追逐利润。收留宠物的实质是在帮助宠物制造者，让宠物制造商有更多的商机。为什么有余力不去保护真正的自然？为什么不去阻止疯狂的地下采掘，疯狂的水泥森林建设？

……

凡此种种，都说明人们对権这个字已经陌生，换言之，说明中国人的権力（権利）观已经被西化了。西方人认为知识就是権力，知识就是力量，知识就是生产力……一切围绕知识。近一百年尤其是近半个世纪以来，知识造就的机械与电子产品在不知不觉地登上権力的宝座，而人类则成为宝座下的奴仆。惜哉！悲哉！

最后，用四句结语概括"権"字所含义理：権由自然生，时时思报恩；小我不足道，大道护苍生。

取给

取给是取得物资以供需要的意思。

取

从耳，从手。取之古文象手持刀刃割耳。据《周礼》记载，古人狩猎时，"获者取左耳"，以为收获之证据。这样，就能分清每一个猎手的业绩与功劳，可以论功赏赐。而且只取左耳，既轻便又有效（左耳与右耳很容易辨别）。

"执牛耳"①的典故就产生于古代狩猎割耳的习俗。《周礼·夏官·大司马》："（猎）大兽公之，小兽私之。获者取左耳。"② 说明造这个字时，中国的分配制度是公私兼顾、以公为主。

"取"之通假字有：

娶：《诗经·豳风·伐柯》："取妻如何？匪媒不取。"③ 娶媳妇古作"取媳妇"，很贴切：如果说取是得到的话，那么男子娶媳妇得到的就是女人的耳朵（听话，夫唱妇随）与女人的手（熟谙女红，能够主内）。现在，这两个东西都没有了，娶媳妇等于迎回家一位性交伙伴，无聊之极！有人说，这是因为男女平等，社会进步了。我会这样回答：这样的平等只会破坏家庭的和谐，不唯对男人是损失，对女人同样是难以弥补的损失。

聚：《左传·昭公二十年》："郑国多盗，取人于萑苻之泽。"④ 聚乃是"取"之具体化诠释：在野猪出没之处猎而取其耳。不过，聚的意思独立之后有了聚集之意，如《易经·系辞》所说："方以类聚，物以群分。"⑤

趣：《释名·释言语》："取，趣也。"⑥ 趣通取也有其道理，古代走就是跑，跑着打猎当然有趣，特别是对上层社会的人来说，他们不缺肉，打猎纯粹为取乐。

给之正体字为給。

給

从糸，从合。发"給"之声的汉字只此一个。但是读"几"的字很多。其实，古代读"合"音，接近于现在的"給"。給，足也，相足也。

---

① 古代诸侯歃血为盟，仪式主持者割牛耳放血，然后分给诸侯品尝。因此，称手执盘子为"执牛耳"。后来泛指在某领域取得领导权。
② 引自《周礼》，岳麓书社2002年版，第268页。
③ 引自《诗经》，岳麓书社2005年版，第146页。
④ 引自《春秋左传注》第四卷，中华书局1981年版，第1421页。
⑤ 引自《易經通解》，中国致公出版社2010年版，第300页。
⑥ 引自《漢語大字典》第一卷，四川辞书出版社、湖北辞书出版社1988年版，第395页。

在供给的意义上，儒家主张两条腿走路，正如孟子所说："春省耕而补不足，秋省斂而助不給。"① 两条腿，一条是农耕生产，另一条是节俭度日。中国古人对节俭度日尤为重视，奢侈腐化为士大夫们所不齿。晏婴反对孔子宣传礼，但他却懂得俭朴度日，他当上齐国大夫之后，齐王赐给他豪宅，他坚辞，仍住在原先又潮湿又临街的小房子。

现在的人类反儒家之道而行之，一方面过奢靡的生活，另一方面竭泽而渔，不给后人留活路。

最后，用四句结语概括"取給"一词所含义理：取猪之耳得食，娶女之耳得家；女子若不柔顺，男女何必成家？

尽

尽之正体字为盡。

盡

从皿，从隶，从火。許慎《说文解字·皿部》："盡，器中空也。"② 初为象形字。罗振玉《增订殷墟书契考释》："（甲骨文）从又持禾，从皿，象涤器形。食盡器斯涤矣，故有终盡之意。"③ 隶变后的盡，在意思上与初义一脉相承：涤器（洗食具之器皿）加水放在火（灬）上，水迅速（隶）地烧盡。古字抑或今字，盡是一个具有强烈警示作用的字，警示中国人：

（一）从哲学角度看，以人之头脑永远不能穷盡自然之奥妙，正如《易经·系辞上》所说："书不盡言，言不盡意。"④

（二）力有衰，物有盡，时不我待，必须抓紧未盡的时光，多做有益的事情。

关于"盡"，《礼记·哀公问》有如下记载：

---

① 引自《諸子集成》第一卷，《孟子》，上海書店1991年版，第72页。
② 引自《說文解字注》，浙江古籍出版社2002年版，第212页。
③ 引自《漢語大字典》第四卷，四川辞书出版社、湖北辞书出版社1988年版，第2567页。
④ 引自《易經通解》，中国致公出版社2010年版，第313页。

哀公问于孔子曰："大礼何如？君子之言礼，何其尊也？"
孔子曰："丘也小人，不足以知礼。"
君曰："否！吾子言之也。"
孔子曰："丘闻之：民之所由生，礼为大。非礼无以节事天地之神也，非礼无以辨君臣上下长幼之位也，非礼无以别男女父子兄弟之亲、昏姻、疏数之交也；君子以此之为尊敬然。然后以其所能教百姓，不废其会节。有成事，然后治其雕镂、文章、黼黻以嗣。其顺之，然后言其丧算，备其鼎俎，设其豕腊，修其宗庙，岁时以敬祭祀，以序宗族。即安其居，节丑其衣服，卑其宫室，车不雕几，器不刻镂，食不贰味，以与民同利。昔之君子之行礼者如此。"
公曰："今之君子胡莫行之也？"
孔子曰："今之君子，好实无厌，淫德不倦，荒怠傲慢，固民是尽，午其众以伐有道；求得当欲，不以其所。昔之用民者由前，今之用民者由后。今之君子莫为礼也。"①

孔子的这番议论堪称是对"尽"的最好诠释。古代曾有称呼最高统治者为"君子"的习惯，孔子所说的君子指的就是诸如尧、舜、禹那样的国家管理者。那样的国君量国力而行，不使财力尽，不使民力衰，不把事情做绝，因此得到民众的拥戴。正像孔子所说，现在的国君，有了钱能今天花就不留给明天。这种穷奢极欲的生活态度绝对不能长久。

最后，用四句结语概括"尽"字所含义理：今尽同声是警钟，尽近

---

① 《礼记》，岳麓书社2002年版，第658—660页。这段话的大意是：哀公问孔子："大礼究竟是怎样的？君子说到礼，为什么那么庄重呢？"孔子说："我孤陋寡闻，不配谈论礼。"哀公说："不，先生还是说说吧。"孔子说："我听说人民生活所遵守的原则中，礼是最为重要的。没有礼，就不能恰当地侍奉神明；没有礼，就不能区分上下尊卑；没有礼，就不能区别男女、父子、兄弟之间的不同感情以及进行正常的酬酢往来，所以君子才重视礼啊。君子要尽己之力教化民众，教他们不失时宜地进行各种礼仪活动。有了成效之后再制作祭器，制作服饰，区分上下尊卑等级。人民顺服之后再指定服丧的期限，修建宗庙，举行祭祀，并借此排列族里的长幼秩序。君子自己也安心随民众一道居住，住矮小的房屋，穿简朴的衣服，车子不加雕饰，祭器不镂文，吃简单的饭食。以这样的方式来与民众同甘共苦。从前君子实行礼教就是这样啊。"哀公问："现在的君子为什么不那样做了？"孔子说："今天的君主喜好财富，贪得无厌，淫乐无度，懒惰傲慢，非把民众的财力耗尽不可。他们违背民众的心愿，打击有道之人，为满足自己的需求不择手段。从前的君主是照我上面说的做，而现在的君主就是这样做的，他们不实行礼教。"

缘何音相通？禁谨紧盡深意在，当盡来时一场空。

钱

钱之正体字为錢。

錢

从金，从戋。从金容易理解，造錢这个字的时候中国人已经掌握金属冶炼技术，所以取金字旁，而非贝字旁。按照一般人的思考方式，錢这个东西多多益善，然而"戋"的意思恰恰相反，是少的意思。奥妙就在这里，中国人认为錢这个东西不能太多，太多反生贪心，就远离了造錢的初衷。

几千年来，中国人一直在坚守錢的本义。汉文帝、汉景帝的时候，一度出现盛世景象，錢多得花不完，穿錢的绳子烂掉之后，錢散落在仓库的地上。这个景象被司馬遷记录在《史记》中。如果这样的事情发生在其他国家，也许它们会想到让錢生更多的錢，从而拥有更多的财富。这样的思考方式似乎合情合理，其实经不住推敲。錢是财富的表征，有多少财富才能有相应数量的錢。财富来自于自然，主要来自于土地。过去，人类认为物质不灭，能量守恒，地球资源取之不尽，用之不竭。现代物理学否定了这些陈腐的论调，地球上的绝大多数资源是有限的，耗尽之后不可再生。可再生资源也是有条件的，条件被破坏之后也会变为不可再生资源（如农用耕地）。财富藏于天地，人取之愈速，资源耗竭愈疾，说得更直白些，人间愈富，天地愈穷。如果把细水长流过日子的方式比作"朝三暮四"，那么竭泽而渔就是"朝四暮三"。背着抱着一样沉，地球就这么多资源，早用尽早结束人类的生命游戏。

对于中国人来说，"錢"本身就是一个警示，让人们不要贪心。然而，现实中人们往往非要贪心。錢字所揭示的道理对人类整体有益，对于个人则没有太大的约束力，所以任何朝代都有拜金主义者。晋代作家鲁褒写了一篇鞭挞拜金主义的散文，题目叫作《錢神论》。作者把錢称作孔方兄，说孔方兄的本领很大，它"无翼而飞，无足而走"。得到它不仅自己眉开眼笑，还可以用来谋害别人，叫别人唉声叹气。鲁褒发现，錢有一个不可更改的特性——偏爱富人，远离穷人。錢可以使富人愈富，穷人愈穷。王夫之说:"嵇康死而清议绝。"鲁褒与嵇康大约同时代。錢之变味大约始于斯时。

最后,用四句结语概括"錢"字所含义理:錢之初衷使物流,不想人被錢绸缪①;錢之本义金戋戋②,贪多无厌何时休?

---

① 绸缪:缠绕。
② 戋戋:微少。

素质篇

素最初指白色生绢,素绢着色之后五颜六色,然而素绢还是素绢,不失其凌驾于一切着色绢之上的价值。孔子是素王,那些头戴珠宝冠冕、手握实权的王还是要跪拜素王孔子,不敢怠慢。正如老子所说:"质真若渝。"①

爱

爱之正体字为愛。

愛

从爫,从冖,从心,从夂。爫(爪)在此处为手,引申为身体;心在这里代表心中,引申为精神;冖代表相对封闭的空间,引申为愛之场所;夂是文的变体,文的本义是人文,人文的起点是"物相杂",这里引申为两性相交。综上,愛之本义为两性在规定的空间——家中进行性交。必须强调,对于中国古人来说,爱并不等于性交,中国人所理解的爱是一种人文行为,而非一般生理行为。换言之,男女通过正式程序结婚成家,就叫作愛。

或者反驳:媒妁之言、父母之命,婚前甚至未曾谋面,何爱之有?

社会意义的愛并不需要像哺乳动物那样先有一个婚前适应期——比如互闻气味,看一看是否气味相投。中国西周的礼乐文化,其巨大的社会意义与价值之一就是将生物意义上的人提升为社会意义上的人,"愛"字就

---

① 引自《諸子集成》第三卷,《道德經·第四十一章》,上海書店1991年版,第26页。意思是朴素之真蕴含无穷之变化。

是完成这一飞跃的强有力的证据。完成这一飞跃之后，男女互相倾心，自愿交配就不再停留在动物闻气味完成两性间交配的简单阶段，而是升华为一种文化约定。这种约定：（一）大大降低了为传宗接代所需付出的成本；（二）整肃了性交秩序；（三）强化了人的权利义务意识，从而增强了人的自觉性；（四）限制了性欲狂对社会形成的巨大危害——而这种性欲狂在任何时代都大有人在①；（五）稳定了家庭，而家庭对于人类的意义无论怎样估价都不为过；（六）纯净了人类的信仰②；（七）促进了人类的身心健康；（八）防止了性亢奋，从而延长了人的寿命。

"父母之命、媒妁之言"是婚姻的最主要的原则，没有这个原则，"爱"就实现不了。性自由学说看似新潮，其实反映的是远古时代的两性观，是非常陈旧的。人类经过漫长的乱婚时代，直到西周时期，中国人率先进入礼乐时代，进入有约束的婚姻时代。

为什么有约束、有限制的婚姻制度较之自由婚姻是巨大的社会进步呢？

这是因为，自由择偶非常容易失之公正，会让色鬼、流氓、地头蛇以及色情专家大逞其能③，施其淫威，而正人君子很有可能得不到配偶。父母之命、媒妁之言巧妙地克服了这个弊端，不让生理因素（荷尔蒙）决定配偶，让道德、功名、门第等正当因素起到决定性作用。婚前男女双方不见面的风俗极大地保证了君子的利益，很大程度堵住了小人的"生色"之道。

或者曰，没有爱情的婚姻是不幸的。

这种说法站不住脚。拆除男女大防，打破男女禁忌，并不会使男女之间产生西方人所谓的爱情，只会产生这样一种效应：由于男女轻易就可以完成性交，使得男欢女爱的期望值降低，"幸福指数"也随之下降。爱情自然成为海市蜃楼，难以捕捉。

其实，男女在一起的第一自然反应就是互相吸引——这是无法抗拒的

---

① 性欲狂总想让自己占有的异性最大化，而将自己的付出最小化。当今的西方社会就是产生性欲狂的温床，而中国人正在亦步亦趋地向这个温床靠近。

② 人类的信仰因时代而异，因地域而异，但有一点是共同的，那就是传宗接代，即使那些激烈的科学主义者也不愿意自己的孩子来自其他男子的精子。

③ 二十年前，一个流氓以"谈恋爱"为由，奸污104名少女之后才被捕，而仅被判三年有期徒刑，这是对人类尊严与法律的严峻挑战。

自然法则。现实社会，西方的性解放思潮使得性隐私消失殆尽，女人各种各样的乳房轻易为男人所见、所知、所触摸，男人会进行比较，从而对不中意的产生厌烦心理。所谓爱情不过是新鲜感而已。这样的爱情感觉对社会所产生的破坏力不亚于原子弹。

中国古人十分聪明，通过设立男女大防，有效地保护每一个人得到配偶的权利，保护文化传统，保护伦理道德，从而保证华夏民族的健康繁衍。

或者曰，普通人与普通人之间不存在爱吗？

不是的。

远古，非配偶关系的人群之间最高的道德体现是仁，夫妻之间是爱。即使是父母对于孩子也要在爱之前加上"慈"等修饰语，以避免混淆。

现代人进入泛爱时代，无论谁对谁都讲爱，讲爱心。听起来很动听，其实是对爱的亵渎。

家庭不是因爱而有，相反，因为有了美好家庭才产生了爱。绝不能反过来，有了爱情再建立家庭。所谓爱情是飘忽不定的，今天爱甲，后天就可能爱乙，大后天又转为爱丙，因为在男女不设堤防的社会，只要有钱，搭讪一位比自己配偶美丽或年轻的异性易如反掌。以爱为两性结合之基础，家庭何堪？

愛被简化为爱，其意随之产生变化。抽掉"心"而且将"夂"变成了友，意思是：（一）爱是朋友间产生的一种情愫，与家庭无关；（二）爱与人文文化无关；（三）爱不是建立起来的，而是抓（爪）出来的，撑死胆大的饿死胆小的，先下手者为强；（四）爱这种情愫产生于朋友之间而非夫妻之间。

即使"愛"用于男女两性之间，现代人对爱的理解也是生理上对异性（甚至对同性）的倾慕之情，完全受制于荷尔蒙，与文化约束毫无关系，人在爱的时候表现出来的是生理上的人，而非文化意义上的人。

通过分析"愛"的字形上的变化，就能够解释清楚为什么现代社会的家庭越来越不稳定，甚至出现解体的迹象（家庭实现"AA"制，实际上就等于变相的解体，家庭仅仅保留了性交的可怜功能）；就能了解西风东渐所产生的恶果；就能揭露"泛爱""博爱"的虚伪面纱。面对这样的残酷现实，我无语。

最后，用四句结语概括"愛"字所含义理：限制泛爱生真爱，孝悌恭友要分明；只有家庭生真愛，泛愛原本是歪经。

素质

素

从主，从糸。古文会意，隶变后的"素"将会意发挥到极致，表示各种糸中最本质、最主要的那种，表示纺织出来的生丝以及由这样的丝织出的丝绸。换言之，未经染色或工艺加工的丝就是素（素者，主糸也）。未经人为加工或者雕琢的东西最大限度地保留了事物的本质，故而衍生出一个哲学意义——本，本质，根本，本原，本身等。古人认为，自然是最高的，人所创造出来的东西，其价值都在自然之下，治国者只有至素至精，方能正天下，正人间。

古人甚至以"素"训诂"道德"，认为道德者，操行所以为素也。这正是老子主张"无为而治"的理论依据。人类的一切"为"都应该是不得已而为之，而不应该无事生非。素而不饰往往与人的心理抵触，然而却是防止犯错误之妙法。莊子说："夫王德之人，素逝而耻通于事。"[①]"王"作"旺"，王德即德很旺，"素"即老子所说的"见素抱朴，少私寡欲"（守其本真，不为物欲所诱惑）。素逝是素消逝了，人们不再崇尚素的场合，"耻通于事"，以事功为耻。

"见素抱朴，少私寡欲"是老子思想之精华，"道德者，操行所以为素"是莊子思想之精华。

西汉，孔子被称为"素王"——没有经过权力染指的王，这样的王是王中之王。正因为如此，孔子的思想——亦可以说儒家的思想——成为中国思想发展史之主线。主线者，素也。

[①] 见《莊子·天地》：夫子曰："夫道，渊乎其居也，漻乎其清也。金石不得，无以鸣。故金石有声，不考不鸣。万物孰能定之？夫王德之人，素逝而耻通于事，立之本原而知通于神。故其德广，其心之出，有物采之。故形非道不生，生非德不明。存形穷生，立德明道，非王德者邪！荡荡乎！忽然出，勃然动，而万物从之乎！此谓王德之人。视乎冥冥，听乎无声。冥冥之中，独见晓焉；无声之中，独闻和焉。故深之又深而能物焉，神之又神而能精焉；故其与万物接也，至无而供其求，时骋而要其宿，大小，长短，修远。"

质之正体字为質。

質

从斤，从貝，会意字。

第一种理解：字形显示的是：由两把斧头保卫一个宝贝。由两把斧头保管意味宝贝已经由对方看管，而且看管得很严，自己暂时失去占有权。将某种有价值的物件——包括人——抵押给另一方，以达成某种协议，就是質之本义。

第二种理解：用两把斧头砍一件值钱的物件，这才能让其真正价值显现出来。一般来说，农业果实有用的部分都在内里，而外面的包裹往往价值不大。所以，后来将最能反映事物价值的部分称为"質"。

素与質组成"素質"，表示本质、本真，或者说代表天人合一的状态，排除因在贪欲心理驱使下强求于自然而发生的性格畸变。中国人的价值观与西方人的价值观的区别，归根结底就是中国人强调以一颗素心对待自然，食无求饱，居无求安，只求保住道德操守，以便与自然恒舞，与日月长存。西方人追求财富最大化，完全不计后果，哪怕海枯石烂，天崩地坼，仍然爱财如命。之所以东西方产生如此大的差异，是因为中国古人的素質是自然赋予的，而西方人的素質则是科学理性强加于人的，含有太多人类的一厢情愿。

古人的素質远远高于今人的素質，这已经成为不争的事实。仅举一例，戊戌变法失败之后，刑部主事张元济因参与变法被革职，其母得知此事为儿子写了一副对联：

有子万事足
无官一身轻

被传为佳话。

最后，用四句结语概括"素質"一词所含义理：古人食自然之赐，今人食人造食物；古人重精神气节，今人重黄白二物。

优雅

优之正体字为優。

優

从亻，从百，从冖，从心，从夂。从"優"的古文以及隶变后的字形看，这个字传递的是这样一个信息：人有爱心，百物丰饶。丰饶乃是優之本义。荀子对"爱心"做出过精辟诠释："汙池渊沼川泽，谨其时禁，故鱼鳖優多而百姓有余用也。"① "谨其时禁，故鱼鳖優多而百姓有余用"道出人类与自然长期共存之秘诀，这是中国古人的最根本的处世之道，当然荀子也道出爱心与"優"之间的关系。爱心，绝不像某些人所说仅仅是"爱人"，爱心首先是爱自然的一山一水、一草一木，因为没有自然的养育，人类就无法生存，也就谈不上爱人。人间生活资料丰饶的最大保证是人类的爱心，爱自然之心。——这就是"優"这个字传递出的信息。優这个字在表明自然博大胸怀的同时，还揭示了人类对自然应该采取的态度。这个字集中体现了中国古人无与伦比的智慧。

雅

从牙，从隹。牙就是牙齿，隹代表鸟类。雅本指一种楚鸟，这种鸟并非生活在楚国，而是生活在秦国。"雅"的篆字与现在的字形区别不大。"雅"转义为高尚、美好，还是与牙齿有密切关系。现在，鸟类的牙齿已经退化为喙，早期的一些鸟类如始祖鸟、黄昏鸟、鱼鸟、不翼鸟等都是有牙齿的，有的牙齿还很锋利。鸟没有了牙齿，人类就不必时刻防范它。鸟儿悠闲地在天空飞翔，令人顿生一种美好的情愫，这种情愫叫作優雅、高雅、雅致。于是，中国人把温和而不对同类构成攻击的人称为雅士，把正统或中正也称为雅。总之，雅者不争斗，争斗者不雅。

中国自古就存在白话文与文言文两种文体。白话文代表俗，文言文代表雅。现在，雅言难觅，俗语泛滥，表明今天人人都武装到了牙齿，为锱铢小利而争斗不已，已经不再崇尚高雅。现代人只认钱，只知道满足自己的欲望，根本不考虑自然的承受力，不考虑自然的感受，也不为子孙后代着想。可以说，人类已经堕落成最自私的动物，甚至连虎狼都不如！②

優雅本是人类高贵的体现，失去優雅也就失去了高贵。如今，科学主

---

① 引自《諸子集成》第二卷，《荀子·王制》，上海書店1991年版，第105页。
② 霍布斯说"人对人是狼"。

义、消费主义、"GDP"主义盛行，人们比谁更有钱，比谁更能暴殄天物，比谁更能标新立异，比谁更能从日渐枯竭的自然中榨取所剩不多的油水……不再有谁对爱护自然感兴趣。现在所谓的爱护动物往往指爱宠物，殊不知养宠物乃是忤逆大自然的，是一种变相的向自然索取不合理的快乐，是唯恐碳排放不多，唯恐大自然的末日来得晚。

最后，用四句结语概括"優雅"一词所含义理：我唱南薰歌，夷①奏北鄙曲②；人类不同心，不知何处去。

厌恶

厌之正体字为厭。

厭

从厂，从猒。厂是露舍、棚屋。最初无厂，为猒，后加厂为厭。本义迫，后专以正体字"厭"表示此意，厭则成为对厌恶的通俗表示，这个意思一直延续下来。厭恶之意来自"厭"之字形：日、月表示黑夜、白天，厂表示棚户，一只癞皮狗一天到晚卧在屋子里不动弹，与自然隔绝，一点可爱之处都没有，也发挥不出看家护院的作用，很不招人喜欢。不宁唯是，一些读音与厭相通的汉字也不那么招人喜欢：

厭的读音通猒，猒，欺骗；

厭的读音通燕，燕有亵渎的意思；

厭的读音通赝，赝为伪造，赝品即伪造品；

厭的读音通雁，雁通赝，表示赝品；

厭的读音通黡，表示愚昧；

厭的读音通龑，龑，呲牙露齿之小人貌；

厭的读音通魇，魇，厌恶。

厭的读音通烟，喜欢放烟幕弹的人不真诚，抽烟令人讨厌，即使是做饭时不得已而产生的油烟也唯恐其多。

---

① 夷：代表奉行科学主义的西方人。

② 南薰北鄙：南薰，兴盛之声；北鄙，亡国之音。南薰是优雅的，北鄙则是向大自然宣战的人类速亡曲。

……

惡之正体字为惡。

惡

从亞，从心。古代亞通掩，掩蔽。放烟幕弹是最常见的"掩蔽"方法，正因为如此，厭（掩）与惡才组成"厭惡"一词。将良心掩盖起来为惡之本义。还有另外一种训诂方法：亞是次一等的意思，将良心收起来，出示次等的心，古人将这种不良行为称作惡。惡是一种不良心理，这种不良心理是由于道德败坏造成的，是由肉体或者心灵饥饿造成的。不读圣人书，不修君子德，心灵空虚，惡念乘机而入，兴风作浪，助人作惡。然而，惡人必遭厄运，惡人早晚会得到惡报。

古代，厭惡亦作"魘"，魘由上厭下鬼组成。

惡与善相对应。圣人教导说"君子以遏惡扬善，顺天休命"①。顺天休命的意思是：顺应天发出的美善的命令。人们津津乐道于人性的善恶。其实，笼统的人性是不存在善恶问题的。天所展示给人间的性——包括仁、义、礼、智——都是善的，生理器质之性中又往往存在私的倾向，自私很容易发展为惡。所以，惡之根源不在造物主那里，而在人的肉身中。正因为如此，《周易》才教导说"君子以遏惡扬善，顺天休命"。天的指令全部是休（美善）命，毋庸置疑，应该质疑的是我们自己。

最后，用四句结语概括"厭惡"一词所含义理：天性本善，掩之惡显；关键在人，遏惡扬善。

柔顺

柔

从矛，从木。顾名思义，能够做矛的那种木材所具有的性质叫作柔。作为兵器的矛最需要的性质就是直木可以弯曲，弯曲又可以变直。换言之，当矛刺向敌人身体的时候，它会弯曲，刺杀的动作完成之后又可以恢复原状。用现代的话来说就是富有弹性。转用于人的性格，中国

---

① 引自《易經通解》，中国致公出版社 2010 年版，第 84 页。

人把那种被打击或者刺激后能迅速恢复常态的性格或性质称作柔。柔的性格看似软弱好欺，实则绵里藏针，柔中蕴含着巨大能量，正如作为群经之首的《易经》所说："立地之道，曰柔与刚。"[1] 刚柔相济是中国古人的生存之道。

《易经》将坤的性质定义为柔非常恰当。柔确实是大地的性格与女人的性格。然而柔中含有巨大的力量，职是之故将坤也比喻为牝马[2]。天体顺时针旋转，地球逆时针旋转，牝马逆势奔驰，鬃毛甩向后方，一往无前地向前奔跑，即使夜间休息的时候仍不改奔驰的姿势，站而不卧。——这便是中国古代妇女之写照，也是中国人之写照。中国人要求妇女温柔并非人为规定，而是顺从自然之结果。大自然由两大元素——阳与阴组成。前者阳刚、后者阴柔；前者（太阳代表阳）为自主、后者（月亮代表阴）拱卫之。非要逆自然规律而行，让太阳与月亮平等，双双自主，那么结果只有一个——阳（男）与阴（女）俱损，因为异性相吸的另一个含义是"阴柔与阳刚相吸"，女性也阳刚，男女二人就只能相斥了。——这正是现代社会离婚率居高不下的原因之所在。违反自然规律必然受到惩罚。

顺之正体字为順。

順

从川，从頁。顺之钟鼎文（中山王鼎）颇似一幅图画：画的上面是河川，下面则是顺水而游的鱼。鱼是生物，有头脑，顺水而游是经过思考做出的决定[3]。所以顺字由川流与頁（头脑）组成。

如果进一步追问：为什么鱼非要顺着河流游？就是因为河流为鱼提供了生存空间，不允许以怨报德。联系到儒家的孝道，也同理。就因为父母有养育之恩，故而子女应该顺着父母的意愿，不能自以为是、我行我素。

顺从自然一度是人类共同的生存大计，就是欧洲亦不例外。古希腊哲学家与数学家毕达哥拉斯为庆祝在当时毫无实际用途的勾股定理的发现而

---

[1] 引自《易經通解》，中国致公出版社2008年版，第84页。
[2] 牝马：母马。
[3] 鲑鱼逆流而上，那是产卵繁育后代的需要，也是经过头脑思考的。

进行了一场规模宏大的祭祀庆典，为显得庄重，杀一百头牛作为牺牲，史称"百牛大祭"。无独有偶，阿基米德专心研究画在地上的几何图形，罗马的军队来到他面前，七十多岁的阿基米德镇定地请求："别踩坏了我画的圆……"，对生死则不管不顾。那时的科学家是顺从自然的，研究的动机丝毫没有恶意。然而，今天毕达哥拉斯、阿基米德那样可爱而又单纯的科学家越来越难觅踪迹，所见都是为功利忙碌的科学家，他们的全部出发点就是为得利（高尚的为了人类得利，卑劣的为自己得利），忘记了顺从自然这个最重要的法则，都在奉行路易十六的人生哲学：生前得利就行，管他死后洪水滔天！

围绕圆心的转动只有两种可能：一种是顺时针；另一种是逆时针。人与人之间的关系也只有两种情形：一种是和谐；另一种是不和谐。当然，和谐不是没有代价的，正如孔子所教导的："君子和而不同。""和而同"的一定不是君子。家庭何尝不如此，只讲自主，不讲顺从或者只讲抽象的人不讲性别，以刚对刚，以理求理，完全不讲妥协，那样的家庭：（一）一定不和谐；（二）一定不幸福；（三）一定不长久。

近年来，西方的父母子女平等论甚嚣尘上，似乎解除子女对父母的孝顺、将父母与子女的关系定位为朋友关系的做法是符合人性的，符合人人平等原则的，还扬言这是一种社会进步。其实，这是一种连乌鸦都不如的愚蠢行为。如果父母早知自己养育的是个不孝不顺的逆子，一定会后悔，会自我谴责。一个社会真的实现人人平等——父母与孩子平等、总统与百姓平等、学者与文盲平等……那么这个社会连一天也不可能正常运转，只能导致一片混乱。谁不知道"人人不一样、不平等"是比"人人平等"更重要的法则，对于人类具有更加重要的意义。

最后，用四句结语概括"柔顺"一词所含义理：帆船顺风而行，鱼虾顺水而游；子女不孝不顺，育子所为何求？

群体

群之正体字为羣。

羣

从羊，从君。羊性好羣，故从羊。《诗经·小雅·无羊》："谁谓尔无羊，三百维羣。"① 孔穎達疏："羊三百头为羣。"而《国语·周语上》对羣有截然不同的标准："兽三为羣，人三为众。"② 足见，"多少只羊为羣"无关紧要，羣字主要揭示的并非几只羊构成羣，而是君子如羊聚集在一起构成羣，换言之，和而不同谓之羣。

三四千年之前，中国人就已经深刻洞察到君子与羣的关系，用一句话概括就是羣是一切存在物的基本性质，是"忠义"精神最广泛之体现。正如《易经·系辞上》所揭示的："方以类聚，物以羣分，吉凶生矣。"③ 方是方术、治术，术各归其类，动物——包括人则各归其羣。既然是羣必然有带头的，羊则是领头羊，人则是君。没有首领，羣是不能长久的。家庭也在羣的范畴之中，家中也应该有一位君子担任领导，从而达到和谐一致。西方的男女平等思潮的实质是家庭无政府主义，说白了就是不要君，没有说了算的人，遇到问题通过辩论求得解决，如果举手表决，小人与君子都是一票，争辩当然不可避免，辩论往往演变成家庭战争，而且战争一旦打响很难平息，无君必然导致家庭的动荡，而且永无宁日，直至家庭解体。一个家庭充其量不过数人，再闹得四分五裂，实在不能再称其为家了。

须注意，羣是上下结构，似乎有悖于"方块字"的造字原则。这是因为"羣"字中的君代表国君、羊代表百姓，君在上更合乎情理。

体之正体字为體。

體

从骨，从豊。中山王壶上的體从身，《睡虎地秦墓竹简·帛书》《老子》甲乙本等上的體均从肉。隶变之后的體从骨。體之本义指人之身體，分为以下十二个部分：

首之属三：顶、面、颐；
身之属三：肩、脊、臀；
手之属三：肱、臂、手；

---

① 引自《诗经·小雅·无羊》，岳麓书社2005年版，第184页。
② 引自《漢語大字典》第五卷，四川辞书出版社、湖北辞书出版社1988年版，第3134页。
③ 引自《易經通解》，中国致公出版社2008年版，第300页。

足之属三：股、胫、足。

《礼记·祭义》对軆的定义最为中肯："身也者，父母之遗軆也。"也就是说，身体不是其自有的，也不是自我制作出来的，而是父母的造物，造出之后留于世的。所以，父母与其遗軆①——子女地位上绝对不是平等的，具有从属的性质。儒家的伦理軆系就是建立在这一从属性质基础之上的。

中国人的羣軆意识滋养了华夏精神，这种精神的核心就是约束自我的膨胀，以服从羣軆的需要，共生共荣，同舟共济，在羣軆活动中决定自己的地位，放大自己的价值，从而真正地实现自我。具軆措施上表现为以"礼"治国，礼能同时管束千百万人。这完全不同于西方人的法治，法制只针对具軆的个人，告诉他应该怎样做，对于羣軆则毫无道德指引的作为。

最后，用四句结语概括"羣軆"一词所含义理：羊不成羣难聚集，人不成类难共存；身軆虽分十二属，调度裕如凭心君。

宥

宥

从宀，从有。家中有肉，自然宽裕。宽裕由宽赋税而来，故而宥之本义为宽仁，宽仁者，家之宽裕由政治宽仁而来也。《莊子·在宥》："闻在宥天下，不闻治天下也。"郭象注："宥使自在则治。"嵇康解释了莊子这句颇为难懂的话："圣人不得已而临天下，以万物为心，在宥群生。"② 经过嵇康的解释就相对容易理解了：实现天下太平的方法在于施行仁政，宽减赋税，体念生灵，让群生得以安居乐业，国家自然得到治理。否则，为治而治，严刑峻法，事倍功半，适得其反。

宥读音通有，政宽仁则民富有。也许，现代经济学家不以为然，在他们心中的"有"就是不断向自然进军，不断开发，就是不断搜肠刮肚地想办法创造财富。中国古人不这样认为，他们认为有与没有完全取决于政，仁政则民有，暴政则民无。人是高等动物，在政治清明的场合，自然

---

① 遗軆：古人称自己的身体为父母的遗軆。
② 引自《漢語大字典》第二卷，四川辞书出版社、湖北辞书出版社1988年版，第925页。

而然会去生产财富，这是无师自通的本能，不像现代人，要靠所谓经济学家指点迷津，道出一条条经济定律，似乎发财还得掌握发财之道。其实，地球上的财富全部属于自然，人只能取其所用，用而有余则不仁，多余则不义，暴殄天物必亡。许多经济学定律都是人类暴殄天物的遮羞布。

为防止暴殄天物，聪明的中国人制作了一种奇妙的器具，叫作"宥坐器"，亦作"欹器"，为一种倾斜易覆的器皿，器皿注满水则覆，水不多不少则正。古人为了自我警示，常将此物置于座位右侧，故名"宥坐器"。这个器皿的作用与"过犹不及"的箴言等价，都是君子之宝。这也是一种有效的监督与提示：宽仁不仅是对民而言的，更是对天（自然）而言的。对天宽仁，不横征暴敛，对民也错不了。因为天有好生之德，自会眷顾君子、疏远小人。

最后，用四句结语概括"宥"字所含义理：宽仁国安泰，戕天枉所戡；置一宥坐器，时时防走偏。

启蒙

启之正体字为啓。

啓

从户，从攴，从口。甲骨文、钟鼎文、古文、篆字均有"啟"与"啓"两种写法。无论哪一种都源于以打开窗户比喻啓智之文教。加上"口"则更加强调言传身教之重要性。許慎认为啓从攴，遭到一些人的质疑。其实許慎并未说错，从攴是解释得通的：攴象手有所执持之形，也有将攴训为轻轻击打的。两种训法都符合啓之实际情况，啓者手持竹板、木棍之类，轻打不用功的学子，确实符合古代教学的实际情况。击打手心应该算是教学的一部分，尽管是辅助性的。孔子教学时"不愤不啓，不悱不发"[1]，对于不发愤求学的学生孔子并不主动去啓发他，而学生没有到"想说而说不出"的地步时也不去啓发他。理解孔子的这种教学方法必须了解中国古代的蒙学教学的基本程序。西周的学校全部是国立的，叫作国学。八岁入学，先经过小成七年，然后进入大成。小成的最初三年以识字

---

[1] 引自《諸子集成》第一卷，《論語·述而》，上海書店1991年版，第139页。

与背书为主，就是现在所说的填鸭式教学，不鼓励学生过多地问"为什么"。① 问为什么那是有一定基础之后的事情。孔子的"不愤不启，不悱不发"是针对小成已经学习三年以上的学生而言的。这样做是有根据的：死记硬背得到的圣人教诲，经过老师讲解得到的是老师的理解，老师的水平当然远远不如圣人。所以，小成的初期应该以背诵圣人经典为主，忌讳问而不背。

蒙

从艹，从冖，从一，从豕。蒙是《易经》第四卦，卦象为：

```
▬▬▬▬▬
▬▬ ▬▬
▬▬ ▬▬
▬▬ ▬▬
▬▬▬▬▬
▬▬ ▬▬
```

蒙卦的卦辞："蒙：亨。匪我求童蒙，童蒙求我。初筮告，再三渎，渎则不告。利贞。"②

卦辞中的我并不指人，而是指谓道。直觉就能够体会卦象，故而无须像逻辑理性主义者那样，一而再，再而三地反复论证。蒙卦中有这样一句象辞："蒙，山下有险，险而止，蒙。"

其实，通过隶变后的"蒙"的字形结构也可以体会到，豕（野猪）虽然勇猛，但是有险横亘眼前（一代表横亘），看不清形式（艹代表遮蔽，冖代表深沉迷茫），还是停止下来为好。

所谓启蒙，就是排除艰险，充分认识人生险途，以应对各种情况的发生。伏羲、仓颉、孔子等圣人就是为人们做启蒙工作的先知先觉。须要注意，中国人的启蒙与西方人的启蒙运动的启蒙完全不是一回事，甚至在意

---

① 就人文学科而言，这种填鸭式教学是唯一有效的教学方式，现在无端受到批评，与受到西方教育思想的影响有关。

② 这段话的意思是：象征蒙童。不是我有求于孩童，是孩童有求于我。所以初次请教，我告诉他凶吉，接二连三地求教同一个问题则是对老师的轻蔑与亵渎，因此拒绝回答。此卦吉利。

思上是对立的：中国人的启蒙让人从自我中解放出来，回归集体、回归天道；西方人的启蒙则教导人们回归自我、回归人道。当初倡议启蒙的人没有考虑到人类以自我为中心的后果，完全没有顾忌自然的感受，忘记了人类不过是造访自然的过客，没有对主体——自然大动干戈的权力。若要一意孤行，只能自寻灭亡。

要实现真正的启蒙，读圣人书是不二法门。

最后，用四句结语概括"启蒙"一词所含义理：先背圣人之书，再启蒙童之智；教导在于先生，开化与否在己。

辈

辈之正体字为輩。

輩

从非，从车。与悲谐声。古代战争的场合，发车百辆为一辈。也有以一列为一辈的。在以"列"为辈的场合，同列的车为同辈，同列的驭夫也算是同辈。中国人的尊卑长幼的次序由此义而来。上一代人是这一代人的长辈，如果笼统说，先于自己出生而且足够一代时间的，都是自己的前辈或者先辈。

辈字义出于车是有道理的。驾驭马车需要经验、技术、反应等素质，非一般人可为之。孔子办学设立六艺（礼、乐、射、御、书、数），其中第四项就是驾驭马车。在古代道路很不平整的条件下，驾驭这项技术不经过专门学习不能掌握。1968年至1971年我在莫力达瓦达斡尔自治旗落户当农民近三年，与马车驭夫（俗称老板儿）有频繁的交往。老板儿告诉我，好的驭夫要做到：第一，行路不让马惊；第二，行路不打误（陷入泥潭）；第三，平时保持马匹健康；第四，能与马匹进行语言或肢体方面的沟通。我这才明白为什么孔子当年要设驾驭这门课程了。

技术性很强的行当以技艺论资排位，先能者为前辈，令人心服口服。辈的概念引用到家庭与社会之后，成为儒学的核心概念之一。本来，人类是人人平等好抑或分成若干等级好，并无客观定论，完全看考虑问题的出发点：

如果从人出发，假设自然是人类的奴仆，一切听命于有灵性的人类，那么人人平等完全站得住脚,很难找出这个口号的破绽。

如果从自然出发,假设人是自然的儿子,一切都得听命于自然,那么显而易见绝对不应该强调人人平等,因为自然中没有完全平等的两个不同存在物——比如太阳是阳,月亮是阴,太阳的地位高于月亮。又如,在动物食物链中等级森严,任何动物都不得不服从自己的上级。人类如果以自然为师,就应该仿照自然建立等级社会。这里不存在深奥的理论问题,因为自然就是那样的。

那些因为西方不讲等级就否定中国的等级的看法是不负责任的,世界上并不存在这样的逻辑:西方所作所为一定对,东方所作所为一定错。①我们讲我们的辈分,不要管西方人怎么将"平等"喊得震天响。

最后,用四句结语概括"辈"字所含义理:空间有远近,时间分先后;人若无辈分,还不如猪狗。

羡慕

羡之正体字为羨。

羨

从羊,从次。羨会意,见羊而流口水,进而起占有之心。见财起意也是有条件的,必须是见多余之财,才容易产生占有欲。所以羨有多余的意思。《周礼·地官·小司徒》:

> 地官小司徒:凡起徒役,毋过家一人,以其馀为羨;唯田与追胥竭作。凡用众庶,则掌其政教与其戒禁,听其辞讼,施其赏罚,诛其犯命者。②

意思是:凡召集徒役,每家不超过一人,如果家长还有多余的壮年男

---

① 近一二百年来,西方优越论甚嚣尘上。代表作有:列维·布留尔的《原始思维》,作者认为居住在地中海沿岸的白色人种所使用的逻辑思维是一种高级思维,其他人种所使用的原始思维是低级思维;达尔文的《物质起源》,这部书企图证明白色人种优越,白色人种施行殖民主义是天经地义的;索绪尔的《普通语言学教程》,这部书认为拼音文字是最高级的文字;维特根斯坦的《逻辑哲学论》把一个多样性世界推向理性主义的单一世界。

② 引自《周礼》,岳麓书社 2002 年版,第 103 页。

子，可以作为羡卒。羡卒只在畋猎和战争的特殊场合才全部出动……

羡的读音与涎相通，说明贪羡是人之本性，须克制。

羡的读音与险相通，说明羡是危险的，是人性恶变之始。

羡的读音与闲相通，说明闲则起羡慕之心。

羡的读音与嫌相通，说明羡是一种讨人嫌的情绪。

羡的读音与陷相通，说明羡是一个无底的陷阱，必须小心提防。

慕

本义为模仿、习玩。慕之钟鼎文（牆盤）象人在阳光下、草木中。阳光、草木皆自然之属，展现的画面为效法自然状。羡慕、贪慕为转义。《莊子·徐无鬼》："蚁慕羊肉，羊肉羶也。"[1] 隶变后的慕从艹，从日，从忝。忝是辱没、有愧。当一个人看到或听到己所不能的事情，会产生惭愧的心理，甚至忘记自己的条件产生非分的心理，想象自己也能够那样。

这个字蕴藏这样一个深刻的哲理：生活在自然中，安逸而又祥和，然而人很容易不满足于祥和，希望通过刺激性的行动改变生活的节奏。正是在这种心理的驱使下西方发动了工业革命，从此人类不再满足于效法自然，而要向自然索取不义之财，还要骑在自然的脖子上作威作福。

最后，用四句结语概括"羡慕"一词所含义理：床榻不过一丈，饮食不过一碗，棺椁不过一寻，贪心是为哪般？

---

[1] 引自《諸子集成》第三卷，《莊子·徐无鬼》，上海书店1991年版，第373页。

疾病篇

疾病分为两种：一种是造物主造物时设计好了的，将疾病与生命一同赐予人类；另一种是人类自愿进入疾病的囹圄，甘做疾病的俘虏。这一切都源于各种疾病都被华丽的外衣包裹，人们往往是欲得华丽的外衣而入危城，甘做疾病之俘虏。就生理疾病而言，早期的人类有十多种病，与当时大猩猩疾病种类相仿，几百万年过去，人类的疾病种类上升到万余种，而大猩猩疾病的种类仍然是十多种。是大猩猩拒绝"进化"，还是人类"进化"得过快以至于由活蹦乱跳的灵物"进化"为病秧子？余欲求解，故设疾病篇。

革命

革

从廿，从口，从十。廿加十等于三十，古代三十年为一世，每一世都有变化，都有新旧更替，这叫作革。——这是隶变之后的革。钟鼎文的革并无此意，许多钟鼎文上的革象野兽头、角、足尾之形，意为治野兽之皮毛，后来将去掉毛的兽皮叫作"革"。

沿着这个思路思考，革的本义包含改变事物表面形态的含义，改变的目的是让某物外观更洁净、美观、实用。并非将旧事物消灭，代之以新事物，因为去毛的虎皮还是虎皮，去毛的豹皮还是豹皮。

现代汉语中的"革"意思已经产生翻天覆地的改变，变为以新代旧的颠覆。这样就违背了先人造"革"字时的初衷，产生了极为恶劣而且不可挽回的影响。

命

从口，从令。許慎《説文解字·口部》："古文象君座。命，使也，从口令。"① 在古代彝器中，命与令相通，本义是命令、差遣。免盤的"命"几乎与令是一样的。"卩"是古人带兵或理政之符节、信物。口传命令且以符节、信物为凭据，就能发号施令。命的上半部分为"八"与"一"。八是分的意思，除最高权力者的信物为独一无二的外，信物、符节往往须要一分为二，委托人保存一份，执行人持有一份。这样才能令行禁止。"一"代表天道，中国古人认为，天不能言，故而由人代行权力，叫作替天行道。替天行道是"命"的核心意旨。用"命"来概括人或其他动物的存在，令人心服口服。一切生命都是自然命令的产物，都是阴阳和合的结果。自然是造人者，人反过来征服自然，那是忤逆不道的。

命的读音与明相通，意在告诉人们，人间的权力来自神明，人无权自作主张。

命的读音与铭相通，说明古人重视信誉，要把重要的政令铭刻在钟鼎或石碑上，以对后人有个交代。

命的读音与名相通，表示古人重视名分、名号，正因为如此，执政者一般不会乱施淫威。②

20世纪，"革命"一词大流行，恐怖主义者③宣称自己是在革命，文化虚无主义者④宣称自己是在革命，家庭无政府主义者宣称"男女平等"是一种革命，使用化肥、农药等有害手段增加农作物产量者在宣称自己在进行农业生产技术的革命，生物学家宣称自己在进行生物学革命，核能研究者宣称自己在进行能源革命⑤，甚至把古诗变为随意涂鸦者宣称自己是在进行文学革命……其实，这些美其名曰革命的事物多是破坏或扰乱社会秩序，多数场合结果与初衷相反。中国历史上的革新，绝大多数以失败而告终。其中比较有名的有五次：（一）商鞅变法；（二）晁錯削藩；

---

① 引自《説文解字注》，浙江古籍出版社2002年版，第57页。
② 中国历史上不按照"命"字教诲去做的统治者寥寥无几，包括桀、紂、周厲王、乾隆等。
③ 以波尔布特为代表。
④ 以胡适等人为代表。
⑤ 即使将核能用于发电，也是疯狂的举动，其危害一点也不亚于用于战争。因为战争爆发之后，每一个核电站相当于数百枚原子弹，而且引爆的成本非常低。

（三）王莽新政；（四）王安石变法；（五）慈禧太后的诸多改革。商鞅变法培育了崇尚武力、蔑视文教的秦王朝，这个王朝统一中国之后二世而亡，而且其路线并没有为后人所继承，可以说商鞅的变法没有被历史接受，实际上还是以失败而告终。晁错削藩引发七国之乱，事与愿违。王莽新政算是历来变革中含合理成分最多的变革，然而严重脱离社会现实，缺乏可操作性，当然也是以失败而告终。王安石变法更是不得人心，为此蘇軾等人还蒙受冤狱，得不偿失。至于慈禧太后的变革更是直接导致后来的军阀混战，结果造成中国历史上最黑暗的一段时间……

最后，用四句结语概括"革命"一词所含义理：喜新厌旧，动辄改辙；路之不存，何以行车？

贪

贪之正体字为貪。

貪

从今从貝，读音为滩。结合今、貝、潭（读音）三个因素，可以表述为：今日不顾一切地攫取金钱财富，明日会坠入泥潭。换言之，钱只对现时（今）有用，无助于将来。用流行的话来表达就是：花掉的钱是财产，没有花掉的只能算是遗产。将来是上天堂还是陷入泥潭，钱说了不算，自有独立于人的意志的仲裁者。

爱财曰貪，爱食曰婪。貪婪则指恶欲强烈者。

貪和痰谐音绝非偶然，貪和痰一样对人都没有益处。没有痰的人身体是健康的，不貪的人心理也是健康的。

《周易·乾》曰：

> 夫大人者，与天地合其德，与日月合其明，与四时合其序，与鬼神合其吉凶。先天而天弗违，后天而奉天时。天且弗违，而况人乎？
> 亢之为言也，知进而不知退，知存而不知亡，知得而不知丧。其唯圣人乎？知进退存亡而不失其正者，其唯圣人乎？[1]

---

[1] 引自《易經通解》，中国致公出版社 2010 年版，第 63—64 页。

这段话把人与自然的关系论述得清清楚楚。中国人不贪心的品质是从自然那里学来的，自然总是有得有失，有进有退，有生有死，总是双向的。既然效法自然，人类就不能只得不失，只进不退，只存不亡。所以中国古人在进行农耕作业时严格遵守以下原则：

有耕有休（休耕、休牧、休渔），这叫作有进有退；

在产量上不仅种植高产作物，也种植低产作物（轮作），这叫作有得有失；

在生活中不仅关照活人（劳动力），也关照死人（鬼神），这叫作有生有死。

……

周朝明文规定，如果连续八个月不降水，国君就不吃肉。年成不好的时候，国君要穿麻布衣，关口、桥梁等处不收税，禁止伐木与渔猎，不搞土木建设，不造新车。这些规定被记载在重要经典《礼记》和《周礼》中。这样的规定一直持续到明清，坚持了三千多年。然而，在铁证之下居然有一位西方人恬不知耻地咒骂中国人"贪婪"。1920年，罗素①访问中国，一大堆客套话之后，话锋一转，疯狗一样地乱咬中国文化，说中国人贪婪、怯懦、冷漠，将之前的套话一笔勾销。梁漱溟就此反击道：

> 《东方杂志》译载罗素所作《中国国民性的几特点》说中国人不好一面的特点头一件就是贪婪。这话在今日社会上贪风炽盛的时候，是无法否认的。但这是什么缘故呢？这由于他们人生态度的谬误。他们把生活的美满全放在物质的享乐上，如饮食男女起居服用等一切感觉上的受用。总之，他以为乐在外边而总要向外有所取得，两眼东觅西求，如贼如鼠。其实如此是得不到快乐的；他们把他们的乐已经丧失净尽，再也得不着真实甜美的乐趣。他们真是痛苦极了，可怜极了。在我想这种情形似乎是西洋风气进来之后才有这样厉害。几十年前中国人还是守着他们自来耻言利的态度，这是看过当时社会情形的人所耳熟能详的。中国国民性原来的特点恐怕还是比别的民族好讲清高，不见得比别的民族贪婪。近来社会上贪风所以特别炽盛，是西洋

---

① 罗素（？—1933）：英国科学家，逻辑实证主义的奠基人，西方殖民逻辑的辩护士，他对基督教的批判很有价值。

人着重物质生活的幸福和倡言利的新观念所启发出来的。①

近来社会上贪风所以特别炽盛，是西洋人着重物质生活的幸福和倡言利的新观念所启发出来的。——一语中的。

最后，用四句结语概括"贪"字所含义理：近贫日益廉，近富日益贪②；贪婪远人性，节制保平安。

货

货之正体字为貨。

貨

从化，从貝。货之甲骨文（安阳之吞化）酷似"北"。"明字刀背文"上的"貨"字则由北与貝（上北下貝）组成。"北"之甲骨文与钟鼎文皆象二人背靠背之形。

最初的"貨"由北与貝组成，意思是：二人在做交易时各怀心思，互相乖违，买方希望便宜些，卖方希望贵些。背靠背的北字形象地反映出买卖双方对立的立场。后来"化"取代"北"是因为货的外延扩大，货不仅表示贝壳（货币），金银财宝、绫罗绸缎等都属于货，用化表示货就更全面、更形象、更客观了。所以，古代化也作货，两个字可以通用。段玉裁在《说文解字》注中是这样解货字的：《广韵》引蔡氏《化清经》曰："貨者，化也。变化反易之物，故字从化。……形声包会意。"③ 古代，粮食等食物是货的主体，人们普遍不重视没有实际用途的奢侈品，所以"食"与"貨"才组成"食货"（含有以粮食换日用品之意）一词并广泛使用。

段玉裁的注非常深刻、准确。货是变化的，其意义与价值都没有定说。财货可以让人幸福，也可以让人不幸；财货可以忠于持有人，持有人可以用它来交换自己所需之物，然而人一死，它就背叛旧主，另附新主。

---

① 引自梁漱溟《我的人生哲学》，当代中国出版社 2014 年版，第 47 页。
② 近贫日益廉，近富日益贪：典出姚合《新昌里》。
③ 引自《説文解字注》，浙江古籍出版社 2002 年版，第 279 页。

对财货不可以抱有一成不变的见解。

《尚书·洪范》曰:"一曰食,二曰货。"① 这是颠扑不破的道理,今人却实实在在地将这个大道理颠覆了,今人宁可吃化学品,吃根本不能吃的添加剂,也要发展,要保持"GDP"高速增长,因为那样做可以获得更多的财货。反观古人,对食物的纯洁度要求甚高,不惜对在食物上赚黑心钱的人处以重罚:唐律规定,赠送或出售变质肉,造成他人食物中毒的处一年徒刑,毒死人的处以绞刑。《宋刑统》规定,无意中出售变质肉的,导致食物中毒之后不将余肉立即焚毁的杖九十,明知故犯的流放一年,导致他人中毒身亡的处以绞刑。

《易经·系辞下》曰:"日中为市,致天下之民,聚天下之货,交易而退,各得其所。"② 这段经典论述揭示了财货的真正用途。把财货当作地位的符号,当作高贵的象征,那是一种十足的病态。

老子曰:"不贵难得之货。"(《道德经·第三章》)

韓非子曰:"官职可以重求,爵禄可以貨得者,可亡也。"(《韓非子·亡征》)

賈思勰曰:"民可百年无货,不可一朝有饥。"(《齐民要术·序》)

从字声的角度看:

貨者活也——让人活得更好,让生活更方便,这是人类发明钱(貨)的初衷,反客为主,将获取财货当作人生目的或目标,就有问题了。

貨者祸也——这就是问题所在。为了聚集财货,人类不惜毁坏自然生态,不惜以失去地球家园为代价,这是人类被金钱异化的结果。

貨者惑也——人类并非不知道金钱这个东西生不带来死不带去,仍然死抓住它不松手,原因就是财货像海洛因之于瘾君子,诱惑实在是太大了。

最后,用四句结语概括"貨"字所含义理:货可使人活,亦可招致祸;生计既不愁,最好忘记货。

---

① 引自《漢語大字典》第六卷,四川辞书出版社、湖北辞书出版社1988年版,第3627页。

② 引自《易經通解》,中国致公出版社2010年版,第317页。

欲

欲

从谷，从欠。許慎《说文解字》："欲，贪欲也。从欠，谷声。"① 段玉裁解释得最为妥当："从欠者，取慕液之意；从谷者，取虚受之意。"② 徐灝笺③："从欠，非'慕液'也。人心所欲，皆感于物而动，故从欠。欠者，气也。欠之意引申为欠少，欲之所由生也。"④

从技术角度上说，徐灝之说成立。然而从社会生活中欲所表达的实际含义考察，許慎与段玉裁的解释则是不容颠覆的正说。徐灝生活的时代西方的人性论思潮东渐，对中国士大夫产生较大影响，徐灝受到的影响尤甚。西方人性论认为欲是人之本性，也是行为的初始动力。徐灝的解释迎合了这一思潮。

其实儒家、道家、释家无不将欲视为贬义，甚至大家挞伐，如：

老子："见素抱朴，少思寡欲，绝学无忧。"（《道德经·第二十章》）

孔子："富与贵，是人之所欲也，不以其道得之，不处也。贫与贱，是人之所恶也，不以其道去之，不去也。（《论语·里仁》）

孟子："天下之士悦之，人之所欲也。而不足以解忧；好色，人之所欲，妻帝之二女，而不足以解忧；富，人之所欲，富有天下，而不足以解忧。贵，人之所欲，贵为天子，而不足以解忧。人悦之、好色、富贵，无足以解忧者；惟顺于父母，可以解忧。"（《孟子·万章上》）

《荀子·不苟篇》："君子易知而难狎，易惧而难胁，畏患而不避义死，欲利而不为所非，交亲而不比，言辩而不辞，荡荡乎其有以殊于世也。"

朱熹《语类·卷十三》："人之一心，天理存则人欲亡，人欲胜则天理灭，未有天理人欲夹杂者。"

欲的本义包含两个含义：其一是贪欲；其二是想。

---

① 引自《说文解字注》，浙江古籍出版社2002年版，第411页。
② 同上。
③ 笺：古书中注解的一种。
④ 引自《漢語大字典》第一卷，四川辞书出版社、湖北辞书出版社1988年版，第2140页。

"想"是正常的生理现象，而贪欲则是过度的"想"。正因为如此，老子说知足常乐，《汉书》说寡欲易足。还有比"度"更有用的分界线，那就是：人类在"观万物之妙"的场合产生的欲是良性的、有益的；人类在观其徼（求取利益）的场合产生的欲则是恶性的，有害的。[①] 儒家、道家、释家都反对这种欲，主张减少或节制这种欲。然而谈何容易，人们一旦摆脱文化传统的约束，恶欲就会出来为非作歹。恶欲与工具理性结合，对人类社会与自然环境产生致命的破坏。

科学主义者对人类的危害正在于听命于没有底线的欲望，得陇望蜀，永不满足，而自然的供给能力有限，自然的供给与人类的消费之间存在不可调和的矛盾。解救人类的唯一出路就是节制欲望，从拜金主义的泥淖中摆脱出来。

最后，用四句结语概括"欲"字所含义理：有欲天大心狭，无欲天小心阔；心狭怨天尤人，心阔知足常乐。

乱

乱之正体字为亂。

亂

从𤔔，从乚。《尔雅》与《说文解字》都将亂解作"治"。杨树达进一步做了详尽的训诂工作，他说：

> 余谓字当从爪从又，爪又皆谓手也。从𤔔从爪、从又者，人以一手持丝，又一手持户以收之，丝易亂，以户收之，则有条不紊，故字训治训理也。如此则形义密合无间，許君之误说显然矣。[②]

杨树达先生的解释不可谓不精辟，"冂"确实酷似古代的理丝工具——户的形状，𤔔展示了一只手理丝、另一只手以户收丝的工作场面。

[①] 参阅《道德经·第一章》："道，可道，非常道。名，可名，非常名。无名，天地之始；有名，万物之母。故常无欲，以观其妙；常有欲，以观其徼。"

[②] 引自《漢語大字典》第一卷，四川辞书出版社、湖北辞书出版社1988年版，第57页。

"乚"代表乙，指谓某人，具体说就是指治丝之人。——这一点許慎是认识到了。所以，可以认为，杨树达是在許慎《说文解字》基础上解释"亂"的，理应感激字圣許慎。然而杨先生却说"許君之误说显然"言重了。許慎与杨先生的结论是一致的，差别仅仅在于許慎没有做细致的论述，并不存在"許慎之误说显然"的问题。

古籍中，亂确实是被当作"治"使用的，比如"予有亂臣十人，同心同德"①，意思是"我有十位治国良臣，同心同德"。如果将亂理解为贬义，意思就完全扭曲了。

然而，同样在《尚书》中也出现过将"亂"当作叛亂的用法：非台小子，敢行称亂。孔传：举亂，以诸侯伐天子。②《吕氏春秋》说："故治国无法则亂。"③ 所以《广韵》说："亂，不理也……亂，兵寇也……亂，紊也。"④ 显然，并不存在《说文解字》《广韵》孰是孰非的问题，二者的解释都没有错。亂字本身就告诉我们：一手持丝，一手持卢，随时都有两种可能性：第一种可能性是丝被整理得条分缕析；第二种可能性是丝越理越亂，终成一团亂麻。

最后，用四句结语概括"亂"字所含义理：道家"无为"为避亂，礼乐有为亦如此；凡事掌握中庸度，关键点在天人际。

烦躁

烦之正体字为煩。

煩

从頁（頭），从火。煩者，头上生火也。这个字从诞生至今字形未产生太大变化。古人早就发现，人体发热先上头，进而产生一系列不适甚至痛苦。发生这种情形可能由身体疾病造成，也可能纯粹属于心理问题。从中庸的思路分析，心在人体的中间，头则在上端。人的注意力全部集中于头部（换言之，人的理性过重而感性不足），势必要调集血液精气，供给

---

① 引自《漢語大字典》第一卷，四川辞书出版社、湖北辞书出版社1988年版，第57页。
② 同上。
③ 引自《諸子集成》第六卷，《吕氏春秋·察今》，上海書店1991年版，第177页。
④ 引自《漢語大字典》第一卷，四川辞书出版社、湖北辞书出版社1988年版，第57页。

大脑，物与物摩擦要生热，血液精气运行理有同然，生热不可避免；物遇热变软变黏，人体也如此，热度超过常温血液也会变软变黏，不利于运行。所以，佛家追求清凉境界，目的是保持"心"对人的绝对支配权。心一旦被脑夺权，人就会烦，进而出现病态。

烦源于弃简就繁，追求奢侈；

烦源于欲望泛滥，永不知足；

烦源于违犯天极，天人离析。

躁

从足，从喿。喿从品从木，草木不能行走，其品格乃是以静制动，无声无息地长大长高，富有君子之德，加之以足，四处碰壁，也就失去原来的品德。正因为如此，自古就用"躁"来形容浮躁之人、急躁之人、狡猾之人、骄狂之人，没人喜欢这样的人。

口与喿组成噪，噪形容声音杂乱，具有强烈的贬义；

火与喿组成燥，形容干燥，人不适应干燥的空气，故而燥具有贬义；

忄与喿组成懆（读草），表示忧愁不安。

古代贤者对躁的心理有很精辟的论述：

孔子曰："伺于君子有三愆：言未及之而言谓之躁，言及之而不言谓之隐，未见颜色而言谓之瞽。"[1]

荀子曰："蟹六跪而二螯，非蛇蟺之穴无可寄者，用心躁也。"[2]

抑郁症是现代人烦躁的有力证据。在物质主义、金钱至上的当今社会，物质供给越丰富，手中金钱越多，人便越烦躁，这是不可抗拒的规律。要去除烦躁必须：（一）去火降温，让头脑冷静下来；（二）在物欲的沟壑面前"去足"止步，保持喿所表现出来的操守。

最后，用四句结语概括"烦躁"一词所含义理：头脑上火则烦，虚荣狂傲则躁；做人要有操守，不能一味贪冒[3]。

---

[1] 引自《諸子集成》第一卷，《論語·季氏》，上海書店1991年版，第359頁。

[2] 引自《諸子集成》第二卷，《荀子·劝学篇》，上海書店1991年版，第5頁。

[3] 贪冒：贪图财利。典出《国语·周语上》："国之将亡，其君贪冒。"

争夺

争之正体字为爭。

爭

从爪（表示手），从彐（一横出头表示手），从亅。段玉裁在注许慎《说文解字》中爭字的时候说："凡言爭者，皆谓引之使归于己。"① 徐灏笺："爭之本义为两手爭一物。"② "二爭一" 主要发生在以下场合：

（一）决定政治权力归属的场合（政的读音与爭相通）；

（二）须要从两个或者两个以上的可能性中选择其一，并验证其正确的场合（证的读音与爭相通）；

（三）索取或征税的场合（征的读音与爭相通）；

（四）认不清事物症结的场合，必须进行选择，思想会有所挣扎（症的读音与爭相通）；

（五）在名分不清的场合，"必也正名乎"③（正的读音与爭相通）；

（六）用于二人辩论的场合。

中国古代，一般"爭"不用于争夺财产，更不用于竞争的场合。④ 近代发生过典型的学者之争，一方是陈寅恪，另一方是梁启超。陈寅恪学贯中西，通晓三十多种文字，但他鄙视任人唯学历是察的风气，拒绝拿大学文凭。梁启超慧眼识珠，录用这个"高中生"为清华大学教授。按说，陈寅恪对梁启超应该感恩戴德才合乎常理，可是他偏偏不领情，经常因学术问题与梁启超争得面红耳赤。有一次，他们因陶淵明辞官回乡的动机发生争执，梁启超认为陶淵明因为官场腐败而辞官，而陈寅恪认为因"羞于事二主"而辞官。好事者对梁进行挑拨："梁先生，这陈寅恪别有用心，他是在含沙射影骂您啊！先生您在清朝做过官，在当今民国又做过官，陈寅恪这不是影射您在'事二主'吗？"梁启超沉吟片刻，嚷道：

---

① 引自《説文解字注》，浙江古籍出版社 2002 年版，第 160 页。
② 同上。
③ 引自《諸子集成》第一卷，《論語·子路》，上海书店 1991 年版，第 280 页。
④ 《莊子·齐物论》用过"竞争"一词，然而两个字是分开的，而且与今天的竞争不是同一个意思。原文是："有分有辯，有竞有争。"郭象注："并逐曰竞，对辩曰争。"

"你滚！陈寅恪的为人我是知道的。请以后不要以小人之心揣度君子胸怀！"那个人只好灰溜溜地离去。——这就是中国士大夫之间的"争"。

中国古人反对争，所以近代崇洋的知识分子便纷纷著书立说，将中国落后于西方的根本原因归结为中国缺乏竞争。确实，中国人不信奉丛林原则，中国人讲究仁义，讲究孝悌，讲究温、良、恭、俭、让，这些都与西方人所主张的以竞争为生存法则的理念大相径庭。新文化运动就是一场争的运动，争国体，争白话文还是文言文，争用不用标点符号，争汉字之去留，争引进不引进世界语，争保留不保留孔家店，争科学还是玄学，争横排还是竖排，争中医还是西医，争博爱还是仁义，争新诗还是旧诗……争来争去，争成一团乱麻，致使中国人的道德沦丧，传统尽失，使得具有悠久历史的中华民族成为水上之浮萍，无根之枯枝。陈独秀就是争的牺牲，他一生宣传自己的主张，跟别人争，最后又否定自己的过去，临死前的手稿竟然是《中国拼音文字草案》这样一部祸国殃民的坏书。

夺之正体字为奪。

奪

从大，从隹，从寸。最初的奪，下面的寸为又（代表手），所以許慎在《說文解字·奞部》解这个字为："手持隹失之也。从又，从奞。"[①]事实正如許慎所说，奪的本义是"失去"，"抢取"则是衍生出来的。隹是鸟，上面的大字表大鸟，比如老鹰等都是大鸟。寸代表瞬间，老鹰力气很大，突然脱手，持鹰人必然与老鹰争夺。《史记·穰侯列传论》中就有"身折势夺而以忧死"的句子，"势夺"就是失去势力。

夺之本义是失去，妙极！夺来之物终会失去，这是千真万确的。而隶变之后将奪下面的"又"改为"寸"更妙，说明夺来之物很快就会得而复失。正因为如此，夺有了混淆之义，如"喧宾夺主"，夺又有了改变之义，如"匹夫不可夺志"。

须知，古代汉语中没有"争夺"一词。动辄争来夺去，这是现代人的一种难以治愈的顽疾，只要滋生它的土壤——市场经济——不消灭，顽疾就会一直附着在人类身上。

[①] 引自《說文解字注》，浙江古籍出版社2002年版，第144页。

最后，用四句结语概括"争夺"一词所含义理：争臣①争友②见真义，争名争利是小人；夺来之物终会去，做人还须守本分。

郁

古代，"郁"与"鬱"互不相关，不是俗体字与正体字的关系。

鬱

从林，从缶，从冖，从鬯，从彡。这个字描绘了这样一幅凄凉的画面：一个人拿着瓦罐走进森林，他坐下来，取出瓦罐中的鬯（香酒）③，准备享用。可是他却高兴不起来，因为他看到了影子（彡），感觉到有一股阴森之气袭来（冖代表冥冥中），他产生了一种莫名的不良情绪，中国古人把这种不良情绪称为鬱。这个字告诫人们：幸福不能脱离良好的人际关系，更不能脱离亲情与友谊，光有物质享受是不行的。只有处理好人际关系才会产生和谐，和谐的人才能感觉出幸福。"鬱"与狱谐音是在提示人们："鬱"字所揭示的场景是人的精神上的监狱，精神被关进监狱是要备受煎熬的。

鬱产生的原因也可以从文字上寻找。鬱的读音通欲，这是说欲望可以成为抑鬱的一个原因。事实也如此，人的欲望越强烈，因满足不了欲望所产生的痛苦就越强烈。鬱的读音与隅相通，说的是脱离社会，脱离亲情，独自生活在一隅，这也可以成为抑鬱的一个原因。鬱的读音与虞相通是说忧虑与担心也可以成为抑鬱的一个原因。

现今的世界笼罩着浓密的鬱的氛围，人们因永不满足而鬱，因尔虞我诈而鬱，因焦躁不安而鬱，因欲望亢进而鬱，因天人不和而鬱，因家庭不和而鬱，因背井离乡而鬱④，因争夺财产而鬱，因求友不得而鬱，因精神空虚而鬱，因信仰迷失而鬱，因世尘喧嚣而鬱，因身心俱疲而鬱，因隐私

---

① 争臣：敢于直言进谏的大臣。
② 争友：能规谏自己过失的朋友。
③ 鬯：读畅。古代祭祀用的香酒，用郁金草与黑黍酿成，为古代之国酒。
④ 背井离乡引发思乡情绪是动物的本性。《文选·古诗十九首》有这样一句诗："胡马依北风，越鸟巢南枝。"越鸟指来自南方的鸟。越鸟离开家乡筑巢，选择向南伸展的树枝筑巢，以示不忘本。背井离乡使鸟都不能专心生活，朝思暮想自己的故乡。鸟且如此，人何以堪？

危机而鬱，因飘忽不定而鬱，因人被物役而鬱，因难求配偶而鬱……根据世界卫生组织2012年10月9日公布的统计数字，全球的抑鬱症患者超过3.5亿。同时揭示了这样一个事实：抑鬱症不是一种只有发展中国家才有的疾病，抑鬱症属于全球性疾病。每年都有5%的人患上这种病，这还不算具有抑鬱倾向暂时还未戴抑鬱症帽子的人，而这种人比抑鬱症患者多得多。更为严重的是，大部分抑鬱症患者不愿意承认自己有病，硬撑着不治病，不调理，后果不堪设想。

鬱是一个普普通通的汉字，却蕴藏着天道、人情、事理，值得我们深思与笃行。西方人以为患抑鬱症是因为患者体内缺乏某种微量元素，中国古人则认为抑鬱症是不良生活方式导致的，我认为中国古人的看法是正确的，值得今人深思与借鉴。理解这个字不会改变世界，却可以改变我们的心情。我们不妨以汉字为师，从改变心情做起，进而争取圆满的人生。

孔子信而好古，许多人不理解，将好古理解为保守，不思进取。其实，仅仅从心理学的角度看，好古也对人大有裨益。最近，英国医学研究委员会认知与大脑分会的心理学家采用认知心理学中的"轨迹记忆法"帮助抑鬱症患者回忆积极的往事，特别强调事件发生的地点。研究人员让患者回忆十五件具体的事情，患者按照要求回忆事情发生的地点。这样，患者在回忆起这些地点时即使不涉及事件本身，也会产生幸福感。这种治疗方法在英国已经临床展开。回忆自己的积极往事尚且有利于改善心情，回忆自己民族的光荣历史的作用就更可想而知了。

最后，用四句结语概括"鬱"字所含义理：不幸并非真不幸，幸福也非永太平；心灵需要心来暖，友谊亲情胜色声。

淫

淫

从氵，从爫，从壬。淫的古文（诅楚文）左边是河川水流，右边自上至下分别是爪、刀、土。显然这是会意的，可以做种种联想，比如可以想象：水流或天雨适中的时候"润物细无声"，也可以想象为兽爪抓地，地何以堪？再严重些，大地则如同刀割，不堪忍受。概括上述情形就是

"久雨为淫"①，比喻过度或者滥。比如饮酒是有度的，过则淫："酒以成礼，不继以淫，义也。"②

淫被广泛用于不正当的男女关系。《小尔雅·广义》："男女不以礼交谓之淫。"在男女关系问题上中国人与西方人存在原则性分歧：

西方人提倡性自由（所谓自由恋爱），他们认为男女关系是人的正当生理需求，不应该干预。

中国古人提出男女大防，认为男女之交有度，而且这个度不是靠自发的生理机制能够控制得住的③，因此需要建立文化机制加以控制，防止"久雨成淫"，防止因淫而病，也防止久淫而失去快感。

评价东西方两种男女观首先须要回答以下一些问题：

人是否越自由越好？

人是否应该完全由自己决定其行为举止？

人是否应该"毕其功于一役"，要快活就痛痛快快、不顾一切地来个酣畅淋漓的享受？

凡此种种可以归结为一个问题：人有没有必要建立约束机制，以使享受或快感能细水长流，永不枯竭？

回答是肯定，有必要。

其实西方的法律就是一种人为的限制机制。问题转化为：法律之外还需要不需要约束机制？

西方人的回答是不需要。中国古人的回答是需要。"男尊女卑""三从四德""三纲五常"等都属于约束机制。事实证明，这些机制行之有效，而且不会伤害人的身体与尊严。

如果男人轻易就可以清楚地观看各种女人的性敏感部位，他就一定要千方百计得到性器官形状与大小各异的不同女性，并产生强烈的占有欲，总是吃着碗里的，看着锅里的。显然，这样的男人永远不会得到男女交媾带给他的快乐。

不知何故，中国人自己抛弃了优良的约束机制，跟着西方大喊自由

---

① 《尔雅·释天》："久雨谓之淫，淫谓之霖。"引自《漢語大字典》第三卷，四川辞书出版社、湖北辞书出版社1988年版，第1654页。

② 引自《左传·莊公二十二年》，北京燕山出版社2001年版，第118页。

③ 这一点人类不如动物，动物听从于自发的生理机制，只是在发情期才有性行为，一般不存在"淫"的问题。人类则完全没有自觉性，很容易发生淫乱，以至于致病或直接导致过劳死。

恋爱。

自由恋爱真的能实现吗？

显然不能。自由恋爱只是对流氓恶棍有利，能够保护他们的亢进性欲，顺利地合法地完成对女性的占有、摧残与蹂躏。

除了约束机制，古人还提出防止淫的好办法，那就是以劳制淫："夫民劳则思，思则善心生；逸则淫，淫则忘善，忘善则恶心生。"① 这也是防止发生淫乱的好办法。

最后，用四句结语概括"淫"字所含义理：过犹不及，福可变祸；不可极端，中庸最妥。

伎巧

伎

从亻，从支。許慎《説文解字·工部》："伎，与也。从人，支声。鞫人伎忒②。"段玉裁认为伎之本义为党与（羽），假借为技，而且多指过分的、没有必要的"技"。支由十个指头组成，代表工匠所具有的技，与心智、道德无关。中国绝大部分先贤都对"伎"嗤之以鼻：

管子："毋作淫巧。"③

孔子：太宰问于子贡曰："夫子圣者与？何其多能也。"子贡曰："固天纵之将圣，又多能也。"子闻之，曰："太宰知我乎。吾少也贱，故多能鄙事。君子多乎哉？不多也。"牢曰："子云：吾不试，故艺。"④

老子：人多伎巧，奇物滋起。⑤

莊子：纯白不备，则神生不定；神生不定者，道之所不载也。吾非不

---

① 引自《漢語大字典》第三卷，《国语·鲁语下》，四川辞书出版社、湖北辞书出版社 1988 年版，第 1654 页。

② 鞫人伎忒：典出《诗经·大雅·瞻卬》："鞫人忮忒，谮始竟背。"引自《诗经》，岳麓书社 2005 年版，第 312 页。意思是专门诬告陷害人，说话前后矛盾。

③ 《管子·五辅》，引自《古代汉语词典》，商务印书馆 2003 年版，第 1868 页。

④ 引自《諸子集成》第一卷，《論語·子罕》，上海书店 1991 年版，第 177—178 页。

⑤ 典出《道德經·第五十七章》："人多利器，国家滋昏；人多伎巧，奇物滋起；法令滋彰，盗贼多有。"故圣人云："我无为，而民自化；我好静，而民自正；我无事，而民自富；我无欲，而民自朴。"引自《諸子集成》第三卷，上海书店 1991 年版，第 35 页。

知，羞而不为也。①

荀子：身劳而心安为之，利少而义多为之。②

《淮南子》：工无二伎，士不兼官。③

巧

从工，从丂。工表示工艺、工匠或有一技之长的人。古代，巧与伎、技的意思相近，有时可以互换。《广韵》将巧训为"能"。很巧，巧的读音与桥相通。桥是在道路被水阻隔时过河的媒介，也就是说，桥是不得已而为之的一种东西，在畅通的大路上修桥，那是有病。

古代，就连绘画也被视为一种巧伎。《旧唐书·阎立本传》记载了这样一件事：

一次，唐太宗游兴正酣，大臣们陪同皇帝吟诗作画。唐太宗突然想到吏部郎中阎立本擅长绘画，就召他来画鸟。阎立本连忙赶来，小心翼翼地作画，他汗流浃背，旁边的高官们在旁优哉游哉地说风凉话。阎立本感受到巨大的屈辱，他回家之后将儿子们召集到一起，对他们说："我从小读圣贤书，策论并不输给同僚，现在官居五品，也不算小。可就是因擅长绘画，被人蔑称为画师，被皇上呼来唤去。你们一定要接受我的教训，千万不要让末伎小道给你们带来羞辱！"

阎立本后来被擢升为右相，他的政绩如何，过问者寡，而他教诲子女勿陷入末伎小道的事情却常被后人提起。足见，中国古人之正义感是何等强烈！

其实，科学技术也是一种伎巧，应该在不得已的时候为之。然而，现在却以发展科学技术为常态，这相当于以桥代路，本末倒置。由于巧伪丛生，人们无法生活在真实之中，什么都有假的，到处都有陷阱。如果当初

---

① 典出《莊子·天地》："子贡南游于楚，反于晋，过汉阴见一丈人方将为圃畦，鑿隧而入井，抱甕而出灌，搰搰然用力甚多而见功寡。子贡曰：'有械于此，一日浸百畦，用力甚寡而见功多，夫子不欲乎？'为圃者仰而视之曰：'奈何？'曰：'鑿木为械，后重而前轻，挈水若抽；数如泆汤，其名为槔。'为圃者忿然作色而笑曰：'吾闻之吾师，有机械者必有机事，有机事者必有机心。机心存于胸中，则纯白不备；纯白不备，则神生不定；神生不定者，道之所不载也。吾非不知，羞而不为也。'子贡瞒而惭，俯而不对。"引自《諸子集成》第三卷，上海書店1991年版，第194页。

② 引自《諸子集成》第二卷，《荀子·修身篇》，上海書店1991年版，第16页。

③ 引自《諸子集成》第七卷，《淮南子·主术训》，上海書店1991年版，第132页。

就遵照先贤的教诲做，就不会发生这样南辕北辙的事情了。伎巧依赖症是非常严重的心理疾病，越来越多的人认识到这种病更甚于吸毒，病入膏肓再想中止为时已晚。

最后，用四句结语概括"伎巧"一词所含义理：伎巧得利于一时，人类争先宠爱之；待到真相大白日，自作恶果还自食。

自我篇

中国人强调家国或乡里，西方人强调自我与个人，孰优孰劣，形成一个解不开的公案。其实不必刻意去解，时间是最公正的仲裁者。因为偌大的一个地球根本装载不下人的欲望，不去除自我，人类是难以长存的。

我

汉字表达第一人称的词汇很多，有予、余、愚（自谦）、朕（秦之后为皇帝专用）、我等。其中我字现代用得最普遍，然而各地方言用"我"表达第一人称的情况却不是很多。

我
手执戈的象形。中国古人认识到，每一个人都是一个本位，都会产生自我的意识与自我倾向，因此都会不同程度地表现出自私本性。"我"字是手执戈以自卫之会意。这个信息告诉我们的是：自我是人之本性，保卫自己是人之本能。既然如此，就不需要人为地张扬自我，那样做就过于偏颇了。

中国传统的思想主流，比如儒家就为避免张扬"我"而做出许多努力。这些努力包括：

（一）在组词时赋予"我"贬损的意思，如《論語·子罕》："毋意，毋必，毋固，毋我。"[1]

（二）吸收批评"我"的外来语，如佛教的我执、我见、我所、我愚等。

---

[1] 引自《諸子集成》第一卷，《論語·子罕》，上海書店1991年版，第176页。

（三）孟子提出性善论，有意识地矫正人的以自我为中心的潜意识。显然，人性善并不是生理学命题，而是文化学命题。

（四）中国传统社会并不是建立在"我"（个人）基础之上，而是建立在集体（家庭或家族）基础之上。

我的读音与窝、卧、蜗相通，表明我是一个独立的生命体，必须有一个窝（家），用以睡卧，并像蜗牛一样蜗居其中。言外之意，孤立的人没有任何生存之外的意义，只有摆脱狭隘的我，方能感觉到人的尊严与意义。

我的读音与涡相通，表明"我"如同涡流，随时会被卷走，不结成集体，无法抗拒厄运。

我与龌（脏）、呙①（歪）的读音相通，表明脱离了集体的我是龌龊的，会被邪念缠身。中国人建立礼教，在很大程度上就是为了克服我的弱点，把一个个"我"合成为有着共同信仰、共同道德、共同文化的华夏民族。

西方人主张个人主义，凡是个人能做的，都给予充分自主权，比如自己决定自己的婚姻，孩子自己决定如何交友，高中生自己选择将来的大学专业，甚至认为父母与孩子完全是个人与个人之间的关系，二者应该交朋友，而不是尽义务。中国人给予"我"（个人）的权利相对少些，人与人形成各种义务、责任关系，以利于取长补短，互相关照。孰优孰劣，不必辩论，时间自会做出客观的判断。

最后，用四句结语概括"我"字所含义理：我是一滴水，存于湖与海；一旦逃出来，蒸发回不来。

奋

奋之正体字为奮。

奮

从大，从隹，从田。許慎《说文解字·隹部》："奮，翚②也。从奞在

---

① 呙又读作歪。
② 翚：读灰。古代指有五彩羽毛的野鸡。

田上。"① 桂馥在义证《诗经》的"不能奋飞"句时说:"鸟之奋迅,即毛起而身大,故字从奞在田上。"《尔雅》说:"鹰隼丑,其飞也翚。"② 直接图解"奋",就是大鸟从田野上飞起。最初的文字也是如此,有代表性的钟鼎文上的"奋"就是鸟腾于天之象形,而且鸟画得栩栩如生。古文奋比钟鼎文更复杂,也更生动,字里似乎蕴藏着无穷的力量。

由上可见,奋由大鸟起飞的形象而来。大鸟起飞的场面难免让人感到:(一)场面很有气魄;(二)爆发力令人震撼;(三)富于美感与正义感;(四)人自叹弗如,由然而生敬意。

正是人对大鸟的由衷敬意才促使中国人发明奋这个字,以行激励。庄子在《逍遥游》中所描述的"鹏"就是对"奋"所发出的无限感慨,只不过庄子使用的是文学语言而已。

从直观上看,人在奋发上进这一点上不如大鸟,甚至不如一般的麻雀。所以,人们常常会做关于飞翔的梦。日有所思,夜有所梦,这样的梦乃是对实现不了的愿望所做的补偿。人类如果连飞翔梦都不做,那就过于平凡了。《礼记》记述了礼与自然万象的关系:

> 在天成象,在地成形;如此,则礼者天地之别也。地气上齐,天气下降,阴阳相摩,天地相荡,鼓之以雷霆,奋之以风雨,动之以四时,暖之以日月,而百化兴焉。③

奋属于大自然的伟力之一,这种伟力能够呼风唤雨,润泽天下,造福万民。人类则应该效法自然,像孔子所说的那样"天行健,君子以自强不息"④。

最后,用四句结语概括"奋"字所含义理:奋迅⑤如山雉,高洁如苍鹰;虔诚如水獭⑥,相和如黄莺⑦。

---

① 引自《说文解字注》,浙江古籍出版社 2002 年版,第 144 页。
② 引自《汉语大字典》第一卷,四川辞书出版社、湖北辞书出版社 1988 年版,第 550 页。
③ 引自《礼记·乐记》,岳麓书社 2002 年版,第 504 页。
④ 引自《周易通解·象》,中国致公出版社 2008 年版,第 59 页。
⑤ 奋迅:形容人的精神振奋。
⑥ 獭:水獭。捕猎到食物之后先举行祭祀仪式,然后才食用。古人称之为獭祭。
⑦ 黄莺以相处和睦著称。杜甫有"竟日莺相和,摩霄鹤数群"的诗句。

互

世界的本质是互补的，不存在绝对独立的事物。天人相贯，虚实相间，气韵共振，思合符契……无不受制于"互"。

互

互的古文象纺锤之形。我儿时见过这样的纺锤，而且帮母亲纺过麻绳。纺锤转动之后两股麻线合为一股，结实异常。母亲告诉我，这是因为上了劲，强度增加绝不止一倍。现在，纺锤已经销声匿迹，然而"互"仍保存在字典中，接受人们的翻阅。古代猪肉贩子挂猪肉使用的器具叫作互，因为这个器具由横梁与竖立的支架组成，横与竖形成一种力，猪肉挂在上面不会掉落。

颜师古认为："互字或作牙，言如豕牙之盘曲，犬牙之相入也。"[①] 非但人类与万物摆脱不了"互"，就是文字概念也往往通过互训[②]方知其义。

汉朝人将《周易》八卦交错使用，形成上下两卦的现象称为"互体"。互体的理论依据是，世界的本原是太一，太一由阴阳组成，阴阳交错而万物化醇，男女交媾而繁衍子孙。可以说，"三人行，则损一人；一人行，则得其友"[③]。足见互的意义有多么重大。一人则得友，只是一种机遇，一种可能性，如果不把握，就会丧失机会，沦落为孤家寡人。至于一个人如何方能做到与他人拧成一股绳，那是"人学"要解决的问题，可以读《礼记》《论语》等经典，从中寻找答案。而人与天如何共处，那是更高级的学问，须要认真学习《易经》《周礼》《道德经》《莊子》等经典，从中汲取营养与寻找答案。

清朝学人唐孙华将"互"解为"毁誉每错互"，是把自然界的规律运用到社会的范例。誉毁、成败、进退、福祸、吉凶等也是交互出现的，绝对不会有誉无毁，只成不败。人生一直处于交互搏击的旋涡之中。

"相互"一词的形成与使用较晚，然而一出现，立即成为出现率很高

[①] 《汉书·谷永传》注，引自《漢語大字典》第一卷，四川辞书出版社、湖北辞书出版社1988年版，第14页。

[②] 互训：同义词互相训诂。如《尔雅·释宫》："宫谓之室，室谓之宫。"

[③] 引自《易經通解·系辞下》，中国致公出版社2008年版，第323页。

的词汇，因为相互的行为对于人类来说实在太重要了。让人吃惊的是，量子物理学以物理定律的形式阐释了"互"这个奇妙的汉字。互补定理[①]所包含的某种思想，汉字里已经包含了。中国人比玻尔早了三四千年。汉字"易"就是对"互补"这一宇宙本质的阐释：易不是单纯的阳，也非单纯的阴，是阴与阳互补的混合体。比如"人"，只有男人或者女人，不存在兼容男女（阴阳）两种性质的"人"[②]。推而广之，万物万事皆如此，当你看到一个方面的时候，另一个方面就被掩盖起来，不为所知。比如科学技术，我们无论做得多好，都不可能兼顾两个方面。生物工程专家在推广转基因技术时只看到增产的一面，而断子绝孙的一面他们是看不到的。早在春秋战国时期，公孫龍就曾提出过"白马非马"的命题。公孫龍过关卡，按照规定，马不能过，他说，我这不是马，是白马。士卒说不过他，只好连人带马一起放行了。实际上公孫龍是在偷换概念。任何事物都不能全其名，不能概其貌，只能表达一部分意思。其实，玻尔的互补定理就是用科学术语对"白马非马"命题的阐释。

最后，用四句结语概括"互"字所含义理：互使麻丝成麻绳，互使文化成传统；人若各自顾各自，将比动物还平庸。

呼吸

呼

从口，从乎。呼的甲骨文与钟鼎文均由小与丁组成，上小下丁。丁象铁

[①] 互补定理：又称"并协原理"。由丹麦诺贝尔奖获得者尼尔斯·亨利克·大卫·玻尔（Niels Henrik David Bohr, 1885—1962）于 1927 年提出。波和粒子在同一时刻是互斥的，但它们在更高层次上统一。这个定理与海森伯提出的"测不准不确定理"几乎同时。玻尔的互补原理首先来自对波粒二象性的看法。光和粒子都有波粒二象性，而波动性与粒子性又不会在同一次测量中出现，那么二者在描述微观粒子时就是互斥的；另一方面，二者不同时出现就说明二者不会在实验中直接冲突。同时，二者在描述微观现象、解释实验时又是缺一不可的。因此，二者是"互补的"，或者"并协的"。玻尔的原话是："一些经典概念的应用不可避免地排除另一些经典概念的应用，而这'另一些经典概念'在另一条件下又是描述现象不可或缺的；必须而且只需将所有这些既互斥又互补的概念汇集在一起，才能而且定能形成对现象的详尽无遗的描述。"如果说海森伯的不确定关系从数学上表达了物质的波粒二象性，那么互补定理则从哲学高度概括了波粒二象性。互补原理与不确定关系是量子力学哥本哈根解释的两大支柱。

[②] 所谓两性人，说他们不男不女是从外观看的，实际上他们可能有一种属性，或者是男性的属性，或者是女性的属性，二者必居其一。

弋、铁镏或竹签形，丁又表示强壮。据此，可以从以下两方面理解"呼"：

（一）呼是小儿踩到地上的钉子之后不由自主发出的呼叫声；

（二）呼是人的新陈代谢，呼吸通畅身体就强壮。正如莊子所说："吹呴呼吸，吐故纳新，熊经鸟申①，为寿而已矣。"② 中国人早在两千多年前就已经注意到通过呼吸吐纳强身健体了。

呼读乎音，正巧与人呼气时气流与嘴唇摩擦发出的声音相仿，声与义相得益彰。

吸

从口，从及。气出为呼，气入为吸。及在这里是接触的意思，接触的是空气。吸气是呼的反向动作，与呼构成一出一入的吐纳过程。气功的目的就是吸自然之精华，以求返回自然。气功师早晨寅宾东日③，傍晚则寅饯纳日④。一般来说，气功师都是依照自然的节奏安排自己的活动。呼吸是自己的事情，别人不能代劳，而且一呼一吸永不中辍，一旦停止就意味着气绝身亡。西方现代生理学家主张人以脑死亡作为死亡依据，岂有此理？脑细胞是否死亡那是局部问题，而呼吸则是生命之本质特征，没有气的新陈代谢当然也就不存在生命——无论身体局部组织或者细胞是否还在活动。

气绝身亡是不容置疑的，所以对于人来说没有什么比呼吸到新鲜空气更重要的了——然而现代社会最缺乏的就是新鲜空气，没有什么比气节更宝贵的了——然而现代人最缺乏的就是气节。现代人所追求的绝大多数都是没有太大用处的东西，而真正有用的东西却被忽视与遗弃了。这是因为呼吸太平常了，以至于在金钱面前没有人注意到它的存在。

最后，用四句结语概括"呼吸"一词所含义理：我吸故我在，我呼故我在；思想变态者，赚钱故我在。

---

① 熊经鸟申：流传于春秋战国时期的一种保健体操。
② 引自《諸子集成》第三卷，《莊子·刻意》，上海書店1991年版，第96页。
③ 寅宾东日：面向东方。因为旭日东升、朝霞耀彩的时候空气新鲜，有清香之味，吸入肺腑，换出腹中浊气，吐故纳新，是一种美妙感受。
④ 寅饯纳日：面向正西。此时天气由发散而收敛，人的心气内动而外静，饮肺气肃降之威，抑肝阳燥亢之性，使大脑之兴奋渐入于宁静，有为而变无为。

言说

言

从亠，从二，从口。甲骨文（京津三五六）之言象口吹箫之形。笛横箫直，比喻说话直截了当或说真话。

許慎《说文解字·言部》的"直言曰言"① 是说，直接表达自己的思想是人的本性。谚语"三年不言"则是对"直言"的补充说明。直言容易犯忌，故而三年不言。直言犯忌，而少言寡语又非好的人生对策，所以君子慎于言。正确的对策是既不闭口不言，又不巧言令色。用孔子的话来说就是："人之生也直，罔之生也，幸而免。"② 直言乃是"人之生也直"③ 的外露。《尔雅·释言》将"言"训为："言，我也。"④ 说到了根柢。我必言，言必我，即使哑巴也要以手代口，不吐不快。因为言是人之颜面，是做给他人的表演，是快意的思想筵席，是自我防卫的掩体……言，关乎声誉与在特定人群中的地位。人之言犹虎之爪，不仅要逞威于猎物，也要树立威信于同类。

文言就是文绉绉地直抒胸臆，文言文就是文绉绉而且是直抒胸臆的一种文体。由于这种文体真实可信、永恒不变，得到华夏全体的认同，所以源远流长，延绵不泯。

方言是对文言的补充，为的是：（一）增加语言的凝聚力；（二）强化语言的表现力。2012年，有关部门就方言问题做过一次社会调查，被采访者1045人，其中95%的人怯于或羞于说方言，方言面临危机。我做过这样的比喻：雅言（文言文）是水泥，方言是沙子，都是盖房子不可少的材料。方言缺失，犹盖房子用的黏合剂缺少沙子，房子就不牢固了。当然，方言也给中国人带来一些不便。戊戌变法的时候，光绪皇帝召见康有为，康有为讲一口海南方言，将"考"说成"好"，将"高"说成

---

① 引自《说文解字注》，浙江古籍出版社2002年版，第89页。
② 引自《诸子集成》第一卷，《論語·雍也》，上海书店1991年版，第125页。
③ 日本很早就引进了中国文化，他们深知直言的危害，所以奉行"不言实行"的方针。说明他们没有理解孔子"人之生也直，罔之生也，幸而免"的真正含义。
④ 引自《漢語大字典》第六卷，四川辞书出版社、湖北辞书出版社1988年版，第3936页。

"苟"，光绪听不懂，只得找过来一个翻译帮忙。本来光绪准备重用康有为，但因为语言障碍，只赐康有为六品，令督办大学堂译书局。1949年，竺可桢在一次会议上发言，因其绍兴口音浓厚，大家纷纷反映听不懂。竺可桢感慨道："我说英语能走遍世界，我说中国话却走不出家乡！"

说之正体字为說。

說

从言，从兑。兑从丷，从口，从儿。丷是八的变形体，分开之意。口是嘴，儿是人之变形。"兑"表达的是"人的嘴张开"。人张开嘴除去吃饭喝水，无非还有两种用途：一是说话；二是开口笑，表达喜悦。所以，古代兑、說、悦是通用的。实际上，这也表达出中国古人的一种观点，开口說话能够令人心情喜悦。①

《易·兑·彖》曰：

兑，說也。刚中而柔外，說以利贞，是以顺乎天而应乎人。說以先民，民忘其劳。說以犯难，民忘其死。說之大，民劝矣哉。②

在《易经》中，兑卦为

—— ——
————
————
—— ——
————
————

《周易》第五十八卦——兑卦所表示的物象为泽（沼泽、湿地等），由两个兑卦重叠而成。两泽相连，互相交流，上下关照，团结一致，自然

---

① 对精神障碍患者导以说话治疗颇有效。国内外都广泛采纳这种疗法。
② 引自《易經通解》，中国致公出版社2010年版，第270页。

欢欣喜悦。从卦理上看，兑卦能够令人喜悦。内秉刚健，外抱柔和，坚行正道，导民向上。由此可以说，兑卦是《周易》中专门谈论喜悦的卦。

最后，用四句结语概括"言说"一词所含义理：说为学说因有言，说为喜悦因有兑；说为逻辑人鲜知①，是因逻辑辩而诡②。

求索

求

求的古文象挂在墙壁上的兽皮。说明最初造此字时，防寒还是生计中的大事，人皆以得一张兽皮为人生一大满足。后来，求脱离狭义的追求兽皮，而转向更急迫的需求。更急迫的需求就是水，所以隶变后的求从水。求的字形表示：祈求上苍赐予水，哪怕一点点，以解口渴之需。求之读音通丘，说明古人已经具有一定的气象学知识，古人发现地形高低错落的地方更容易降雨。求的读音与秋相通更容易理解些：秋收能满足人们的果腹之求。

我高度评价隶变后的"求"，这个字的字形表明：中国人的需求从穿衣转向求水，水是农耕社会的命根子，是民族生存与繁衍的重要物质前提。正因为如此，我才说这是一个飞跃性转变，说明中国人走上了天人合一的正途。现在，人背叛天的主要体现也恰恰表现在对水的态度上，由于对水资源竭泽而渔式的开发，水源被污染而且面临枯竭，城市供水不足几乎成为全球性问题。③

索

从糸，从十，从冖。索之古文（楚帛书）象人借助于草茎或藤条攀爬之状。隶变为汉字之后重新构造为：人陷入深渊（以冖喻深渊）借助于绳索（以糸喻绳索），苦苦向十方④摸索，希望走出深渊得见光明。用

---

① 墨子以"说"表示逻辑。《墨子·小取》"论求群言之比，以名举实，以辞抒意，以说出故。"

② 之所以说逻辑"辩而诡"，是因为逻辑完全以人的思维为说的依据，完全不考虑自然的本意。逻辑之正确只限于人类，不适合自然。在一定程度上，人类的逻辑越发达，人类离自然的本意就越远。

③ 其实，自从有了人类，重大灾难多与水有关，《圣经》有人们乘坐诺亚方舟逃避洪水的记载，《尚书》有对大禹治水的记载。

④ 十方：东、西、南、北、东南、西南、东北、西北、上、下十个方位。

《易经》的话表述就是"探赜索隐,钩深致远"。

索转义为孤独,是因为有的求索可以群体共为之,有的求索则人自为政,不能群体共为之。比如屈原"路漫漫其修远兮,吾将上下而求索",屈原在求索什么,唯有屈原自己知晓。尽管我们不知道屈原所求为何,但毫无疑问,屈原将中国人之所求升华至精神信仰层面,后人将其化为传统,代代相传。直到近代,中国人才屈服于洋人,重新将求索的对象锁定为追求物质财富,而将屈原的铿锵之音忘得一干二净。地球上的物质财富极为有限,肆意妄为,难以为继。对此,古人先知,故而《小雅·释诂一》将索训为"索,尽也""索,空也""索,独也"[1]。

人若光知道求物质真的就难以与动物相区分了;人类若真的光知道自己所追求的对象,其他一概不知,一概不顾,也就真的俗不可耐了。

最后,用四句结语概括"求索"一词所含义理:自然赐予人接受,何必贪多不封顶;精神信仰无人问,虽披人皮实妖精。

侬

侬是方言,而且是个极其特殊的方言。这个方言的国学意味丝毫不亚于任何一个雅言。无论多么歧视方言的人只要了解了侬这个方言词汇恐怕都要改变成见,因为方言太可爱、太智慧、太有人情味了。如若没有方言,泱泱华夏就建不成如此辉煌的文化大厦。

侬之正体字为儂。

儂

从人,从農。儂,顾名思义,表示从事农耕之人。用于人称时既代表我,亦代表你,还代表他,兼顾三个人称。一字多义的情形很多,但兼顾三个人称的汉字仅此一例。

先考察第一人称用法。《玉篇·人部》:"儂,吴人称我是也。"《广韵·冬韵》:"儂,我也。"[2]《红楼梦》中出现过儂的第一人称用法:"儂

---

[1] 全体一起索求,那将是一场空前的大灾难。
[2] 引自《漢語大字典》第一卷,四川辞书出版社、湖北辞书出版社1988年版,第225页。

今葬花人笑痴，他年葬儂知是谁？"按照现在的语言习惯，这两句表达的是："我今葬花人笑痴，他年葬我知是谁？"

再考察第二人称用法。这种用法不必引经据典，直至今日，上海人仍称你为儂，而且言儂而不言你，有一种亲切感。

最后还有第三人称的用法。《六书故·人一》有这样的记载："儂，吴人谓（他）人儂。"《正字通》则直截了当地说："儂，他也。"①

这种现象奇怪吗？

一点也不奇怪。中国是农耕社会，你是农民，我是农民，他也是农民，农民见农民，还分什么你我他？听到农（儂）的声音，所有的农民都以为在呼唤自己。——这就是儂一字代表三个人称的原因之所在。

古代的阶层排位是士、农、工、商，当农民无上光荣，尽管很辛苦，无论第几人称，总是儂呀儂呀地呼叫，辛苦些也就没有怨言了。

现在，农民不再那样辛苦，他们多数正在被"城市化"。城市化是许多农民的心愿，他们不知道城市化并非福音，城市化意味着方言的消失，意味着语言的高度统一。语言发展史显示，高度统一的语言存在重大缺陷，很难持久。② 通过糟蹋地球获利，这样的行为是罪恶的，也是不可能长久维持下去的。农业全部消失的那一天也是人类彻底灭亡的日子。

最后，用四句结语概括"儂"字所含义理：我农你农他农，天好地好人好；我工你工他工，灭顶之灾难逃。

灵

灵之正体字为靈。

靈

从雨，从口，从巫。靈，表示巫师求雨。古文的靈（诅咒楚文）由雨、三口、王三部分组成。古代巫师兼部落首领的情况很多，故而巫与王

---

① 引自《漢語大字典》第一卷，四川辞书出版社、湖北辞书出版社1988年版，第225页。

② 英语就是一个有力的例证。由于英语缺乏离心力，只能沿着单一方向发展演化，随着时代的发展，现代人越来越难读懂几百年前的文字。反观中文，由于有作为离心力的方言制约，文字是很稳定的，即使数千年前的文字，今人仍然读得懂。可以毫不夸张地说，中国的文化传统能传承数千年而不断，方言居功至伟。

基本是一个意思。三个口表示穿在一起的玉，古代楚地的巫师求雨，玉是不可或缺的物件，因为玉代表洁白无瑕，代表心地虔诚。巫读音通舞，故而舞蹈是巫师求雨时必不可少的一项程式（式子导引）。

許慎在《说文解字·巫部》说："靈，靈巫。从玉，霝声。"①

段玉裁注解这个字时说"靈巫"应该为"巫"。②

王国维则说："古之所谓巫，楚人谓之靈……《楚辞》之'靈'殆以巫而兼尸之用者也。其词谓巫曰靈，谓神亦曰靈。盖群巫之中必有象神之衣服、形貌、动作者，而视为神之所冯依，故谓之曰靈，或谓之靈保。"

許慎将靈训为靈巫，段玉裁予以矫正，王国维又为許慎辩诬。经过漫长的循环，说明許慎的见解是正确的。

即使在高科技大行其道的今天，靈巫仍然不失其功用。在人的至关紧要的场合能够拯救自己的往往不是科学，而是靈巫的力量，因为靈巫是从大自然那里汲取最纯洁的动力。不相信靈巫的现代人无所畏惧，他们敢于在长江上修建大坝，将流淌了千百万年的长江拦腰截断，开始自以为得意，接下来，噩梦接踵而来。自从建了大坝，重庆上游没有一年无灾，周边没有一年消停，不是地震就是水灾，甚至历史上从不缺水的云南竟然连年出现严重缺水的"奇观"。这就是工程师代替巫师之后，自然界给予人类的回应。

不能不涉及巫师求雨的原理。巫师也是人，凡是人都无法超越自我，都难以成为自然的代言人。然而，巫师所要做的并非代天说话。他通过舞蹈与口中的念念有词进行导引（心理暗示），让人们对天肃然起敬。对天肃然起敬的人类是不会修建拦河大坝的，不会阻塞河道的，也不会做其他伤天害理之事。当人们有了畏惧心，有了对自然的崇拜与信仰，有了巫师舞蹈的导引，敬天观念就会扎根于心间。这样，人类就不再惧怕任何异化力量，不再会担心为了眼前利益而失去把持，做出断子绝孙的恶事。

古代，国家与部落依靠巫师引领。除此之外，每一个人心中都有属于自己的靈巫，只不过，自己心中的靈巫往往被欲望遮盖，无法显示出真身。在这种场合，我们须要像巫师那样，在心中默念，在形体上自我导引，进入与天合一的自然状态，那是最美妙的状态。在这种美妙状态下，

---

① 引自《说文解字注》，浙江古籍出版社2002年版，第19页。

② 同上。

人的道德力与智慧力都可百倍地增长。

关于靈异，莊子有过精辟的论述："大惑者终身不解，大愚者终身不靈。"① 我们应该把莊子的话牢记在心。

最后，用四句结语概括"靈"字所含义理：欲降甘霖而不求，欲得嗣续而不婚；今人只顾得善果，不肯向神獻爱心。

听

听之正体字为聽。

聽

从耳，从王，从十，从四，从一，从心。字形较复杂，由六个单字组成。聽是人的一种重要本能，正常人都有聽觉，而且聽觉之发育早于视觉与触觉。人呱呱坠地，先是婴儿哭叫给父母聽，然后是父母说教给婴儿聽，达成两辈之间的亲切交流。

甲骨文之聽大多象一口两耳，口耳相向。由于人出生之后首先聽父亲、母亲的话，所以聽字一造出来就附带了孝顺、聽从的意思。

值得研究的是，隶变之后的聽的构成特点。

先考察左半边。耳朵是聽觉器官，充当第一画理所当然。接着出现的是王。王者，贯穿天地人者也。耳下之王意味着：

（一）耳朵可以聽到天籁之声、地籁之声、人籁之声（三籁合为王）；

（二）耳朵为人的感觉之王，在各种感官中起首要作用；

（三）耳朵之聽力乃是父母所赐（古代，王有"父母"的意思）。

再考察右半边。十四极言数目之多，分而言之，"十"表示玉之十种美德——仁、知、义、礼、乐、忠、信、天、地、德；"四"表示四教——文、行、忠、信。下边一横为天，最下边是一个心字。右半边昭示的意思是：用心体会天所昭示的十种品德、认真施行四种教育，以成为君子。

古代，王、玉相通，所以才有上述的解释。

"聽"的右半边恰巧也是"德"的右半边，这样就点破了聽的本质：

---

① 引自《諸子集成》第三卷，《莊子·天地》，上海书店1991年版，第200页。

王道的传播要借助于耳朵,内圣外王的修养也要借助于耳朵,在这个意义上,德是用耳朵修出来的。这就与问字挂上了钩,孔子的学问是问出来的,他"入太庙,每事问",当然光问不成,关键是要认真聽。耳力好谓之聪,眼力佳谓之明,正所谓聪明者。每一个人都长着两只耳朵,道德与智力差别却在云泥之间。究其原因,耳未尽其用,难脱其咎也。

聽中埋藏着大学问。兼聽则明,偏信则暗。偏聽偏信者聽得越多越糊涂,还不如少聽或不聽。耳不闻,心不乱,就算未有所得,至少未受谣言蛊惑,干净的耳朵早晚能够聽到天籁之音、圣人之音。[①]

最后,用四句结语概括"聽"字所含义理:聽松松有情,聽山山有义;常聽圣人言[②],有情又有义。

[①] 这就是我主张尽量读经典原著、少听报告的原因之所在。
[②] 读圣人书就是听圣人言。

刑罚篇

刑与法都是不得已而为之的治国与御民之法，中国人当然也离不开它。然而，中国古人从不夸大其用，总是力图能少用之则少用，能不用之则不用，给予礼治、德治以足够空间。

灋（法）

远古，法写作"灋"。今"灋"只存在于经典之中，但其义至深，不能不察。

灋（法）
读法。从氵，从廌（读志）。廌是古代一种神鸟（另说神羊），相传尧的司法官皋陶用廌来断案，廌落在哪个人身上，那个人就是罪犯，屡试不爽。后来廌离去，不知所踪。为了维护法的公正性，中国人造了"灋"这个字，以记录当时以廌断案的那段历史。

这个字告诉我们：没有廌，只能靠一碗水端平的心态来断案。后来习惯以"法"替代灋。法是在没有天助情况下不得已而创造出来的替代物，没有神鸟的帮助，只能通过法律震慑不安分守己者，通过律条惩处犯法者，通过杀一儆百的效应防止类似事件再度发生。总之，法的局限性非常大，只依靠法治理不好社会，更不可能让人心服口服。所以，中国古人将注意力集中在道德教育上，让人们尽可能不犯法。

在某种意义上，中国传统的礼也在法的范畴中，由于中国古代的"法"克服了上述种种局限性，故外延比法大得多，礼包括法；其次，礼弥补了法之不足，所以称之为礼或礼防（礼法）。

简言之，中国的礼是讲道理的法，有人情味的法，而非冰冷的法、铁板一块的法。认真读一下中国也是世界上最早的成文法典——《周礼》，就会感觉出中国的法与西方的法泾渭分明。兹就东西方法律之区别做一简单概括：

（一）中国的礼（法）一般在事先起作用，大多起到防患于未然的功能；西方的法律则是事后法，法律在事前基本不作为；

（二）中国的礼（法）以道理而非法条为基准，这一点也与西方大相径庭；

（三）中国的礼（法）富有人情味，故而有利于促成人们遵纪守法的观念（比如判一个犯法的人三年劳役，可以附加剥夺老年福利，这样犯人刑满释放之后仍然要继续受煎熬，因为六十岁之后他得不到应有的尊敬）；

（四）中国的礼（法）寓于教化之中，孩子从小就能够受到礼（法）的熏陶；

（五）中国的礼（法）建立在自然法的基础之上，有强大的权威性，因此具有超稳定性，不必朝令夕改。

《礼记·坊记》以礼、法、刑概括瀘消失之后的华夏的安邦治国之道：

> 子言之：君子之道，辟则坊与，坊民之所不足者也。大为之坊，民犹逾之。故君子礼以坊德，刑以坊淫，命以坊欲。①

现在，中国人受到现代化思潮的影响，无缘无故抛弃了中国的礼，而迷信"法"，致使法律主义盛行，弊端丛生，造成巨大的社会混乱。据英国司法部门公布的数字，2005年以来监狱错放了369名囚徒，包括强奸犯、杀人犯，甚至包括恐怖主义者，平均每周错放一名囚徒。其中数十人至今仍未归狱，造成社会公众的不满与恐慌。错放的原因五花八门，归纳起来都是烦琐的法律程序与毫无人情味的电脑程序造成的。英国国会议员萨迪克·汗惊呼："每周错放一名囚徒，把社区和国家置于危险中。如果

---

① 这段话的意思是：孔子说：君子的治国之道，就像修筑堤坝，目的是用来预防过失的。即使严密地筑坝预防还是有逾越规矩的。所以君子用礼来防备道德的过失，用刑罚来制裁淫邪的行为，用法令来防范过度膨胀的欲望，防止它泛滥成灾。

说错放囚徒不算糟糕，那么更糟糕的是那么多人仍未被抓回。"

法律变为僵硬的程序，而最终判定又完全以证据为依据，使得无证据可抓的犯罪者堂而皇之地逍遥法外。据一位法学专家估算，因证据不足逍遥法外的罪犯不会比抓获服刑的罪犯少。

痛定思痛，愈发感觉中国的先人无比睿智，无比伟大。

最后，用四句结语概括"灋"字所含义理：自然手握立法权，派遣神物做示范；廌鸟飞去无所恃，司法任务人来担。

刑罚

刑

从开，从刀。表面意思是开刀问斩，这没有异议。问题是"开"表示什么？許慎认为："開，张也。从门，从开。"開之本义是开。

"古鉢"上出现的開字酷似門中一根门闩，门闩下面两只手之形。所以杨树达先生说："古文（開）从一从収。一者象门闩之形，以两手取去门闩，故为开也。小篆变古文之形，許君遂误以为从开尔。"①

显然，在训開这个字的时候，杨树达先生认为開从収（这个字门中的部分确实如杨先生所说，很像门闩下面两只手之形），而許慎则认为開从开。

考察汉字系统②以定是非不失为解决公婆之争的有效方法。在汉字系统中，由開的门里面的部分组成的汉字大多与开不再有什么瓜葛，如聯就与开没有任何关系。相反，含有"开"的汉字多多少少与"开"都有些联系，如刑。

"刑"表达的是押解犯人的场面：一人刀挎腰间居前，一人持刀过顶居后，居前为开（引路）；居后为敦（敦促犯人快走）。这样，开就与刑产生了强烈的联系。

刑读醒音，意在让有犯法倾向的人及早醒悟，最好是谁都不犯法，让

---

① 《积微居小学述林》，引自《漢語大字典》第七卷，四川辞书出版社、湖北辞书出版社1988年版，第4286页。

② 汉字系统：指隶变后的汉字体系。汉字训诂应该以隶书为基准，之前的甲骨文、金文、古文等只能作为参考。由于汉字是以小篆为基础的，所以小篆的可靠性大于甲骨文、金文与古文。

刑成为摆设。正是在这个意义上，刑的设立是为了没有人受刑，法的设立是为了没有人犯法，罚的设立为的是没有人受罚，赏的设立为的是没有人受赏，正如中医之初衷是希望人皆无病，而非希望人人有疾。

看来，训诂汉字盲目追古，以为字越古越能代表本义的看法是错误的，训诂汉字终究与词源学的追根究底不同。

罚之正体字为罰。

罰

有两种训诂方法：

其一，罰从詈（骂人），从刀。骂人者当罰。骂人属于小过，故而有重者受刑，轻者受罚之说。

其二，罰从罒，从言，从刂，音伐。四个组成罰的要素产生了四个基本意思：（一）"罒"表示天网恢恢，疏而不漏；（二）"言"表示言责在先，体罚在后；（三）"刂"表示严重者动以极刑；（四）"伐"之读音表示君有过错亦该受到伐放之处分。①

无论是刑还是罰，中国的礼法都是以预防为主的，与西方的事后法有别。"刑"为的是让人清醒；"罰"为的是让人发现自己身上存在的问题。春秋时期发生的晏子谏齐景公的故事诠释了中国古人的刑罚观。

齊景公爱鸟，派燭鄒专门伺候他的鸟。一次燭鄒不小心让齊景公的爱鸟飞跑了，齊景公大怒，下令斩杀燭鄒。此时晏子进谏说："大王，燭鄒罪状有三条，能够让我当着您的面历数这三条罪状吗？"

齊景公说："可以。"

晏子指着被捆绑起来的燭鄒说："令你给大王养鸟，你却让鸟飞跑了，这是你的第一条罪状；为了一只鸟你让大王生气，还要杀人，这是你的第二条罪状；此事传到六国，大家都要说我们大王重鸟轻士，这是你的第三条罪状。"

然后晏子转身面向齊景公说："大王，您现在可以行刑了。"

齊景公连忙起身说："不要杀了，不要杀了。"并亲自解开燭鄒的绳

---

① 日本学习中国的文化，历史上真的伐放过昏聩的天皇；中国的伐放昏君主要体现为剥夺昏君的天子资格，如"湯武革命""劉邦起义"。

索，扶他起身。

最后，用四句结语概括"刑罚"一词所含义理：刑不上大夫①，罚不怜小人；若想避刑罚，必须常修身。

惩赏

惩之正体字为懲。

懲

从徵，从心。徵者证也；徵心者，正其心也。基督教讲究证道，佛教讲究修证佛法，儒家则通过懲，让犯错误的人自己证其心。徵者责问也。懲乃责人之心，令其觉悟自己有错。懲罚是为了让有过失的人承担责任，也有澄其心智的目的。一般情况下，懲的目的是促成其大业。孟子对此看得很深刻，他说："故天将降大任于是人也，必先苦其心志，劳其筋骨，饿其体肤，空乏其身，行拂乱其所为，所以动心忍性，曾益其所不能。"②许多高人受到懲罚并不灰心，他们会把挫折当成前进的动力。中外历史上，这种先受懲罚，后受奖掖的实例并不在少数。一辈子得不到善意懲戒的人，一般不可能做出惊天动地的大事。

唐朝鼎盛时期，朝廷在反腐败方面的懲治措施颇值得今人借鉴。《职制律》是一部反腐败的法律文书，规定随意扩大编制的要被判刑，提拔不称职官员的人也要被判刑，压制人才不予提拔的要判三年徒刑。对行贿、受贿等行为更是严懲不贷。正因为如此，唐朝一度基本消除了腐败，政治上极为清明。

赏之正体字为賞。

賞

从尚，从貝。"尚"除了通"上"之外，还有两个基本意思：推崇与

---

① 刑不上大夫：典出《礼记·曲礼》，意思是大夫犯法与民同罪，为对犯罪的大夫表示羞臊，在处置上另有一套更加严厉的处置方法。

② 引自《諸子集成》第一卷，《孟子·告子下》，上海书店1991年版，第510页。

追加。因推崇而给予奖赏。奖赏的原因并非推崇作为货币的"贝",而是推崇"贝"之坚贞,无论流落到何处,"贝"都不改其性。中国人不仅崇尚坚,还崇尚健,崇尚俭,崇尚简,崇尚渐,崇尚鉴,崇尚艰……在金属出现之前"贝"是比较坚硬的东西,而且耐用,渐而成俗。这正是除了表示与金钱有关系的事物外,许多表现美德的字中都含有贝(如贤、宾、贡、赞、赜等)的原因。

所以,尽管赏赐往往以金钱或能换成金钱的宝物为媒介,但这并不排斥赏的严肃的一面——赏亦有道。古人一般在得到圣上奖赏时都要认真检讨自己有没有不为圣上所知的过失,如果有,是不能受赏的。再有,赏的读音通上,说的是上是赏的主体。反过来,下赏上是不能赏金钱财物的,只能说赞美的话。

最后,用四句结语概括"惩赏"一词所含义理:以惩赏为瀍,主动求善美;以惩赏为法,有法我不违。

原谅

原

从厂,从泉。原之钟鼎文(克鼎等)象水由高处流下之形。这个字体现了水是生命之源,也是万物之源的命题。推求本原,生命不过是天地山水和合而生出的,渊源甚远,一切有赖机缘。我们常常说"原来如此",意思是了解了事物的本原,带有修改误解的口气,这种口气里含有一种消除误会之后的释然,当然也含有谅解的意思。"原"一个字可以表达这种情绪,如情有可原,加上谅,构成"原谅"一词也能表达这个意思。

古代,"原"指可耕地,因为只有可耕地才是生命之源。现代人篡改其意,山陵、湖泊之外的土地统统称"原",反映了价值观的变迁。今人已经不再倚重农业,他们更喜欢既不能吃也不能喝的财物——如金银首饰、字画文物、别墅、汽车及各类奢侈品,原来作为可耕地的"原"当然就不再受人们的独宠。

现代汉语中"原"的意思很广,可耕地与不可耕地都是原——荒原也在原的范畴之内。这是因为现代人不再过分关注土地可耕不可耕,不可耕的土地如果蕴藏石油等资源,比可耕地更珍贵。

谅之正体字为諒。

諒

从言，从京。京者高也。站在高处说话，听者甚众，不好反悔，故而其言可信。这是諒之本义，即诚信、相信、体察。诚如《方言》卷一所说"众信曰諒"①。至今，诉讼中如果被告得到原告諒解就可能达成和解或者由法院给予轻判。在高处说话是有条件的，因为不是在任何地方都能轻易找到高台，以供演说。现在，互联网流行，只要简单操作一下计算机，就可以信口开河，显然夸夸其谈者是得不到上苍原諒的。

最后，用四句结语概括"原諒"一词所含义理：天諒人类乎？我甚怀疑之；"原"本原生态，毁之何太急？

贬谪

贬谪是中国古代朝廷惩罚官员的一种礼法。贬是减少俸禄，谪是降职流放。一般贬谪的决定权由皇帝掌握。

贬之正体字为貶。

貶

貶者，使乏貝（金钱俸禄）也。是对臣工利益上的处罚，降低臣工生活水准，以达到思过之目的。对于被惩罚的臣工来说，貶是一种不情愿的变故，故而貶的读音通"变"。貶谪的惩罚实施之前或许受到鞭笞，故而貶读音通鞭。被貶谪者一般都被流放边远之处，故而貶读音通边。被貶者或有委屈，争辩几句也属常情，故而貶读音通辩。被貶之人难免遭人白眼，让人小看，故而貶之读音通扁。

---

① 引自《漢語大字典》第六卷，四川辞书出版社、湖北辞书出版社 1988 年版，第 3991 页。

谪之正体字为謪。

謪

从言，从商。商读敌，本指动物之基趾或植物之根（包括果实之蒂）。从头到脚地数落一个人为謪的字面意思。古代，謪还是天文学术语，表示天象变化。《左传·昭公三十一年》记载："庚午之日，日始有謪。"① 由此可以断定，謪用于人事变故乃是"远取诸物"效法天象而来，可以算是一个天人合一的实例。

贬和謪，一个字表示夺去俸禄，一个字表示剥夺发言权，本欲让被贬謪者名利事功俱失，结果事与愿违，贬謪造就出中国历史上庞大的文学家群，他们像天上的繁星，终年照耀着华夏大地，光芒永不衰耗。现列其荦荦大者，以志其不朽之业绩：

屈原（约前340—约前278）：楚顷襄王时被流放至沅湘流域，留下《离骚》等名篇，成为华夏诗祖。

贾谊（前200—前168）：由于受到周勃、灌婴等武将排挤，由太中大夫贬为长沙王太傅，虽然寿仅三十有二，却留下《吊屈原赋》等名篇，成为赋之巨匠。

李白（701—762）：天宝年间曾入朝做官，因性情高傲不为权贵所容，不能在朝廷久留，后因参加王璘幕府而获罪，贬謪夜郎②。正是贬謪使得李白获得"诗仙"美誉，成为国宝级诗人。

杜甫（712—770）：仕途不顺，多次被贬。然而就是这个官场失意的人成为格律诗界的"诗圣"。

韩愈（768—824）：因谏阻唐宪宗迎佛骨，被贬为潮州刺史。韩愈在官场郁郁不得志，文学上却大展身手，名列唐宋八大家之首。

柳宗元（773—819）：参加了王叔文的革新运动，失败后被贬为永州司马。居唐宋八大家次席。

劉禹錫（772—842）：参加了王叔文的革新运动，失败后被贬为朗州③刺史。劉禹錫的诗文带有强烈的哲理性，特点鲜明，深受中国历代士

---

① 引自《春秋左传注》第四卷，中华书局1981年版，第1514页。
② 夜郎：今贵州桐梓。
③ 朗州：今湖南常德。

大夫的喜爱。

白居易（772—846）：为官期间直言陈谏，屡被贬謫。留下《琵琶行》等不朽诗篇。

元稹（779—831）：因与宦官斗争而遭受过贬謫。与白居易齐名，留下《离思》等不朽诗章。

李商隱（813—858）：由于受到牛李党争的影响，仕途潦倒。正因为如此，他的诗缠绵悱恻，个性极其强烈。

歐陽修（1007—1072）：被贬滁州之后写下《醉翁亭记》等不朽名篇。

蘇東坡（1037—1101）：贬謫专业户，他有一首自嘲诗，概括自己被流放的行踪：

> 心似已灰之木，
> 身如不系之舟。
> 问汝生平功业，
> 黄州惠州儋州。

蘇子乃是中国文学史上最后一位大师级文学家，其后仍有许多臣工被贬謫，有的经历之坎坷并不亚于蘇東坡，但再也未出现一位像蘇東坡那样的文豪。这又证明，履历只是作者创作优秀文学作品的一个条件，还须辅以其他条件。无论如何，对于文学大师而言，履历是头等重要的，这一点毋庸置疑。

最后，用四句结语概括"贬謫"一词所含义理：政治文学跷跷板，一头压低一头扬；权势如烟转瞬逝，名检如日万年长。

误会

误之正体字为誤。

誤

从言，从吴。吴既表意又表声，吴的本义为大声说话，持错误观点的人总要大声叫喊，于理于情皆说得通。

另外，吴又指舛午（错乱）。通过《礼记·聘义》的一句话似乎可以洞悉"誤"之来龙去脉："使者聘而誤，主君弗亲飨食也。"① 弗通毋，聘礼在程序上有不当之处，不要（毋或者勿）继续进行下去。

错与誤组合在一起，告诉我们的信息至少有：（一）错误是正确的必要一步，不经受错误的挫折就不会走上正确之路；（二）事物不断发展，但最初的基本性质是不能改变的，改变就会犯错误；（三）发现错误必须叫停，不能将错就错，越陷越深；（四）世界是互相交午的，也很容易舛午，交午是规律，舛午是对规律的违背，二者性质相反；（五）他山之石可以为错②，同理，他人之言，可以改错。

人类当今的困境并非错误造成，而是由明知故犯的态度造成的。

会之正体字为會。

會

从亼，从曾（略瓦ㄚ）。人聚集一处曰亼，曾是古代的陶制炊具，用以烧煮食物。煮饭會冒出蒸汽。这正好是會的场面与氛围。人聚集在一起，而且起火做饭，当然这就是社會。社會是會之本义。现在流行这样一句话：我们在一个锅里吃过饭。这种经历是千金难买的缘分，值得倍加珍惜。

所谓誤會，就是被社會错怪。解铃还须系铃人，消除誤會的最好办法就是更加积极地融入社會，以邻为壑的态度绝对要不得。

最后，用四句结语概括"誤會"一词所含义理：高声说话为誤，同锅吃饭为會；保持和谐气氛，避免产生誤會。

殊

殊

从歹，从朱。古代通诛或殳，处死而且令身首异处曰"殊"。在未出现新的死刑花样之前，殊算是最残酷的死刑。"殊"之古文，左卢（颅之略）右身，象身首分离之形。隶变之后卢演化为歹，四肢之形演化为朱。

---

① 引自《礼记》，岳麓书社2002年版，第838页。
② 引自《诗经·小雅·鹤鸣》，岳麓书社2005年版，第177页。

"殛"是殊的同义字，殊则转义为分殊、区别，以诛替代了殊。

殛的意思与诛接近。《尚书·汤誓》："有夏多罪，天命殛之。"① 殛读音通极，表示最高的刑罚。犯错误者为表示认错诚意有时也称自己应该受到罚殛，比如《尚书·康诰》："爽②惟天其罚殛我，我其不怨。"其实天命不会不分青红皂白地赐死，更多的场合是予以犯错误的人以一般惩罚。

古代，殛通极，表示极远之处，或表示贬谪到偏僻处。《书经》有殛鲧的记载，有人据此断定，鲧因治水不利而被处以极刑。事实并非如此，"殛鲧"是将鲧伐放于羽山③。至羽山之后并未执行死刑，鲧一直过着流放的生活，至死未得赦免，这就叫作"殛鲧"。《尚书·舜典》记载："流共工于幽州④，放驩兜于崇山，窜三苗于三危，殛鲧于羽山。"

鲧所受到的刑罚与共工、驩兜、三苗所受到的惩罚是等量的。鲧在穷困潦倒中死去，非被杀而死。

学习殛这个汉字，最值得今人注意的就是殛不仅读音通极，意也通极。脱离中庸之道，在极端之处做危险的理性游戏——如人造生命游戏、原子能游戏、探月采掘氦₃游戏、拦河筑坝游戏、往食品中加各种化学添加剂的游戏、深海采掘游戏、科学农法⑤游戏、试管婴儿游戏、测谎仪⑥游戏、自由恋爱游戏、人人平等⑦游戏……即将受到天殛而不知。

最后，用四句结语概括"殛"字所含义理：人不殛恶天殛之，罪恶累累似海深；何时天公一声吼，高楼大厦化粉尘。

---

① 引自《漢語大字典》第一卷，四川辞书出版社、湖北辞书出版社1988年版，第1391页。
② 爽：爽约。
③ 羽山：在东海县城西北部。
④ 幽州：今北京一带。
⑤ 科学农法：与自然农法相对应，用科学指导农业生产，逆自然规律而动，以求所谓高产，如使用膨大剂让瓜果变大、使用农药防止虫害、使用转基因种子以增加产量等。
⑥ 测谎仪：测定是否说谎的仪器，现在司法界越来越普遍使用，这是十分危险的。
⑦ 人人平等是不可能的，然而这个口号造成社会混乱则是可能的，绝大多数犯罪分子都是因为寻找与他人的"平等"才铤而走险。而一般人也假此拆除道德的藩篱，变成无所顾忌的人。

犯罪

犯

从犭，从㔾。犯之古文（如诅楚文）象犬侵人之形。《国语·晋语八》中的"忠不可暴，信不可犯"① 是这个训法的最好证据。良犬是不会侵犯主人的，如果犬吠要侵犯人，那么说明被侵犯者可能：（一）有犯事——如盗窃之嫌疑；（二）事主与犬尚不熟悉，未取得犬之信任。

犯读音通泛，寓意深刻，说明远古时代的中国人已经认识到"天不可犯"，人犯水，水泛滥，遭殃的还是人。所以《国语·周语下》有这样一句警告："水火之所犯，犹不可救，而况天乎？"② 这个警告实在是太深刻，太有现实意义了。人犯天可不可救，看一看水火所犯的后果就不言自明了。

人类犯土地，土地不再生长庄稼，人类离不开食物，没有办法，只得考虑无土栽培等下策。

人类犯空气，空气以混浊回敬人类，人类因此而遭受各种癌症的侵犯，现在离人类全体患癌症的那一天越来越近了。

人类犯海洋，海洋以赤潮、海啸③回击，人类因犯海自己也遭受重大损失，先前所得利益还得悉数吐出。

人类犯地下水，导致地下水荒，人类什么都能造，什么都能寻找到替代品，然而在水荒面前嘴却硬不起来。

人类犯原始森林，原始森林便以让人类后悔的方式来报复人类，什么山体滑坡、泥石流以及局部塌陷等灾害所造成的损失往往比盗伐树木的所得数额大千百万倍！

人类犯湖泊湿地，是因为人类嫌地球太小，地球向人类提供的空间不足，所以要将自认为无用的土地利用起来。殊不知，湖泊湿地其用途岂能为人类所尽知？在不知的情况下就对湖泊湿地下手，岂能不遭报应？

人类犯自然生态，自然就让人类失去自然这个最可靠的依赖，把人类赶

---

① 引自《漢語大字典》第二卷，四川辞书出版社、湖北辞书出版社 1988 年版，第 1331 页。
② 同上。
③ 海啸与地震关系紧密，而地震与深海开采有直接关系。

出自然家门，让人类靠科学技术过日子。可以说，科学技术每前进一步，人类对自然的侵犯就加重一步，人类的罪孽也就更加深重。

人类犯身体，最直接的结果就是化学环境替代了人体生物环境，人类越来越接近于机器人，而越来越不像自然人。

人类犯道德伦理，结果人类自身产生混乱，这种混乱有利于流氓强盗而不利于正人君子，想一想，再过一百年，地球上还有正人君子吗？

罪

从罒，从非。罒与网音、意相通，非为"是"之反义词。"非法下网捕猎"或者鱼网的网眼过小不合法度为"罪"之本义。罪音义通"辠"，秦之后因辠字字形似"皇"，故弃辠留罪。古代，"辛"也通"罪"，许慎以辠训辛。酸、甜、苦、辣都会通过鼻子感觉出来。其实，从字形上说，罪所要表达的意思与辠、辛相同。

非法捕猎无非是为了满足口欲，故读音通"嘴"；犯罪者处于良知麻醉状态，完全被恶念控制，故而罪读音通"醉"；犯罪之人是渺小的，故而罪读音通"蕞"。

最后，用四句结语概括"犯罪"一词所含义理：人不犯天，天不犯人；人若犯天，天必犯人。

悔过

悔

从忄，从每。"每"之甲骨文（如粹一○一三）或钟鼎文（如昌鼎）象草根深叶茂状。古人形容田原草木茂盛就说"田原每每"。草木根根茂盛，"每"就有了"每一个"之意，然后转义为每每，含有全部的意思。

田原的草木茂盛是好事，心头长草而茂密繁盛那就不一定是好事情了。心如乱草，必有后悔之事。人心毕竟有喜欢清静、干净（所谓清心寡欲）的倾向，乱草丛生一定不是一种好心情，当然要后悔。

悔中有"每"意在告诉我们：每当做了错事一定会后悔的，产生"早知如此，何必当初"的想法。

过之正体字为過。

過

从咼,从辶。咼通䯻,古代车毂穿轴之处曰䯻,实际上咼表示车,车行路必然留下有形或者无形的轨迹,车行留下的轨迹就是過。過转义为過错的意思,是因为车行必然对地面产生破坏力,这就是一种不知不觉中产生的過错。許慎将過训为度是恰当的,车不能飞,只能由此地度及彼地。度過美好人生,如同完成一次美妙的旅行,车所经之处也构成一个美妙的過程。

中国古人提倡悔過精神。圣人与凡人的区别不在于犯不犯错误,而在于犯错误之后有没有悔過的自觉。曾子教导其弟子:"吾日三省吾身。为人谋而不忠乎?与朋友交而不信乎?传不习乎?"① 这就是一种悔過精神,是人类最高贵的品德之一。②

最后,用四句结语概括"悔過"一词所含义理:田地草茂盛,是为吉祥景;心田草不生,是为好心情。

赦免

赦

从赤,从攵。赤之甲骨文(如后下一八·八)为上大下火之形。钟鼎文(如邾公华钟)为上大字下火字。赤属于南方,南方有一星名大火。"赤"由此而来。太阳乃是一团火,又出现于东南方、南方与西南方,故而赤可以代表阳。赤又是心脏之色,主人之行为,故而朱色为皇帝专用,曰朱笔御批,生杀之权系于赤色一圈或一钩。在这个字中,攵表示惩罚要严宽相济,有杀有赦,交错施罚,如蛇之爬行,有屈有伸。

"赦"是一个具有惊人预见性的汉字。大火(太阳)能够将一切黑暗一扫而光,这是一种大赦。病毒、病菌袭击人的身体,经过太阳照射也能赦免人的疾病之身,恢复其健康。许多现代病都是因为不懂得"赦"的含义而任其发生的,比如抑郁症,现在发病率很高,许多人不明不白地

---

① 引自《諸子集成》第一卷,《論語·學而》,上海書店1991年版,第5页。
② 中国的悔过与西方的忏悔本质上是不同的,前者出于修身的目的,后者是为了死后上天堂。

"被"轻生，他们的悲剧在于不了解"大火"（太阳光）是能够赦免他们的，能够让他们获得新生，方法很简单，就是经常接受日光浴。日光是生命之源泉，也是生命的保护伞，然而人类不知道爱惜，使臭氧层遭到破坏，使人类直接暴露在紫外线等有害光线的照射之下。人类不爱惜自然，自然就不会赦免人类的罪过。

免

从⺈，从兔（略去丶）。許慎《说文解字》没有收录这个字。《广雅·释诂四》："免，脱也。"《古今韻會舉要·铣韻》："免，释也。"① 二者皆免之本义。免之甲骨文多为上宀下子，字形与"字"相似。字者生育也（故而生育亦称"分娩"），子者生育产儿也。在任何场合——包括战争的场合——生育者与产儿是具有赦免权（如孕妇即使该斩立决的也不能立即行刑）的。

既然免之本义通赦，那么组成"赦免"就不免累赘而无必要。之所以组成复合词赦免：（一）是因为音律上的需要，汉字词汇有双音节化的趋势；（二）是为了强化所表达的意思。免乃兔去掉"丶"，点代表被箭击中，去掉"丶"则表示收箭不射，放兔子一条生路，让兔子逃脱。这样，上面提到的赦免权问题就迎刃而解了。至于兔子的"兔"为何写成"兔"是为了象形之需要[2]，这已经属于另外一个问题，这里不讨论。

最后，用四句结语概括"赦免"一词所含义理：好兔可赦免，坏兔不能恕；人类自选择，赦免或"射兔"。

---

[1] 引自《漢語大字典》第一卷，四川辞书出版社、湖北辞书出版社1988年版，第270页。
[2] 兔之甲骨文长耳而厥尾，象兔形。

图卦篇

图和卦，大致相当于直觉与理性。从哲学角度观察，世界无非就是图与卦这两样东西。西方人重视理性，他们求理；中国人重视直觉，他们求象。象就是图，汉字就是图，四书五经就是图，民俗就是图，孝道就是图。圣人的任务就是描摹自然万象，把世界还原为图象，将其生动地展现出来，他们用的不是数学公式，而是汉字，是礼仪程式，是道德与信仰。

图

图之正体字为圖。

圖

从口，从啚，古通鄙。許慎《说文解字·口部》："圖，画计难也。从口，从啚。啚，难意也。"① 对許慎多有不同意见的杨树达对此表示赞同：

> 依形求义，圖当训地图。从口者，许君于同下云"口象国邑"是也。"从啚者……啚为鄙之初字……物具国邑，又有边邑，非圖而何哉？"②

---

① 引自《説文解字注》，浙江古籍出版社2002年版，第277页。
② 《积微居小学述林》，引自《漢語大字典》第一卷，四川辞书出版社、湖北辞书出版社1988年版，第725页。

《周礼》中有这样一种表述，令人叫绝："职方氏①掌天下之圖以掌天下之地。"②

三国劉備得西川就缘于得到張松献的一张西川地圖。可以说，有了西川地圖等于完成了取西川任务的一半。人文文化何尝不如此，中国的人文文化"肫肫其仁，渊渊其渊，浩浩其天"③，然而源头却不过是一张河圖。河圖很简单，却非常难懂，就像宇宙大爆炸前的奇点，虽无限小，却蕴藏着无限大的能量。

河圖是中国人文始祖伏羲发现的。作为部落首领，伏羲善于观察与分析天象变化，通过季节交替、草木枯荣，企圖寻找自然规律，却苦苦追求而不得。正为此一筹莫展的时候，一次，他在巡察的路上忽然看见黄河水面上跃出一匹似马又似龙的神兽——它的身上有一张奇妙无比的圖，后人将其称为"河圖"。伏羲将圖形牢记在心。从此，伏羲一门心思研究河圖，终于开悟，画出八卦，启动了中国文化的光辉进程。史书记载："是故天生神物，圣人则之。……河出图，洛出书，圣人则之。"④

发现河圖之意义在于：

其一，河圖揭示了世界由两种元素——阴与阳构成的秘密。

其二，河圖进一步揭示：阳是实的，阴是虚的，万物始于阳，阴从之。

其三，根据河圖揭示的上述原理，人们可将数字计算简化为二进制，为开拓思维打开通道（在理论上，现代计算机的发明，就起源于对河圖的破译）。

其四，阴阳互依互存的规律完全适用于男女，中国人就是据此而建立了美轮美奂的家庭伦理秩序，促成了社会的和谐。

其五，龙马身上的毛的旋转方向与数字排列（由小至大）的方向相

---

① 职方氏：官名。《周礼》谓夏官司马所属有职方氏，设中大夫四人，下大夫八人，中士十六人，以下尚有府、史、胥、徒等人员。掌地图，辨其邦国、都鄙及九州人民与其物产财用，知其利害得失，规定各邦国贡赋。

② 引自《周礼·夏官·职方氏》，岳麓书社2002年版，第305页。

③ 引自《礼记·中庸》，岳麓书社2002年版，第716页。肫肫：与"忳忳"同，诚挚的样子。渊渊其渊：意为圣人的思虑如潭水一般幽深。渊渊，水深。浩浩其天：圣人的美德如苍天一般广阔。浩浩，原指水盛大的样子。"肫肫其仁，渊渊其渊，浩浩其天"的意思是：他的仁心那样诚挚，他的思虑像潭水那样幽深，他的美德像苍天那样广阔。

④ 引自《易經通解》，《周易·系辞上》，中国致公出版社2010年版，第312页。

反，也就是说，河圖揭示了一个惊天秘密：天体顺时针旋转，地球逆时针旋转，二者方向相反。所以，孔子教导说"天行健，君子以自强不息"。

其六，河圖告诉我们：自然不是偶然的，不是随机的，自然是有意志的，我们所观察到的一切都是自然的杰作，都是自然意志的体现。河圖及根据河圖所画的八卦乃至六十四卦为中国的"体天格物""天主人宾""天人合一"的生存方针的制定起到关键的作用。

科学主义者也无法否定作为人类早期三大神秘主义体系[①]之一的河圖八卦文化，但他们总是竭力贬低其价值，企图将《周易》推上科学的战车，说什么河圖不过是数学的一个分支，还有人给它起名为"幻方学""魔方学"。燕雀焉知鸿鹄之志？如果非要究竟八卦与易的性质，我只能称其为拯救人类之学。

回到"圖"这个汉字的训诂上来。許慎将圖训为难，令人拍案叫绝！如果非要以一个字概括河圖，非"难"莫属。"难"至少有以下含义：

其一，河圖难读难解，隐喻自然的高深莫测与人的微不足道。河圖难读难解的事实让中国人认识到，世界不仅不可能全被人类所知，而且知之未必会给人类带来福祉，因为世道是很艰难的，绝不像某些人猜度的那样简单。

其二，难读音通"南"，南为阳，北为阴。由难而南，由南而阳，由阳与阴的交合而产生万物。难中见义，原来河圖中暗藏着也许人类并不愿意知道的隐秘。

其三，既然河圖是揭示万物基本性质的，而圖的本义是难（许多钟鼎文上的圖字都是象人被方框拘禁起来的窘迫无奈状），那么毫无疑问，河圖隐晦地向人们透露出这样的信息：人生并不是充分自由的，人生是艰难的，没有文化维系，难以持久。[②]

其四，河圖难读难解是因为万物的内在、外在关联甚密，难以梳理，人类必须勇于迎难而上。

最后，用四句结语概括"圖"字所含义理：龙马负圖与伏羲，伏羲

[①] 古代三大神秘主义体系：一为中国的易与八卦的认知体系；二为古代印度的佛学认知体系；三为古代希伯来的卡巴拉认知体系。

[②] 现实充分证明了这个判断。西方一味开拓文明，不断提升文明的水平，结果已经昭然若揭，西方依靠强大的工具理性，不榨干地球的油水决不罢休。科学家预测，以当今的"GDP"增长速度计算，人类未来700年间所需要的资源在体积上相当于一个地球。700年之后地球将何堪？

画卦解玄机；华夏文化五千载，独树一帜世称奇。

卦

卦

从圭，从卜。关于圭，許慎《说文解字·土部》说：

> 圭，瑞玉也，上圜下方。公执桓圭，九寸；侯执信圭，伯执躬圭，皆七寸；子执谷璧，男执蒲璧，皆五寸。以封诸侯。从重土。楚爵有执圭。珪，古文圭从玉。①

史书记载，周公祭祀先祖时就是戴璧秉圭，北面而立的。古人祭神的场合，璧以礼神，圭以为贽②。也就是说，圭是面神时必带的礼物。古代，圭还表示测量日影的仪器——圭表，"以土圭之灋测土深，正日景以求地中"③。此外，圭还是古代的重量单位：十粟为一圭，十圭为一铢，十铢为一两，十六两为一斤。

卜由丨与、组成。許慎《说文解字·丶部》："丶，有所绝止，丶、而识之也。"丨表示上下（天地或人天）相沟通，、代表突然有所觉悟或体会。

综上所述，"卦"是佩戴瑞玉，虔诚恭敬地从上苍那里获取些许天命的信息，使自己的所作所为获得天的许可。玉的纯洁透明代表人对天的恭敬与自己内心的虔诚。

卦之所以称卦，说法不一：

《易经》："八卦而小成，引而伸之，触类而长之，天下之能事毕矣。"④

孔子："卦一以象三。"⑤

---

① 引自《說文解字注》，浙江古籍出版社2002年版，第693页。
② 贽：聘礼或见尊者所持之礼物。
③ 引自《周礼·地官·大司徒》，岳麓书社2002年版，第93页。
④ 《周易·繫辞上》，引自《易經通解》，中国致公出版社2010年版，第309页。
⑤ 《周易·繫辞》，引自《易經通解》，中国致公出版社2010年版，第308页。

孔穎達："卦者……言悬挂物象以示于人，故谓之卦。"①

許慎："卦，所以筮也。"②

《仪礼》："筮与席、所卦者具馔于西塾。"③

《易经》："八卦相错，数往者顺，知来者逆。"④

……

综合以上种种理解，可以归纳为：（一）将万象悬挂于人之脑海，以识别之；（二）六画或六爻构成一卦，表示一个基本物象（事物）；（三）卦是自然的衣服——褂；（四）卦是对阴阳交合情景的描摹与画像；（五）卦是人类与天地相联系和沟通的手段。

寻常论者总是贬低《易经》的价值，说《易经》是算卦之书。如果把"算"理解为"推算""预料"，将卦理解为天象与天启，说《易经》是算卦之书未尝不可。不过并不是算眼前的鸡毛蒜皮的琐事，而是算人类之凶吉祸福。人类继续欺凌自然，后果只会导致自身毁灭，这就是《易经》所算之卦的卦底。

最后，用四句结语概括"卦"字所含义理：天将卦象示众生，唯有华人解其意；天让我行我便行，天让我止我就止。

之

之

从丶，从一，从辶。許慎《说文解字·之部》："之，出也。象屮过中，枝叶渐益大，有所之也。一者地也。"⑤《尔雅》："之，往也。当为'之'之初谊。"之的甲骨文（如前七·三三·一、粹一〇四三、甲一八〇等）象草生于地，向上伸展之形。钟鼎文（毛公鼎）上的"之"则酷似"止"。⑥ 耐人寻味！草的生长确实是一个由此及彼的移动过程，所以之的本义是至或止于某处。"至"与"止"是草在进行空间移动时所遵循

---

① 《周易正义》乾卦疏引《易纬》。
② 引自《説文解字注》，浙江古籍出版社2002年版，第37页。
③ 引自《仪礼·士冠礼》，岳麓书社2002年版，第1页。
④ 引自《易經通解》，中国致公出版社2010年版，第331页。
⑤ 引自《説文解字注》，浙江古籍出版社2002年版，第272页。
⑥ 引自《漢語大字典》第一卷，四川辞书出版社、湖北辞书出版社1988年版，第43页。

的原则，草永远不背叛当止则止的原则。原因在于，草（延伸至禾苗、稻谷）长到一定程度就结穗，曰谷穗、稻穗。之亦称为"到"，取稻之谐音，意在揭示这样一个道理：成长不是没有止境的，行进也不是一往无前的，人类必须解决到何处去以及何时启程与何时止步的问题。古人造"之"这个字时充分考虑到这样一个严肃的问题：事物不是沿着直线发展，而是呈现出周期性。在周期的交接点事物要停止，并准备返回新的起点，只有这样才能达到目的，才能收获稻子。这是自然法则，人为不可改变，非要改变一定会产生恶果。美国人搞的转基因技术就是典型的人为改变自然规律的事例。转基因技术的致命错误是人为地改变自然周期，人为地改变生物的基因，缩短基因变异的漫长过程（在三个小时的时间里完成自然界数十万年才能完成的基因变异），显然属于投机取巧。① 其恶果一时还不能完全显示出来，但在不久的将来一定会显示出来。人类的肠胃变为基因的加工厂之后会发生什么，无论想得怎样严重都不为过。

　　类似的投机取巧行为还有很多，比如人类掠夺地球资源意犹未尽，还要进行外星探险，而且行于悬崖而不知止；水力、煤炭发电仍不知足，非要踏上原子能发电之险途，在发生第二次"切尔诺贝利核爆炸"或第二次"福岛核泄漏"之前是不会止步的，而"第二次"一旦发生，恐怕人类就不再有改正错误的机会了；人类发展工业倒也罢了，非要走到化学工业这一步，走到化学工业这一步也就罢了，非要喊叫"添加剂是食品工业的精髓"，以至于现在想止步已经止不住了，人类普遍患上添加剂依赖症，这个顽疾已经不太可能被彻底治愈，因为人类已经不习惯食用不加添加剂的清淡食物！

　　投机取巧者以为自然好欺负，殊不知，报应往往出现在神不知鬼不觉的平淡之中。正如谚语所说，没有比世界末日的到来更平静的了。

　　最后，用四句结语概括"之"字所含义理：之乃草本能，人类愧无之；故而设文教，习得知与止。

---

　　① 2008 年，西方科学家指出，吃了转基因玉米之后的小白鼠，免疫系统遭到破坏。这个研究成果发表在 2008 年的《农业与食品化学》专业期刊上。法国科学家指出孟山都 NK603 和 MON863 型转基因玉米能让老鼠的肝脏、肾脏和其他器官受损，进而导致如尿毒症或者肾衰竭、肝中毒等严重后果。这个研究成果发表在 2009 年 12 月的《生物科学》专业期刊上。而绿色和平组织证实，早在 2004 年和 2005 年，中国已经批准进口这两种玉米了。

进步

进之正体字为進。

進
　　从隹，从辶。隹指谓鸟。以鸟代表"進"是有依据的：鸟只能往前走，不能往后退。古人抓住鸟的这个特征，创造了進这个字。这个字是典型的"远取诸物"的产物。
　　甲骨文或钟鼎文上的"進"多为会意与象形之混合，如上鸟下止，或左彳，右上"鸟"下"止"。鸟移动位置的方法有两种：一种是飞翔（飞翔肯定也是只能向前飞，不能向后飞）；另一种是用两个爪子向前行。人不能飞翔，但人在行走的时候能够后退。为了甄别人走路与行进的方向，古人造了这个字。当然，走路包含两个含义：一个是用双腿走路；另一个是走出一条有意义的人生之路。如果把走向前方理解为进，那么除像小鸟那样一步一个脚印地前行外别无他法。——这便是進这个字给予我们的深刻启发。

步
　　从止，从少。这个字的设计很有意思，是两个"止"，一个是正的，另一个是倒的，紧紧叠在一起，构成了"步"——甲骨文、金文、篆文皆如此。隶变之后成为现在的样子。止的本义是脚趾，脚趾代表脚。人在行走时总是一前一后，正是在这种现象的启发下，古人造了步这个字。
　　隶变之后的"步"也讲得通：止仍代表脚，下边的部分是省略一点的"少"，表示少许。步是前进的长度单位，一条腿迈出的距离为一步。一步是预计行进路程的一部分，故步读音通部。部分是整体的少许；同理，行程也是一步一步构成的。布是一条经线一条纬线交织成的，路是一步一步走出来的，二者有相似之处，故而步读音通布。母亲一口一口地为婴儿哺乳，也与一步一步地行路相似，故而步读音与哺相通。半途而废的事情经常发生，在许多情况下前途未卜，故而步读音通卜……
　　進步是现代词汇，表达这个意思古人只用一个"進"字。進的造字是远取诸物的又一个典范，是"天行健，君子以自强不息"的浓缩。

近一百年中国人是在前行抑或在倒退？

如果较真的话，公婆之争永无休止。不过，我们可以将中国与美国做一个比较，会对人有所启发。

美国联邦最高法院门口的孔子像至今成为该机构的一道风景线，而中国在历史博物馆北门竖立的孔子雕像仅存放两三个月便不翼而飞。

1938年，《华盛顿邮报》将孔子、摩西、林肯评为"历史上和平的缔造者"，而此时中国仍陷于"打倒孔家店"① 的余波之中。

1941年2月，举行华盛顿诞辰纪念活动，美国总统特使发言时，眼尖的记者竟然惊奇地发现，特使身后的宣传画竟然是孔子与华盛顿并肩"捍卫世界和平"，虽然有"关公战秦琼"之嫌，但终究体现出孔子在美国人心中的崇高地位。反观中国，在整个抗日战争过程中，作为民族凝聚力的资源，基本将孔子排除在外了。

1987年，美国国务卿舒尔茨访华，中方没有安排拜谒孔庙的行程，美方主动要求，中方无奈，只好答应……

中国前進乎？后退乎？

最后，用四句结语概括"進步"一词所含义理：小鸟前行，一步一颠；人生旅途，如涉险滩。

寻

寻之正体字为尋。

尋

从彐，从工，从口，从寸。許慎《说文解字》："尋，绎理也。从工，从口，从又，从寸。工、口，乱也；又、寸分理之。彡声……度人之两臂为尋，八尺也。"②

工、口何以与乱产生联系？

工是工匠，靠双手实现其能，工于口非其所长（可以将"口"理解为女红），焉能不乱？上下各自一只手昭示回到工之本行，以手显其能，

---

① "打倒孔家店"的口号首先由吴虞提出，经过胡适的鼓吹而走红。
② 引自《説文解字注·工部》，浙江古籍出版社2002年版，第121页。

乱自消除矣。

　　这个字是解开中国家庭伦理道德的一把钥匙：男女分工模糊或者根本没有分工，家庭必乱，须要绎理。为防患于未然，中国古代建立了男主外、女主内的分工模式，基本调和了工（男人）与口（女人）之间的矛盾，使得家庭有条有理，井然有序。——这是汉字在中国社会实践中活用的典范。反观今日社会，所谓男女平等，工口不分，家庭极其混乱，眼见家庭伦理即将垮塌。

　　除上面所讲还有画外音：工不去做工而去耍嘴皮子一定坏事；反过来，士大夫不做好口上的工作而去做工，则属于不务正业。——这就是孔子不愿意回答弟子提出的如何稼穑问题的原因之所在。工与士所从事的工作性质不同，旁骛于自己所不熟悉的领域势必会把心思搞乱，使得精力不能集中。特别是以寻找治国之方略为己任的士大夫绝对不应该分心旁骛。绎理、治乱本身就含有探究的意思，所以寻找是寻之本义。

　　古人之所以以寻为长度单位（一寻等于六尺至八尺），是因为人平伸手臂，保持水平，那么两臂相加恰好是人的身高。利用这种巧合，不参照尺子就能了解自己有多高。左为男人，右为女人，男人为工，女人为口，这样，寻这一长度单位便产生出相对性，总体来说，男人高于女人。通过寻的丈量，男女差别一目了然。人类社会应该遵循这种差别来安排男女分工，使他们各得其所。这样，寻就有了遵循的含义。双臂是自然的杰作，故而人类应该活用之。

　　寻常之寻的由来也是源于两臂平伸的长度为一寻的巧合，每一个人皆如此，故而成为平常的现象，不足为奇。传说孔子双手过膝，是想说明孔子不寻常。在这里，作为长度单位的寻成为界定平凡与不平凡的参照物。

　　寻的读音与巽相通。巽为八卦之一，象风。《易经·说卦》："巽为木，为风。"木遵循风的方向摆动，无风时则保持常态，这种常态就是寻。人类同理，要想进入更佳状态则必须驯致其道[1]，谦逊待物，这样方可能摆脱寻常。

　　最后，用四句结语概括"寻"字所含义理：男女之乱惹祸端，两性大防止未然；治乱还须治乱法，寻字之中寓答案。

---

[1] 引自《易經通解》，浙江古籍出版社2010年版，第237页。

位置

位

从亻，从立。起初用"立"表达"位"的意思，"位"为后造之字。许多甲骨文或钟鼎文的"立"象人站立之形。字形如位者最早见于古文，如（孙膑三一五）。之所以"位"从"立"中分离与独立出来，是因为政治礼仪的需要。远古时代，"立"可以表示人，也可以表示动物，还可以表示植物和其他物体，凡形态表现为上下的稳定之形皆谓之立。《周礼》确定了官位及与官位相对应的礼仪之后，上朝时臣僚要站立在天子或诸侯王两侧。于是，"位"的本义诞生了，就是人臣立于朝廷①。立于朝廷的目的是为了：

（一）天子选才任贤，委以重任；

（二）呈国威于朝廷，威慑四方；

（三）遇到外来势力入侵，商议与敌之策，以保卫国家；

（四）遇到灾难共商赈灾慰民之事；

（五）商议度过危局之办法；

（六）商议维护社会安定和谐之大计；

（七）臣工为民请命。

孔子的"不在其位不谋其政"②，常常遭到不明就里者的诟病。两千多年的岁月沧桑证明了孔子的论断千真万确。代议制是相对较为完美的政治制度。所谓代议制，就是由君主代天司牧万民，替天行道。庶民可以议政，但最好不直接参与政治。③ 理由很简单，政治是极严肃的事情，必须议于廷，参加议论者必须分列站立，以示严肃。如若引车卖浆者也议政，

---

① 朝廷：最初指天子理政之庭院。远古朝不屋，院无阶，唯一的规矩就是天子面南背北，臣工分列两侧，以议决政事。

② 引自《诸子集成》第一卷，《论语·泰伯》，上海书店1991年版，第164页。

③ 民主制听起来冠冕堂皇，其实经不起推敲。人民决定国家权力的形式也许对人民是个福音，对自然则不啻灭顶之灾。因为人民一定会将选票投给符合自己心愿的人，而绝大多数人民的心愿是让自己的生活富足。人越富足，天越贫穷。人类富足到极点，天就贫困到极点，那时自然就无法保证对人类的正常供给，人类也就到了末日。正因为如此，我说，人类最佳的社会制度就是中国传统的君主制（代议制），那是以维护自然为第一要务的制度，能够保证人类的长治久安。

政治就无宁日了。

置

从罒（网），从直。《说文解字》中的置为古文，网中一个直字，意思是赦免。网之纲曲则收，直则放。渔网得来不易，须要保养，以延长使用寿命，拉直纲绳，晒网是十分必要的，由这个意思延伸出放弃的意思。

置之本义是放鱼出网，即赦免。只要臣工在其位置上发言，无论内容合不合天子之意，都自然得到赦免，不得论罪。位与置两个汉字等于一条法律条文，一般情况下天子也得执行。

最后，用四句结语概括"位置"一词所含义理：人之位，天决定；遵纲常，人聪颖。

祝

祝

从礻，从兑（省略丷）。礻代表天神，省略丷的"兑"表示祷告天神，祈求天神兑现人的愿望，远古祷告者往往由男巫担任。祝之甲骨文（甲七四三）象男巫跪拜天神；甲骨文（前六·一六六）进一步勾勒出男巫跪拜时在想象天降甘霖的情景，显然是在求雨。钟鼎文基本延续了甲骨文的思路，大都是象男巫祷告天神。

祝的字形告诉我们：神能兑现祷告者的愿望，因为上天有好生之德，既生之，则佑之。

到底祈祷是有益的行为还是徒劳无益的行为？

这要从哲学的基本问题——自然与人的关系说起。

西方理性主义者认为，世界是二元的，一方面是外在的、物质的、表象的存在；另一方面则是内在的、精神的、本质的存在。这两个方面相辅相成。可以称前者为存在，后者为理性。理性是对外在物质存在的揭秘与转译——把自然密码翻译成人类易懂的文字密码[1]。人类破解这些密码之后就可以利用科学技术，通过改变物质性状而获得利益。科学

---

[1] 一般来说，只有西方的字母字才能准确完成这个任务，所以科学起源于西方，也成长发育于西方。

主义就是理性主义发展到极致的产物。科学主义者认为利用科学技术攫取地球资源，改造自然环境是正当的，因为《圣经》赋予了人类使用理性的权利。[1]

中国古人与西方理性主义者的立场、观点截然相反：人类并不存在凌驾于自然之上的特权，因为自然是人类的父母。人类的地位远在自然之下。人类没有使用诡诈伎巧的权利，只有爱护自然、维护自然权威的义务。"祝"就是尽义务的一种重要手段。通过"祝"实现天人之间的沟通，以保证人类与自然的紧密联系。中国的"祭"与"祝"与西方人使用理性的情形大不同：前者以人心交天心，通过一种无言的契约完成人类效忠自然的宣誓，这种宣誓具有比法律还强大的效力。即使真如诟病者所说的那样——天并不知人间之事——至少通过祝的活动人的心灵得到洗涤，照样起到保护天的作用。

须要强调的是，只有举国之祝才可能感动天，否则，"一人祝之，一国诅之，一祝不胜万诅，国亡，不亦宜乎"？[2] 也就是说，祝者必须能够充分代表一个国家或一个民族，否则起不到预期效果。

今天，社会之混乱，人心之不古，道德之沦丧，人伦之不彰，艺术之不扬，信仰之不诚，生活之不安……盖源于祝祭之不兴，欲望之亢奋，传统之泯灭[3]，文化之沦落。

最后，用四句结语概括"祝"字所含义理：天虽不言却有心，神前祝福必有应，逆子逞凶违天意，祸至方知灵不灵。

奥秘

奥

从宀，从米，从大。米是八十八，指年高者。大则是以大为尊。奥之本义为房间里尊者、长者居坐处，一般指室之西南隅。长者坐在室之西南

---

[1] 参阅《圣经·旧约·创世记》，耶和华按照自己的样子造人，既然耶和华是神，耶和华按照自己样子造出来的当然也具有神性，即理性。就这样，在西方世界，人类从一诞生起就具有使用理性的权利。

[2] 引自《漢語大字典》第四卷，四川辞书出版社、湖北辞书出版社 1988 年版，第 2393 页。

[3] 20 世纪初叶，一位文化汉奸写了一篇污蔑祝的小说，得到好评无数，就是文教末世之写照。

隅，宛然深藏，俨然居室之尊处。后指室内最隐奥之处，不易被人注意之处。这完全符合君子不显的精神。后引申为幽静隐蔽或深奥莫测。

奥的笔画结构值得认真推敲。米寿者人中之精也。无论事业有成与否，一个人活到八十八岁本身就是让绝大多数人羡慕不已而又望尘莫及的事情。拥有米寿的人，其长寿原因往往连其本人也未必说得清楚；同理，尊者、长者坐在角落一隅，有谁了解其城府与胸襟？

日文中的奥，读"おく"，除指隐秘处之外，还指妻子。这颇符合奥的本义。按照中国人的家庭观，男主外女主内，女子长年隐藏在家中，做一些让人不易察觉的琐事，特别是女人承担哺育与教育孩子的重任，理应受到尊重。女主内隐藏着这样一个道理：人世间最重要的事情莫过于人自身之再生产，这个任务由女人来完成，女人自然就是最应该受到尊敬的人。所以日本人称妻子为"奥"。现代社会的逻辑十分荒唐，实行所谓男女平等，让女人与男人一样主外，置孩子的教育于不顾，形成物质生产年年增长而人的素质节节倒退的不正常现象。

秘

从禾，从必。必从八，从戈。"心"原是心脏之象形，必则是典型的会意字——兵器的把柄上穿孔。必定、必须等含义是逐渐演变的结果，这种演变将"必"的隐蔽性结构公开化——匕首刺心脏，人必死无疑。古代"八"有时代表戈、矛等兵器把柄上的穿孔。军士可以将丝绸、麻绳等物穿过柄孔，系在把柄上，需要使用兵器时，一定要用自己的，这样使用起来更熟悉与便利。必的基本含义即由此而来。必的左边加禾，意思是说禾多如牛毛，做记号做不过来，所以难以区分每一棵禾。禾的身份自然就无法表述，成为秘密。换言之，禾只是笼统的称呼，具体指哪一棵，秘而不宣。

一个严肃而又重要的问题摆在面前：自然世界有没有保护自然奥秘（隐私）的权利？

西方人回答"没有"；中国古人则回答"有"。

让自然保留一些奥秘好抑或人类将奥秘悉数破解好？

西方人回答"破解好"；中国古人则回答"不破解好"。

看来龟与蛇难以同行。

最后，用四句结语概括"奥秘"一词所含义理：大匠不斫，大象无形；大隐朝市，大音希声。

鼎

鼎

从目，从片。甲骨文、钟鼎文皆象三腿（偶见四腿）二耳鼎之形。上古之初，禹收九牧之金，铸鼎荆山之下，以协承天休。根据《易经》的理论，巽木于火下者为鼎，象折木以为炊。籀文以鼎为贞。鼎由陶土或者青铜等金属铸造而成，盛行于商朝与周朝。一为实用器，用来煮或盛食品；二为置于宗庙作铭功记绩的礼器；三作烹人的刑具；四作陪葬之用（东周与汉代较常见）。

在中国历史上，鼎一直被认为是重器、宝器。原因有下列几点：

（一）鼎能调和五味，而和是十分吉祥的；

（二）鼎能铭功记绩，让世世代代不忘记圣人或对国家有功之人的功德，借助鼎可以祀先祖；

（三）鼎之三足为天、地、人，鼎集三才于一身，可以成为权力社稷之象征；

（四）鼎能辟邪，魑魅魍魉莫能逢之；

（五）《易经》中的鼎卦有布新之意，与革卦互补，元吉亨；

（六）在鼎面前对先祖或者天神顶礼膜拜，江山可定；

（七）鼎镂酷刑足以起到威慑作用；

（八）鼎之三足可以让鼎稳若泰山，天时、地利、人和也可以让江山固若金汤。

由于鼎被视为传代重器，所以定都也叫定鼎。

鼎的笔顺较乱，须要记住："目"五画，目之外的部分左三右四，一共七画，总计十二画。《正草隶篆四体字典》说它十三画是错误的。

最后，用四句结语概括"鼎"字所含义理：功名业绩铭于鼎，五千年史鼎作证；古人德行稳如鼎，今人无颜面先圣。

事功篇

据英国2012年5月9日的《每日电讯报》报道，北太平洋海面上的塑料垃圾漂浮物在过去四十年间增加了一百倍。鱼卵与浮游生物的生存面临着威胁。这只是化学工业负面影响的一个侧影。认真罗列的话，化学工业给人类带来的灾难罄竹难书。可以断定，人类在化学工业方面的所作所为完全是无用功。还是回过头来看一看中国古人的事功观吧，一定让现代人汗颜无比。

事

事

从一，从口，从亅，从彐（手）。在古文字中，事、使、史、吏是通用的。甲骨文的"事"很像"史"，而且头上分出两叉，应该理解为古代的史有左史、右史的分工[①]。"事"的钟鼎文丨出头，使两个叉变为三个叉，同时下面的彐也清晰地显现出来，口与手也有了雏形。三叉很可能是代表草木，那时中国已经有了农业。

后来，"史"单独表示史官以及历史，分叉也就再无必要，逐渐演化为"事"。演变过程大致为：

　　官职—事情—侍奉—奉行（从事）—治理（办理）—役使—事故—职业—典故

[①] 引自《説文解字·王部》，浙江古籍出版社2002年版，第116页："玉藻动则左史书之，言则右史书之。"玉藻是修饰，也叫作记言，即用文言文记史。言则是"记言"，即用白话文记史。

事之本义是"官职"。《国语·鲁语》曰:"卿大夫佐之,受事焉。"韋昭注:事,职事也。① 韓非子也说过意思相近的话:"无功而受事,无爵而显荣。"②

用作"事情"的例句可以举孔子的"入太庙,每事问"③。

用作"侍奉"的例句仍出于《论语·学而》:"事父母,能竭其力;事君,能致其身。"④

用于"奉行"(从事)的例句:"回虽不敏,请事斯语矣。"⑤

用于"治理"(办理)的例句出自《战国策·秦策四》:"齐、魏得地葆利,而详事下吏。"⑥

用作"役使"的例句可见《墨子·七患》:"民无食则不可事。"⑦

用作"职业"的例句可以追溯到《汉书·樊噲传》中的"樊噲,沛人也,以屠狗为事。"⑧

用于"典故"的例句见鍾嶸的《诗品·总论》:"至乎吟咏性情,亦何贵于用事?"⑨(用事即用典)

在用事组成的词汇中有三个值得深入思考:

其一,事本:指最根本的事业,在中国事本就是农耕作业。

其二,事功:指为国家所做的功绩。追求事功为儒家积极进取的世俗精神。

其三,事例:指可资借鉴的往事。国学注重经验,故可资借鉴的往事是一种宝贵财富。

最后,用四句结语概括"事"字所含义理:事功凭借口与手,成败荣辱由天定;无所事事终失败,发无用功则无功。

---

① 引自《漢語大字典》第一卷,四川辞书出版社、湖北辞书出版社1998年版,第23页。
② 同上。
③ 引自《諸子集成》第一卷,《論語·八佾》,上海書店1991年版,第56—57页。
④ 引自《諸子集成》第一卷,《論語·學而》,上海書店1991年版,第11页。
⑤ 引自《諸子集成》第一卷,《論語·顏淵》,上海書店1991年版,第262页。
⑥ 《战国策·秦策四》,引自《漢語大字典》第一卷,四川辞书出版社、湖北辞书出版社1998年版,第23页。
⑦ 《墨子·七患》,引自《漢語大字典》第一卷,四川辞书出版社、湖北辞书出版社1998年版,第24页。
⑧ 《汉书·樊噲传》,引自《漢語大字典》第一卷,四川辞书出版社、湖北辞书出版社1998年版,第23页。
⑨ 引自《古代汉语词典》,商务印书馆2003年版,第1435页。

疏

疏

从疋，从㐬。疋代表足，㐬代表乱而无序，荒草一团。疏表意：从没有路的地方踏出一条路，让无条理变得有条理，从而使无序状态得到整治。上古时代大禹疏通河道，立下大功，成为一代圣王。其后形成治水传统，凡治水有功者都能名留青史。

中国人文开化得早，梁漱溟用"早熟"二字概括这个特点。文化信息久传必讹，因此需要不断有人做"疏"的工作，避免文化遗存被湮没。最好的办法就是叙述先祖的思想与功德，以为后人所知。孔子是中国文化传统承前启后第一人，是起自远古的文化的集大成者，封他为"至圣先师"不为过。孔子所作所为，一言以蔽之就是述。述者，疏也。孔子自己说"述而不作"是自谦，孔子还是有所"作"的，比如创作了《易大传》[①]。反过来想一想，如果没有孔子做述（疏）的工作，就不会有早期的经典流传于世，中华文化就不会有如此完整的连续性，也就不会对世界产生如此大的影响。

从传承文化的视角出发，书是疏的载体。十三经中的相当一部分是经过孔子梳理的。经过梳理，这些文化典籍的精髓深入人心，成为中国人的宝贵精神食粮。现在，书报泛滥，是因为书已经失去疏之功能，沦落为一般的商品，写书大多为了扬名或赚钱，扬名最终还是为赚钱。有一句讽刺书籍泛滥的话，叫作"写书的比读书的还多"。现在的书已经失去疏的功能，现在所出版的书大多如同五月的鲜鱼，不到三日便臭不可闻。书不再是述圣人言之手段，而是记载个人思想观点的载体，而这些个人观点离奇古怪，无所不有，功能只有一个——害人。有人问我爱读书否，我说我爱读书，然而只读经典，现代人写的书，不是迫不得已（如为批判之或为取得资料）绝不沾染眼球。

通过不间断的疏的工作，中国人树立起道德风范，树立起强大无比的民族凝聚力。

[①] 有人怀疑《易大传》为孔子所写。无稽之谈，是否为孔子所写，一读便知。一切诡辩都是苍白无力的。

十年树木，百年树人。正是由于不间断的疏，一代代中国人像树木一样茁壮生长。

私塾是中国人蒙学的起点，而塾中先生担负着疏的重任。

最后，用四句结语概括"疏"字所含义理：天网恢恢，疏而不漏①；海纳百川，追其源头。

察查

察

从宀，从祭。祭是供天以肉，以示敬意之象形。重大祭祀是须要认真对待的，祭谁不祭谁，特别需要审慎对待，绝对不允许出现纰漏。可以将祭祀原则归纳为除天地山川之外：

凡足以为民之楷模的，可以祭祀；

凡为公众事务献身的，可以祭祀；

凡为安邦立国立下功劳的，可以祭祀；

凡能够抵御自然灾害的，可以祭祀；

凡能制止大的人祸的，可以祭祀……②

在这方面古人明察秋毫：夏朝的厉山氏有个叫作"農"的儿子，他教人们种植百谷，所以后人要祭祀"農"。殷人好商厌"農"，不再祭祀"農"。然而周朝重农，周人的祖先"弃"继承了"農"的事业，所以周人祭祀"弃"，并将"弃"尊为社稷之神。共工氏争霸九州的时候，他有个儿子叫作后土，能平治九州，后人就祭祀他，并尊其为社神。帝嚳精通天文，为人民制定历法，所以后人祭祀他。堯能尽平刑法；舜因操劳公众的事业而死在苍梧之野；禹能治水……所以后人祭祀他们。以上无一不是审慎考察后才决定的，都经得起历史考验。正因为如此，中国人将在重大场合审慎决策称为"察"。

查

从杳，从一。杳音通遥，意为幽暗（树木遮挡住太阳，故而幽暗）。

---

① 天网恢恢，疏而不漏：典出《道德经·七十三章》。

② 参阅《礼记·祭义》。

查的本义是槎。树枝被斜砍留下的痕迹叫作树"槎",锋利伤人,故而不能不加以注意。查由此转义为小心察看。官府移交文书时有关人员检验叫作查。之所以要查,是因为插手此事不能不认真确认,以免出差错,也避免案子走到岔路上去。

可见,"察"与"查"有明显的区别,前者多用于较大或较重要的场合,后者往往用于小范围或个人的场合。

察查是中国古代为官者最重要的日常工作之一,闭门办公为官员所不齿。北宋大学问家张载任丹州云岩县县令时,以"明礼教、敦风俗"为施政方针,他召集乡里人士一个月开一次会,宴请各乡代表,虚心听他们倾诉,以了解民情。席间他总是一一向乡亲们敬酒施礼,与百姓毫无隔阂,而张载则乘此良机向乡亲们宣传忠孝仁爱的政治理念。张载特殊的察查民情之法颇得好评,后世常有人效法之。

在某种意义上,审慎考察算是中国人的国民性,特别在处理天人关系的问题上中国人相当慎重,不越雷池一步。[①] 寻常论者以为这是由于中国人不思进取造成的,他们不知道,进取并非是天赋予人类的权利,人类能做什么并不完全由人类自己决定,因为天只是给人类提供了舞台,演什么戏,产生什么后果,天不负责,也不会将后果预先告知人类。人类能不谨慎从事吗?

最后,用四句结语概括"察查"一词所含义理:攫取自然易,养护自然难;坦然无所察,只因人贪残。

训诂

训诂,古代亦作诂训。

训之正体字为訓。

訓

从言,从川。本义是顺势(如川字所示)进行教诲。最早的訓,川在上,言在下,表示人之言顺河川之势(自然之理)。后来先人认为方块字更符合审美原则,也更利于表意,于是成为言左川右的"訓"字。

[①] 这一点反映在《周礼》《礼记》等经典著作中。

中国古人尊圣,《诗经·大雅·烝民》中有"古训是式,威仪是力"①的句子。

言②(字)如河川,从这一代流向下一代,永不中辍,以保证文化的连续性。一般来说,文明会自发地代代相传,正如牛顿所说,他是踩着前辈巨人的肩膀才摘下万有引力这颗明珠的。

文化不比文明,文化是种树者(发明者)在先,乘凉者在后。文化之树是有密码的,各个时代都需要一些解码人。解码人做训诂工作,使得文化的载体——经典上的每一个字虽历经沧桑而不失原意。河川不属于一代人,世世代代都要倚赖河水的哺育。世世代代也都倚赖文化传统的哺育。如果每一代都从头开始,那每一代都会停留在蒙昧中,而得不到开化。

訓之读音通寻,表示训诂就是寻找字的本义及延伸之义,从而更好地理解与运用的过程。

訓之读音通熏,表示训诂如同沐浴熏风,感受大自然的温和与亲切。

訓之读音通循,表示训诂必须遵循圣人教诲,不能以今人之心度古人③之腹。

訓之读音通巽,巽在《易经》中表示"入"。《易·巽》有"刚巽乎中正而志行"的句子。巽是发布政令,政令必须公正无私、深入人心,才能很好地执行。

訓之读音通逊,毋庸置疑,训圣人之言当然要怀着谦逊的态度。

訓之读音通殉,殉的意思是"为某种信仰而死"。"士可杀不可辱"说的就是可以为信仰而死。训诂者当然也应该抱定这样的死志。

诂之正体字为詁。

詁

从言,从古。詁与訓结合成訓詁,乃是一种金玉之合,相得益彰。

---

① 这句话的意思是:古训是效法的榜样,应该努力按照礼仪去做。
② 言:从大的方面来说,言有三个意思:(一)说话;(二)学说;(三)字,古代一字为一言。
③ 在文化道德上必须厚古薄今,因为古人欲望寡淡,心地纯洁,比满腹俗欲的今人更接近道。

詁，以今言释古之意也。《尔雅》《说文解字》《方言》都是訓詁书籍，然而訓詁的事情并非只有訓詁书籍做，其他经典中间或也做訓詁工作，如《左传·宣公十二年》訓过"武"字："夫文，止戈为武。"也就是说，作为文字，"武"就是止于戈，在中国人看来，动武为的是平息战争，而非扩大事态。中国历史上许多大学问家——如孔子、韩非子、董仲舒等——都訓过汉字。

古代，訓詁属于小学①，"訓詁"外延较"小学"小些。小学是研究国学之基础，但其本身不是国学的主要内容。因此，不能称小学大家或訓詁大家为"国学大师"，甚至不能将其称为国学学者，只能称其为小学专家或訓詁专家②。这样做有利于保持"国学"概念的纯洁性。

另外，还应该注意严格区分訓詁与拆字，不能将二者混为一谈。拆字与对子相仿，是一种俗文化，有其价值，不能以俗为由将其一棍子打死。江淹年轻时才思敏捷。一天一位文友即兴出一上联："蚕为天下虫。"难倒了众人，江淹灵感触发，脱口而出："鸿是江边鸟。"众人叹服。这种拆字既巧妙又有趣，不失为消遣良方，然而这不是訓詁。

最后，用四句结语概括"訓詁"一词所含义理：文明由低而高，文化由高而低；未行訓詁之前，最好将口紧闭。

繁简

緐之俗体字为繁。

繁

从敏，从糸。正体字本为緐，变为繁乃是俗体字演变为正体字之案例。許慎《说文解字·糸部》："緐，马髦饰也。"变为繁之后，原义逐渐丧失，产生多、杂、茂盛等新意，且一直沿袭至今。不过，古人对于"繁"持有一种本能的警惕，所以对求繁（多）心理的抵制成为修身的重

---

① 小学：不同时代，小学的内涵亦不同。周代，小学为初级学校，相当于今天的小学。汉代称文字学为小学。隋唐以后，小学成为文字学、音韵学、訓詁学之总称。

② 学者与专家是两个截然不同的概念。学者是学习者，专家是学成者。在学术地位上，前者远远高于后者。

要内容之一。荀子对此有详细的论述①。荀子的意思是君主能够让自己的生活不必繁华，不要让财富、美女多得用不完，君主一味求繁就会失去天下。他必须自我节制，否则就别做君主。

繁在古代是俗体字，但其表达的意思深远，超过了正体字緐。

繁由敏与系组成，耐人寻味。可以将"系"理解为一团乱麻。敏由每与攵组成，每是贪恋的意思，攵是色彩交错的意思，由于贪恋色彩而头绪过多，形成一团乱麻——这便是繁之本义。烦、泛、返、犯、翻等乃繁之本义衍生出的结果。而"繁衍"或"茂盛"则是繁之转义。

如果说西方人尚繁，那么中国人则尚简。中国先哲的著述很少长篇大论的，诸子百家中任何一位，其作品字数也不及亚里士多德的十分之一。然而，该表达的思想一点都没有遗漏。反对繁文成为传统。据明《礼部志稿》载，洪武九年，刑部主事茹太素上了一份长达一万七千字的《陈时务书》，读至六千三百字仍未进入主题，朱元璋大怒，将茹太素痛打一顿。事后，朱元璋说，茹太素所反映的事情，写五百字短文足矣，何须如此啰唆！

对于写作而言，"繁"易"简"难。这一点，英国著名首相丘吉尔有清醒的认识，他说："如果给我五分钟的讲话时间，我须要提前一周做准备；如果给我二十分钟的讲话时间，我须要提前两天做准备；如果给我一小时的讲话时间，我随时可以讲。"

按照丘吉尔的话去评价中国古代散文家与政论家的短小精悍的文字作品，虽不中亦不远矣！

必须强调，中国人尚简并非绝对，该繁的时候是简不得的。比如，中国历代朝廷任命的官衔就很繁，然而繁得有道理，起到繁的作用。以宋朝为例，包拯的官衔全称为：

枢密副使朝散大夫给事中上轻车都尉东海郡开国侯食邑一千八百户实封四百户赐紫金鱼袋赠礼部尚书

司馬光向宋英宗呈献《资治通鉴》时，是这样自报家门的：

端明殿学士兼翰林侍读学士太中大夫提举西京嵩山崇福宫上柱国河内郡开国公食邑两千六百户食实封一千户赐紫金鱼袋司馬光

仔细追究起来，以上两位官员的头衔中并无一字多余，相反，听到这

---

① 参阅《荀子》中的王霸篇。

样的自报或者宣读，顿生一种敬仰之情，起到维护朝纲权威性的作用。

简之正体字为簡。

簡

从竹，从閒。此处"閒"是侵凌（侵犯与凌辱）。以竹子作为庸器，在上面刻符刻字，这是对竹子的一种侵凌，故而刻成之物名"竹簡"，有对竹子道歉或感谢之意。竹子既坚硬又光滑，刻字是很艰难的事情，所以内容必须精简，表达感情或传递信息时不容拖泥带水。由此简成为表达简约、精练等意思的核心词汇。古人尚简，尚到什么程度？仅举一例说明。北宋文学家秦观根据妻子养蚕之经验写了一本关于养蚕技术的书籍，书名为《蚕书》，全书未满千字，可谓简之楷模。

簡的读音通见，意思是见到竹简上的字见字如见面。

簡的读音通箭，意思是书简可以往下一代传递，如同射出的箭，能够到达下一站。

簡的读音通谏，意思很明确：古代臣工可以通过竹简进谏君主，促使政治更趋公正、清明。

簡的读音通建，意思是通过竹简，将圣人的思想与精神传之于后世，以便建立一座辉煌的文化大厦。

簡的读音通检，意思是竹简可以成为名检之载体，让那些为民族兴旺发达而有所贡献的人能够在史册上留名。

……

如今竹简早已成为古董，然而附着在竹简上的以简为师[①]的原则是永远有效的。而处理不好繁与简的关系，会产生严重问题。简化字就是求简反引来繁的典型事例。汉字正体字看似繁复，然则所蕴含的信息十分丰富与复杂，若换一个角度，从相对的角度看，寥寥数画或数十画就能表达出西方非长篇论文不能表达的含义，如此看，正体字也就不算繁了。

最后，用四句结语概括"繁簡"一词所含义理：自然生人，道法自然；自然本簡，顺之不乱。

---

① 中国古人从简的原则符合现代物理学家所揭示的宇宙基本属性。简是宇宙的基本法则之一。

归

归之正体字为歸。

歸

从追（省略），从止，从婦（略女）。女人随夫，至夫家而止，曰歸。歸之甲骨文（甲三三四二、前八·一·六、后下三三·四）皆象女子前方有蝴蝶，女子在蝴蝶引领之下前去夫家。隶变后的汉字"歸"摆脱了象形的意味，成为纯粹的义理式图解：女大不能留，留则生是非。男尊女卑是自然法则，人类则之，所以不是男人歸女家，而是女人歸男家，为男家相夫教子，繁衍后代，同时也完成人生自我价值，也算是一种事功。

男婚女嫁是人类延续之机制，这种机制无外乎以下三种模式：

（一）女方歸于男方；

（二）男方歸于女方；

（三）随机方式，男女平等，自由恋爱。

我不敢笼统地下结论，只能说如果：（一）以农耕为主要获取生活资料的方式；（二）实行长治久安的生活策略，以"人类"延绵不绝为己任；（三）人效法天地自然而非反过来自然被人类统治——那么，应该说歸是不二的选择，这是对自然所呈现的天高地卑之象的描摹，是农耕生产方式之需要，是保证"人类"世代繁衍之前提条件，是保证社会和谐安定之定海神针。正因为如此：

歸是最珍贵的精神文化财富；

歸是国宝级精神遗产，其价值可以与物质瑰宝——圭等量齐观；

歸是人类在自然面前呈现出的虔诚跪拜，这种跪拜表达的内涵为"道法自然"；

歸是人对自然（天神）之皈依，是顺从自然的典型事例；

歸是华夏民族共同遵守的契约规则，也是重要的民族标识之一；

歸是鲑鱼临产时奋力返回故乡的乡土意识的写照；[1]

---

[1] 鲑鱼产前逆流而上，历经千辛万苦归乡育子，不惜冒巨大风险。至今其机理仍然是个谜。

歸像龟那样，灼其中，必文于外，女子是否真正歸命①，必显于外；

歸之后接着就是继晷度日，相夫教子，以终天年（所谓男主外女主内）；

歸之前身守闺中，歸之后以夫家为闺（实行男女大防②）；

歸而不悔，直至人死变鬼（从一而终）。

最后，用四句结语概括"歸"字所含义理：男尊女卑应天地，男娶女歸合为一；生儿育女命可续，女子何须争第一。

最后

最

从日，从取。仅凭"日"与"取"难断其义。必须参考：（一）最之古文；（二）最之读音。

（一）"最"在隶变之前从月，从取，且"月"的部分很大，完全覆盖了"取"。月是"冒"之略。故而从月为表，从冒乃实。冒者犯也。冒犯而取之为最之本义。

（二）最读音通罪，言冒犯乃是一种罪愆。

冒犯用于对敌作战的场合性质发生变化，"最"由罪转而为功。"冒犯"敌人最成功的其功最高，曰最；军功居下者曰殿。直到明朝还有以"最"为"冒犯而取之"意思的例子："公及诸将一禀如睿箅，与贼邅，最，遂下之。"③

最转义为极、尤等意思却丝毫未失本义。儒家的中庸思想告诉我们，过犹不及，处于极端为最，最脱离了中庸之道，自然就有了罪（冒犯）的嫌疑。举例说明之。美国、俄罗斯等国的探月工程是科学技术极端发达的产物，是科学技术之最，同时也是科学技术之罪。因为探月是对月球不折不扣的冒犯。而探月工程的终极目的不仅是冒犯，而是丧心病狂、愚蠢透顶的自杀行为。一个人自杀固然悲哀，然而权且将自杀行为归结为个人

---

① 歸命：歸顺从命。

② 男女大防有一定的弊端，然而两害相权取其轻，大防也是不得已而为之。现在没有大防，结果……

③ 刘三吾：《许国襄简王公神道碑铭》。引自《漢語大字典》第二卷，四川辞书出版社、湖北辞书出版社1988年版，第1516页。

权利，无可厚非。而一些科学主义分子代表人类自杀，让亿万不知情的无辜者不声不响地被自杀，那简直是十恶不赦的滔天大罪。

古代，"後"与"后"不是正体字与俗体字的关系。

後

从彳，从幺，从夂。後之甲骨文（周原卜甲骨八三）、钟鼎文（矦马盟书之一）均象足被系不能前行，古文（说文古文）则明确以"止"字代替象形。隶变之後的後很容易理解：彳表示众人行，幺表示幼小（生于前者为长，生于後者为幺），夂表示繁衍变化，暗示後是相对的概念，後人也会变为子孙的先人。

须注意的是，文教肯定是前人创造出来的，後人则之。因此，在价值观上，中国人认为生于前者更尊贵，因为前人是後人的根。根当然比枝叶更重要，根没有了树木会死掉，而折损一些枝叶无关民族的生死存亡。正因为如此，中国的人文文化是一种敬老文化，一种以先为尊、以後为卑的文化，是一种让人感觉先苦後甜（当晚辈时苦，当长辈时尊）的文化，一种完全效法自然的文化，一种通过不平等求得平等的文化。① 对于人类来说，今人都属于晚辈，古人则属于长辈，尊重他们并无过错。

最後，用四句结语概括"最後"一词所含义理：古人似树根，今人似枝叶；枝叶虽在上，无根怎能活？

妻妾

妻

許慎《说文解字·女部》："妻，妇与夫齐者也。从女，从屮，从又。又，持事，妻职也。𡞓，古文妻从肖、女。肖，古文贵字。"隶变后的妻从女，从𫝀（事之略）。从事家庭事务之女子，与男人齐也。

不是男尊女卑吗？言女人与男人"齐"，岂不自相矛盾？回答这个问题必须弄清楚"齐"的实际含义。

---

① 敬老本身是不平等的，但人人都有老的一天，等到你老了，也会享受老带给你的尊严，故而长远看敬老是公平的。

齐之初字不下一二十种，定为齐的字形时间较晚。古代的齐字多为禾（谷、稻）穗之象形，一般是三个穗，或者一般高，或者一般大，或者形态完全一样，组成品字形，表示禾穗整齐状。显然，这也是典型的"远取诸物"的产物。

《说文解字》说："齐，禾麦吐穗上平也。象形。"段玉裁注："禾麦随地之高下为高下，似不齐而实齐，其参差其上者，盖明其不齐而齐也。引申为凡齐等之义。"

段玉裁所说的引申之义包括平等、一致、齐全、聚集等。段玉裁的注很重要，符合孔子"君子和而不同"的原则。禾苗是齐的，土地不一定平整，特别是古人并不主张把土地搞得过于平整①，在这种情况下，禾穗上齐而下参差。齐字的玄机（亠代表玄）在于地面之上的禾穗像刀切瓜那样齐整，而地面下的根部则各有不同。这个事实说明，中国人所主张的齐是相对的，不是绝对的。中国人所强调的齐指的是外部的、形式的齐。这样的齐有利于人际关系的和谐，而无损于个人才能的发挥，有百利而无一害。齐是相对的，男女之间的齐也是相对的。男尊女卑的意思是男子是一家之主，女子听从男子的领导（这是无可厚非的，家庭不能处于无政府状态，否则一定是混乱的），即所谓三从四德，如此一来家庭就能体现出和谐与美，而且每一个家庭皆如此，这就是"齐"的含义。

妾

从立，从女。为立后嗣而再娶的媳妇为妾。汉字文化圈的国家都实行一夫一妻制，然而总有不生育的女人，摊到谁谁就面临"不孝有三，无后为大"的尴尬。迫不得已，允许男人纳妾。纳妾终究不是光彩之事，故而妾之读音与鼠窃狗盗之窃相通。将妾的读音定为窃，千方百计地降低妾的社会地位，是为了避免两个或多个女人在家庭中引起权力争夺战。正妻的地位不因妾而动摇，这是千年不变的准则。我们从影视作品中看到的妾夺妻位的情景，或是演绎，或是民国之后的事情，不足以动摇传统文化给予妾的定位。

中国的传统社会，纳妾是需要条件的。以宋朝为例，男人纳妾必须符

---

① 中国古人尊重自然形成的地势的做法至今仍然被日本人忠实地执行。东京等大都市的地势都明显高低不平，落差大的达到一二十米。

合以下全部条件：

（一）丈夫的年龄超过四十岁；

（二）妻子无生育能力；

（三）征得妻子同意；

（四）保证妻子的正位永远不被妾取代。

最后，用四句结语概括"妻妾"一词所含义理：不得已时纳妾，妻子正位不移；家庭和谐永固，是为天伦范式。

宏伟

"宏伟"既用来形容自然物状，又用来形容人的事功业绩。

宏

从宀，从厷。厷通肱，胳膊从肘至肩的部分曰厷（肱），与股组成股肱，形容重要、不可缺，股肱之臣就是对皇帝来说最重要的大臣。宀代表家或国，宏是家或者国的股肱之材，险来迎之，祸来挡之。

宏虽表示高大、重要，不可或缺，然而宏很少用来歌颂英雄，更与个人英雄主义无染。士大夫宏（弘扬）的是圣人之经典，而非一己之私学。诚如刘勰所说："敷赞圣旨，莫若注经，而马、郑诸儒，宏之已精。"正如宏字所昭示的：宏（弘扬）圣人之遗教乃是最伟大的事功。

伟之正体字为偉。

偉

从亻，从韋。韋之甲骨文（乙八三二〇、乙二一一八）象二人背向而行。很明显，偉之本义为相背。古文出现之后，"韋"由象形变为表意，说文古文的"韋"展示的画面是熟皮之工艺，或自右向左揉或自左向右揉，舛错进行使之熟。古代动物之毛皮有毛曰革，去毛熟治则曰韋，韋为熟皮。

为什么人有了熟皮的艺人就能够偉大起来？

这是中国古人在用熟皮比喻教化。在接受教化之前，人就像一张带毛之皮，未经历熟的过程，硬而易腐，百无一用。熟皮酷似教化，经过这个过程，人褪去毛，皮也变得柔和耐用起来，终于成为有用之物。做这种转化工作的人不是很偉大吗？

奇与大是偉之本义，这个意思也是由熟皮而来。皮不熟数日即臭，熟之后百年不腐，奇哉！有此艺者，大师也！

有一个奇怪的现象应该引起注意：古代，偉的使用频率远不如现代，至于偉大、偉岸、偉人之类的用法更是少之又少，即使偶尔出现也是用于：（一）描写男子身材；（二）描写奇异之人，而奇异之人在古代是不入主流的。探究出现这种情形的原因，首先须要拿出孔子的一句话——君子不器。[①] 君子不会仅仅掌握某种技艺，以此为满足。而偉的初义（熟皮）颇有"器"（技艺）之嫌疑，为此古人有意避讳"偉"这个字。现代社会，恨不得人人争抢偉人称号，只不过不敢过于明目张胆，故而以专家代偉人，凡有机会必自称某某学专家，甚至恬不知耻地冠以"著名"二字。

最后，用四句结语概括"宏偉"一词所含义理：弘扬传统是为宏，精通一艺不算偉；巴比塔高不足道[②]，天道终究不能违。

纯朴

纯之正体字为純。

純

从糸，从屯。屯之甲骨文（甲二八一五、后下二七·一〇、后上一五·一二）以及所有金文大同小异，都是象形字，象草木初生。篆字也未从根本上改变其形态根本特征。草木破土是个艰难的过程，要经过曲折的挣扎，而且还要有些运气——有足够的雨水与营养，否则即使出土也难成活。"糸"出现在草木的旁边意味深长，糸是很结实的，有了糸，说明出土的草木嫩苗已经变为成物，已经苗壮无比，不易夭折了。这样，"純"的意思就不言而喻了：自然而然成长起来、坚强起来，这样的东西

[①] 引自《諸子集成》第一卷，《論語·為政》，上海書店1991年版，第120页。
[②] 《圣经·旧约·创世记》载，初，人类造摩天大楼曰巴比塔，窥测天庭秘密，耶和华震怒，将人类遣散分为七十一支（一说七十二支），各说各话，以削弱其智能。

可以长久，可以永恒。

"純"之甲骨文或部分钟鼎文的字形不像屯那么易解，不过也有规律可循，那就是笔画简洁，仅仅三画。后来加上糸的偏旁，笔画渐多起来。仅凭此就可以断定，纯的本义中含有简与俭的含义。简与俭能使得某一事物更加长久，更加坚强，更加有价值。孔子的一句话可以为证："麻冕，礼也；今也純俭，吾从众。"① 古代，用純表示一种颜色的丝织品，未经染色工艺，表示純俭。推而广之，未经雕琢的物品都为純。純就有了质朴之意。

屯卦是《易经》第三卦，卦辞为："屯：元，亨，利，贞；勿用有攸往，利建侯。"② 大意是：初始阶段，亨通、和谐、贞正。不急于发展各项事业，重要的是立君建国。

根据《易经》的启发，人的純洁之心的形成不仅要靠道德修养，还要靠另一个法宝，那就是"道法自然"，自然是简单的，然而是持恒的，人类也应该如此。自然是不轻易创新的，人类当效法之。功败垂成往往不在于怎样做，而在于面对做不做的选择当机立断。在某种程度上，不做不该做的事情比正确地做事情更重要。同理，在某种程度上，保持純净之心比增长智慧更重要。

在现代化的今天，对纯这个字仍可以做如上理解。不是吗？曾被工业化迷住眼睛的人类不也正在一点点觉悟，开始放弃化学丝织品而选择純棉织品吗？不是有越来越多的人选择純天然食品而鄙夷各种充满化学添加剂的食品吗？不是有越来越多的人对转基因食品敬而远之而选择天然的純正食品吗？不是社会正在反省住宅过度装修吗？不是有年轻女性已经开始远离暴露肌肤的服装而亲近有传统遮羞功能的服装了吗？……

时尚的魅力总是昙花一现，而純朴则是人类永恒的追求。

朴之正体字为樸。

樸

从木，从业，从美。樸的右半边，上面的业是未经加工的木板，下边

---

① 引自《諸子集成》第一卷，《論語·子罕》，上海書店 1991 年版，第 173 页。
② 引自《易經通解》，《周易·屯》，中国致公出版社 2010 年版，第 94 页。

是少一横的美。樸字所要表达的意思是未经加工的木板最美。

樸素之樸之本义就是指未经过加工的木材。正因为尚未加工，将来它能够成为什么器物，有很多种可能性，想象空间非常大；而一旦加工为器物，作为原木的想象力便消失殆尽。老子说"樸散则为器"[1]，还应该再加上一句话：樸散而难返，如覆水难收。比如，一片草地或一片原始森林，人类不改变它，它便是自然生态系统中的一个环节，发挥其应发挥的功能。然而一旦人类将它开发利用——无论是建设成什么，都会让它失去作为自然生态系统中特定环节的功用，而发挥人类所期待的功用。人类所期待的功用就会远离樸。中国古人认为形而上为道，形而下为器。樸被破坏之后，道就降格为器。现在，无论是世界还是中国，都在做一件事，那就是老子所说的"散樸为器"。就宏观而言，这个工作给人类带来无穷的财富，同时给大自然带来不尽的灾难；就人生而言，这个工作给人带来许多物质财富，但代价是让人远离了形而上的道，从而使得人生越来越迷失。

樸字的构成集中反映了中国古人的高尚品德与深不可测的智慧，樸所揭示的原理完全符合现代物理学中的穆菲定律：凡人造之物，在它被造出来之后一定越来越糟糕！言外之意，未经过人为加工的自然状态是最美好的——比如没有家用汽车染指的生活更纯真，有更多欢乐；别墅与汽车能够让人生活得更随心所欲，却不一定更幸福。幸福是虚无缥缈的，没有任何一个可以操作的方案告诉人们：怎样做就一定能够收获它。但有一个答案却是真实的，可以操作的，那就是：不要急于往自己脸上动刀子，因为樸素的你不一定逊色于人为整容后的你；不要急于进行豪华装修，也许简单装修能够使你免于甲醛对身体的侵害；不要急于追逐那些新潮发型或奇装异服，也许在这方面大众化一些更有利于突出你的优长……

宇宙中的万物在自然状态下既不会腐败也不会变丑，自然庇护下的万物都是永存的，只有人造之物都有寿命限制。——这足以发人深思！

最后，用四句结语概括"纯樸"一词所含义理：钝器长寿，锐器短命；樸素长寿，创新短命。

---

[1] 引自《諸子集成》第三卷，《道德經·二十八章》，上海書店1991年版，第16页。

天人篇

天人关系是人类思想与实践中最有价值的永恒话题。《圣经》充分体现了西方的天人观，《易经》充分地体现出中国的天人观。一言以蔽之，西方以人为主，以自然为宾；中国以自然为主，以人为宾。中国人认为，人类到自然这里做客，理应尊重自然，不能喧宾夺主。正因如此，中国古人回避伎巧（科学技术），以免伤害自然。不解中国古人之苦衷，动辄说中国人愚蠢，说中国人不懂得科学技术的人，不是糊涂就是别有用心。

王

王

从一，从丨。三横为天、地、人三才，一竖是纵向贯通。甲骨文（甲四二六）的王象权力之斧柄，而钟鼎文上的王（王子午鼎）则象上满箭之弓，同样象征权力。所以历代训诂者往往将王训为"有天下者为王"或者"天子伯叔兄弟分封于外者为王"，总之王是执掌权力、治理国家者。唯有董仲舒说贯通天、地、人者为王[①]，抛弃了以权释王的思路，这一伟大思想被许慎接受，写入《说文解字》这部不朽的典籍。

特别须要注意，中国人把天放在首位，把地放在第二位，而人被放在第三位，形成中国人所特有的价值观。这与西方把人放到第一位，将天、地作为人类征服对象的价值观恰成鲜明对比。

"王"这个字不仅告诫管理国家的人，而且对每一个人都有指导意义。古人提出的"内圣外王"适用于所有的人。内圣外王就是对自己讲

---

① 董仲舒的原话见《說文解字注》，浙江古籍出版社2002年版，第9页：古之造文者，三画而连其中，谓之王。三者，天、地、人也。而参通之者，王也。

究道德修养，对外（社会）所做的事情要符合天道，不做伤天害理之事。

说到圣人总有人产生误会，以为圣人是统治者给予一些特殊人的称谓，其实不是。圣之正体字为"聖"，表示一个人耳朵所听、嘴巴所说皆能贯通天、地、人（上合天道，下体民情）。这样的人被称为圣人。圣人离我们并不远。古人说，人人皆可以成尧舜，就是说人人都可以在为人处世方面上对得起祖宗，下对得起儿孙。有这样的意识就可以少犯错误，少走弯路。荀子将"君子以公义胜私欲"称为"王道"[①] 不无道理。

王的读音与网相通，是说天如网，无所不覆。也就是说，万事万物皆不能脱离天道。

王的读音与罔相通，意在告诉人们：洞悉天命是徒劳的，越是费尽心思探究天命的秘密越是迷惘无所得。

王的读音与汪相通，表示天大无边，望去一片汪洋，不知道尽头在何处。

王的读音与忘相通，表明真正的王是没有私心的，私心重者不是真正的王。

王的读音与往相通，表示这样一种意思：王是继往开来的圣人。

"王"最能表明中国人对待自然的态度与生活态度，"王"成为中国的大姓绝非偶然。

最后，用四句结语概括"王"字所含义理：成者王侯败者贼，彼王非可比此王；彼王伤天又害理，此王佑民万年长。

受

受

从爫，从冖，从又。受之古文为二人相授受（一人将物品交递给另外一人）形。甲骨文（甲三六一二）的"受"象昆虫落在树叶上的情景（昆虫很有可能是在传宗接代）。钟鼎文（受父乙卣）与钟鼎文（秦公钟）中的"受"均象两只手传递一块肉。

最初，授（给予）、受（接受）不分，统为"受"。很久以前"受"

[①] 参阅《荀子·修身篇》："无有作好，遵王之道。无有作恶，遵王之路。"言君子之能以公义胜私欲也。

就有抽象的"得到"之意,比如《尚书·大禹谟》就有"满招损,谦受益"之说,《易经》则有"君子以虚受人"之说。

爫由"爪"来。古人观察到老鹰靠有力的双爪捕猎,除自己食用猎物而外,还要用爪子将猎物叼回窝哺育乌鹰。在这个意义上,老鹰的传宗接代主要靠一双爪子加上一颗仁爱之心。

人类传宗接代也要依靠手,但是对于人类来说更重要的是靠信仰、文化与传统,靠父母对孩子的教育以及老师对弟子的传道授业。

更重要的是,人类能够建立关于"受"的文化,加深理解天人关系,从而让自然对人类的供给源源不断。

受与首、手、兽、守、狩、收等字谐音容易理解,与寿谐音有些令人不解。其实也不难理解:寿命乃由天授,人得之,不能不珍惜。

在某种程度上,东西方信仰与价值观之差异就来自于对"受"与"授"的理解。人类生存于地球的权利是谁授予的?

西方人认为是耶和华授予的。耶和华照着自己的样子造出了人类①,也就是说,耶和华乃是人类之祖。自然(山川河流)是在耶和华造人之前就造出的,人之祖在造了自然之后又造人,而且不仅授予人生存的权利,而且授予人类开发自然的权利。②

中国人认为人的生命是自然授予的,然而并非无条件授予,人类必须尊敬自然,必须听从自然发出的指令,不能自行其是,更不能反客为主,征服与榨取自然,为自己谋求不正当利益。

正是朦胧意识的差别导致其后东西方各行其道,西方走上依赖理性科学的道路,中国则走上天人合一之路。前者是暴富之路,也是速亡之路;后者是节俭之路,也是长治久安之路。

人类面临选择,严肃的而且关乎生死存亡的选择。

最后,用四句结语概括"受"字所含义理:取多则屈,受多得雠③。予取予夺,终不长久。

---

① 参阅《圣经·创世记》。
② 这一点,《圣经》写得清清楚楚。
③ 雠:读寿,报复。

地

地

从土,从也。早期的地字是农人劳作场面之象形,配有一些当时的农具。《说文解字·土部》曰:"地,元气初分,轻、清、阳为天;重、浊、阴为地。万物所陈列也。从土,也声。"地与天对应,是人类视野中的自然的两个极。大地居于人类的脚下,而天则高高在上。《易经·乾》曰:"本乎天者亲上,本乎地者亲下,则各从其类也。"[①]

地生万物,女人生育人类,所以《易经》将女人比作坤,形容女人如同牝马,任劳任怨,温顺坚韧,具有耐久力。这种比喻是有文字学依据的,古文"也"象女阴。天地交合而万物生,将大地称为坤,称为母亲并无不当。母亲是慈爱的,温顺的,有忍耐力的。

然而,大地的温顺与忍耐力是有限度的,不好好对待是不行的。先贤管子洞察到这一点,他说:"地之生财有时,民之用力有倦,而人君之欲无穷。"[②]

管子所说至今仍不失的论,至少有以下三个意义:

(一)农业生财有时,工业采掘则不受"时"的约束,说明管子针对的是农业。

(二)表面看,土地永远是土地,不会消失或毁坏,实际情况不然,农人不守时(即不守天道),土地会丧失生财的功能。

(三)正因为"民之用力有倦",才有冬闲的休息,才有土地的休耕,

[①] 原文为:"同声相应,同气相求。水流湿,火就燥;云从龙,风从虎。圣人作而万物睹。本乎天者亲上,本乎地者亲下,则各从其类也。"九五的爻辞是"飞龙在天,利见大人",九二的爻辞是"见龙在田,利见大人",九二和九五都具有中庸的品德,也是"同声相应,同气相求"。九五和九二这两个大人,一个得位(在天),一个不得位(在田),如果能够合作的话,对彼此皆有利,合作当然是自然而然的,这就是"各从其类"。孔子上面一段话,是就九五与九二的关系展开的,结论是"本乎天者亲上,本乎地者亲下,则各从其类也"。九二之于九五,是亲上,九五之于九二则是亲下。万物乃由天地所生,兼具阴阳二气,所以万物不会只亲上或只亲下,一切视情况而定。九五虽在上位,但天在其上,故亲天道;九二虽在下位,但下面还有大地,所以会亲下——亲大地,亲大地上的百姓。所谓"圣人作而万物睹"的意思是"圣人无心,以百姓心为心"。引申到其他方面,人类的头充满阳气,是六阳魁首,所以亲上,脚以大地为根本,所以亲下;大树的枝叶亲上,根是亲下。

[②] 引自《諸子集成》第五卷,《管子·權修》,上海书店1991年版,第7页。

而君主的欲望总是有增无减，所以农耕社会必须有一套行之有效的保护土地以及保证农民休息的规制。中国人将文化渗透到规制中，保证了农耕方式的健康延续，创造出一个奇迹。

最后，用四句结语概括"地"字所含义理：大地养人类，人类何以报？不违反天时，勿求产量高[1]。

是

是

从日，从正。段玉裁认为"天下之物莫正于日"。[2] 确实，"是"之本义是正、直，延伸出法则（准则）、正确等意思。《易经》的最后一卦未济卦有这样一句话："濡其首，有孚失是。"其中的"是"就是指做人的法则。意思是，沉湎于酒，就会失去做人的基本准则。

也可以将"是"这个字理解为由日与走组成。日（太阳）在上，人在太阳下行走，朝着太阳（光明）走总是正确的，这样就确立了中国人最根本的信仰，我们把这种信仰称作太阳信仰或者易（太阳与月亮）信仰。太阳代表自然，所以中国人的信仰也可以说是对自然的信仰。这种信仰不独影响华夏，也波及周边国家，至今仍可以在日本人、韩国人的生活中发现太阳信仰的窠臼（日本国旗的图案是太阳，韩国国旗的图案是双鱼图，西亚许多国家的国旗图案上有月亮[3]）。

"是"读音通式，表示一旦确定了是非就可以形成范式，可资后人遵守。"是"除肯定外还有"正确"的意思。通过这个字可以了解一个民族的是非观。

中国古人不轻易使用"是"这个字，这是因为中国人不喜欢使用逻辑思维。在逻辑思维中是就是是，非就是非，不能含糊的。中国古人认为世界由混沌而来，虽然天地分开，万物澄清，轮廓分出，然而人类还是难

---

[1] 追求高产就要施化肥、农药，就要使用机械设备，这样势必形成对土地的伤害。
[2] 引自《說文解字注·日部》，浙江古籍出版社2002年版，第69页。
[3] 月亮崇拜的实质就是太阳崇拜。古人很早就发现太阳的白光也是有节律地变化的，犹如月亮有上弦月、下弦月、望月那样的变化。

以知其就里。断然下结论"某某是某某"很容易犯错误。[1] 人类最好谨慎些，不要因为工具理性具有强大的蛊惑性就迷信它。事实证明，工具理性是靠不住的，应该敢于对它说不。

必须强调，西方的"YES"与中国古人所说的"是"完全不同，西方的"YES"是以自己的头脑的判断为依据，中国的"是"则以太阳（天道）为依据，二者不能同日而语。

最后，用四句结语概括"是"字所含义理：昂首目光远，虚心心君宽；切毋盲目走，太阳是示范。

适

古代，适与適是没有任何关系的两个字。适读括，本义迅疾，多用于人名。適读是，本义到某处去。二者不是俗体字与正体字的关系。

现代汉语词典将适作为適之简体字，反过来，将適作为适之繁体字，混淆了是非，对汉字体系产生不良影响。

適

从啇，从辶。钟鼎文上的適大致有以下三种写法：（一）上帝下口，通啇；（二）上左彳右帝下心；（三）左辵右啇。

由此可见，適字的基本组成元素为辵与啇（可以将"上帝下心"理解为啇字的另一种写法）。啇的本义是但（一点点）、仅仅、止。辵表示行路，可以引申为"为人处世"。適这个字告诉我们的是：无论做什么都要适度，要恰到好处，过犹不及。这个字是中国人与自然相处的法宝，也是与同类相处的法宝。適度是中庸的通俗表述。適能让人类节制，能给人

---

[1] 比如，现代物理学家一度得出物质无限可分的结论。科学家发现测不准定理之后才知道，分到基本粒子就不能往下再分了。测不准定理可以表述为：一个微观粒子的某些物理量（如位置和动量，或方位角与动量矩，还有时间和能量等），不可能同时具有确定的数值，其中一个量越确定，另一个量的不确定程度就越大。测量一对共轭量的误差（标准差）的乘积必然大于常数 $h/4\pi$（h 是普朗克常数）。这是海森堡在 1927 年首先提出的，它反映了微观粒子运动的基本规律——以共轭量为自变量的概率幅函数（波函数）构成傅立叶变换对；以及量子力学的基本关（$E=h/2\pi\times\omega$，$p=h/2\pi\times k$），这是物理学中又一条重要原理。

类带来美好与快乐,能够得到或接近佛教超脱世俗偏见的所谓真谛①。

適者是也。"是"的本义是在太阳照射下行走,太阳本身就是適的模范(太阳总是将光与热一点点洒向人间),在这一点上,適与是完全一致。

適者诗也。诗是思想感情之抒发,是语言文字之激扬,是美与善之流露……而这一切都必须適度,否则不能称其为诗。②

適者师也。中国人的方法论,一言以蔽之就是"道法自然",以自然为师,而自然就是適的大师,如果自然未被惹怒,是不会轻易做出过分之事的,自然总是露出適之师的风范。

適者士也。士大夫应该不卑不亢、不忮不求、不逢不若③、不矜不盈④、不疾不徐、不吐不茹⑤……做不到这些就不是真正的士。

適者十也。適是十全十美的不二法门。

適者式也。人类以適为式(楷模、典范)就是以自然为式。

適者史也。唯有適,能够让人类的历史长久,连续不断。

……

事有凑巧。

20 世纪,中国出了一个学术骗子,名叫胡適,字適之。他像一只哈巴狗,匍匐在西方人的脚下摇尾乞怜。他企图把中国引向实验主义死胡同,企图消灭中国的文化传统,割断中国长达五千年的有文字记载的历史。⑥ 他以適命名,而其人一点也不"適"。将胡適改为胡适恰到好处,

---

① 真谛:真谛就是一性本实之理。所谓实际理地,不受一尘,是非双泯,能所俱亡,指万象为真如,会三乘归实际(三乘:声闻乘、缘觉乘、菩萨乘)。

② 《论语·为政》:"子曰:《诗》三百,一言以蔽之,曰思无邪。""思无邪"就是適的体现。

③ 不逢不若:不迎合,不顺从。典出《左传》:"百物为之备,使民知神奸,故民入川泽山林,不逢不若。"

④ 不矜不盈:不矜持,不过分。

⑤ 不吐不茹:不怕硬的也不怕软的,守正无私。

⑥ 比如,他恨汉字"没有词尾变化",对西方字母文字的羡慕之情溢于言表;他煽动国人"打倒孔家店",称此口号的首倡者吴虞为"老英雄";他鼓吹文言文是死文字,胡说一部中国文学史就是白话文学史;他反对古诗,自己身先士卒,写了中国第一部白话诗集——《尝试集》,后人对这部诗集无不嗤之以鼻;他支持个别极端分子提出的所谓史学革命,将史学变为纯粹的证据学、考据学;他胡说中国的传统文化毫无系统,需要他来"整理国故",不知有羞耻二字;1917 年,他发表了一篇题为《文学改良刍议》的文章,提出极具消极影响的"八不",包括进行文学创作时不要用典,不要对偶——文须废骈,诗须废律,不模仿古人等荒唐主张。

因为胡适不配適这个字。

最后，用四句结语概括"適"字所含义理：生命是历史，历史是首诗；惟有识之士，能解人之谜。

季节

季

从禾，从子。季的甲骨文与钟鼎文均象禾苗与幼儿形。古代季与稚同音同义，表示幼小，幼小是季之本义。在表示季节的用法出现之前①，季用于辈分，指同辈中排行最小的。《释名·释亲属》："叔父之弟曰季父。季，癸也，甲乙之次癸最在下，季亦然也。"②

季表示末世的理由很直接，禾苗长得很快，今天看着是禾苗，过十天半月再看也许就生长为庄稼了，孩子也是这种情况。一个社会快走到尽头时会露出种种迹象或征兆，这是瞒不了人的。古人谓某某世代为季世，从来没有出现过差错。原因就在于，万事万物都处于不断变化之中，变化的情况与禾苗、幼儿理有同然，只要平心静气地观察，结论自出。

节之正体字为節。

節

从⺮，从即。節之钟鼎文（陈猷釜）象竹子、人体、鱼之形；節之钟鼎文（鄂君舟節）象竹子、人体、鸟之形。大同小异，都揭示了一个道理：竹子外有节理，动物内有骨节。在中国古人看来，非但有形之物有节，无形的时间也有节，于是有了最初的節气的概念，有了節用③、節制④的思想，再进一步有了節概⑤的概念。

節制是人类最宝贵的品质之一，这种品质最大限度地调和了人与自然

---

① 先是表示某季节之末尾，后表示季节。
② 引自《漢語大字典》第二卷，四川辞书出版社、湖北辞书出版社1988年版，第1013页。
③ 節用：節省费用。典出《论语·学而》："敬事而信，节用而爱民，使民以时。"
④ 節制：節俭克制。典出《晋书·高密文献王泰传》："当时诸王，惟泰及下邳王晃以节制见称。"
⑤ 節概：節操气概。典出左思《吴都赋》："士有陷坚之锐，俗有节概之风。"

的关系，使人与自然有可能得到最大限度的"双赢"。正因为有了節制，人才明显高出一般动物一筹，否则也许人真的还不如动物，因为某些动物也具有節制的本能，它们不肯浪费自然赐予它们的宝贵资源。

现代的"反季節"的实质是反天道，消费主义、"GDP"主义的实质是反人类，都是十恶不赦的罪愆。①

最后，用四句结语概括"季節"一词所含义理：饮酒濡首不知節，物产丰时不思缺；待到资源枯竭日，绝望恐惧向谁嗟？

沈（沉）浮

古代，沈通沉。

沈

从氵，从尢。"沈"的直接的意思是"水在行进"，乍一看有些令人费解，仔细分析这个字是有道理的。沈之甲骨文、钟鼎文、古文都是往河川中投牛羊等牲口的象形。牛羊被投入水中之后随波逐流，随水流而"行走"（尢）。《篇海类编·地理类·水部》说："沈，投物于水中。"中国早在远古时代就有往河川中投掷牛羊等牲畜以祭祀河神的习俗。投祭到河川的牛羊或是浮在水面，或是沈于水底，而祭川的别名叫作"浮沈"。古代祭山林叫作埋，祭河川叫作沈。

投活牲祭祀河川体现了远古时中国人的自然观，那时的人们十分敬畏自然，特别是敬畏天、地、山林、河川这四样东西。他们对水能载物亦能覆舟、水能养育农作物亦能泛滥成灾的矛盾现象充满敬畏，在不了解原理的情况下，他们采取宁信有神不信无神的态度，毕恭毕敬，定期或不定期祭祀河川。对于从事农耕作业的中国古人来说，河川是他们的生命线，关系到他们的生死存亡，也关乎中华民族的种族繁衍。

---

① 反季节果蔬不遵从自然规律，靠植物激素控制果蔬的生长与成熟，而且生长速度之快让人咋舌。比如，反季节芹菜一夜可以疯长 30 厘米，而反季节西红柿从播种到收获全程不到一个月。人吃了这种菜会产生各种奇怪的反应，如一个叫月月的女孩吃了用植物激素刺激生长的蔬菜一岁就来了月经，创造了一项吉尼斯世界纪录。为了减少灭虫成本，菜农普遍使用一种叫作"黑药"（二溴氯丙烷）的农药，这种农药会严重损伤人的肝肾与睾丸。美国早在 1977 年就立法明令禁止使用，然而在中国却被广泛地使用。

浮

从氵，从孚。最早的浮是象形字，左边是河川，右边是孚。孚由爪（手）与子（孩子）组成。浮是孩子伸手在水中漂浮的会意。不会游泳的坠入河川，一般会载沉载浮[1]，因此后人用这个字形容没有一定之规、见异思迁的性格或作风，也表示不确定的事物。如浮云就是飘忽不定的云彩。孔子说："不义而富且贵，于我如浮云。"[2] 在某种意义上，古代的礼乐就是为了祛除人身上的浮躁之气的："教之乐，以疏其秽而镇其浮。"[3] 礼乐的作用就是改造浮淫之人，让他们踏踏实实做人，老老实实修身，以正教化。

最后，用四句结语概括"沈浮"一词所含义理：荣辱载沈载浮，生命载欢载悲；富贵如同粪土，惟有名检永垂。

雍穆

雍

之本字为雝，隶书作雍。雍从宀，从乡，从隹。本义为一种鸟，名叫鹡鸰。《诗经》记载了这种鸟的特点："鹡鸰在原，兄弟急难。"[4] 東方朔《答客难》也用过这个词汇："譬若鹡鸰，飞且鸣矣。"可见，鹡鸰是一种懂得兄弟情义的鸟类，兄有难弟鸣叫求助；弟有难兄鸣叫求助。后人利用鹡鸰的这个特点，将雍转义为和睦、和谐，倒是恰如其分。

从字形上看，宀代表天，乡代表兄弟乡亲，隹是鸟，也表达出和谐、和睦的氛围。

从读音的角度考察，雍的读音与咏、永、庸、勇、拥相通也有其深意：

咏是西周时的乐歌名，这种乐歌用于祭祀完毕撤去祭品的场合，后来也用于食毕的场合。《淮南子·主术》记载了这一情景："謩鼓而食，奏

---

[1] 载沉载浮：出自《诗经·小雅·菁菁者莪》："汎汎杨舟，载沉载浮。"意思是一会儿浮起来一会儿沉下去。
[2] 引自《諸子集成》第一卷，《論語·述而》，上海书店1991年版，第143页。
[3] 引自《漢語大字典》第三卷，四川辞书出版社、湖北辞书出版社1988年版，第1630页。
[4] 引自《诗经·小雅·常棣》，岳麓书社2005年版，第152页。

雍而彻。"其中雝鼓是王者之食乐，雍是已食之乐。周朝，王者用餐每次都要奏食乐，不避麻烦，日复一日，为的就是强化和谐的氛围。

永的本义是河川的水流不断，那是一种非常和谐吉祥的自然状态，象征着持续不断。这与雍所追求的并无二致。

庸的本义是平常，没有变故，平平常常当然就是一种和谐状态，所以庸与雍也是一致的。①

关于勇，孔子说："见义不勇，非勇也。"为什么要见义勇为？就是为了保持社会和谐，不许有人破坏来之不易的"雍"。

拥雍则拥有一切，动乱或劫难则一切皆无。

穆

从禾从㬎。直接翻译这个字就是：少许（少）给点阳光（白）就灿烂（彡）。读沐也表达出此物之特性。可以说，穆是一个非常巧妙的汉字。

古文的穆字禾在右边。穆之甲骨文（甲三六三六）象一棵沐浴着阳光的栩栩如生的向日葵之形。这种情形在钟鼎文中也不少见。穆表示禾中与太阳联系最紧密的向日葵，而禾又与和同音，因此穆就有了和谐、和睦之意。向日葵沐浴阳光的场面确实充满和谐的气息。通过穆的结构，足见造字者良苦的用心。

雍与穆合在一起组成雍穆，强化了谐调、和睦的氛围，虽然在现代汉语中不再常见，但这丝毫掩饰不了这个词汇的光辉。

最后，用四句结语概括"雍穆"一词所含义理：本性乃为私，雍穆人最需；生各有本分，昭穆②亦有序。

忠良

忠

从中，从心。"中"与"正"通，故而心正为忠，心不正曰邪。段玉

---

① 在某种意义上，中庸也是一种平常，但平常中包含着没有受到人为破坏或改易的善与美。

② 昭穆：中国古代宗庙序列，始祖庙居中，以下父子分别为昭穆，昭在左，穆在右。

裁认为尽心曰忠,说对了一半,心正必然尽心。尽心是对的,问题是向谁尽心?寻常论师想都不想就脱口而出:向君主尽忠。"向君主尽忠"又只说对了一半。如果君主只代表一个执掌权力的人,忠也就一文不值了。在儒家文化中,"忠"首先表示忠于"中庸之道",自然是中庸之楷模,所以忠也就是忠于自然。中庸之道是先祖留下的传统,所以忠也是忠于先祖,忠于圣人传给后人的文化传统。君主只不过权充忠的对象,而且仅仅局限于形式礼仪,大臣口喊"吾皇万岁",实际上表达的却是"江山永固,圣业永存,华夏永昌,人类永存"。这四个并列短句在意义上是递进的,越后边的越重要。如果华夏被颠覆,中国人也就失去根基,生不如死;人类若灭亡,一切意义顿时化为乌有。

忠字由中与心构成,中则由扁口与直丨构成,扁口代表:(一)东、南、西、北四方;(二)春、夏、秋、冬四季;(三)元、亨、利、贞四德;(四)仁、义、礼、智四端。丨则表示贯通、贯穿,进而延伸为贯彻。能贯彻道与德的准则,不起邪念,不作恶就是忠。忠在中国古人生活中随时随处都在起作用,比如夫妻就必须做到忠,否则家庭就不稳定。心中只有一个中心曰忠,心中有两个中心曰患。——这就是中国奉行一夫一妻制度的原因之所在。

什么是作恶?违背道与德的所作所为就是作恶。什么叫违背道德?就是另立道德标准,不服从统一的天道。推广转基因技术就是典型的作恶。虽然美国是转基因技术的基地,然而在日益高涨的抗议声浪的逼迫下,不得不将转基因技术的推广与研究转向国外,他们终于将目光瞄向中国,打着塔夫茨大学健康科学中心旗号的一干人等在湖南研究与推广转基因黄金大米。一位买办无耻诡辩说:"黄金大米2009年已在美国做过前期人体试验,证明可提供足够的维生素A……无任何安全风险。"[①] 有无风险不能由几个人说了算,自然规律说了才算数。稍有生物学常识的人都知道,生物基因突变时有发生,不过那需要经历与外界环境磨合的漫长过程。现在转化的基因只是在培养液中经历五个小时的磨合,怎能妄言没有风险?这是典型的对自然不忠的恶行,人类必须携起手来共同抵抗,直至转基因技术销声匿迹。

中有内心的意思,忠是发自内心的感情,而非迫于权势。中又训作

[①] 《美国科研机构用中国儿童做人体试验?》,引自《北京青年报》2012年9月2日。

正，忠乃代表正直之心。综合这两点，忠的含义远远高于对君主的服从，臣忠于君是借了天子称谓的光。既然君主被称为天之子，臣在向天表示效忠之情时，自然不能面壁，只能面君。

忠君爱国的真正含义是：忠于自然（因为自然养育了万民），热爱华夏民族，因为华夏是一个有着数千年丰厚文化底蕴的民族。①

良

从丶，从艮。艮，从目，从匕。匕，反人也，喻同一个人正面与反面比较，会意为比较。艮，两只眼睛相互比较，一般来说是比不出差别来的。故而在《易经》八卦或者六十四卦中艮都是止的意思。比较到比不出什么结果的场合要停止比较。"丶"在这里表示将人心比我心，良心发现，一触即起。《诗经·小雅·角弓》说得好："民之无良，相怨一方。"凡是恶意争斗的大多因为没有将心比心，一味埋怨对方。《尚书》对君、臣、民分别提出三个不同要求：君要做明君，臣要做良臣，庶民要安居乐业。

良字加上犬旁则是狼，在犬类中，狼是最优秀的品种，它们不言实行，而且团结、齐心，按照规则行动，奉行集团主义准则，忠于团体。中国古人发现了这一点，所以创造了颇具文化内涵的狼字。一般人认为狗是从狼进化而来的，其实，狗是狼退化的产物，狗的品质远不如狼。

一般来说，"忠"是对臣僚或士大夫而言的，因为他们对社会的影响最大，他们做到了忠，社会基本上就可以走在正路上。善良则指谓一切人。关于忠，我只举一个例子：远在西周时代，中国人就产生了以保护自然资源为主要宗旨之一的《周礼》，在这部法典中，在捕鱼、打猎、农耕等方面都对人的行为有严格的规制，细致到渔网的网眼尺寸、禁猎的细则，甚至包括翻地用的农具的尺寸②，都有规定，不得违规。关于善良，例子简直举不胜举。莊子反对使用桔槔，宁可使用人力取水，原因竟然是担心使用伎巧会使人的心机变坏，为得小利而生恶念得不偿失。中国人之善良，几近极致矣。

---

① 我读到不少批评甚至漫骂岳飞的文字，有人甚至认为岳飞的愚忠比秦桧的奸诈更糟糕。持这种看法的人至少是糊涂虫。

② 中国古人认识到土壤只有薄薄的一层，过度深挖有可能对土壤造成不可逆的破坏。现在地球土壤逐渐沙漠化或者石漠化的现实就是中国古人推断英明的证据。不根据《周礼》行事，人类很快就要失去宝贵的土壤。

最后，用四句结语概括"忠良"一词所含义理：忠君报国，敬天爱民；己所不欲，勿施于人。

饥渴

饥之正体字为饑。

饑

从食，从幾。幺在幾中表示数量，代表一。尽管有两个幺，人数仍然不足，很难守住城池，可以说危在旦夕。吉凶之彰，始于微兆，幾就是微兆。幾的左边加上食就是关于粮食的微兆。所以，饑之本义，正如《尔雅·释天》所言："谷不熟为饑。"谷子能否生长到成熟，是有微兆的，比如连月不雨，土地开始出现龟裂，就说明饑这个魔鬼行将到来。幾的微兆含义给我们很多启发：

其一，现在，我们都认为饑饿属于人的生理反应，古人造饑这个字的本意并非揭示人的生理反应的，而是站得更高更远，看出比个人之饑更重大的情形——自然之饑、土地之饑、禾苗之饑，那才是最可怕的。

其二，上天有好生之德，在常态之下总会在谷物需要雨水的时候降下甘霖，所以无须寻找吉兆，人们该关心的唯凶兆而已。这就是为什么历代皇帝都将赈灾当作头等大事加以处理的原因之所在。

其三，谷不熟，危机必然到来，饑荒与暴乱是传统社会最重大的社会问题。

其四，饑荒是可怕的，但也不是束手无策，由于饑荒有微兆，可以防患于未然。

其五，救饑须急，刻不容缓。

其六，荒年与丰年，固然有天意在其中，然而人事更重要。[①]

[①] 中国在20世纪中叶发生的三年大饥荒到底饿死了多少人？著名经济学家、宪政研究学者曹思源最近表示，长期保密的数据在一定条件下解密了，档案中记载的惊人历史真相是：三年大饥荒有近3600万（最低限度的可靠数字）中国人被饿死。曹思源说，这个数字比中国五千年饿死的总数还要多出765万！《炎黄春秋》杂志副社长杨继绳的惊世之作《墓碑：中国六十年代饥荒纪实》强调：中国大饥荒的真相长期不为人所知，大多以三分天灾七分人祸搪塞民众，其实完全是十分人祸，没有天灾。曹思源通过长期研究所也表示，1959年、1960年、1961年这三年风调雨顺。

其七，适当的饑饿对人大有益处，甚至可以说"饑"也可以给健康带来机遇。南宋文学家陸遊能够活到八十五岁，在某种程度上，陸遊之高寿得益于他独创的"微饑"养生法，正如他自己在诗中概括的："多寿只缘餐饮少"。陸遊真正做到了对口欲的控制，无论面对怎样的美食都给肚子保留余地，绝不多吃一口。现代营养学家通过实验证明，陸遊的做法确实有效，微微饑饿的状态有利于激发人体的新陈代谢，从而达到健康的目的。

渴

从氵，从曷。渴之钟鼎文（中山王壶、古钵等）象河中鱼露出水面。渴之本义源于此。水源枯竭曰渴。古代渴通竭。水竭则大地渴。与饑字的情形一样，最初渴也不是揭示人的生理反应的，渴是自然给予人类的一种信号，意在告诫人们要高度关注和解决水的问题，因为无水则无谷，无谷则民必乱。如果说饑的微兆有很多种类（如蝗灾、风灾、涝灾等）的话，渴则是其中最常见、危害最大的一种。

当代人对"饑渴"的认识充分暴露了人类的自私性，现代人将饑渴理解为"人"的生理反应，想的是人，而不关自然的事情。他们面对人类越来越酒足饭饱而自然越来越饑渴交加的现实无动于衷。他们像鸵鸟一样，将头埋入沙土，不去面对这样一个事实：自然饑渴交加下的人类的酒足饭饱是假象，绝对不会持久。人类越富自然越穷，这个规律是抹杀不了的，无论人类承认与否。汉字饑与渴是人类当前最好的道德教科书[①]，人类要想继续生存下去就必须认真学习。

最后，用四句结语概括"饑渴"一词所含义理：我饑想到禾苗饑，我渴想到河川渴；天地虽然无私心，人心也不能太恶。

[①] 现代物理学的最新研究成果支持饑渴两个字所揭示的原理：能量并不守恒，转换是有条件的，地球资源用一少一，许多是没有替代品的。人类想继续生活在地球上，除了节制，别无选择。

保守篇

狗熊可以在一定时间之内掰下很多棒子，但只能拿走一个。人类可以在很短时间之内创造一个又一个奇迹，但很难保留这些奇迹——玛雅文化就是一个有力的例证。科学技术能够高效地创造财富，但无论如何也不能在高效创造财富的同时避免道德与信仰迅速消亡。

丧

丧之正体字为喪。

喪

喪之古文从哭，从亡，会意字。喪的本义不是死，是逃亡。《礼记·檀弓下》："喪人无宝，仁亲以为宝。"[①] 对于离家外出谋生的人来说，身无所长，见到亲近的人——比如老乡——如同得到宝贝，兴奋异常。这就是俗语所说的"老乡见老乡，两眼泪汪汪"。

分析"喪"的钟鼎文与古文的结构可以得出这样的结论：

（一）那时的这个字隐隐约约都是由哭与亡这两个元素构成，这说明，早先中国人心中最大的苦楚不是死，而是逃亡，是流离失所，是抛家舍业、背井离乡。

（二）离开故土，逃亡他乡，这等于丢弃了故土与亲人，所以喪有了丢弃、丢失的意思。这个意思沿用至今，如果某种精神或信仰丢失或淡化了，我们就说喪失了某某。

（三）中国人自古就形成了这样一个根深蒂固的观念：对于人类来

[①] 引自《礼记·檀弓下》，岳麓书社2002年版，第119页。

说，失去最美好的东西等同于死亡。在本质上，丢弃与死亡是一回事；相反，保留等于生存。用这个观点可以解释无数志士仁人舍身取义的原因，也能解释为什么士可杀而不可辱。[①]

以丧言死固然是为了避讳，更重要的是出于以上三个原因。

最后，用四句结语概括"丧"字所含义理：苦莫若丧失，甜莫若保守；除名检而外，死后何物留？

族

族

从方，从𠂉，从矢。对甲骨文（三六一三）"方"有两种不同解释：

其一，許慎说，象两船相并，左边有氵（汸）。无论有氵与否，两船相并是早期"方"的共同字形，这本身就说明方与船，进而与水有摆脱不了的瓜葛。由两船相并引申出品类、辈分等分别的意思。

其二，反許慎的人说，方之甲骨文象耒形，上边的短横像柄端横木，古人秉耒而耕作，刺土曰推，起土曰方。这样方就有了掘土为堆的意思。

断言許慎错或者后人错都失之武断，不用说隶书之前的字难有定论，就是定型为楷书之后，对字义的理解也不可能完全统一，而且永远不可能完全统一。将土堆积在一起，当然具有社会学意义，坟头是土堆，祭祀的高台也离不开土。

一种从水的角度理解，另一种从土的角度理解，二者合在一起臻于完善。

𠂉表示旌旗。矢是箭。综合以上意思，族表示人群或部落以旌旗为标志聚集在一起，像箭一样，朝一个方向前进。如果聚集的对象是"民"而且规模足够大，就构成了民族。

有必要解决以下疑问：

一　为什么族的起源与水有关？

这是因为甲骨文的"族"产生于殷商时代，殷人属于海洋民族，崇尚大海。他们从两船相并想到合并与聚集，于是造了方字，方字本身就有聚集的意思，所以以方为偏旁，造了"族"字。

---

① 引自《礼记·儒行》："儒有可亲而不可劫也，可近而不可迫也。可杀而不可辱也。"

二　为什么族中有𫝀（旌旗）？

这是因为：一来古代战争习惯用旌旗壮军威，用以震慑敌人；二来祭祀时习惯以牦牛尾或五色鸟羽作为装饰物，慢慢演变为旌旗或幡。凝聚为族，当然不免战事与祭祀，造这个字时自然想到了旌旗。

三　为什么以矢喻族？

这是因为矢有一往无前的特点，发出去的矢收不回来，凝聚为一族，也需要这样的精神。

四　为什么隶变之后的族不见了氵？

这是因为自从周朝取代殷商之后逐渐恢复了夏农所建立的农耕作业传统。汉人的世界观与殷商大异其趣，汉人完全没有向海外扩张的野心①。

五　为什么族的读音与祖、组、俎相通？

这是因为"族"与"祖"密切相关，一个没有祖宗或者不尊重祖先的民族是不能称其为族的。族与组的读音相通，是因为"族"需要结成社会组织，否则必然七零八落，凝聚不起来。族与俎的读音相通，是因为俎是古代的重要祭器，代表祭祀。祭祀（信仰）是人群抟成一族的精神支柱。特别对于一个农耕民族，没有祭祀就无法与自然沟通，农耕生产就得不到保证。②

现在，许多人以自戕为快事，骂祖宗，骂孔子，骂国学。我不怪罪他们，因为他们之中大多数是因为不了解自己的祖宗，不知者不为过。

最后，用四句结语概括"族"字所含义理：凡物以类聚，凡人以群分；敬天爱民者，进我中华门。

万岁

万之正体字为萬。

萬

从草，从禹。甲骨文、钟鼎文、古文皆象蝎子形，只不过笔画越来越多，字形越来越复杂而已。这个字属于假借字。假借蝎形，是因为蝎毒乃

---

①　秦始皇除外。

②　祭祀的本质就是借以收敛贪婪之心，保护良好的自然环境，以求长治久安。

众毒之最，百千不足以言虫之众，固创此字，在千之上，十千为萬。《汉书·律历志上》明确写道："数者，一、十、百、千、萬也。"①

隶变后的萬，字形颇费斟酌。相对合理的解释是这样的：萬由艹与禺组成，艹代表植物，禺代表植物与动物②，植物、动物种类数量繁多，以百千数之不能尽，故以萬言其多。《诗经》出现过"萬寿无期"的说法③。后来萬多用于褒义，如萬古、萬籁、萬全、萬乘之国、萬世、萬岁、萬物、萬象、萬舞④等。

岁之正体字为歲。

歲

从止，从戚（灭）。毛公鼎上的钟鼎文"歲"由四个"止"组成，指木星绕地球一周为一歲，时间在春、夏、秋、冬四季稍做停留（止）。中国古人造"歲"字的时候已经体验到时间的易逝与无情。所以孔子才说"日月逝矣，歲不我与"⑤。宋玉才说"歲忽忽而遒尽兮，恐余寿之弗将"⑥。元稹才吟出"莫倚颜似花，君看歲如水"⑦的诗句。王安石也才发出"歲晚强颜天禄阁"的感慨。

人无不希望自己长寿，无不希望生命永远充满活力，萬歲是人们对长寿的寄托。秦始皇是中国历史上第一位皇帝（之前有皇之称谓，有帝之称谓，却无皇帝之称谓），他为追求长生不老做出巨大努力，最终以失败而告终。汉武帝是中国历史上第一位通过封禅"自称"萬歲的皇帝。《汉书·武帝纪》载，元封元年正月，武帝行幸缑氏。发下诏书，意思是朕履行职事来到华山。翌日亲自登上嵩山顶峰，御史乘属，庙旁的吏卒都呼

---

① 引自《漢字大字典》第五卷，四川辞书出版社、湖北辞书出版社 1988 年版，第 3247 页。
② 禺：一种猴属的哺乳动物，酷似猕猴，体形比猕猴大。关于这个动物最早的介绍见《山海经·南山经》："（招摇之山）有兽焉，其状如禺而白耳，伏行人走，其名曰狌狌。食之善于走。"
③ 《诗经·小雅·南山有台》："乐只君子，万寿无期。"
④ 古代之大型舞蹈叫作萬舞。
⑤ 引自《諸子集成》第一卷，《論語·陽貨》，上海书店 1991 年版，第 366 页。
⑥ 《楚辞·九辩》，时代文艺出版社 2002 年版，第 149 页。
⑦ 《遣春十首》之七。引自《漢字大字典》第二卷，四川辞书出版社、湖北辞书出版社 1988 年版，第 1444 页。

三遍"萬歲"。从此,历代皇帝沿袭萬歲之称呼。

从寿命的角度看萬歲属于无稽之谈,然而从对国祚永固——特别是从文化传统永固的期待角度看,"萬歲"至少存在理论上的可能性,所以也无可厚非。

最后,用四句结语概括"萬歲"一词所含义理:植物动物何其多,歲星周行何太急?歲月无情智智去,年复一年无已已。

旧

旧之正体字为舊。

舊

从萑(读追),从臼。萑最初是象形字,象草茂盛貌。臼为舂(读冲)米工具,据《周易·系辞下》载:"断木为杵,掘地为臼,臼杵之利,万民以济,盖取诸小过。"① 关于杵臼之发明人有两说:一说为黃帝;一说为黄帝下面的一位官员。无论是谁,作为舂米工具的杵臼发明于黄帝生活的时代,是没有疑问的,距今有五千年时间,不可谓不久远。当时赋予臼以"久"之读音,主要是取"久"之意,事实正是如此,舂米而后食之,这一传统久传不衰。正如王充所说:"谷之始熟曰粟,舂之于臼,簸其秕糠,蒸之于甑,爨(读窜,烧火)之以火,成熟为饭,乃甘可食。"② 从杵臼发明算起,至今已过去数千年,杵臼的形态不知道变过多少次,今天再不需要"断木为杵、掘地为臼"了,然而粮食脱壳的工序是不能省略的。而且永远不能省略。否则,坚硬带刺的外壳会扎破食道,稻谷再香也无法食用,艹(代表谷物)再茂盛,产量再高,也于人无益。

舊这个字揭示了十分深刻的哲理:

大凡有用之物,用久必舊,舊而不能弃,于是越舊留存越久,以至无期。而在这舊与久的循环往复中,不知有多少创新之物不断创新出来又不断湮没无闻。

举例易如反掌。原子能的和平利用就属于来也匆匆去也匆匆的创新客,

---

① 引自《易經通解》,中国致公出版社 2010 年版,第 318 页。
② 引自《諸子集成》第七卷,《論衡·量知》,上海書店 1991 年版,第 123 页。

一向鼓吹的核能安全的神话被诺尔切贝利核电站的爆炸事故①与福岛核电站的泄漏事故彻底粉碎②，不久的将来，核能一词一定会被人们遗忘。

转基因食品像恶魔一样扑向不懂其中玄机的善良的人们，搞这项技术的人背叛了自己的祖先，背叛了舊的规则与习惯，向自然发动了不义战争。

如今，西方声嘶力竭地叫嚷科学创新，他们沉醉于破坏舊世界之后产生的喜悦之中不能自拔。但他们从不考虑宇宙关于新与舊的法则。自然界的所有规律都在舊的范畴之中，没有例外。所谓创新，不过是行走于自然规律之外而已，就如一个强盗，靠抢劫发家致富，他是富了，然而他却游离于道德通则之外，他是人类之叛逆。

想到发生在近半个世纪之前的"破四舊运动"仍然感到不寒而栗，那场运动不能容忍一个舊物，见舊物便破坏之，到底破坏了多少宝贵的文化遗产，难以说清楚。下面列出其中若干大宗事件，以鉴后人：

在破四舊运动中，坐落在陕西白水县的倉頡庙被毁，改为烈士陵园；

在破四舊运动中，坐落在浙江绍兴会稽山的大禹庙被毁，大禹塑像被砸，大禹的石像被腰斩之后游街示众；

在破四舊运动中，古城太原百余处古迹在同一天被毁坏，山西博物馆馆长闻讯赶紧进行抢救，可惜只在芳林寺捡回几个泥塑人头；

在破四舊运动中，坐落在河南南阳的张仲景故居的塑像被毁，墓亭、石碑被砸，张仲景纪念馆中的展品被抢劫一空，医圣祠不复存在；

在破四舊运动中，占地二十亩的书圣王羲之墓园及金庭观被毁，仅剩下几株千年古柏；

在破四舊运动中，安放在觉拉寺的松贊干布与文成公主塑像被捣毁；

在破四舊运动中，河南汤阴的岳飛像与秦檜等五奸党的跪像被扫除后不翼而飞；

在破四舊运动中，海南岛的海瑞坟墓被夷为平地；

在破四舊运动中，湖北江陵張居正的坟墓被砸，还挫骨扬灰进行羞辱；

在破四舊运动中，北京城内的袁崇焕墓被踏平；

---

① 这次事故的爆炸威力相当于 400 颗 1945 年美国投向日本广岛的原子弹——"小男孩"的威力。

② 日本政府已经决定关闭日本境内所有的核电站，并表示告别这种取能方式。

在破四舊运动中，清华大学二校门被拽倒，踩在脚下；

在破四舊运动中，坐落在江苏淮安河下镇打铜巷的《西游记》作者吴承恩故居被毁为一片废墟；

在破四舊运动中，《聊斋志异》作者蒲松龄的命运与吴承恩如出一辙，阴魂不得安宁；

在破四舊运动中，与吴承恩、蒲松龄同样命运的还有《儒林外史》作者吴敬梓；

在破四舊运动中，清末洋务运动领袖张之洞的尸骨被红卫兵吊在树枝上月余；

在破四舊运动中，章太炎、徐锡麟、秋瑾、杨乃武等名人之墓一并被毁，康有为更惨些，骨头被红卫兵鞭挞；

在破四舊运动中，竖立在安徽滁县琅山的苏东坡手书《醉翁亭记》石碑被砸，毁掉东坡手迹近半，全碑永久地变为残碑；

在破四舊运动中，著名学人梁漱溟被抄家，红卫兵还顺便烧毁一些珍贵文物；

在破四舊运动中，国学大家马一浮先生被抄家时向红卫兵央求："留下一方砚台我写写字好不好？"红卫兵的回答是一记耳光；

在破四舊运动中，书法家沈尹默为避祸亲自将自己的作品以及一些清代书法家真迹撕碎，深夜乘人不知丢入苏州河；

在破四舊运动中，画家刘海粟的画作被抄之后当街焚烧，烧了足足五个小时之久；

在破四舊运动中，中国历史博物馆的沈从文眼见善本被烧，无力回天；

在破四舊运动中，抄俞平伯家时，俞家几世积存之藏书被付之一炬；

在破四舊运动中，北京的红卫兵捣毁大画家齐白石的墓，还逼迫白石之子齐良迟刨掉白石亲书在匾额上的字迹；

在破四舊运动中，裱褙巨匠洪秋声老人的家藏悉数被烧，老人事后含泪回忆说："一百多斤字画，烧了好长时间啊"；

在破四舊运动中，画家林风眠为避免红卫兵的羞辱将珍贵的字画沉入粪池。

……

历史事实雄辩地证明：只有守舊才能拯救世界，拯救人类。

最后，用四句结语概括"舊"字所含义理：无臼谷不能食，无酒饭不成；无枢死无居所，无舊新则无依。

止

止

从正（略一）。許慎认为止之初象草木分出枝杈。徐灝以为許慎有误，应象脚趾。其实，对象形字的认识是很难统一的，也没有必要统一，因为古人之初衷只有古人知道，今人只是揣摩而已。揣摩安有正确、错误之分？我以为，草木枝杈说与脚趾说皆成立。总之，止是指某物由一而多的变化结果。

为何说許慎的解释与徐灝的解释皆成立？因为无论是树杈还是足趾都属于顶部，顶部即尽头，凡生长之物到尽头都要停止生长。

我之所以将止定为从正，是因为生物之生长都要遵从自然规律，即天道。正字上边的"一"代表天道，生长到尽头，快要冲破天道的时候必须停止，否则就与自然规律发生冲突了。由此可见，服从天道是"止"的核心意思。含有"止"的汉字十有八九有这个意思。

"止"与治、制有着密切联系：人类社会，知止者可以实行德治，不知止者只有实行法治。

"止"与为人处世有着密切联系：知止者真挚，不知止者不真挚；

"止"与人的认知有着密切联系：知止者智[①]，不知止者愚。

最后，用四句结语概括"止"所含义理：知止即知耻，保守即保家；一往无前者，必将坠悬崖。

退却

退

从艮，从辶。艮从很（略），是八卦之一，亦是六十四卦之一，代表山。卦形为

[①] "止"是实行中庸之道的基本条件。

䷠

　　象征山，云遇山而止，绕山久久不去。人遇山而止，已经止步，还要走，那就是退了。退者却也。中国古人认为人类是不能征服山的，也不能超越山，遇山却步，乃天道也。

　　可以将"退"引申至社会生活的各个领域，诚如《易经·乾》所说："知进而不知退，知存而不知亡，其唯圣人乎？"圣人的重要任务之一就是告诉世人在什么情况下进，在什么情况下退。老子说："持而盈之不如其已；揣而梲之不可长保；金玉满堂莫之能守；富贵而骄，自遗其咎。功遂身退，天之道。"① 賈誼重复老子的教导说："功遂自却谓之退。"② 通俗些说就是"过犹不及，见好就收"八个字。用这个八字方针对待自己的民族与自己民族的历史就是"保守"。民族精神靠保守来滋养。

　　却之正体字为卻。

卻

　　从谷，从卩。卩是瑞信，谷代表物或者财物，在财物面前坚守信诺，节制欲望，不起贪心谓之卻。卻为停止不前，这没有疑问，关键在于之所以不前进是因为有瑞信在此，所谓瑞信指用玉等名贵材料制作的信物，见物立誓，决不食言，这才决定退卻。

　　一般人总认为人生之意义在于进取，在于千方百计得到自己所想得到的东西。其实还有另一面，那就是节制自己的欲望，拒绝不该得到的东西。后者的意义并不亚于前者。比如，食与性是最常见的欲望。如果采取来者不拒的态度，一定会或者因为多食而致病甚至被撑死，或者因为房事过多而被累死。要吃得不过饥也不过饱，要使房事恰到好处，对于动物也许是小事一桩，但对于贪欲心很强的人类来说卻是难上加难的事情。

---

　　① 引自《諸子集成》第三卷，《道德經·第九章》，上海书店1991年版，第5页。
　　② 《新书·道术》，引自《漢語大字典》第六卷，四川辞书出版社、湖北辞书出版社1988年版，第3834页。

人类现在正行走在只知前进而不知退却的危险之路上，哪怕眼前出现万丈深渊也决不停下脚步。这是因为魔鬼已经将"GDP"的绳索套在人类的脖子上，只要停下来，人类就会被绳索勒得透不过气来。这样的高级动物真的还不如自然中随便一只猫或一条狗。

最后，用四句结语概括"退却"一词所含义理：少吃无悔多食悔，房事不以多为贵；物非越新价越高，价最高者是国粹。

卿

卿

从卯，从即。直观的意思为点卯即到者。然而最初并非如此。卿的甲骨文（前四·二一·五、前四·二二·六）以及钟鼎文（令鼎、朱公釛钟）皆与鄉相似，象二人相向对食，隐含感谢上苍赐予食物之意。古文卿也多与鄉形似，直至隶变，卿才与鄉各成一字，各表其意。不过，意思上仍然有些关联。

中国古代，天子称重要官员为卿。卿的涵盖范围因时而异：

春秋：诸侯王的官员中上大夫为卿，不定员；

秦汉：设六卿，沿袭《周礼》的六官①；

汉代之后：设九卿，奉常（太常）、郎中令、卫尉、太仆、廷尉、典客、宗正、治粟内史、少府；

北魏：十卿，加少卿；

清末：始废。

中国的卿大致相当于西方的内务部长、宗教部长、国防部长、外交部

---

① （一）天官冢宰：治官之属：大宰，卿一人。小宰，中大夫二人。宰夫，下大夫四人；上士八人，中士十有六人，旅下士三十有二人；府六人，史十有二人，胥十有二人，徒百有二十人。（二）地官司徒：乡老，二乡则公一人。乡大夫，每乡卿一人。州长，每州中大夫一人。党正，每党下大夫一人。族师，每族上士一人。闾胥，每闾中士一人。比长，五家下士一人。（三）春官宗伯：惟王建国，辨方正位，体国经野，设官分职，以为民极。乃立春官宗伯，使帅其属而掌邦礼，以佐王和邦国。（四）礼官之属：大宗伯，卿一人。小宗伯，中大夫二人。肆师，下大夫四人。上士八人，中士十有六人，旅下士三十有二人。（五）夏官司马：凡制军，万有二千五百人为军。王六军，大国三军，次国二军，小国一军。军将皆命卿。二千五百人为师，师帅皆中大夫。五百人为旅，旅帅皆下大夫。百人为卒，卒长皆上士。二十五人为两，两司马皆中士。五人伍，伍皆有长。一军则二府、六史、胥十人、徒百人。（六）秋官司寇：遂士：中士十有二人；府六人，史十有二人，胥十有二人，徒百有二十人。冬官司徒（原缺）。

长、农业部长、建设部长等。西方的官沿袭《周礼》，他们对此供认不讳。然而，中国人对世界政治文明的贡献不仅于此，更大贡献是："卿"这个字揭示了高级官员的必备素质，那就是：（一）民以食为天；（二）敬天；（三）天人合一；（四）爱民；（五）民贵官卿（轻）①。卿的字形与读音清楚无误地表达了以上五方面的意思。

最后，用四句结语概括"卿"字所含义理：君称天子臣称卿，字义源于对食情；若想探源究根柢，甲骨金文告分明。

祠堂

祠

从礻，从詞（略言取其司）。許慎《说文解字·示部》：

> 祠，春祭曰祠。品物少，多文词也。从示，司声。仲春之月，祠不用牺牲，用圭璧及皮币。②

許慎说得再明白不过，古人祭祀也遵循节制的方针。春季青黄不接，物资匮乏，那时又没有反季节蔬菜、水果，所以祭祀从俭，以圭璧等代替牺牲，以节财力。祠读词音，是因为品物牺牲少是没有办法的事情，言辞不能少，所以祭词要多些说辞。也就是说，祠是与逝去的祖先说话之处，可以在那里一吐胸臆。这个传统一直保持到民国初期。

中国古代的祭祀很发达，所以有分工，祠成为专门祭祀鬼神、祖先、先贤的场所，用来祈福除疾或者告慰祖先，乃是中国古人精神与灵魂之寄所。

堂

从高（略），从土，从小。本义为人工建成的四方形土台，后来将土台上的建筑物称为堂。作为国家议事重地，汉之前曰堂，汉之后曰殿。即便如此，堂也可在某些场合代替殿，或两个字组词为"殿堂"。

古代国君行礼、理政、祀神、祭祖之处曰"明堂"。明有自然之意，

---

① 《孟子·尽心下》中的原话为"民贵君轻"。
② 引自《说文解字注·示部》，浙江古籍出版社2002年版，第5页。

意为自然而然，无需过多的摆设。在这个意义上，明与堂可以互训。诚如《淮南子·本经》所说："堂大足以周旋理文，静洁足以享上帝、礼鬼神，以示民知节俭。"

传统社会，许多家族都设祠堂，除祭祀鬼神、祖先之外，还是家族成员议事之场所。可见，中国传统社会有封建社会①的地方自治②性质。

发生在1966年的"破四旧"运动致使中国高贵的传统文化遭受灭顶之灾，其中祠堂被拆除是灾中之灾，祸中之祸，其损失无论怎样估价都不为过。一个民族，没有与自然神沟通之所，没有与先祖和鬼神沟通之所，没有民众议事之所，要想社会和谐，河清海晏，不亦难乎！③

最后，用四句结语概括"祠堂"一词所含义理：村民遇事去祠堂，纷争仲裁求族长；所谓天高皇帝远，一方水土养一方。

弘毅

弘

从弓，从厶。弘的几乎所有的甲骨文、钟鼎文都象振动的弓弦，弓弦振动状态逐渐演变为弓，成为一个独立的字与重要的偏旁。弘之本义由弓弦上的箭而来，发射出去的箭涵盖宽阔的空间，所以弘含有大、传播、扩大的意思，所谓弘扬是也。《易经·坤》说坤的性质是"含弘光大"既准确又深刻。看起来大地是平静的，然而内含着无限的弘（弓被拉起来所蕴含的力），随时能够光大，赐给众生万物，让它们生长。

用弘概括坤妙矣！

毅

从㒸，从殳。毅之初字象形：左边是一头站立起来的野猪面对古代的一种竹制的武器——殳，表示野猪愤怒地面对捕杀者，不畏惧，不退缩。

---

① 西周是典型的封建制社会，汉之后，只能说含有一些封建制的因素，家族制即是这种封建制因素之一。

② 地方自治是西方民主制中的精粹，西方的地方自治一部分是土生土长，还有一部分则是从中国舶来的。

③ 在文化领域，不是内容决定形式，恰恰相反，是形式决定内容。

孔子所说的"士不可以不弘毅,任重而道远"① 中的"弘毅"指的就是抱负远大、意志坚强,一往无前,不畏惧,不退缩的精神。弘毅精神实际上就是始终如一,就是奋斗不已,就是矢志不移,就是一心一意,就是坚信不疑,就是人的一种义……

弘扬是弘扬天人合一的传统,而非弘扬利己主义或以天为敌的各种人为制造出来的意识形态。

最后,用四句结语概括"弘毅"一词所含义理:弘毅君子,弘扬圣功;龙之传人,代传无穷。

垂拱

垂

垂之最初象四人坐于地,延伸出边陲(远离闹市)与下坠两个意思。

拱

从扌,从共。两手在胸前相抱,收敛为圆球状。这个形状会给对方以安全感。拱手礼,男性右手在里,左手在外;女子相反,凶拜反是。拱手是中国人发明的特殊礼仪。这个礼仪的建立是仿照众星围绕北辰,形成向四周扩散的圆弧形,北辰则永远是中心。孔子发现了这个天文景观,他说:"为政以德,譬如北辰,居其所,而众星共之。"② 以德治国,自己便会像北极星一般,在一定的位置上,别的星星都环绕着它。推而广之,以拱手礼待人接物,别人也会尊重你。

《尚书·武成》:"垂拱而治天下。"③ 说明天下太平,海不扬波。对于一个死者来说也一样,说死者永垂不朽,指的是其英灵永远安息,不为市廛所乱。

最后,用四句结语概括"垂拱"一词所含义理:衣垂则整洁,臂垂显谦恭;拱手有教养,族类礼仪同。

---

① 引自《諸子集成》第一卷,《論語·泰伯》,上海書店1991年版,第159页。
② 引自《諸子集成》第一卷,《論語·爲政》,上海書店1991年版,第20页。
③ 引自《漢語大字典》第三卷,四川辞书出版社、湖北辞书出版社1988年版,第1867页。

文化篇

如果人类要在21世纪生存下去，必须回过头到二千五百年前去汲取孔子的智慧。

——汉内斯·阿尔文[①]

传统

传之正体字为傅。

傅

从亻，从車，从寸。在极短时间之内（寸）车就能够到达，使车马完成人的任务——这是傅这个字带给我们的直接信息。进一步分析，还可以得到一些间接的信息：車与寸组成的字叫作專。专是專门、專一、独占等意思。显然，傅是某人在利用车马做一件事情，而且是专一的、紧急的，不能一心二用。赶马车远途奔驰，为的是傅递消息，可是马会疲劳，需要中途更换，这就需要建立一个设施，准备好强壮的马匹，换下筋疲力尽的马匹，以保持速度不减。这个设施就是驿站，这个人所做的事情就是傅递信息或文书。

后来中国人将"傅"转义为世代傅播某种思想、文化、信仰、风俗等。人的寿命很短，而人类的世代繁衍是个很长久的事情。要想避免发生狗熊掰棒子的事情，形成文化或文明的累积效应，就必须代代相傅。这种场合，也是将一种信息傅递出去，文化的傅递与驿站之间的傅递区别在

---

① 汉内斯·阿尔文：瑞典科学家，诺贝尔奖获得者。这段话是汉内斯·阿尔文博士于1988年7月24日在巴黎讲的。

于：前者是时间上的傳递，后者则是空间上的傳递。

实际上，傳统就是一条船，把前人的良风美俗与文化建树装上船，让船跨越生命与时间之河，傳送给下一代人。

统之正体字为統。

統

从糸，从充。《淮南子·泰族训》说："茧之性为丝，然非得工女煮以热汤而抽其統纪，则不能成丝。"按照字形与读音，統的意思是：把繁多的丝理出来，让丝线通顺，以资利用。不仅丝需要治理，万事莫不如此。于是統的含义延伸至其他事物，比如延伸至文化，形成系統、傳統、道統、学統等概念。傳統是其中最常用的一个。

其实，人生产人，而且代代相傳——这本身就是一个傳統，造物主制造出来的傳統。只不过卑劣者只傳自己——将生命由生傳至死，而高尚的人除了傳递自身，更要傳递人类——将生命世世代代延续下去，并从中寻求生命真正的意义与价值。中国人将傳統视为比个体生命更重要的事，充分说明中华民族是高尚的民族，那些只求眼前物质利益的民族根本无法与之相比。

法律至上的现代人难以理解"傳統"到底如何发挥作用，可以举例说明之：

北宋的宋仁宗没有子嗣，文彦博、韓琦等人向仁宗推荐英宗，被采纳。英宗后来傳位给神宗。神宗在位时做出一项打破傳統的决策。按照傳統，皇帝上朝，文武大臣列于两侧，同为一品，文官尊于武官。文彦博官居枢密使，为最高军事长官，按照傳統在最高文官之下，宋神宗感激文彦博为傳嗣于己所作的贡献，打算打破傳統，让文彦博位列诸官之首，结果被文彦博严词拒绝。文彦博不敢因一己私利而破坏傳統，致使恶恶相因，自己成为罪魁祸首。傳統因此得以保护，朝廷也因此而避免了一场内乱。——这就是傳統的力量。在傳統面前没有寻私的余地，这便是最有效的反腐败机制，便是最有效的保卫朝廷安定的机制。

浮躁的现代人总爱向傳統挑战，他们什么傳統都敢挑战，比如现在就有人打破"人生产人"的傳統，准备通过科学技术创造新生命，造出完全不同于传统的新生命。显然，这种标新立异过了头，触犯了大自然所能容忍的底线。千里之堤，溃于蚁穴。如果任由傳統被打破，不久的将来，人类将失去所有自然界的基因——甚至失去纯正的生命基因，活跃于地球的都是人造的怪物。那时，再想恢复原貌就不可能了。

如果傳統轻易就能打破，事物就失去哪怕是相对稳定的形态，万物不再有固定的名，一切都处于动荡之中。这样的世界，生命也是飘忽不定的，任何意义都没有。现在，人类正在驾驶超音速飞行器朝着没有意义的方向疾行，前面就是万丈深渊，要想悬崖勒马，除非借助于最有效的刹车装置，这种最有效的刹车装置就是中国数千年的文化傳統。

最后，用四句结语概括"傳統"一词所含义理：傳乃物之本性，統乃人生意义；世界原本纷繁，天道不能更替。

报答

报之正体字为報。

報

从幸，从服（略月）。甲骨文之"幸"是古代手械之类的刑具的象形，象以刑具捕人之状。服表示服从。报表示罪人服罪。断狱与酬谢是报之本义，后来增加许多新义，演变过程大致如下：

服罪—報答—報应—報复—电報—報刊—報道

转义为"報应"的时候已经摆脱简单的人与人的关系，包含有人类与自然的关系。人与自然关系的主旨就是服从——人类服从自然。人类必须效法天，服从天，报答天，感激天，与天恒舞，以使自己的生命游戏能够天长日久。唯有如此，人类才能自保。从这个角度看，报是人类的一宝，能让人类永葆青春。

答

最初"答"无⺮，是后加的。答之本义是小豆。回答、报答之答，其意由本义来。

古代将豆类分为大豆、小豆两大类：黑豆、黄豆、青豆等属于大豆；红豆、绿豆、白豆、豌豆等属于小豆。在中国民间传统风俗里，豆被看作是通神的祥物，小豆尤其灵验。① 故而祭祀与礼仪都离不开豆。祭祀、礼仪都是人向天致敬的行为，换言之是报自然之恩，谢天之赐的举动。久而久之，答的本义被淡化，回答、答应、对应等转义流行起来。

报答是大事，故而"答"之读音通大；答谢天地，天人合一，万事通达，故而"答"之读音通达；答是天与人之间的媒介，为天人之间搭起一座桥梁，故而"答"之读音通搭。小豆撒在地上发出嗒嗒声，似在说话，故而答之读音通嗒……

中国古代的农耕社会与自然天地联系甚为紧密，人类一刻也不能忘记自然的恩德，故而报恩成为儒家文化的核心之一。现代化所产生的种种危机——如生态危机、环境危机、资源危机等都与疏于报恩有关。

最后，用四句结语概括"报答"一词所含义理：服从自然是美德，以人为本②天何堪，若想生命传万世，多多报恩有何难？

怀疑

古汉语中没有"怀疑"一词，放在一起为的是进行比较。

必须强调，古代懷与怀是互无关联的两个字，合并为一，留下很大的问题。

懷

从忄，从亠，从罒，从氺，从衣。这些元素组合在一起颇令人费解。忄是明确表示心理活动的，有所懷——无论是懷念、懷土、懷恩、懷春、懷孕——必然有所思。亠是玄妙的玄的上半部分，罒表示网，氺是水的古文，氺的下面是衣服的衣。如果将罒（网）理解为产妇的子宫，把氺理解为子宫中的羊水，把衣服理解为肚子，把亠理解为玄妙，那么一个活脱脱的孕妇妊娠的场景就会浮现眼前。母亲懷揣婴儿，想到新生命即将诞生，心理上自然会产生微妙变化，会思考如何产下孩子以及将来如何养育孩子等一系列问题。——这就是"懷"含有玄（略为亠）的缘故。其实

---

① 日本至今仍流行从中国引进的春分撒小豆以与自然沟通的习俗。
② 在某些场合以人为本是个不错的口号。这里所说的"以人为本"，是指人类以霸主自居凌驾于自然之上。

毛公鼎上的"懷"就是女人懷孕的象形，隶变后的懷只是将象形转为会意，并将有关字形重新组合而已。

古人对女人懷孕持有一种天人合一的解释，王充说："母之懷子，犹土之育物也。"①《礼记》则说："物无不懷仁，鬼神飨德。"② ——这就是中国古人的胸懷。

疑

从匕，从矢，从矛，从止。敌人发动进攻，但搞不清敌人使用什么武器：匕首？弓箭？矛？无从得知，很费猜度。

中国人自古就将这个汉字视为贬义词。西方人恰恰相反，他们是懷疑一切（笛卡儿语）的。他们的科学就建立在懷疑的基础之上。有了新发现要继续懷疑，所以才有更新的发现，更新的发现也会被懷疑进而被颠覆。最后是竹篮打水一场空，除了破坏环境自掘坟墓，没有任何好结果。物理学的发展史是一个极好的例证：先是牛顿建立机械决定论，奠定了经典物理力学的基础，好景不长，二百多年之后，伦琴发现射线，经典物理学开始被懷疑，直到爱因斯坦发表《相对论》，经典物理学被彻底颠覆，现代物理学拉开序幕。然而现代物理学更短命，量子物理学与地球大爆炸理论从根本上否认了物质的属性——物质的本质是非物质的，它不过是一种带有信息的场而已。既然物质是空的，西方以谋求物质财富为宗旨的一切科学活动不都是一场空吗？懷疑一切，懷疑来懷疑去，最终的结果仍然值得懷疑，永无终结。

天道是不容懷疑的，正义是不容懷疑的，优良传统——无论怎样不合潮流——也是不容懷疑的。

最后，用四句结语概括"懷疑"一词所含义理：人无信来妄称人，猜忌心重必疑人；疑人后果尚可谅，疑天疑地神必嗔。

赵（氏）李氏

赵之正体字为趙。

---

① 引自《諸子集成》第七卷，《論衡·奇怪》，上海書店1991年版，第33页。
② 引自《礼记·礼器》上册，岳麓书社2002年版，第315页。

赵

从走，从小，从月。"趙"是为赐功臣造父姓而特意造的字。《史记》对此有记载。造父本姓嬴，是伯益[①]的后代，蜚廉五世孙，中国历史上著名的善御者。造父将骅骝、绿耳等宝马献给周穆王。周穆王让他驾车往西巡狩，去见西王母，周穆王乐而忘归。后来，徐偃王乘机谋反，周穆王命造父前去平叛。造父驰良马日行千里，及时大破徐偃王。于是周穆王将赵城赐给造父，从此造父改姓为赵。

趙从走表明造父的驭术高超，走（古汉语中走是跑的意思）得快，从小、月是因为造父执行周穆王的任务赶上夜行军，而且正好是朔的前后，月亮很小。就连趙的读音也是有讲究的，造父是应诏出征，趙读诏恰到好处。就这样，造趙字者将造父的功绩生动地表现出来，成为脍炙人口的典故。简化字"赵"将肖变为叉子，趣味尽失，而且惹得赵姓人都不满意。——这是后话，不提。

李

从木，从子。木之子为果。古代"李"与"理"同音通用，可以互换。李曾经是一种官名，掌握司法等事宜："舜之有天下也，禹为司空，契为司徒，皋陶为李。"[②]

与赵姓一样，李姓之来历也充满传奇色彩。

《通志·氏族略四》记载了李氏之来历："李氏，嬴姓。高阳氏生大业，大业生女华，女华生皋陶。（皋陶）字庭坚，为尧舜大理，因官命族为理氏。夏商之季有理徵……以直道不容，得罪于紂，其妻契和氏携子利真逃于伊侯之墟，食木子而得全，遂改理为李氏。"[③]

氏

氏之本义不是很明确。許慎与林义光各执一说。許慎认为氏之本义象

[①] 伯益：亦作伯翳、柏翳、柏益、伯鹥，又名大费。古代东夷族首领少昊之后，嬴姓诸国的受姓始祖。

[②]《管子·法法》，引自《漢語大字典》第二卷，四川辞书出版社、湖北辞书出版社1988年版，第1162页。

[③] 引自《漢語大字典》第二卷，四川辞书出版社、湖北辞书出版社1988年版，第1162页。

山岸夆之形①，林义光则认为氏之本义为根柢。② 表面上后者更说得通，然而氏之钟鼎文与表示根柢的"氐"之钟鼎文差别较大（后者有横向的根须，前者则不明显），而且从深层面上分析，許慎之说也不无道理：岸是悬崖，夆的引申之义是"物之旁侧"，"氏"就是依附在悬崖旁边的危石，随时可能坠落下来。許慎以此表达了这样一种思想：氏很容易瓦解或堕落，正如孟子所说"君子之泽，五世而斩"。

为什么許慎要转这么大弯子？

这与中国上古时代的姓氏文化有关。上古时代，氏是姓的分支。表示人的血统定位的分别是姓、氏、名。三代之前，男子称氏，女子称姓。只有贵族有氏，低贱者有名无氏。在古代，氏的称呼是一种荣耀，正如《白虎通·姓名》所说："所以有氏者何？所以贵功德，贱伎力。或氏其官，或氏其事……或氏王父字者何？所以别诸侯之后，为兴灭国，继绝世也。"

最后，用四句结语概括"赵氏李氏"所含义理：氏神奇来一传十，氏能形成家族史；氏如豕来丁口旺，氏族之事可成诗。

骈

骈之正体字为駢。

駢

从馬，从并。会意，两马并驾一车。古代，马车是交通工具，以马之力，一马驾一车足以乘一人。为什么要两马驾一车？这是古代君主对功臣的一种特许，或者说是恩赐，出自《尚书大传》卷一："名于其君，然后得乘饰车并马。"两马驾一车，不唯为增加马力，亦有求美之目的，出自嵇康《琴赋》："双美并进，骈驰翼躯。"后来，双马并列延伸为凡二物并列皆曰骈，文字亦不例外，于是诞生了讲究对仗的骈文。

魏晋时代，骈体文非常兴盛，大家频出，佳作涌现，文学创作显示出

---

① 引自《説文解字·氏部》，浙江古籍出版社 2002 年版，第 628 页。
② 《文源》，引自《漢語大字典》第二卷，四川辞书出版社、湖北辞书出版社 1988 年版，第 2130 页。

繁荣景象。为什么魏晋南北朝骈体文兴盛起来？就是因为魏晋南北朝时期强权把持朝政，不遵天道，不法先王，政治黑暗，民生凋敝，士大夫报国无门，不得不寄托于文学，一面避祸一面造美，以使生命有所为，不枉活一世。显然，骈体文成为士大夫首选，因为：（一）落单为孤，对称为美；（二）一男不为美，一女不为美，一男一女结合育子，子为美；（三）单音为声，双音成律，律美于声；（四）骈文造句取材，合乎"近取诸身，远取诸物"之原则，故而易于摄取到自然界美的营养。

职是之故，清朝大文论家袁枚说："一奇一偶，天之道也；有散有骈，文之道也。"①

魏晋出现了一批骈文大师，如向秀、左思、潘岳、陆機、王羲之、陶淵明、謝莊、江淹、庾信、祖君彥等。物极必反，当骈文一统文坛之天下，无文不骈，无句不骈的程度，剑走偏锋，就须要矫正了，此时出现了韓愈、柳宗元。韓柳掀起古文运动。蘇東坡一方面高度评价韓愈、柳宗元的功绩，另一方面写出《前赤壁赋》这一不朽的骈体名篇。骈是美的，但不可一股脑地全是骈句。当骈则骈，当散则散，散骈结合，才是文章之道。近代文学革命产生的不良后果甚多，去骈是其中一个。去骈等于去美，今之文章冗长而不简约，散漫而失韵律，盖因骈美远去，对偶不存。②

我独爱骈，惜难觅知音矣。

最后，用四句结语概括"骈"字所含义理：初学步即趋跄兮，三尊五德不违；惧皇考之疾视兮，遵其教而肆力③。

朝觐

朝

从十，从早，从月。朝之甲骨文（佚二九二、库一〇二五、后下三·八等）象草木朝向日月状。最早的读音为潮。日月照草木，草木朝

---

① 《书茅氏八家文选》，引自《汉语大字典》第七卷，四川辞书出版社、湖北辞书出版社1988年版，第4556页。

② 文化虚无主义者胡适是取缔骈文的急先锋，他的荒谬主张得到被他蒙蔽的国人的响应，造成史无前例的文学大倒退。

③ 引自尚未出版的拙作《神明赋》。

之。后有召之读音。"朝"这个字解决了万物定位（面向何方）问题。古代，中国人将天子与臣工商议国事的地方称作朝，是取"朝"的"草木朝向日月"之义，天子是天之子，当然也是日月之子，能够代表日月，臣僚如同草木面向日月，与自然形态相仿。群臣朝向天子当然包含服膺君主权威的含义，然而在这个含义之上还有一个隐晦的含义，那就是朝向天，朝向传统，朝向道，朝向天人合一的政治路线。朝的另一个重要含义——东方——足以充当此说之证据。北京古城正东的城门就叫作"朝阳门"，进京的漕运粮食必须经由此门入城，以示对天（阳为天）的感谢。朝廷者，朝向太阳（天）的政治议事场所（廷由庭转化而来）也。朝的读音与兆相通并非偶然，议论饥渴等微兆乃是朝廷议事的最重要的内容之一。

觐之正体字为覲。

覲

从堇，从见。堇的本义为黏土，它的甲骨文（如佚七六四、乙七一二四、后下二四等）象人在火上。现在能够从文字上进行追溯的就是西周诸侯王秋覲天子，以比邦国之功。根据仪礼的规制，诸侯王面见天子，春季见天子曰朝，夏季见天子曰宗，秋季见天子曰覲，冬季见天子曰遇。后来统一了定制：诸侯王北面而见天子曰覲。

《周礼》的覲见之礼随着春秋时期的礼崩乐坏而湮没不彰。直到汉武帝独尊儒术，才恢复了礼制，不过已与西周之礼有异。汉武帝的大臣董仲舒建立了天人合一、天人感应、人副天数的理论，强化了中国以天为本而非以人为本的政治。这种政治的特点是带有强烈的两重性：其一，强化了君主对臣民的无上权威性；其二，强化了人（包括君、臣、士、民）对天的绝对服从性。我将这种政治制度称为表面上的君主制、实际上的天主人事制（简称"天主制"）。几乎所有的政治、社会制度都是对自然的模拟，从而取得牢固可靠的统治依据。由于被分封的诸侯的势力过于弱小，朝廷的权威得到强化。所以，礼仪的动作幅度也明显加大。臣工覲见皇帝时规规矩矩，全身僵硬得像黏土，又如同被火烧烤。"見"则表示臣不能胡言乱语，必须察言观色，见机行事。我们可以将这种现象理解为权力对人的专政，也可以理解为人对自然的敬畏。

现代人对于古代政治一知半解，往往仅凭看影视剧得到的信息妄加评断，说什么古代朝政是皇帝一言堂，其实没有那样的事情。西汉之后，中国的朝政聚会以两种形式展开：一种是朝参（朝会），另一种是集议（议会）。

朝参的范围较小，表现为大臣朝见皇帝的形式。朝参中解决各种急迫需要拍板的问题。重大的人事任免决定也在朝参上宣布。从唐朝起，朝参变为常参，每日或隔日举行。

集议则由三公（不同朝代有不同指谓，基本包括大司徒、大司马、大司空、太尉、太师、太傅等）主持，皇帝一般不参加。

在以上两种议事制度之外，还有谏议制度，专门批评皇帝，指出皇帝的缺失，如果闭口不言则以玩忽职守论罪甚至遭到罢免。

提供以上历史上的朝廷议事简况，更加有助于理解"朝觐"这个词汇。古代，参与朝政并不是美差，那是相当辛苦的。

最后，用四句结语概括"朝觐"一词所含义理：草木弯腰谢阳光，朝臣跪地谢龙恩；君民关系在其次，效法天地才是真。

东西

东之正体字为東。

東

从日，从木。日在木中木必动，因为日光是一种能量，这种能量给予草木，草木当有回应，那就是向太阳鞠躬弯腰或点头，不仅向日葵，所有的植物都有这样的本能。太阳最早升起的方向为東。東方最早接受日光的沐浴，所以東、西、南、北中東是老大。古代，東为主位，西为宾位，主人被称为"東家"。

許慎《说文解字·木部》："東，动也，从木。官溥说，从日在木中。"

西

从兀，从口。最初象鸟在巢上。兀表示高耸的样子，为安全起见鸟筑巢一定选择高处；口代表活物——鸟。鸟在太阳落山的时候飞回巢穴，日落的方向为西。

東与西是两个表示方位的字。造"東"字时参照的是植物，造"西"字的时候参照的是动物。植物与动物是人类最主要的食物来源，即重要的生活资料，所以古人用"東西"表示食物，推而广之表示生活资料，再推而广之代表看得见、摸得着的物件，再推而广之，代表一切想表示的，包括观念与思想（纪晓岚的解释亦可充为一说）。

東西属于原生态的思想表达，然而这种原始的表达比科学表达深刻得多。"東西"一词的深刻性表现为：

（一）一切東西都是时间赋予的，因此中国古人非常尊重时间，把一切東西都放置在时间系列中加以认知与利用，坚决不制造违反天时的東西。

（二）人以食为天，鸟以巢为家，而金银财宝并非真正有用的東西，有与没有，有多有少并不关乎人的幸福。

（三）之所以東西由方位转义为实物，是因为日落之后，深夜来临，草木与鸟类皆沉睡不醒，既感觉不出東也感觉不出西，方位感没有了，人沦落为"東西"。

（四）甲骨文的東"象实物囊括其中两端之形"，似乎是在告诉世人，物的所有权是被锁住的，并没有赐予人类。物之用在于用，生不带来死不带去，人只是在活着的时候暂时取得使用权而已。

（五）東者动也。日出于東方的景象只是一刹那而已，转瞬即逝。动的结果使得東只能维持很短时间，过了时间的界线東就变为南，继而变为西。

（六）東者懂也。東又往往代表春季。真正懂得了東的含义，人才可能永葆青春。

（七）用鸟建巢于高处表示西，寓意深远。人的生命时钟迟早也要走到西方的尽头。让生命不留遗憾的唯一方法就是用事功与德行为自己立一块丰碑。

（八）"東西"不是人生追逐的主要目标，因为東与西只表示方向，并不表示人生的价值。

最后，用四句结语概括"東西"一词所含义理：東西为人用，持之适可止；无钱不下贱，无知实可耻。

默

默

从黑,从犬。不语曰默。用黑表示默恰如其分,在漆黑一片中怎能渴望有欢声笑语?问题是,为什么默的右边出现犬?这是因为吠是狗之职责所在,非我主人,我必吠之,这是狗的原则,所以才发生盗跖之犬吠尧[①]的事情。尧是圣人,狗不应冲着圣人狂叫不止。然而,这怪不得狗,它分辨不出谁是凡人谁是圣人。尽管如此,仍有犬中优秀者属于例外,优秀的狗善于观察与思考,不到万不得已的时候不轻易叫,这样的良犬少之又少。所以,古人造默这个字的时候以犬喻人,比喻优秀的人不轻易说话,更不轻易滔滔不绝地说话,他们善于沉默,在沉默中积蓄力量,让朋友钦佩,让敌人胆寒。古人造"狗"与"狼"这两个字时充分表现了沉默为金的价值观。狗与狼都是犬旁,不同的是狗善吠,而狼之品德则完全见于行动,所以狼才是良犬,而狗则是一般的犬。

默之高贵源于道之微妙,正如老子所说"道可道,非常道",俗人言道,都是在说自己所理解的道,而非自然之道。夸夸其谈的人往往是不学无术之徒。这样的情形在今天尤为常见,那些拿最高讲课费的人往往胸无点墨,靠的是雄辩的口才。

口才在逻辑思维见长的西方国家很重要,很多臭名昭著的政治家——如希特勒——就是靠演讲在选举中获胜,从而取得执政权的。中国人比试才华要靠一支笔,一张纸,一方砚台,一块墨,从容谋篇而后奋笔疾书,真才实学留于纸上,作为证据,千年不泯。

最后,用四句结语概括"默"字所含义理:人言我默,人创我守,人勇我畏,人肥我瘦。

恋

恋之正体字为戀。

[①] 吠尧:典出《史记·淮阴侯列传》:"蹠之狗吠尧,尧非不仁,狗固吠非其主。"甘肃民族出版社1997年版,第704页。

戀

从心，从言，从丝。戀之义如其组合之形：言乱如丝而心系之。人的情绪是积极的、乐观的、幸福的，却难以表达，表达起来语无伦次，言不由衷，词不达意，给人以心如乱麻的感觉，其实心如明镜，而非如乱麻，只不过近于失语的状态给人一种错觉而已。——这正是"戀"的奥旨精义之所在。以男女为例：二人处于模糊朦胧状态下的爱慕，那才是真正的戀，一旦神秘感被打破戀也就随之消失。这种现象正说明，戀爱是极其短促的心理过程，可以说稍纵即逝。西方人说戀爱是婚姻之基础纯属胡言乱语。婚姻与戀爱基本无涉，男女结合不一定非要经受戀爱的过程。戀爱应该与圆房合义，那才是最圆满的结合。

中国古代建立的婚姻家庭文化之所以将戀爱排除在外，是因为戀爱本身并不是崇高的行为，甚至可以说与道德无染，属于一种生理行为，好人有之，坏人有之，流氓有之，君子亦有之，甚至病态的同性戀者亦有之（2012年12月19日，澳大利亚社会事务部长伊恩·亨特与其同性伙伴举行了婚礼，两个同性组成的"夫妇"过起了家庭生活）。戀爱可以是美好的，也可以是罪恶的，可以造就和谐美满，也可以造成社会犯罪。

家庭不能建立在爱情基础之上，正是因为爱情是不稳定的，而家庭则需要稳定，家庭总处于动荡之中也就失去了应有的社会功能，沦落为社会动乱之源。异性相吸是自然法则，中国古代的家庭充分应用了这个法则，剩余的工作就是建立起男女大防，不让男人接近配偶之外的女人，也不让女人接近配偶之外的男人。这样，男女都专注于自己的配偶。为达到这个目的，媒妁之言、父母之命就成为十分必要的社会契约，这个契约的初衷就是将家庭的意义由生理方面转向社会方面，男女以牺牲个人的审美取向来换取家庭机制的和谐与稳定，通过牺牲对配偶的选择权来换取对女人身体的整体占有（在罪恶的自由戀爱场合，很多不会取悦女人的男人得不到完整的女人，从而得不到男女交配的完整过程——因为女人在此之前已经将爱之激情给予了其他男人，而这个男人是流氓、恶棍的概率非常大。所以我说有道德的男人得不到处女的概率非常大）。"媒妁之言、父母之命"是在防止恶棍娶淑女、好男娶"破鞋"[①]的事情发生，那实在是对人

[①] 破鞋：指随意与男性发生关系，而不以建立家庭为目的的女人。

生的亵渎。

戀的读音与敛相通，是因为戀是收敛的，一旦张扬，比如未婚同居，就不再是戀，而是同居，同居与戀不再有什么瓜葛。

戀的读音与脸相通，是是因为人是要脸面的，不能见异性就要做爱，那样就连动物也不如了。

戀的读音与莲相通，是因为戀与莲有惊人的相似之处，出于淤泥而不染。

戀的读音与帘相通，是因为凡戀爱都必须是隐秘的。

戀的读音与廉相通，是因为戀是廉洁的，声色犬马下的男女之事是交易，而非戀。

最后，用四句结语概括"戀"字所含义理：男女婚配成一家，阴阳和合育儿孙；为戀新欢休妻子，家破人亡欲断魂。

乐生篇

音乐之乐与快乐之乐用同一个字来表达，这充分显示出中国古人超乎寻常的智慧。得到乐很容易，而发财致富则很难。发财致富却不一定得到乐，因为发财与乐之间本来就不存在因果关系。

现在人类普遍感到缺乏乐趣，是因为对乐的理解产生了偏颇。其实，乐是世界上最容易得到的东西。对于穷人来说，他想摆脱乐都摆脱不了，因为些许所得都会使他乐不可支；对于富人来说，求乐就更容易了，他可以通过各种方法让自己在瞬间变为没钱的人，自然就能得到乐，得到永不枯竭的乐。

乐

乐之正体字为樂。

樂

从丝，从白，从木。这个字明确昭示这样一个事实：中国古人把樂建立在自然的基础上，不仅表现在樂中含有木与丝，更体现在中国的樂是天籁①、人籁②、地籁③的合一，是人间天上共同的心声。这样，音乐之乐就转为礼樂教化之樂。中国人因樂而悦目娱心，因樂而超越自我，因樂而手

---

① 天籁：自然界的声音，如风声、雨声、鸟声、流水声等。中国古乐与风有关的有《大风歌》等，与雨有关的有《雨打芭蕉》等，与鸟有关的有《百鸟朝凤》等，与流水有关的有《高山流水》等。《莊子·齐物论》："女闻人籁而未闻地籁，女闻地籁而未闻天籁夫！"

② 人籁：本义指人吹排箫发出的声音，后泛指人发出的声音。

③ 地籁：本义指地穴发出的声音。

舞足蹈、跃跃欲试，因樂而月地云阶①，因樂而约定俗成……

不能不涉及民樂与西樂的评价问题。在评价之前有必要弄清楚二者的差异：

（一）樂器材料上的差异。不同材料充分显示了东西方的差异，东方的樂器多为丝竹、木管类，而西方的樂器则是钢琴或铜管类，一目了然。前者是保守的，也是接近自然的；后者是创新的，也是超自然的（西樂能发出自然不存在的声音）。

（二）声樂发声学上的差异。民樂反对造作，追求自然之声，要求音樂引起人们对美的向往。而西方音樂则强调对感官的刺激，要求发出的声音能够撩拨人的欲望。

（三）对创作与表演关系的理解方面的差异。在一定程度上，民樂的创作与演奏（演唱）是合一的，演奏者或演唱者不是照本宣科，自由发挥的余地很大；而西樂则完全照本宣科。

（四）审美观与价值观方面的差异。民樂以自然为美，因此是保守的；西樂以人为美，因此是创新的。

总体评价：中樂与西樂各有特长。一方水土养一方人，中国的樂把中国人引领上天人合一的光辉大道。说到樂，不能不提及古代具有代表性的樂器——古琴。中国古琴是世界上唯一不带定音档的弦樂器，演奏者可以充分依靠它抒发感情。从演奏技巧上看，仅颤音就有二十六种方法。有的动作很隐蔽，几乎看不出手指的颤动，似乎琴是在受心灵支配。难怪李约瑟动情地说："现代优秀的古琴演奏家在演奏时，听众们已经听不到一个音符，即使是演奏家自己也要专心致志地倾听自己演奏出来的声音，才能感觉到音符的存在。"这正是老子在《道德经》一书中所说的"大音希声"！②

最后，用四句结语概括"樂"字所含义理：天籁地籁人籁，与天共舞开怀；礼樂教化传承，华夏民族永宅③。

---

① 月地云阶：以月为地，以云为阶，形容人进入美妙的仙境。
② 中国人在东汉末期就已拥有琴弦振动方面的知识，西方直到19世纪才了解，相隔1500多年。
③ 永宅：世代坚守。

健康

健

从亻，从建。先不论亻旁，建之字形为辶（走）、聿（笔），就是在建立规章制度的场合用笔记录。建的钟鼎文（中山王墓宫堂图、荻建鼎等）中有行（彳）有止，明显表示有一种规律在支配行止。加上亻旁，表示这种规律与人的活动相关。人的生活行为是有规律的，起居饮食、坐卧行走都按照规律进行，一旦违反，就会生病，严重者会导致死亡——这在《黄帝内经》中有详尽的描述。一般将健训为强壮，并不错，然而还不够准确。許慎将健解为"伉"是后来训诂家将健训为强壮有力的主要根据，因为伉确实有此意。然而，"伉"的本义是对偶、相对，强壮不是本义。許慎所说的"伉"乃是指本义——对偶、相对。健这个字因孔子在《易经》中所说的一句话而名震古今——"天行健，君子以自强不息"。这里的"健"有以下几种含义：

（一）天之运行是对偶的，一个天体参照另一个天体运行，不存在孤立的天体；

（二）天体运行所遵照的规律很刚健，说一不二，永不乖违；

（三）天体运行表面上有行有止（所谓止不过是白日月止，黑夜日止的假象而已）；

（四）天体运行是能够用笔（聿）加以记录的，事实也正是如此，顾炎武用这样一句话概括中国古代天文学之发达："三代之上，人人皆知天文。"[1]能记录说明宇宙有规律可循，而且通过直观可以进行记录。[2]

君子代表有道德的人，凡有道德者皆应该以天为式，像天那样伉直，永远自强不息。

康

从广，从隶。康的甲骨文（前一·三七·一、后上二〇·五、辅仁

---

[1] 《日知录》："三代以上，人人皆知天文。七月流火，农夫之辞也；三星在天，妇人之语也；月离于毕，戍卒之作也；龙尾伏辰，儿童之谣也。"

[2] 中国古人直观记录天文与现代西方人通过科学仪器记录天文性质完全不同，前者记录天文为的是遵照天的意志行事；后者记录天文为的是向天索取财富。

六一等）与钟鼎文（扬簋、毛公鼎、哀成叔鼎、齐陈曼簠等）象田中禾苗受雨水滋润。隶变后的"康"为广中隶，意思是无论走到何方（广之意），都有附着于自己的奴隶一样的随从（隶）。奴隶属于家私，而非附属官府，故而是私人之物。造字者沿用此意，"隶"用于奴隶之外的附属物。显然，如果人的身体未受到疾病困扰，康就附属于人，人到何处它亦到何处。当然将"广"解作心胸宽广则健康常随亦无不可。

最后，用四句结语概括"健康"一词所含义理：天行健，人行康；效法天，免遭殃。

游戏

游之正体字为遊。

遊

从辶，从斿。斿的甲骨文（甲一五六六、京津四四五七等）、钟鼎文（仲斿父鼎等）象旌旗末端飘带之类的装饰物。《周礼·春官·巾车》："建大常，十有二斿。"意思是说大常旗配有十二个饰物。辶是走、来、逛的意思，遊就是来观赏旌旗饰物。遊转入水上则为游，意思不变。

后来，将四处遊走求学称为遊学。孟子云："故观于海者难为水，遊于圣人之门者难为言。"[①] 遊学有自谦之意，说自己不是在学习而是在遊玩。其实，读万卷书行万里路，不走动而学成者少之又少。

戏之正体字为戲。

戲

从虍，从豆，从戈。虘读音与戲相通，为古代一种形状似豆的陶器。戲字带戈，本义为军之偏师。古代，凡不是由最高统帅直接指挥的部队皆谓之偏师。戲转义为戲耍、角力、遊戲源于这样一个历史故事：春秋时赵简子的一支偏师由一位名叫少室周的将军带领，由于最高统帅不在，少室周的军纪便松弛下来。少室周听说军中有一个名叫牛谈的大力士，就把他

[①] 引自《諸子集成》第一卷，《孟子·盡心上》，上海書店1991年版，第538页。

叫过来与他角力，结果少室周没能赢牛谈。少室周因此还提拔了牛谈。这个故事被记载于《国语·晋语九》中。后来，这个故事流传开来，就将角力、戲耍等活动称为戲，而且戲的外延也不断扩大。由于在比试或角力的场合常有居于上位的人失约，输而不肯认罚，于是戲有了嘲弄、开玩笑的意思。这正好体现了古人乐生好学而不乏幽默的生活。

综上所述，遊戲乃是雕虫小技，难登大雅之堂。不想，今日"戲"真的登上了大雅之堂，充斥电视等媒体的十有八九都是戲的本义所揭示的情景：歌女唱歌，舞女跳舞，以逞其美，其实哪里有什么美，有丑而已。今日之人类，如果除去遊戲者，顿时索然寡味，甚至经济也要瘫痪，因为有钱人需要"消费"（拿戲子取乐），没有消费场所，也就失去挣钱的动力。在这个意义上，我说，经济是由遊戲人推动的。正是：商女不知亡国恨，隔江犹唱后庭花！

可千万别小觑唱后庭花的人，他（她）们的收入比教师、诗人、医生的要高百倍。遊戲非但是一种娱乐，还代表当前人类的价值取向，代表这个时代的风貌。就如孔子的时代以走入仕途为最高追求一样，都是一种个人难以对抗的趋势。正是在这个意义上，我说，"遊戲"由副业变为主业，由下流上升为上品，由可有可无变为缺之不可，凡此种种，表明人类已经从严肃正经的生灵蜕化为庸俗不堪的动物。我不看好这种低俗动物的前途。

最后，用四句结语概括"遊戲"一词所含义理：蹉跎岁月，遊手好闲，戲蝶遊蜂①，枉有人身。

逸

逸

从兔，从辶。兔走为逸。最初的兔字是象形的，加之兔子以狡猾而著称，故而"兔走"足以构成一幅活灵活现的逃窜图画。引用至人类社会，"逸"有了隐遁不彰之意。兔子善逃之特征带有贬义，因此总体上说，逸属于一种消极行为，非迫不得已不该逸——这是儒家的正统观点。所谓儒家主张入世，说的就是这个原则。在中国文化传统中，一般情况下逃逸属

---

① 戲蝶遊蜂：比喻浮浪子弟。

于异端的行为，其动机含有自私成分，值得怀疑，因为逃逸躲避转移了生活目标。兔子的耳朵长且灵敏，但有风吹草动闻风而窜。这正是儒家所不齿的。孔子说六十耳顺，意思是六十岁的时候无论听到什么，都能顺着天理的思路加以分析，心平气和地对待不同的声音，绝不是暴跳如雷或者一走了之。

逸或者不逸的背后隐藏着一个更本质的命题：为或者无为。老庄主张无为，逃世不过是无为的手段而已。老子说：

> 天下皆知美之为美，斯恶已；皆知善之为善，斯不善已。故有无相生，难易相成，长短相较，高下相倾，音声相和，前后相随。是以圣人处无为之事，行不言之教，万物作为而不辞，生而不有，为而弗恃，功成而弗居。夫唯弗居，是以不去。①

这段话含有很深刻的思想，具有很大价值。"恒也"之前的部分老子说得完全正确，然而"圣人处无为之事，行不言之教"的结论就有问题了，对此，白居易曾严厉批判过。因为老子若真的执行自己的方针就不应该写《道德经》，老子写了，而且被后人广为吟诵，奉为经典。老子的功绩在于他的为，而非无为。②

儒家积极入世，这没有问题，然而天下无道的时候，逸也是没有办法的办法。所以孔子才说"天下有道则见，无道则隐"，甚至要"乘桴浮于海"。

通过对"逸"的训诂，可以深入了解中国以儒家为代表的传统文化的精髓：天人合一，道法自然，自然虽然没有刻意的所为，但人类为了保证自然的无为状态就必须有所为。③

最后，用四句结语概括"逸"字所含义理：兔子耳长为保命，圣人耳聪护天极；兔子闻声而逃逸，圣人肃立朝天揖。

---

① 引自《諸子集成》第三卷，《道德經·第二章》，上海書店1991年版，第1页。
② 若将无为用于自然的场合那是再恰当不过了，正如老子所说："万物作而弗始，生而弗有，为而弗恃，功成而弗居。"自然确实是无为而治的，人类也确实必须道法自然。然而，人之特殊性在于有七情六欲，很难自发地道法自然，所以一味地无为只能助长贪欲，不但不会法自然，还会将自然当作敌人对待。西方的理性主义猖獗，就是因为在精神道德方面的无为。
③ 自然的刻意所为就是向人间降各种灾害，以惩罚贪婪不轨的人类。

活

活

从氵，从舌。活的古文为"瓳"，表示水流之声。这是典型的会意字，活本是形声字，水流之声为活。流水不腐，有水流之声才有鱼虾之类的生命。氏代表姓氏，口代表人口，家族世代繁衍，如同流水。隶变之后作"活"，虽然部分地失去原义，但是揭示出水对于生命的重要性，也是有价值的。水是生命之源，无水十日必亡。水的补给充足与否，舌头首先感知，所以才有"口干舌燥"这个成语。

活与获谐音，表示生命以收获为前提，古代获包括艹（谷物）与犭（肉类）两部分。没有收获这个前提，人类无法存活，没有足够多与足够好的粮食与肉类，金山、银山等于零[1]。

活的读音与惑相通，表示生命是神秘难解的，须要通过宗教加以理解，绝不能采用非黑即白的理性主义解释方法。

活与伙谐音，表示对于"活"（生命）的现象，只有大家一起来理解才是有益的，各自为政则非常有害。

活与火谐音，表示火也是活的重要条件。古人已经认识到太阳是一个火团，并给人间带来光明与热量。正因为如此，《易经》才将乾列为第一卦。

活与祸谐音，表示生活充满凶险，总是与灾祸相伴。正因为如此，必须认真解决怎样活的问题。

活与豁谐音，表示活着的人心胸应该像开阔的山谷，太狭隘是活不成的。

死活对于任何民族或族群来说都是头等大事。有人说孔子回避死，他说："未知生焉知死。"[2] 其实这里的死仅仅指鬼神，并不指死活之死。孔子的孝道中的很大一部分就是为解决如何对待死的。孔子主张厚葬，反映出他对死人的人文关照。死人更需要活人关照，因为：（一）死人没有作为，任人宰割，正因为这个原因，放肆的"肆"发音与死相通；（二）一

---

[1] 现代化的悲剧就在于忽视了粮食与肉类的质量，光注意积累财富，本末倒置了。
[2] 引自《諸子集成》第一卷，《論語·先進》，上海书店1991年版，第243页。

般来说，死人在明处，活人在暗处，很容易发生盗墓等不利于死人的事情；（三）时间会冲淡活人对死人的记忆，很容易出现"顾活不顾死"的情形。

中国重视死人的文化传统在世界上当属独一无二，这是非常优秀、非常人性的传统。

最后，用四句结语概括"活"字所含义理：人活一世，血脉长流；传统一贯，寿短何忧？

亲

亲之正体字为親。

親

从立，从木，从見。許慎《说文解字·見部》"親，至也。"段玉裁注："親，父母者，情之最至者也，故谓之親。"[①] 可以这样理解許慎与段玉裁的表述：

親由立与木组成。立木为树，树有根，深扎于土。人伦与树木一样也有根，父母是根，根要深扎于华夏之沃土。以树比喻人，以树离不开根比喻人离不开父母，既形象又深刻。赤子远游，回归的征程十分辛苦，肯定是归心似箭。当归途中疲倦不堪的游子远远看到自家院落的树，一下子兴奋起来，他知道——快要到家与亲人团聚了。这种感觉非亲历不能知也。不以房屋比喻家，而以树木比喻家，体现了中国人独特的天人观，这种天人观是把人牢牢地系于自然，不离不弃，生死与共。

親字中的木代表根柢。人皆有根，中国古人把血亲关系定为十八代，自己之上九代（包括自己），自己之下九代。

自己之上九代：生己者为父母，父之父为祖，祖之父为曾祖，曾祖之父为高祖，高祖之父为天祖，天祖之父为烈祖，烈祖之父为太祖，太祖之父为远祖，远祖之父为鼻祖。

自己之下九代：父之子为子，子之子为孙，孙之子为曾孙，曾孙之子为玄孙，玄孙之子为来孙，来孙之子为晜（读昆）孙，晜孙之子为仍孙，

[①] 引自許慎《说文解字注·見部》，浙江古籍出版社2002年版，第409页。

仍孙之子为云孙，云孙之子为耳孙。

推而广之，无血缘关系的也能够成为亲人。《礼记·大学》："大学之道，在明明德，在亲民，在止于至善。"把民当成亲人，这不是胡言乱语，是历史的真实。亲的本义局限于家庭、家族的，延伸开来对整个华夏民族都是有效的。

证明造字者丰功伟业的最好方法是将字交付给历史，让历史做裁断。现代社会，亲情丧失殆尽，这已是路人皆知的事实。还有一个伴随的事实往往被人们忽略，那就是树木围绕院落的情景亦消失殆尽。亲情与树木同时消失绝非偶然。这个事实说明：天道是人道之基础，也是人道之护佑者，没有了天道，人道"皮之不存，毛将安傅"。

看一看今日之世态：

儿子因为钱，在大庭广众之下连刺亲生母亲数刀，致使血洒大地，看客目瞪口呆；

儿女为继承房产不惜将父母告上法庭，让亲人备受侮辱，欲死不能，欲活无门；

兄弟之间为争夺一位姑娘而大打出手，最终弟弟败北，弟弟眼看自己的对象与自己的亲哥哥结婚，忍不下这口气而毅然卧轨；①

孙子向爷爷要钱，爷爷不给，孙子立即拔出匕首将爷爷刺死。

……

最后，用四句结语概括"亲"字所含义理：亲乃木青，情乃心青；青青远取，写入五经。

欢

欢之正体字为歡。

歡

从雚，从欠。圣人造字时经常以鸟喻人或喻事，说明某种现象或者道理。这是"远取诸物"的生动体现。

雚鸟爱叫"喜乐"，在灌木丛中飞来飞去，无论何时、何种境遇都是

---

① 以上列举的事件全部为作者耳闻或亲历。

乐观可人的，它们的美妙歌声与翩翩舞姿也给人带来欢乐。"欠"的本义是形容打呵欠状。鸟是不打呵欠的，鸟张开嘴，那是表示欢乐。

深刻理解以下几个汉字，体会这些行为、情思或动作的含义，也许能够让人得到很多欢乐：

唤：人的嘴不仅是吃饭、喝水、说话、呼气的，还有呼唤的功能。呼唤欢乐，欢乐就会真的来到身边，正如亲切地呼唤父亲、母亲就能加深父子、母子之间的感情。

桓：桓是一种树木，亦称作无患木。叶似柳，树皮呈黄白色。烧之极香。因此，桓可以代表烧香，而烧香则可以代表虔诚笃敬，虔诚笃敬可以给人带来内心的欢乐。

换：当我们染上"欢乐麻痹症"时，换一种活法或换一种生活态度，也许欢乐就会不期而至。

缓：放缓生活的节奏，将身体与精神松弛下来，就会发现欢乐，感觉到欢乐，并能够从容地享受欢乐。

焕：当人通过自我调整，端正人生态度之后，精神焕发，这时原来体会不出的欢乐都会涌现出来。

浣：洗涤一下衣服，打扮一下容姿，点点滴滴都能感受到欢乐。

环：环视周围，总能发现欢乐的因素。

……

以上是表层分析，在表层的内里，还有玄机。欢字还揭示了这样一个不争的事实：中国人的欢乐来自于自然，最终也还原到自然那里。祭祀就是典型的"还原"。至今，在日本、韩国等珍惜中国文化传统的国度里一年四季都能够看到参加祭祀活动的欢乐人群。那是对大自然最好的回报。[1] 我敢预言，鸟儿从自然中消失的那一天，欢乐也会随之从人间消失；祭祀从人类生活中消失的那一天，欢乐便一去不复还。

鹳鸟从不欺人，它的欢乐总是真实的。而人类很容易误入歧途，将穷奢极欲当作欢乐，把透支未来当作美事，不知报应之将至。比起鹳鸟来，人类应该自叹弗如。现代人不仅改变了古人欢乐的态度，而且索性将"歡"瘦身为"欢"，让人不解其意，以消除"隐患"，放心大胆地过穷奢极欲的糜烂生活。

---

[1] 参阅拙作《和之风》，漓江出版社2012年版，第30—33页。

最后，用四句结语概括"歡"字所含义理：歡乐来自天，由心来体验。歡乐或忧愁，取决于心田。

树

树之正体字为樹。

樹

从木，从尌。樹之籀文为尌，尌由屮、豆、寸三部分组成。可以将"豆"理解为种子，将种子放入土中，浇足水，经过一段时间（寸）就能生长出植物。古人将生长出来的东西叫作樹。樹乃是木本植物之总称。表示时间的"寸"在樹这个字中占据重要地位，可以认为"寸"为中国古人建立起一个天人合一的时间观，对中国的方方面面都产生很大影响。《礼记》指出："樹木以时伐焉，禽兽以时杀焉。"[1] 简单几个字却建立了一个权威的道德准则与生活准则，这个准则告诉人们：人类不能为所欲为，不能贪自然所有为己有，不能贪图一时之利，不能背离天道。古代有六艺——礼、乐、射、御、书、数，其实樹（种植）也属一种艺，叫作樹艺[2]。之所以有樹艺之说，是因为樹木种植的过程与人的生产过程有很多相似之处，都需要阳光雨露的滋养，古人称立德为"樹德"[3]，正如俗话所说"十年樹木，百年樹人"。

樹的读音与竖相通，表明樹的年轮有记录时光的功能。中国古代一般横向代表空间，纵向（竖）代表时间。

樹的读音与书相通，是因为好书谓之经典。樹木给中国人提供物质营养，四书五经则给中国人提供精神营养。

樹的读音与数相通，是想告诉人们：樹木与人类的数（命运、气数）紧密相连，樹木茂盛人类昌盛，樹木凋零则人类灭亡。人类将原始森林砍伐殆尽之日就是人类走进坟墓之时。

樹的读音与述相通，意在表明人类的文化与樹木一样需要世代传承，

---

[1] 引自《礼记·祭义》，岳麓书社2002年版，第628页。
[2] 《孟子·滕文公上》："后稷教民稼穑，樹艺五谷。"
[3] 出自《尚书·泰誓下》："樹德务滋，除恶务本。"

正如孔子所说"述而不作"①。作是创作，推翻圣人的教导，创作新说是件十分危险的事情，就如樹木的根深扎于大地，是不能改变的。

樹的读音与疏相通，是因为要想让樹木茁壮生长，必须不时疏松土壤，让根部能够吸收空气中的营养。文化经典是圣人的思想结晶，不能随便改易，但也要不时进行注疏，以利于世代流传。

樹的读音与澍相通，是因为"澍"为看得见的及时雨，而樹则是不易察觉的及时雨——樹有储存雨水的功能，能在干燥缺雨时向外释放水分，起到"澍"的作用。

樹的读音与输相通，是因为樹木负有向人类输送氧气的责任。

"樹艺"已经渐渐被国人疏远，很多人认为植樹有什么可学的，将樹苗栽植到土里便万事大吉。这正是现代人的悲剧所在。其实植樹造林并不是简单的事情，绝不能随意种植草木。原是森林的樹木缺少了，可以补种，但必须种原来就有的品种，不能创新。因为新的樹种不一定适合环境。20世纪以来，中国人吃随意引进樹种、草种的亏数不胜数。水葫芦就是其中一种，请神容易送神难，要想完全清除水葫芦已经不可能。

最后，用四句结语概括"樹"字所含义理：前人栽樹，后人乘凉；圣人创业，垂统②炎黃。

贤惠

贤之正体字为賢。

賢

从臣，从又，从貝。古代的賢没有貝，貝是后来加上去的。又与貝皆容易理解，唯一的难点在于对臣的理解。

凡含有"臣"的汉字都有服从、屈服之意，只不过有人将服从、屈服理解为奴颜婢膝，那是大错特错了。这里的屈服、服从有一种克己复礼的含义，是对自我放任的本性的自觉约束，是人类最可贵的品质之一。试

---

① 述而不作：出自《论语·述而》：子曰："述而不作，信而好古，窃比我于老彭。"
② 创业垂统：创建功业，传之子孙。典出葛洪《抱朴子·逸民》："吕尚创业垂统，以示后人，而張苟酷之端，开残贼之轨。"

想，人类没有自我约束的意识，必然放纵贪欲，让虎兕出柙，群魔乱舞，也就毁了好端端的世界。①

臣表示服从，又（手）表示勤劳，这样賢就有了德才兼备的意思。许多训诂者认为加上了"貝"賢就增加了有才的意思。其实，在这里"貝"不是表示有钱，而是表示会过日子。正因为如此，賢多用于女性，比如賢妻良母。

惠

从叀，从心。惠之钟鼎文基本都是由三部分组成，从上至下分别是：草、田、心。草代表农作物，田里的农作物苗壮生长是大地的功劳，大地有一颗仁爱之心②。故而仁爱为惠之本义。——这就是"惠"展示给我们的图景。隶变后的"惠"依稀还有钟鼎文的痕迹，如心与田完好保留了下来，只是草被"十"代替了。十有齐全、齐备之意，凡田间所长，大地都予以关照。这也讲得通。至于惠与会读音相通更是自然而然的事情，賢惠的人却笨拙得什么都不会做，那是自相矛盾的。

须要强调的是，賢惠多指谓女性，这是因为中国古代社会奉行男尊女卑、夫唱妇随的方针，目的是为了社会的稳定与和谐。现代人常常对此加以诟病，而且措辞颇为严厉，非要将男尊女卑彻底铲除不可。正是在这种思潮的影响下，现在称得上賢惠的女性已凤毛麟角，难以寻觅。孰对孰错？从学理上看，男女平等与男尊女卑都有道理。前者的道理在于，任何学问都不应该建立在强权基础之上，平等比等级更能说服人心。后者的道理在于，家庭是一个社会组织，是组织就要有一个（而不能是两个）担负决策责任的首领，否则就不能称其为组织。如果承认家庭是社会组织，也承认凡组织都要有一个说话算数的领导者，那么男女就不能平等，只要平等，就违反组织必须有首领的原则。实际上，唱高调容易，解决实际问题则难得多。在男女平等的场合，男方说东，女方说西，又没有斡旋者，争执下去一百年也争不出个结果来。家庭有首领的场合则出现不了这样的尴尬，一切决定由领导拍板，另一方服从，这样就能万事顺利，家庭和谐。那么，男女双方谁担当家庭之主合适呢？男的说了不算，女的说了也

---

① 参阅本书的"监"。
② 古人称大地的仁爱之心为地德。

不算，要由社会生产方式说了算，由为生产方式服务的文化传统说了算。中国古代以农耕为主，这种社会有严格的分工：体力强壮的男子适合于农田作业，相对孱弱的女子适合于料理家务，男主外、女主内，形成珠联璧合的巧妙配合，男女各得其所，各施所长，社会安定，家庭和谐。显然，较之女子之家务，男子的工作更关乎生死存亡，也更劳累，所以要求妻子对丈夫施以温柔与抚慰，令丈夫甘心付出。夫唱妇随与三从四德都是为这种分工机制服务的，实践证明这是一种合理而又有效的机制，虽有不足，然而瑕不掩瑜。

三从四德是女人的道德规范。三从：未嫁从父，既嫁从夫，夫死从子。四德：德（道德）、容（仪容）、言（言谈）、工（女红）。

"未嫁从父"很好理解，古代的家庭以父亲为户主，而且一般来说父亲的文化水平与决策能力要强于母亲，所以听从父亲教导尤为重要。

"既嫁从夫"的道理与"未嫁从父"类同。

"夫死从子"的伦理准则经常受到现代人的诟病，认为这是剥夺女权的行为，其实不然，这里的"从"并非服从之意，而是"跟着"的意思，丈夫死了，跟儿子过天经地义。

"仪容"是非常重要的，女子衣装齐整可以大量减少社会犯罪，节约社会人际成本。现在，之所以犯罪率奇高（至少高过古代一百倍），与女子追逐奇装异服与衣装不整有很大关系。

"言谈"是一个人的名片，特别是女人，只要一开口说话，就基本可以断定其修养与素质水平了，言谈温文尔雅的女性能够愉悦男人，也能自得其乐。

"女红"本指针线活，也可以延至各种家务，是古代女人的基本功。女红的主要目的并非创造物质成果，而是培育沉稳的性格，增强耐性，从而促进家庭和谐。

最后，用四句结语概括"贤惠"一词所含义理：地惠妻贤，地灵人杰；如若取巧[①]，地力衰竭。

[①] 指使用化肥、农药、转基因技术等。

字

字

从宀，从子。字之本义如字形所示——家里生子。宀既代表物质的房子，又表示文化意义的家庭。王充说过"妇人疏字者子活，数乳者子死"的名言，已经被西方科学所证明。具有代表性的钟鼎文的字是象形的，宀很像房子，子代表孩子。由生育演绎出一系列旁义：

孩子是性爱之结晶，故而字有爱的意思。

生了孩子不能弃之不顾，故而字有了抚育的意思。

光在物质层面抚育还不够，故而增加了教育的意思。

孩子有了自我意识的时候光有名不行，还要有一个与本名意思相关的称谓——字。

如果是女孩，总要出嫁，以繁育后代，所以"字"又有出嫁与生孩子的意思。

以上都是针对人类的世代相传而言的。如果人类只有肉体意义的传宗接代，那就难以与一般动物相区别，人类还需要将文化信仰、道德风俗传之后人，这样字就有了文化学、文字学的意思。

表面上看，文字并没有人类那样旺盛的生育能力，新造字屈指可数，人们使用的文字大多都是现成的。细想则不然，通过排列组合，文字可以不断地产生新意，犹如人之不断繁衍。文字是住在华夏大厦中的孩子，这个孩子如今已经将近五千岁了。这在世界上是独一无二的。世界上也有比汉字更古老的文字，但它们统统死亡了，历经数千年的历史沧桑仍然健在的唯有汉字。这不仅是中国人的骄傲，也是人类的骄傲，代表人类的高贵与睿智。

20世纪以还，总有一些创新狂看不惯汉字，对它施以刀斧，进行简化。兹举其危害最大者，以供反思：

倫改为伦：人与人像册（卷起的竹简，代表圆）那样圆润、和谐地相处变为匕首相向，以分高下。

趙改为赵：造父乘月色行军的典故变为快速"赶刀"（古代走是跑或疾驰的意思）或者挨枪子（枪毙犯人的判决书上要打×）。

鬱改为郁：一个美丽的故事被一个邑（阝代表邑）取代。有一个邑与抑郁有何关联，不得而知。

學改为学：生动显示出内涵的學被瘦身之后既不知学始于何时，也不知学什么。

習改为习：習表示鸟练习飞翔，半边羽毛如何飞得起来？

爭改为争：两只手同抓一物的形象被削弱。

奮改为奋："手持佳失之"的本义尽失，大田者大块田地也，与奋发、奋斗并无任何关系。

孫改为孙："代代相系"变为"小子"，何来孙的意思，难道人小就一定是孙子吗？

廢改为废：廢字告诉我们这样一个信息：发展过度适得其反，导致开发项目废顿。工程如此，人亦如此。廢的读音与癈相通，癈指长期不愈的病，这种病由發（发家、发财、发迹）引起，很难治愈。改为废之后莫名其妙。

際改为际：際字中的阝代表阜（山，引申为自然），祭则是神灵受人飨食之所，代表人。際表示人与神之分界线，改为际不知所云。

寧改为宁：人静物止的寧变为家中一丁（男子），男子独居家中怎么可能宁静？

聖改为圣：贯通天、地、人的圣人变为手攥一把黄土的顽童。

華改为华：天人合一的中華变为好变（十化，多变也）不定的中华。

認識改为认识：有忍耐的品德才能認識自己，認識世界，变为人言即是认，只要言就有识——认识成为天下第一易事。

鄉改为乡：两位男子对食的美好场景被一人独食取代。

联想到八九十年前，国人掀起的那场糟蹋汉字的闹剧，不禁浑身颤抖，不能自已。钱玄同喊出"废孔学，废汉字"①的口号，鲁迅喊出"汉字不灭，中国必亡"②的狠话。胡适火上浇油，煽动说：

> 中国的小百姓做了一件惊人的革新事业，就是汉字形体上的大改革，就是"破体字"的创造与提倡。③

---

① 引自《汉字的故事》，中国档案出版社 2001 年版，第 188 页。
② 同上书，第 190 页。
③ 同上书，第 194 页。

如此数典忘祖，其人乎？

最后，用四句结语概括"字"字所含义理：字乃华夏心画①，字字珠玑可人；爱国先爱汉字，信仰当敬天神。

---

① 心画：汉字之爱称。

量度篇

世界之大，宏观上根本不可度量；品物之微小，微观上根本不可能把握。能为人所度量的唯有中间的部分而已。睿智的中国古人用人的身体为度量单位，鲜明地表达了中庸的认识论。度量能够度量的，不去碰不能度量的，可保自然安然无恙，也可确保人类贪心不起，长治久安。

量度

量

从旦，从里。量的本义是称轻重。这一点通过对"量"字的字形结构的分析能够看出来。古代称轻重主要指称粮食。量由表示时间的"旦"与表示空间的"里"组成，时间（天时）与空间（土地）是粮食生产的两个要素，而量又与粮读音相通。这样，量的本义就不难理解了：时间与空间两个要素帮助人类生产出粮食，粮食来之不易，故而要量用而出。自然就生出"容纳之限度"的意思。陆機说得好："圣人忌功名之过己，恶宠禄之踰量。"[①]

度

从庶（略灬），从又。"庶"的本义是"众多"，表示"度"的对象众多，一切可度之物皆算在内。又表示手，于是度的本义就浮出水面：古代，一切可以度量的事物皆借助于手，比如：

[①]《豪士赋序》，引自《漢語大字典》第六卷，四川辞书出版社、湖北辞书出版社1988年版，第3684页。

寸：一指宽为一寸；

尺：十指宽为一尺；

咫：八指宽为一咫；

寻：一臂长为一寻；

常：两臂长为一常；

仞：八尺长为一仞。①

度之本义是度量具体物件的长度或重量，后转义为公认的一般准则，也就是法度。中国古代的法度贯穿天人合一的理念，一切以有利于自然而且人类可以适当获利为准则，针对人际关系的法度同样被置于"自然为主人宾之"的理念之下。比如"用物过度妨于财"② 就是天人合一理念的绝好注脚。儒家之所以主张中庸，是因为人的生理本性具有强烈的反中庸、反适度的本能，非文化不能克制之。庄子最早发现了这个规律，他指出吃饭与房事是很难控制的，不好把握度。专家揭示，吃东西有麻醉的作用，能够让人忘记痛苦或者不愉快。所以，人在心情不好的时候很容易吃撑。即使在常态下，要让进食的量恰到好处也需要文化修养才能做到。房事同理，人在排泄荷尔蒙时会产生愉悦甚至兴奋，如果不加控制，会本能地频繁为之，造成房事过度，损害身体。圣人的文化涵养高，所以他们都是器量弘深，姿度广大之人，其容物容忍之伟力非一般人可比。

中国古人之所以钦佩度量大的人，在某种意义上就是因为他们深知，自然不是无限的，它向人类提供给养是有限度的，是定量的。今天想来，这种认识令人觉得不可思议。比如，中国古人认识到掘地必须在深浅上把握度，不能过深。为此，掘地工具的尺寸是标准化的。正因为如此，中国的农耕社会历经数千年的周而复始的春播秋收，土地生态保持得相当完好（直到 20 世纪才被毁坏，变成不施化肥百谷不长的"病地"），这就是儒家的节制精神，就是保护自然的自觉。这种自觉正是现代社会最需要的。一些科学主义者不但不赞许与效法这种节制精神，还污蔑它为不思进取。不知道这些人到底想进取到何种地步方肯罢手，只恐怕那时就没有住手的机会了。

---

① 另说七尺为一仞。

② 《国语·周语下》。引自《漢語大典》第二卷，四川辞书出版社、湖北辞书出版社 1988 年版，第 881 页。

人类奢靡超过限度，严重了，自然不会谅解人类的贪婪，那时悔之晚矣。

最后，用四句结语概括"量度"一词所含义理：度天之有而量之，视人之需而用之；量是良心度是渡，疏导欲河守天极[①]。

寡

寡

从宀，从頒。本来許慎已经将这个字解释得清清楚楚："寡，少也。从宀，从頒。頒，分赋也，故为少。"[②] 可偏偏有好事者无端地指责許慎，宣传自己的错误主张，如容庚就反驳許慎的从頒说："寡，从页，不从頒。"[③] 許慎《说文解字》问世以还，疑者如潮，然而让人心服口服的质疑则少之又少。怀疑許慎对寡字的解释即属典型的乱弹琴。

許慎对寡的解释千真万确，完全符合中国文化传统精神，而且与贫等字形成呼应，所表现的都是取之于自然的财富"分之愈少"的思想。

就财富而言，寡来自何方？

东西方的回答迥异。

西方人认为来自对外贸易之不足、投资不足、消费不足。此三者俗称提振经济、增加财富之"三驾马车"。

中国古人认为，由于分（頒者分赋也），财富"分之愈少"。

为什么财富集中在一起的时候不寡，一分就显得寡呢？

奥妙在"宀"上，宀是房子，无论宀代表家、庙堂或是祠堂，都是与自然相隔的。在不考虑自然供给的前提下，财富确实分之愈寡，所以要扩大生产规模，要有更多的财富可供分配，才能避免寡。问题是，人类不能总待在"宀"中不出来。人类头顶着天，脚踩着地，与自然打交道是回避不了的。中国古人聪明就聪明在，他们早就认识到自然对人类的供给（包括空气、水源、土壤、矿藏、草木及其他）是有限的，而且：（一）多数自然资源不可再生，用一少一；（二）多数场合各种供给不可互相替

[①] 天极：自然的准则。
[②] 引自《说文解字注·宀部》，浙江古籍出版社2002年版，第341页。
[③] 《金文编》，引自《漢語大字典》第二卷，四川辞书出版社、湖北辞书出版社1988年版，第947页。

代，物种会灭绝，矿藏会用尽而后消失；（三）地下蕴藏的资源形成周期甚长，故而人类不能过快地消耗之；（四）自然配置自有其用，不容人类随意改动之；（五）天有心，讲道德伦理，人类只能敬天，不能乱为。正如《易经·谦》教导我们的那样："君子以裒多益寡，称物平施。"①

现在可以回到财富分之愈少的话题上来了。"寡"这个字告诉我们的真实信息可以表述为："宀"上有天，"宀"下有地。众人分赋，分者愈多，每人所得愈寡。——这只是表面现象，还有深一层的分之愈少，那就是人类分自然资源及由资源转化而来的财富也是分之愈少，抢夺者愈众，自然资源愈少。换言之，人类愈富，地球愈穷。

信夫。

最后，用四句结语概括"寡"字所含义理：自然本丰腴，人分之愈寡；若想享太平，惟裒多益寡。

均

均

从土，从匀。为何土匀为均？在农耕社会，土地乃是生存之本，无土地则无法生存。匀的钟鼎文（匀簋、古鉢等）象人蜷曲守护着自己分得的土地。匀的本义就是少，哪怕分到一点点土地，也可以生存下去。均很明确地指明了匀的指谓对象——土地。如果用现代语汇解释均的内涵，那就是"平均地权"。中国历史上的一次次农民起义所制定的纲领无非是对"均"字的重新解释而已，丝毫没有新意。说到均这个字，不能不提及中国历史上一桩有名的公案——孔子的"不患寡而患不均"。孔子的原文是这样的：

> 丘也闻有国有家者，不患寡而患不均，不患贫而患不安。盖均无贫，和无寡，安无倾。夫如是，故远人不服，则修文德以来之。既来之，则安之。②

---

① 裒多益寡：裒，减少；益，增加。多分的一方，把多分的部分退还给少分的一方。人类现在已经大大透支自然，应该裒多益寡，称物平施，把贪心多拿的部分还给自然。

② 引自《諸子集成》第一卷，《論語·季氏》，上海书店1991年版，第352页。

孔子的这段话代表了中国古人天人合一的至高境界，非一般俗客所能理解，故而形成讼争。这是中国的悲剧，也是人类的悲剧。孔子"不患寡"之高论至今仍不失振聋发聩的高睨大谈，对于人类具有重大的现实指导意义。

人类当前最大祸患是什么？

当然是不均。寡并不可怕，实际上也不寡。人类之大患在于不均，这种不均表现为：

（一）自然与人不均；

（二）人与人不均；

（三）物质与精神不均；

（四）现实与信仰不均；

（五）国家与国家（民族与民族）不均。

人与人之间的不均乃是自然与人不均的反映，当前这种不均已经达到令人发指的地步。以中国为例，据2011年《中国薪酬发展报告》统计，中国企业高管的年薪水平是社会平均工资的100倍，是农民工的4553倍。

自然与人类的不均是患中之患。自然中蕴藏的财富正在迅速地转到人类手中，人类越来越富而自然却越来越穷。人类手中多余的财富对自然生态构成严重的威胁，可以说自然已经染病，而且已经病入膏肓。而人类全然不顾，仍然在最后晚餐的筵席上，享受着饕餮大餐带来的愉悦。愚蠢的人类全然不知"过犹不及"的道理，当人对财富的拥有大大超过人对财富的需要时，多余的财富就会变成暴殄天物的元凶，祸害人间，悉数收回人类已经收获到的幸福，使人类沦落为道德与精神的乞丐，过着讨而不得的悲惨生活，成为行尸一具，走肉一堆，已经与"人"这个本来严肃的字眼无染。

今日，我发现仍然有一狂徒在孔子学院门前大骂孔子，胡说"'不患寡患不均'将中国置于万劫不复的贫困深渊"。

呜呼，余欲语无言！

最后，用四句结语概括"均"字所含义理：土者命也，匀者少也；有一亩地，活一人也。

轻重

轻之正体字为輕。

輕

从車，从坙。輕重之輕的概念出现在輕这个字出现之后。换言之，先有輕之字，而后才有輕之实。先出现文字再出现文字所表达的事物——这种情况在世界其他国家十分罕见。

輕之本义是一种较轻便的车，輕是这种车的名称。后来借用輕表示"不重"。仔细想来，青、清、顷、倾、情等读輕之音的字都与"輕"有着千丝万缕的联系，而且这些概念有一个共同的属性——都是一种经过，并非是永久性状态。年轻会变得不年轻，青草会枯萎，清水会浑浊起来，顷刻转瞬即逝，倾向性会转变，情况会发生变化……这一特性源于"輕者上升、浊者下降"的宇宙大法。

重

从壬，从里。重之钟鼎文（井矦簋等）象人挺立于大地之形，"壬"也有此义。转义为厚、深、大、贵、紧要、重视、端庄、担当等义。

挖掘"重"中的内涵，可以从以下三个方面入手发皇本义，融汇贯通：

其一，重者中也。中是事物精华之所在，正因为如此，中国很早就产生了中庸的认识论，成为世界的宝贵精神财富。

其二，重者种也。禾有枝、叶、花等各种形态，其中种子是最重的，种子中重者是良种。将种子倒入水中，挑选重者作为种子，这样就有望得到好收成。

其三，重者衷也。由衷地认识到某一事情的重要性与急迫性，就会全心全意投入精力将事情做好。"由衷"是"重视"之前提。

其四，重者忠也。中庸、种子、由衷的情愫等统统是忠于自然的体现，是忠于事物本义的体现，从而也是忠于自然造物造人的初衷的。

作为一般的什物，孰輕孰重，一目了然。然而抽象的场合，孰輕孰重是很难断定的。现在，需要搞清楚孰輕孰重的问题多如牛毛，举其荦荦大者：
　金钱与道德孰輕孰重？
　发展与环境孰輕孰重？
　洁净的空气、水、食品与肮脏的"GDP"（金钱）孰輕孰重？
　挽救经济危机与挽救道德信仰危机孰輕孰重？
　教育中的德育与智育孰輕孰重？
　眼前利益与长远利益孰輕孰重？
　民与天孰輕孰重？
　……
　最后，用四句结语概括"輕重"一词所含义理：信手拈来知輕重，福祸吉凶岂易知？若将輕重颠倒了，祸到临头悔将迟。

长短

长之正体字为長。

長

長之甲骨文（林二·二六·七、乙八八一二、前七·五·三）象人之头髮。古人不剪发，故而头发很长，以長物喻長之意，很形象与贴切。时间越久，头髮越长，故而生出"久"的意思。恐怕这也是古人不轻易剪断头发的原因之一。

短

从矢，从豆，会意字。"短"来自于古代兵器。中国古代的兵器，横用兵器以矢（箭）为最短，竖用兵器以豆为最短。豆本来是盛东西的器皿。古人常常用头发比喻長，用豆或矢比喻短。

最后，用四句结语概括"長短"一词所含义理：長发喻長久，短视必短命。長短应适宜，寿命从天命。

总共

总之正体字为總。

總

从糸，从怱。怱有松散之意，以糸束紧之为總。儿童将头发扎成发髻叫作總角。總就是系扎的意思。《淮南子》中的一句话对"總"做了恰当的训诂："夫天地运而相通，万物總而为一。"① 意思是，万物各有其运动规律，然而万物總而为一（万物统统受"道"的统一调遣，道把万物置于麾下）。这里，總与综不仅读音相通，意思也极相近。中国古人用合二而一的眼光看世界，西方人则用一分为二的眼光看世界，正好相反。中国人将人和自然整合到一起，就是《淮南子》所说的"万物總而为一"。

"總"是一个关于整体的概念，而整体问题是儒家思想之核心。儒家所做的一切努力都不是教人们如何谋生，而是教给华夏民族与天地自然和平共处的方略，以及华夏民族的生活与繁衍的大政方针。显然，这是综合性很强的问题，宗教性很强的问题。

西方人以个人主义为武器攻讦中国古人的集体（整体）主义是忽视人权。其实，集体主义是中国人抟成一族的最主要的原因。农耕社会的关键是水，而水利工程浩大（顺势而为的工程，非今日之水坝等），必须全体参与。——这就是中国整体思维的社会根源。现在想来，这个思路仍然是解救人类的不二妙法。

共

从廿，从八。廿与八都是数字，表示复数。共的钟鼎文或为两只手共举一物，或是廿表示人多，下为两只手表示共同做某事。"共"之说文古文则由四只手组成。隶变之前的"共"大同小异，均表示很多人参与同一件事。在这个意思上，總与共通用。

古代，共通恭、供、宫、拱等字，因为这些字或直接或间接都含有"共"之本义。恭是施礼者与受礼者双方的事情；供是将某物或某种服务给予其他人，也涉及公共利益；宫是国家议政治之所，当然是议论公众事务；拱手施礼不会自施自受的……

中国的历史就是华夏民族谋求与天共舞的历史，就是谋求与同类和谐

---

① 引自《諸子集成》第七卷，《淮南子·精神訓》，上海書店1991年版，第101頁。

共生的历史，就是谋求与邻邦和平共处的历史……

许多人诟病中国人软弱，在对外战争中總是打不赢入侵的外邦，他们完全不知道，非中国人软弱也，是中国人善良也。如果中国人以虎狼之心对待邻邦，则周边小国早已被划入华夏之邦土。共生共荣是"华夷之辨"的对外政策中永不更改的一个原则。不能因为西方人狼子野心，侵略成性，就把中国人的善良当作缺点加以诟病，这样做不公平。当然，今天殖民主义者大力发展核潜艇、航空母舰以及生化武器，在这种情况下，中国人应该以牙还牙，狠狠地打击外来侵略者。

最后，用四句结语概括"總共"一词所含义理：令散变紧曰總，一起做事曰共；人类与天共舞，共生共死共荣。

远近

远之正体字为遠。

遠

从土，从口，从衣（省略亠），从辶。遠之钟鼎文（克鼎、三体石经等）不从袁，从土、火，从水（以井代水），从止，从辶，表达的是水火无情、敬而远之的意思。隶变后的遠以袁为声旁，仍取钟鼎文之义。水火，人类之所需也，亦最易为害人类者，所以敬而远之，但也不可能离开它们太远，离开得太远，人类是无法生存的。人与自然的关系既不是越远越好，也非越近越好，奉行中庸之道最为妥当。隶变之后的遠字义很明显：通过土地获得吃（以"口"代表）与穿（以省略掉"亠"的衣代表），意在揭示，以农耕生产方式维持生计乃是长久之计，坚持这样的生活方式人类可走得很遠。

近

从斤，从辶。近字的出现晚于遠。近的古文（说文古文）上边是止字，下边象斧头，为会意与象形之混合。止步于斧头有两个意思：其一勿随意用斧头砍伐树木（伐木以时）；其二，勿伤害同类。近处到处是金（地上之物无不可以转化为金钱），然而古人却让我们止步，寓意十分深刻。值得深思与牢记。

水火既是福又是祸，斧头既是劳动工具又是做坏事的工具。遠之近之，需要认真思量。

人生的意义主要存在于"现在"，但人生中最有价值的东西——道德却存在于久远的过去，所以孔子说："慎终追远，民德归厚矣。"① 今虽可贵，为了今后更好，不得不适当地厚古薄今。

认识某一事物，要在近处观察，然而太近了就会"不识庐山真面目，只缘身在此山中"。所以《易经·系辞》所说："其旨远，其辞文，其言曲而中。"② 近观察此事，远联系彼事，故而旨意深远。

士大夫不会在远近问题上偏其一方，正如范仲淹所说："居庙堂之高则忧其民，处江湖之远则忧其君。然则何时而乐耶？其必曰：先天下之忧而忧，后天下之乐而乐。"③

孔子说过一句有名的话："唯女子与小人为难养也。近之则不孙，远之则怨。"④ 男人与两种人很难相处：一种是小人；另一种是女人。古代有男女大防，这里的女人指为人妻之女子。这两种人，过于接近他（她），会促使其更加自以为是，过于疏远则有怨言。为了解决男女融洽相处的难题，中国创造出行之有效的家庭伦理秩序与"夫唱妇随"等男女相处的规则。

隶变之后的近字义亦很明显：斤通金，而广义之金又是工业生产之物质基础。于是"近"的寓意昭然若揭，工业生产不能持续发展，不会走得很远。坚持这样的生活方式，危机近在眼前！

"人无远虑，必有近忧"，极言"遠近"一词之旨意。西晋武将許狂深谙远忧近虑之道，为后世演绎了一出大智大谋的活剧：公元280年，司馬炎灭吴，建立了西晋。司馬炎称帝之后大宴群臣，封官许愿，有功者可以自选封地。当时武将許狂重病在身，将不久于人世，司馬炎念其战功卓著，让他选一块土地作为封地，京城周围的土地都可以选。这让许多人羡慕不已，因为京城周围的土地价值最高。出人意料的是，許狂选择了凉州。司馬炎很纳闷，问他为什么选凉州这不毛之地。許狂说："我在那里带过兵，对那里很熟悉。"司馬炎答应了他。許狂的家人对此非常不满，

---

① 引自《諸子集成》第一卷，《論語·學而》，上海書店1991年版，第13页。
② 引自《易經通解》，中国致公出版社2010年版，第323页。
③ 引自《岳阳楼记》，引自《唐宋散文精华分卷》，朝华出版社1991年版，第445页。
④ 引自《諸子集成》第一卷，《論語·陽貨》，上海書店1991年版，第386页。

问为什么这样做。許狂说："我这是为了让你们躲避凶险啊！"说罢許狂就去世了。一年之后，也就是公元291年，許狂的高明被证实了，那年发生了八王之乱，战乱持续了十六年，京畿周围成为争夺之中心，生灵涂炭，民不聊生。然而，許狂的后代始终安然无恙。

今天，人类正面临金属矿藏资源枯竭与生态气候恶化这样两个难题，若想继续生存下去而且生活得好，应该按照汉字的教导做。

最后，用四句结语概括"遠近"一词所含义理：遠取诸物近取身，遠近适中自见真；造物岂分遠与近，遠僧念经未必真。

制度

制

从宀，从巾，从十，从刂。这些元素组合到一起就是：手（宀）持刀剪（刂）裁出十件服饰（巾）。裁剪、切割、作是制之本义。也就是说，把原材料切割裁剪成各种有用的什物。延伸之义为规划或约束。法制就是按照法度进行约束的条文或契约。约束的初衷是量用为出，节制则是带有根本性的法制，也是中国古人天人合一思想的具体体现。正如《商君书》所说："衣服有制，饮食有节，则出寡矣。"[①] 中国古人不太考虑增加财政收入，更注重节制支出。

度

从广，从廿，从又。許慎《说文解字·又部》："度，法制也。从又，庶声省。"段玉裁注："寸、尺、咫、寻、常、仞皆以人体为法。寸法人手之寸口……仞法伸臂一寻，皆以手取法，故从又。"

以人体为法的直接结果是有了寸、尺、咫、寻等长度单位，接着又有了建立在度量基础上的各种法则，法则设定了种种限制，因为中国古人懂得"用物过度妨于财"的道理。人人都有欲望，而欲望往往很难控制，所以保持适度需要一种气度，表现为外在就是风度、仪表、风采……度的一系列衍生意义就这样自然而然地形成了。

今天，"制度"已经成为常用名词，外延一扩再扩，已经大得无以复

[①] 引自《諸子集成》第五卷，《商君書·劃策》，上海書店1991年版，第32页。

加。然而令人不解的是，现代社会制度是与中国古人创造"制"这个字的初衷背道而驰的。早期的制度都是为了节制才制定的，而今的许多制度却鼓励铺张浪费，如市场经济制度就是一种只认"GDP"其余一概不管不问的制度，家电的以旧换新制度则鼓励抛弃还能使用的旧家电，换成新家电。美国人所崇尚的消费主义以及与之相匹配的各种制度就更令人不解了，这种制度竟然鼓励人们超前消费，多消费就是爱国，予以奖励。这种既不制又不度的做法，竟然成为一种范式，中国人忙不迭地向美国学习，生怕落后。

最让我倒胃口的是，美国有的州竟然从制度上承认同性恋者的合法地位，准许他们登记结婚。真是大千世界无奇不有！如果人类继续努力，再补上保护杀人犯的制度——让杀人犯在监狱中充分享受人权，过上比正常人好十倍的生活——那就真的是翻天覆地、善恶混淆了。那一天的到来将意味着制度的凤凰涅槃，一个新的轮回即将开始。

最后，用四句结语概括"制度"一词所含义理：有志者制，定度者度；翻覆者痴，坚持者笃。

片

片是相对于整体而言的。

片

从丿，从丄，从冂（省）。本义为判木。古代，有的字可以正反两写，片通爿，一块木头分为两半，两半是一样的，这就是片之本义。判木是诉讼断案官桌子上的惊堂木，写作"片"寓意诉讼之事，须听诉讼双方之词，判官不能单凭己意断案，也不能听凭被告或原告一面之词决断讼案。

《东西均·译诸名》："太一片而为阴阳，阴阳各一其性。"① 太即大。阴阳各性，合而为太一——这是中国古人的认识论，一种合二而一的认识论。如果抓住"片"不放而不顾全局，将建立在片的基础上的认识公布

---

① 引自《漢語大字典》第三卷，四川辞书出版社、湖北辞书出版社 1988 年版，第 2014 页。

于众，企图让他人相信自己的结论，那就是骗。一般来说，欺骗行为不会毫无根据，因为毫无根据的说辞不会有人相信，骗子会以一半事实为根据，以一半冒充整体，以达到骗人目的。

西方的科学主义其实质就是通过"片"获取所谓科学发现，然后利用这种发现谋利。谋利是唯一目的，把整体分裂成碎片的后果则根本不予考虑。用哲学术语说，就是沿着一分为二的思路，不断追踪组成整体的各个碎片（如分子、原子、基本粒子等），为此不惜把科学自身也撕成碎片，建立起无数只能代表某个片面的所谓学科，什么物理学、化学、天文学、生物学、医学、遗传学、地质学、气象学……不一而足。唯独没有一门能够统领各种分支的整体学科。

用科学划界不是现代人的创举，最早可以追溯到古希腊的巴门尼德，他对现象与存在进行划界。康德完成了科学与形而上学的划界，证明了科学知识的普遍性与必然性。康德让知性为自然立法，让理性为自身立法，知性是现象界的形式，理性是本体界的形式。康德想让科学、自由、道德、判断力各司其职，建立科学与自由等对立因素和谐相处的理智世界，但这一企图被他的学生们化为不同的碎片，再也连缀不到一起了。科学揭示了宇宙的整体性特征，人却被科学支解为碎片，成为异己对象中微不足道的配角。

现代物理学的研究成果表明，碎片的最典型代表是基本粒子。基本粒子是什么？它不是物质，不是精神，没有属性，不可捉摸，简言之它什么都不是。事实雄辩地证明：分裂物质的游戏不过是一场骗局，原子核分裂成碎片之后，除能毁灭人类以外，什么用处也没有。[①] 骈文去其一马便不再是骈文，原子去其一半就不再是物质，人的物质性与精神（道德）去其一半，人就不再是人，而是魔鬼。

想一想，现代人不过是一分为二过程中的碎片，简直是微不足道的，有时人的作用不过是一颗螺丝钉。这一现实难道不足以让我们感到不寒而栗，无地自容吗？

最后，用四句结语概括"片"字所含义理：一片落叶终枯萎，一滴

[①] 2012年日本政府宣布关闭所有的核电站，不再利用原子能发电。这说明，他们已经认识到原子能这个恶魔的本质。不想，几个月之后他们又出尔反尔，准备启动核电站，遭到国民的强烈反对。

露珠难自为；人之意义竟何在？是将散片连起来。

仞

仞

从亻，从刃。亻表意，意为人的两臂伸平，其长度为一仞。刃为声旁，表示这个字的读音。关于仞的长度，众说纷纭，大致有以下四种说法：

其一，《说文解字》："伸臂一寻，八尺。"①

其二，《广韵·震韵》："七尺曰仞。"②

其三，颜师古注《汉书·食货志上》："應劭曰：'仞，五尺六寸也。'"③

其四，《小尔雅·广度》："四尺谓之仞。"④

清陶方琦在《说文仞字八尺考》一文中解释了说法杂乱不一的原因："許君所用周尺也，故主八尺之说。鄭君所用漢尺也，故主七尺之说。《汉书·食货志》應劭注谓五尺六寸，似汉末之尺。"⑤

仞的长度值变迁说明度量衡不是一成不变的，它是随着时代变化而变化的。

最后，用四句结语概括"仞"字所含义理：仞有一人长，伸平两臂膀。五六七八尺，都是一仞长。

---

① 引自《漢語大字典》第一卷，四川辞书出版社、湖北辞书出版社1988年版，第115页。
② 同上。
③ 同上。
④ 同上。
⑤ 同上。

价值篇

有价值的东西存于久远的传统，新开发出的东西大多不是货真价实的。以输液为例，西医研究者揭示：任何质量好的注射剂都达不到理想的"零微粒"标准。他们发现，1毫升20%甘露醇药液中，可查出粒径4—30微米的微粒598个。500毫升药液中就会有20万个微粒。由于人体最小的毛细血管的直径只有4—7微米，经常输液，药液中超过4微米的微粒就会蓄积在心、肺、肝、肾、肌肉、皮肤等毛细血管中，长此下去，就会直接造成微血管血栓、出血及静脉压增高、肺动脉高压、肺纤维化并致癌。有一位医生对一个一生输过40升"吊瓶"的尸体进行解剖，发现该尸体仅肺部就有500多个肉芽肿，大量微血管已经堵塞。

以输液为代表的"新"与以治未病为己任的中医的"旧"，哪一个价值大？这个问题还有必要讨论吗？

价值

价之正体字为價。

價

从亻，从賈。價值是对人而言的，故而有亻旁。甲骨文（前五·一三·二、前四·三六·五等）、钟鼎文（石鼓等）、古文（说文古文）象鸟巢。日落而息，鸟亦见夕阳西下而归巢，故而此字中含有西。"东西"除表示方向外还表示物件，貝表示金钱，賈字表示值钱的东西。对于人来说，值钱的东西为有價。

特别需要注意的是，賈读音通假，说明金钱本身无價值，假以为價。换言之，價是相对的，有时必须通过比较才能理解其含义。如果将所得收入全部折合成猪肉，以公务员为特定人群，那么是今人的平均收入高抑或北宋时的公务员收入高？许多人想都不想就会回答：当然今人收入高。然而看一看客观实际情况，你一定会大跌眼镜：北宋一品官员的月俸可以买2500斤猪肉，七品小官也可以买几百斤。而现在的官员，如果奉公守法，月薪充其量只能买五六百斤猪肉！今人不仅没有古人月薪高，而且差别还不小。

此外，也暗指金钱乃是身外之物，对于生命而言，它不是真正有用的东西。真正有用的东西是家，是稼穡，是男婚女嫁……

值

从亻，从直。直的本义是眼睛瞄准一条线。不曲为直，不屈不曲就是高尚的人，高尚的人自然有價值。

值得注意的是，"價值"两个字都有亻旁，说明价值不是针对物而是针对人的。價字中有"貝"似乎与物挂上了钩，却又被"假"的读音给冲掉，归根结底还是针对人的。

从中国数千年历史的实际情况来看，中国人确实是鄙夷金钱与物质财富的。表现为：

（一）士、农、工、商的排位，商被排在末尾，重农抑商是历朝历代不可更改的国策；

（二）商字带有侮辱性[①]；

（三）名检文化对道德完人与民族英雄有鼓励作用，而对唯利是图之辈有巨大的威慑力；

（四）天人合一的方针不允许挖掘地下蕴藏的财富[②]；

（五）农耕作业方式不支持竭泽而渔式的发财致富，鼓励农民走可持续发展之路；

（六）中国古人一直以信仰与道德为最高價值，工具（实用）性價值不被看重；

（七）中国古人的人际往来持"君子之交淡如水"的态度，不以金钱

[①] 参阅本书对"商"的解释。

[②] 除了采掘铁矿以做农具与兵器、采掘铜矿以铸造钱币等特殊情形，中国人不轻易采矿，以保护脆弱的地球。

作为润滑剂。①

欧阳修的《日本刀歌》生动道出了中国士大夫的价值观。这首诗是这样写的：

徐福行时书未焚，
逸书百篇今尚存。
令严不许传中国，
举世无人识古文。
先王大典藏夷貊，
沧波浩荡无通津。
令人感激坐流涕，
锈涩短刀何足云。

这首诗并无文采可言，乍一读觉得是平平之作，但是如果知道了写作背景，情形就不一样了。逸书是在中国已经散佚的宝贵经典——古文本的《尚书》，被秦始皇焚毁。然而，直至唐朝民间仍可能藏有抄本。据《旧唐书》记载，圣德太子摄政派遣唐使来中国不是为了买中国的器物，而是买中国珍贵的典籍。唐朝对儒家典籍不是很看重，所以有的历史学家估计日本遣唐使有可能从中国买走了不被国人珍惜的逸书。983年，日本和尚奝然来到中国告诉中国友人，日本藏有五经，藏有许多佛经，还有《白居易集》七十卷等。宋太祖因此封奝然为法济大师，因为他的话证明逸书很可能存在于日本，宝物虽不在中国境内，知道其尚在总是令人欣慰的。欧阳修的时代，偶有日本人来到中国，有人花高价买了一把日本刀送给欧阳修，欧阳公很是喜爱，时常把玩。当他得知日本兴福寺和尚携带大量典籍来宋的消息时十分激动，以为有些珍贵典籍可以完璧归赵了，不想日本人带来的全部是二三流的佛经，欧阳公盛怒之下写下上面的诗。可见在欧阳公心中，价值上孰重孰轻是泾渭分明的。

现代人则反其道而行之，金钱被置于一切之上——包括生命。最近，竟然有年轻人卖肾，一个健康的肾能卖3.5万元。

记者问卖肾者："为什么卖肾？"

---

① 清朝除外。影视剧中的渲染多数不可信。

卖肾者回答："为得到钱。"

记者问："得到的钱准备做什么？"

大多卖肾者回答："买苹果笔记本。"

仅 2012 年 5 月，在杭州某小区捣毁的卖肾窝点就解救了数十名等待配型的卖肾者。经过盘问，他们卖肾无一不是出于自愿。

或许百年来持续不断的平坟潮更能说明今人價值观之堕落。20 世纪初叶，神州大地掀起的自戕风至今未息。"掘祖宗坟"成为理直气壮的事情，至今仍如此，以河南最为典型。平坟者给"平坟运动"找出了一个冠冕堂皇的理由——"扩大耕地"。据官方媒体统计，仅周口市 2012 年开展的"平坟复耕"运动中，已毁掉 200 多万座坟墓，复种耕地三万亩。为了区区三万亩土地①，竟然使用暴力手段，将古人的尊严一扫而光，强行让传统的價值观向今人價值观靠拢，进而使人类的历史完全聚焦在当下的一个点上。殊不知，"现在"这个点是恍惚不定的，没有历史就没有人类。据文献记载，周文王出游时每逢见到路边枯骨就命人掩葬起冢；周武王攻克商之后，立即命人修葺比干之墓。古代圣贤之仁德远播，连枯骨亡魂也能受到恩泽，民心能不归周吗？正因为如此，周朝能传世八百年之久，为中国历史之最。"封坟护墓"是儒家王道思想和仁政观念的集中体现，是天人合一、人鬼平等的重要体现。历朝历代都制定了"发墓者诛"和"窃墓者刑"的法律措施。不想，炎黄不肖子孙今天却以平坟为正当事业，價值观扭曲至如此地步，还有何脸面说"我是炎黄子孙"？

最后，用四句结语概括"價值"一词所含义理：生命诚可贵，道德價更高；跪在金钱下，永世坐"心牢"。

输赢

输之正体字为輸。

輸

从车，从俞。輸，疏通人员或货物，通过疏散或者移动使人或物得其所。所以，輸者疏也。运输之输转义为输赢之输并不突兀，自己的东西

---

① 三万亩土地仅占周口全市 1281.15 万亩耕地面积的 0.2%。

（金钱或者名誉、名声）被疏散到他处，不再为己所有，谓之输。过度运输首先在成本上就输掉了，运输导致损失，导致不便。反过来，尽量自给自足，尽量减少运输，那是求之不得的。正是这个思路促成了中国自给自足的经济发展模式。自给自足是人类最理想的经济模式，比严重依靠运输的市场经济强百倍。现在，中国的许多大城市不生产蔬菜，必须从很远的地方购进，然而担心路途损耗，要在菜叶上涂抹甲醛等化学液体，正是类似这样的不道德行为造成癌症发病率呈几何级数增长。癌症病人的增加刺激了制药业的发展，制药业的发展刺激了相关化学工业产品的需求……形成对"GDP"的推动。其实，物质财富根本没有增长，都是舍近求远的运输业给带动起来的。结果是金钱收入大幅度提高，生活水平大幅度下降（有钱买不到无毒的食物，有钱呼吸不到新鲜的空气，有钱喝不到清洁的水，有钱买不到安静的环境）。所以，市场经济是运输经济，是输钱赔本的经济。

赢之正体字为贏。

贏

从亡，从口，从月，从貝，从凡。亡是出门在外；口是出门在外的理由——养家糊口；月是货物（最初"凡"亦为月，两个"月"极言肉等货物之多）；貝则代表赚到了钱。钱是赚到手了，家人却见不到他的影子，而他为生意所婴①，丢了天伦之乐与故土亲情。

华夏有五千年的灿烂文化传统，有强大的民族凝聚力，有虔诚的民族信仰与价值观，有一直坚守的道德伦理。本来，"输赢"是明摆着的，讼争起于一百年前。以胡适、陈独秀为首的洋奴派文化界人物号召砸烂孔家店，推翻儒教，请进"赛先生"与"德先生"②，结果中国被搅得天昏地暗，几乎一切价值都被翻覆。现在该结账算一下输赢了：这一百多年，中国净赢约300万亿元人民币（这是本人粗略的计算结果），然而输掉了人格与国格，输掉了自信，输掉了伦理道德，输掉了天人合一的良好自然生态，输掉了和美的家庭伦理，输掉了天伦之乐，输掉了美轮美奂的文言

---

① 婴：为……所缠。
② 赛先生为科学，德先生为民主。

文,输掉了良风美俗,输掉了举世无双的科举制,输掉了连续治史的传统,输掉了最好的蒙学场所——私塾,输掉了诗词歌赋,输掉了士大夫"富贵不能淫,威武不能屈"的精神气质,输掉了天的庇护,输掉了对名检的追求……

所赢之金钱买不来输掉价值之万一!

最后,用四句结语概括"输赢"一词所含义理:输必有所疏,赢必似蝇营。财多欲也大,何以定输赢?

代替

代

从亻,从弋。代之古文(说文古文)象一人代替另外一人执勤。凡一物换下另外一物曰代,无论代替的性质属于交替抑或属于继承,均如此。活人代替活人是直观的交替,很容易察觉。后人更替前人,一代人更替一代人则显得隐蔽些,不易被察觉。其实,正是世世代代的更替构成生生不息的人类社会。

"代"字中隐藏着一个秘密:弋是拴着线的箭,射出去之后还可以收回来继续使用,就像人离开邑,无论走出多远多久,最终还要归来。弋无论射出多少次,都是同一支箭。人无论离开家乡多少次,回到家乡多少次都还是同一个人。一个巨大的隐喻浮出水面:世界上的任何事物都是不可代替的。所有的存在——包括物质的、精神的、道德的——都是唯一的。以物质为例,在相当长的时间里物理学界以为任何地球资源在耗尽之后都可以寻找到替代物,物理学家还美其名曰"物质不灭定律"。现实证明,这个结论靠不住。实际上只存在两种情形:一种是像石油、煤炭、铁矿石那样的不可替代物;另一种是像土地、森林等,其自身具有再生机制,颇像弋,能够重复使用。当然,重复使用也是有条件的,不精心保护,箭损坏了,弋就不能够继续使用。木材资源亦如此,森林没有了,木从何而来?人类所使用的能源万花筒般地更替着,人类称其为更新换代,其实使用的是同一种东西,并没有什么替代品。这种东西在口袋里,用尽了就再也没有了。

替

从夫，从日。替之俗体字作竝或暜。立是站立的人，先是象形，后以"夫"表意。替与被替者不可能完全相同，总有一方高一方矮或者一方大一方小。所以替的本义是废（去其偏斜不正或不合规格的部分，留下合格的部分）。

替的性质与代极为相似，所以中国人习惯将这两个字组合在一起使用，以达到强化语气的效果。

从本质上说，世间的一切"代替"都不等同于原物。营养学家鼓吹用木棉糖代替蔗糖能够预防糖尿病，且不论此说正确否，可以肯定的是，为预防糖尿病，无论用什么东西代替糖，都不如不吃糖、少吃糖效果来得更好。人无须过多食用糖，多食糖是一种不良嗜好，要想防病改掉不良嗜好就是了，何须寻找替代品？戒烟亦同理，凡努力寻找某物以替代香烟的戒烟者，其戒烟都不是真心的，因此不太容易成功。真想戒烟，不吸就是了，有何难哉？

最后，用四句结语概括"代替"一词所含义理：一物自有一物用，寻求替代总徒劳；地球资源耗尽日，不见鸟兽与花草。

冒险

冒

从月（略），从目。月代表黑夜，黑夜看不清路，会踩踏到土堆之类的凸起之物，当然，如果踩踏到坟冢就冒犯了死者。所以許慎将冒之本义训为"冢而前"（遇到坟冢继续前行）。[①]

冒的字形很耐人寻味：夜间行路有可能冒犯长眠在地下的死者，小心就是了，难道见冢绕行也冒犯吗？

回答是肯定的。

中国人的做人方略是道法自然，道法自然就要按照自然的节律安排生活，最基本的就是日出而作，日入而息。否则于自己不利，于自然也不利，甚至有冒犯自然之嫌。所以，防止走路冒犯先人的最好方法就是夜间

---

① 引自《説文解字注·月部》，浙江古籍出版社2002年版，第354页。

不出行。

何以见得？

（一）夜间行动违背了道法自然的原则；

（二）夜间行动需要点油灯，要无端地消耗自然资源，积少成多会加重自然的负担；

（三）月色之下，人最容易产生阴暗心理，容易冒犯他人，故而夜间尽量减少出行为好。

中国古代，帽子是很重要的饰物，防寒功能微不足道，主要是象征意义。男子成人仪式是要行冠礼的，也就是年满二十岁的士要进行加冠仪式。戴上冠（帽子）之后，若再发生冒犯行为就要承担后果了。

中国朝廷官员自古以来皆以冠为官之标志物，摘去帽子等同于罢官，戴着帽子则意味着具有发言权。

险之正体字为險。

險

从阝，从僉。險字出现得相对较晚。阝代表山川丘陵，古代交通不发达，故而以山为险。僉表声连带表意：亼代表聚集，亼的下面是两个口与两个人，合在一起便是聚集多人一起度险。險这个字的创造思路颇能代表中国传统的集体主义精神。西方人面对险峻的山川丘陵采取截然相反的策略，他们要利用理性把险路变为坦途，通过征服自然化险为夷。按照汉字所揭示的原理进行分析，西方人的策略不过是权宜之计，不能长久。中国人遇到险途首先想到聚集起来，共渡难关，而不敢迁怒于自然，对自然进行破坏性开发。人破坏自然能够得逞于一时，然而绝对不能长久。險这个字充满天人合一的温馨，充满与自然恒舞的豪气，充满对欲望主动约束的自觉，充满集体主义——不，毋宁称其为人类主义。有这种精神在，或许人类还有一丝得救的希望。

最后，用四句结语概括"冒险"一词所含义理：冒犯逝者理不应，冒犯自然情难容；一旦天公发脾气，那时后悔有何用？

恒久

恒之正体字为恆。

恆

从忄，从亙，从丶。恆之甲骨文（后上九·一〇）象天地之间一叶如月之舟。俗体字恒从忄，从亘。亘是连接、延续、贯通的意思。太阳之上有广阔的蓝天，太阳之下有浑厚的大地，这是宇宙之基本景象，万事万物由此繁衍而出。"忄"表示宇宙的基本景象映照在心里，产生一种连接（日复一日、年复一年）、延续（自古至今延绵不断）、贯通（道可以贯通天、地、人三才）的感觉。太阳在人心中的形象是持久不变的。《易》有三意，一曰不变，二曰变，三曰简易。恆字表达的是第一个意思。

恆卦为《易经》六十四卦中的第三十二卦，巽下震上，卦象为：

```
—— ——
—— ——
————
————
—— ——
—— ——
```

王弼是这样解释此卦的："长阳，长阴，合而相遇，可久之道也。"何以言之？巽代表风，震代表雷。震卦为阴卦，巽卦为阳卦，阴气下降，阳气上升，有所交合，显出吉象。这个卦直观地告诉人们：持之以恆是吉利的；反之，朝三暮四多为凶。这正是多年来中国人在天人合一问题上坚持不懈的原因之所在。

孟子有一个著名的论断："有恆产者有恆心，无恆产者无恆心。"[①] 历来对此话的理解颇多歧义。甚至有人将恆产解释为固定资产，完全扭曲了原意。孟子是说，有稳定的生产作业才可能有恆心。显然，恆产指农耕作

---

① 引自《諸子集成》第一卷，《孟子·滕文公上》，上海書店1991年版，第196页。

业。现代人没有恆心，正是因为他们厌恶农业，宁可背井离乡也不肯安居乐业。

久

从乁，从人。久由灸来。燃艾灼身体之穴位曰灸，为古代最常见的治病方法之一。灸与长久之久的联系是：艾灸之法特别适用于久病不愈者，用此法可以去其病。就的读音来自一灸即愈的情景，于是用"就"充当表示某种因果关系的连接词。酒也是古代郎中用来治病而且手不能离的东西，其作用机理与灸基本是一致的。灸是治病救人，故而救取灸（久）之读音。灸（久）是纠正身体之咎（错）的，故而纠与咎的读音与灸（久）相通。

与天恆舞、天长地久是中国人梦寐以求的心愿，中国人为达此愿已经做了数千年的努力，为人类树立了一个榜样。

最后，用四句结语概括"恆久"一词所含义理：华夏求利于恆久，西夷求利于一瞬。不做短命有钱鬼，宁做恆久道德人。

模范

模

从木，从莫。木在这个字中起到两个作用：其一，以木材做各种模具，以为榜样与法式；其二，木者母也，母是源头，是供参照用的原始标本，今后新出现的同类东西均以此为式。模的读音取自嫫，嫫即嫫母，黄帝之妃，其丑无比，乃是丑妇之典型。王褒说："嫫母倭傀，善誉者不能掩其丑。"[①] 以嫫母为模（标准）再恰当不过，因为她人很丑，没有人愿意溢美她，这样也就不会失实了。此外，嫫的读音还顺带表达了中国古人选择妻子的标准，这个标准就是重德轻貌，与现在的"以貌取人"正好相反。

在古代，范、範都有，意义不同。简化后，范、範合一，容易造成混

[①] 引自《漢語大字典》第二卷，四川辞书出版社、湖北辞书出版社 1988 年版，第 1261 页。

乱，如将"范仲淹"写成"範仲淹"。

範

从竹，从车，从㔾。範之本义如其字形所示，为古人出行前祭路神之仪式。車是行路工具，㔾表示祭祀，竹子则表示祭品（将竹筷插在祭祀用的食品上）。範转义为模子与模。模子为制造器物所用，是制作物件之标准，再制出来的东西以此为式。

範亦写作笵。简化为"范"无理，因为⺮是有讲究的。古代的模子因材质不同而有不同名称：土模为型，金属模为镕，木模为模，竹模为笵。所以，範的竹字头是不能更改的。

㔾为氾之省略，代表泛泛、广泛，放之四海而皆准。車代表不管走到何处标准不变。

可见"模"与"範"本是一回事，都是模具、模子、样本，只是材料不同罢了。不管是木是竹，是土是金，皆取之于自然，因此古人的以模或範为法式的思想乃是道法自然的一种生动体现，道法自然体现在器物上，更体现在道德信仰与文化艺术方面。中国古人非常重视法式，重视规格标准，遵守等级绝不僭越。无论是物质还是精神或制度层面的法式都在中国人的生活中起到重要作用。《易经·系辞上》中的一句话道出其中原因："（圣人）範天地之化而不过。"说到底，中国古人害怕僭越天，害怕脱离天人合一的轨道。《汉书·嚴安传》中的一段话说得非常好："夫养失而泰，乐失而淫，礼失而采，教失而伪。伪、采、淫、泰，非所以範民之道也。"[1]

人是自然中的客人，客人不能自己轨物範世，如同西方法律主义者那样自己给自己制定规矩，想打破规矩时便进行修改。那样的话人类很得意，自然却会发怒。

最后，用四句结语概括"模範"一词所含义理：土金竹木，可为模範；行止有据，其心也善。

---

[1] 引自《漢語大字典》第五卷，四川辞书出版社、湖北辞书出版社1988年版，第2989页。

年

年

年的许多甲骨文、钟鼎文象禾成熟，而且有垂穗，有根须，逼肖之至。《穀梁传·桓公三年》将获得丰收称作"有年"。以此推论，过年之年乃是庆贺五谷丰收之仪式。农作物生长有严格的周期，一个大周期为一年，这样年就成为记时单位。中国有四种不同的记年方法：

载：物终更始（地球绕太阳一周的时间）为载，唐虞的时候称年为载；

岁：岁是木星，岁指岁星出现一次为一"年"，夏朝称年为岁；

祀：祀为一春一夏一秋一冬，四季为一祀，商朝称年为祀；

年：年，取禾一熟，西周开始用"年"这个词汇，沿袭至今。

中国古人对年岁的理解独树一帜。一般的民族都崇尚年轻人，认为人生的美好时光都在少年、青春时期，花甲之后成为家庭累赘，再无价值可言。中国古人认为人越老价值越高，这与中国古人崇尚直觉与经验有很大关系。庄稼种下去，除了劳作之外，决定其价值的就是时间，先播种先收获，这是颠扑不破的规律。人的见识与品德，随着年龄的增加而增长，正所谓"年高德劭"。扬雄说："吾闻诸传'老则戒之在得'，年弥高而德弥劭者，是孔子之徒与！"[①] 也就是说，年岁越大，自我约束力越强，道德水准也就越高。中国古代社会，年龄是宝贵的资源，社会极为重视，不忍浪费，所以西周的致仕[②]年龄定在七十岁，比现在的退休年龄晚十年。中国实行孝道本身也有爱护老人的动机。孝道是真正的人道主义，是人类最伟大的文化建树之一。

人类的文化与道德不是凭空创造的，而是建立在生活方式与生产方式的基础上，离开农耕，离开家庭，敬老与孝道无异于纸上谈兵。按照这个思路，现代传统文化的丧失与道德的沦陷与生活方式的改变、生产方式的骤变关系极大。生产方式本是为人服务的，目的是为了让人类生活得更美满，然而这种改变给人们带来的却是打爹骂娘，是坑蒙拐骗，是男女乱

[①] 引自《諸子集成》第七卷，《法言·孝至》，上海书店1991年版，第41页。
[②] 致仕：朝廷官员告老还乡，也就是退休。

伦,是丧尽天良,是唯利是图,是黑白不分,是穷凶极恶①……

不由得想起19世纪的俄国伟大思想家列夫·托尔斯泰。他认真思考了人类的现状与前途,得出一个振聋发聩的结论:人类最理想的社会不是西方的工业社会,而是中国传统的农业社会,只有农耕生产方式才能让人类长久生存下去,其他道路行不通。让人吃惊的是,托翁还特别赞扬了老子在《道德经》中提出的小农模式。为了便于理解,可以将托翁的思想简化为一个汉字——年。理解了年这个字,也就理解了托翁伟大的思想。

最后,用四句结语概括"年"字所含义理:谷成熟为年,运庄稼用辇;谷食前需碾,祈丰收要念。

处

处之正体字为處。

處

从虍,从処。許慎《説文解字·几部》:"處,止也,得几而止。从几,从夂。處,处或从虍声。"②最初的處字象人头戴虎皮冠坐于几上之形。几是古代的座椅,疲惫之人见几止步而坐于几上,这就叫作處。虍象虎文。将老虎坐在几(虎以大地为几)上变为处女或处士坐在几上——这就是處之本义。古人讲究坐有坐姿,古人认为老虎的卧姿与坐姿雄赳赳气昂昂,颇有威仪,以虎为式,可以纠正人之不良姿势。

"處"由止转义为居住、治理、施行的意思与處之字体结构有很大关系。中国人在很早之前就很了解老虎的品性:老虎额头隐隐约约的"王"字颇能表现儒家的内圣外王气概,老虎很重视家庭,重视感情,对子女有爱心,千方百计地哺育后代,不像其他大型哺乳动物雄性与雌性交媾之后由雌性单方面哺育后代——这些都与儒家的伦理准则不谋而合,所以"處"成为居住与治理的代名词。此外,處还能代表其他一些美好事物,《正字通·虍部》说:"處,女未嫁曰處女,士未仕曰處士。"③后来處女

---

① 现在有人为开采页岩气,要采掘到地下1000千米,为了钱财,毫不惧怕末日的到来。
② 引自《説文解字注·几部》,浙江古籍出版社2002年版,第716页。
③ 引自《漢語大字典》第一卷,四川辞书出版社、湖北辞书出版社1988年版,第2822页。

亦称處子，言在家不出之女子，德盛者则称之为處士。这里显示出中国独有的价值观：静者高于动者，未然高于已然。最高的价值往往蕴藏于尚未发生之中。

處是中国古人的一种美好寄托，其实處是难以持久的，女大不嫁终不是事，士不为官也难以做成一件事情。虎處洼地其实是在准备出击猎物。人何尝不如此，處不过是出击的必要准备罢了。曹植说："日月不恒處，人生忽若寓。"① 人生如刍狗，名利如浮云。不如少动些，多静些，将工作停下来，认真体味一下生命，体味一下人生，体味一下道，尤其是年轻女子，收拢一下春心，如虎卧洼地，观察好再出击，也许会获得更多意外收获。

最后，用四句结语概括"處"字所含义理：与天共處，与地同在。生命虽短，我死孙来。

计算

计之正体字为計。

計

从言，从十。合十人之言为計。所谓計算者，会（汇）十方所报之数，算而后得出总数。王充在《论衡·论死》中说："計今人之数不若死者多，如人死辄为鬼，则道路之上一步一鬼也。"② 王充说这样的话是因为没有搞清鬼的概念（鬼是不占据空间的，因此没有鬼多为患之虞），然而他却用"計"造了一个很漂亮的句子。与計音通的字大多能寻觅出計之本义，如娼妓，古代以短时间内与两个以上男子发生性关系者为妓，定义妓是有量化标准的。饥与計音通，是因为通过"計"就可以得出能否解决饥荒问题："行其田野，视其耕耘，計其农事，而饥饱之国可知也。"③ 级与計音通，是因为古代官员级别是以俸禄为标准的，战国时期之秦国军官的提升则以杀敌数目为标准。

---

① 引自《漢語大字典》第一卷《浮萍篇》，四川辞书出版社、湖北辞书出版社 1988 年版，第 2822 页。

② 引自《諸子集成》第七卷，《論衡·論死篇》，上海书店 1991 年版，第 203 页。

③ 引自《諸子集成》第五卷，《管子·八觀》，上海书店 1991 年版，第 73 页。

算

从⺮，从具。《说文解字》：

> 算，数也。从竹，从具，读若篹。段玉裁注：从竹者，谓必用筭以計也。从具者，具数也。①

王筠释例：

> 算下云，读若篹，此区别之词也。二字经典通用。許意：其器名筭，乃《射礼》释筭之谓；算計曰算，乃无算爵、无算乐之谓。二字以形别，不以音别之，非許意也。②

筭是一种計算筹码，而算通数，是計算之意。

古人好算卦并非今人所能理解。以不可知的姿态面对自然，凡大事已不能决而决于天，这是一种极其谦恭的态度。这种谦恭态度或许让人损失些小利，却可以收获心安理得，收获与自然的长期共存。对此，《汉书·律历志上》说得很清楚：

> 数者，一、十、百、千、万也，所以算数事物，顺性命之理也。《书曰》："先其算命，以命百事也。"③

其实，在绝大多数场合，算命只不过是一种形式，其实质意义是遵照天的意志行事，算命只不过给予"遵照天意"一种形式而已。

有人问：算盘与計算机有何区别？

我是这样回答的：前者能用来算命，后者只能算利。

在中国古代，計与算都不是指算計个人利益，算与計的唯一目的就是不违天命，不逆天时，让自己的一言一行都在自然允许的范围之内。

---

① 引自《說文解字注·竹部》，浙江古籍出版社2002年版，第198页。
② 引自《漢語大字典》第五卷，四川辞书出版社、湖北辞书出版社1988年版，第2981页。
③ 同上。

最后，用四句结语概括"計算"一词所含义理：計为哪般，算为何事？东方西方，此为分直。

爵

爵

从爫，从皿，从𠭯（略），从寸。許慎《说文解字·爪部》说得很清楚：

> 爵，礼器也。象爵之形，中有鬯（读唱）酒，又持之也，所以饮。其象爵者，取其鸣节节足足也。①

意思为，之所以象爵之形，是因为爵这种青铜器皿有流、銴、两柱、三足，用以盛酒与温酒，盛行于商代与周初，形状象雀，且饮酒时发出的声音很像鸟鸣。

"爵"由礼器、酒具转义为爵位来源于：（一）爵在代表酒器的同时亦代表酒；（二）商朝与周朝都有严格的等级制，所谓"贵者献以爵，贱者献以散"。② 古人饮酒的酒杯（酒具）统称为觞，然而因容积不同而有较细的分别：容积为一升的觞称之为爵，二升的觞称之为觚，三升的觞称之为觯，四升的觞称之为角，五升的觞称之为散。显然，使用爵的地位最高。后爵转义为一种社会封号，表明社会地位。《周礼·天官·大宰》对爵有这样的说明："以八柄诏王驭群臣，一曰爵，以驭其贵；二曰禄，以驭其富。"爵属于精神方面的赏赐与待遇，禄则偏重于物质。古人更重视前者。

爵是尊贵地位的笼统称谓，细分为公、侯、伯、子、男五等。③ 韩非子以为"以其有功也爵之"④，不无道理。然而这却不是根本原因。根本原因在于自然万象是有等级的，至少可以从以下九方面考察自然万象之不

---

① 引自《漢語大字典》第三卷，四川辞书出版社、湖北辞书出版社1988年版，第2037页。
② 引自《礼记·礼器》，岳麓书社2002年版，第319页。
③ 一说公、侯、伯、子、男、卿、大夫、士八等。
④ 引自《諸子集成》第五卷，《韓非子·五蠹》，上海书店1991年版，第343页。

平等：

（一）有物性之分，分为动物、植物与一般物三类；

（二）动物、植物的不同种属是不平等的，有的高级，有的低级；

（三）一般物也是不平等的，一物降一物；

（四）自然的组成部分之间不平等，天高地卑，阳主导而阴宾从，阳与阴是主导与被主导的关系；

（五）天体之配置有主有次，有主导与服从之不同分工；

（六）地球空间是不平等的，有亲近鱼类的海洋，有亲近虎豹的森林，也有亲近农民的平原；

（七）一般物在作用、贡献上的差别甚大，沙漠对于人类社会而言百无一用[①]，而森林能够涵养生命；

（八）天体不仅有等级之分，还有善恶之别，天地有好生之德，而黑洞酷似恶魔，吞噬一切亲近它的天体；

（九）太阳享有至高无上的尊严，理应给予特别的关照……

既然道法自然，就应该将人分为等级，分别对待。

最后，用四句结语概括"爵"字所含义理：蜂蚁尚且分等级，自然也有阳与阴；人之灵台各有异，不分等级难论人。

[①] 沙漠能够阻隔国家与国家、民族与民族，从而保护民族性。

品行篇

科学不能道出自然的全部玄机，更不能告诉人们如何解释这些玄机；汉字却可以道出人类应该遵守的品德，并告诉人们人无品德则难行的道理。

勤俭

勤

从堇，从力。古代也作懃。堇的本义为黏土，它的甲骨文（如佚七六四、乙七一二四、后下二四等）象人在火上，非勤不能救也。力代表劳动。通过劳动将硬土变得松软，使土地适合农作物生长；同样，只要肯出力就能够让人摆脱困境或险境。有了良田，种地产粮以安亲（父母与妻儿），故勤读音通亲。勤劳生出乐趣，故勤读音通琴①。天道酬勤，勤必有所获，有所获则得以安寝，故而勤读音通寝。勤劳是优秀的品德，值得钦佩，故而勤读音通钦。种植出来的嫩芽、枝叶与花果沁人心脾，故而勤读音通沁……

20世纪上半叶，一个作家极尽造谣惑众之能事，捏造了一个游手好闲的懒汉，名之阿Q。阿Q依靠精神胜利法过活，无是非观念而且好逸恶劳，得过且过。这位作家恬不知耻地让这个懒汉充当中国国民性之典型。其实，精神胜利法是庄子创造出来的，并不代表中国文化传统之主流。阿Q也根本不是中国农民之典型。那位作家往中国人脸上抹黑，污蔑中国人的形象，使国人蒙受奇耻大辱。本来不谙精神胜利法的中国人在这个坏蛋

---

① 古方言"琴"是种植的意思。如《水经注·泚水》："今县都陂中有大冢，民传曰公琴者，即皋陶冢也。楚人谓冢为琴矣。"

的蛊惑下逐渐学会了它。

中国古人造"勤"字用心良苦，寓意极深。农耕作业是很辛苦的，没有勤劳的品质，这种生产方式是难以为继的。中国数千年辉煌的农耕文明本身就是中国人勤劳的证据，中国人是勤劳与正直的还是懒惰与滑头的，完全以事实为凭，文化汉奸没有发言权。①

必须强调，勤不仅适用于农耕，同样适用于文学创作。根据中国人给予文学的定义，文学是通过文字组丽造美的审美艺术活动。与农耕一样，其要点也是一个勤字。北宋进士孫覺请教歐陽修，问他怎样才能写出好文章。歐陽修将其写作要诀归纳为勤读书、多练习。歐陽修还批判一些浮躁的作者平时不下功夫，偶得一篇就认为是佳篇，敝帚自珍。歐陽修说，只有庸人才骄傲自大，君子一定会发现自己文章中的毛病与不足。歐陽公的高论可谓金玉良言。

俭之正体字为儉。

儉

从亻，从僉。僉读欠，本义如其形：一人一口，二人二口，人人有口。"僉"的意思为都、皆。结合"欠"（悭）之读音，转义为人人生活资料都欠缺，故而应该儉吝一些，不能铺张，否则生活无以为继。僉加上亻变为"儉"，是说儉是人的一种本能，也是人的一种美德。

勤儉是中国亘古即有而且始终不变②的生活方针，这一方针确保了天人合一，确保了良好的自然生态，也确保了人性中的精华免于丧失。与"勤"一样，"儉"也是农耕社会的重要保证。儉与简读音相通说明：在某种意义上，"儉"告诉人们，过简单的生活才能捕捉到幸福，过健康的生活才能得到快乐，过艰辛的生活才能感知生活的意义……

值得注意的是，即使是没有政治作为甚至昏君也大多懂得财富来之不易，不能随意挥霍。如清朝的咸丰皇帝政治上没有大作为，却很节儉。咸丰皇帝在位时，上书房的门枢坏了，下面报请换新的，咸丰不批，要求修

---

① 令人欣慰的是，这个文化汉奸的文章正在从中学语文课本中一点点撤掉。相信总有一天，会清除干净。

② 现代化浪潮袭来之后才发生变化。今天已经变得让人难以理解，消费主义者居然以浪费为荣。

理一下继续使用。修好之后，内务府的人来报账说花了五千两白银。咸丰听罢勃然大怒，问起究竟，下面的人慌忙辩解说"是五十两"，账单上写错了，这才蒙混过关。还有一次，咸丰的裤子烧了一个蚕豆大小的窟窿，太监要扔掉，咸丰却说："物力艰难，弃之可惜，尽量给补补吧。"

尽管今人离勤俭方针渐行渐远，但终究有悔悟的一天，因为地球上的资源终究是有限的，奢靡的生活不可能无限期地持续下去。[①] 当然，奢靡的生活也不会给人带来真正的幸福与快乐。南宋开国皇帝宋高宗就是俭的楷模。他为了避免浪费，每次用餐都是先让宫女用公筷将自己喜欢吃的菜夹在一个大盘子里，每次都将饭菜吃得干干净净，剩余的饭菜让宫中其他人享用。起初，宫女们不解其意，纷纷议论皇帝小气。吴皇后忍不住问高宗为什么这样做。高宗回答："吾不欲以残食与宫人食也。"原来，这位皇帝除了俭之外还有一颗为他人着想的善心。

最后，用四句结语概括"勤俭"一词所含义理：天行健，人类勤；宇宙简，人类因[②]。

闻

这个字不是一般的动词，它带有很强的道德性，甚至含有立法的意味，不能不深究其意。

闻之正体字为聞。

聞

从门，从耳。聞的甲骨文（前七·三一·二、乙三二五〇、佘九一等）、钟鼎文（利簋、盂鼎、中山王鼎等）象一人以手掩面跪听外面传来的警示声。本义为听而后知，知而后行。跪姿以及以手掩面表示虔诚与专心状。这种酷似倾听的动作表示对自然的服膺与道法自然的人生策略，所以我说这个字带有道德倾向性。聞这个字是中国人区别于西方人的重要标志之一。

---

① 本人认为至多还能维持二百年。
② 因：按照。指按照宇宙简的原则办事。

《易经·夬卦》说:"聞言不信,聪不明也。"

《礼记》进一步阐释了《易经》的思想:"心不在焉,视而不见,听而不聞。"①

视什么?聞什么?信什么?

——自然之道与自然之象。

其实,天打雷下雨或山呼海啸人类都不能不听,日出日落、月圆月缺,人是必定要视的。中国人与西方人的区别不在于听不听、视不视,而在于信不信。西方人持有怀疑态度,认为自己感觉到的一切都是表象,非要进一步探究实质不可。中国人则认为不必探究实质,信则足矣。

孰是孰非?

这不一定是个绝对的是非问题,但可以肯定,中国人的认识更深刻些。人类以其所聞为知,不存在任何主观臆断,完全忠实于自然的原貌。而西方人的理性主义则以自己的所谓逻辑思维进行推理,带有主观臆断的色彩,故而靠不住。

中国古人将"博学"定义为"多聞",发人深思。西方人并不在乎博学,他们在乎的是有所发现,有所创造。西方人的认知道路充满危险,因为人类只能发现定律而不能断定定律被发现之后带给人类的恶果(如原子弹、转基因、人造生命等)。

最后,用四句结语概括"聞"字所含义理:聞知是真知,直观得其要;聞而不信之,其人不可教。

享

享

从高(省冋),从子。甲骨文(后上一二·九、粹一三一五、后下一七·九等)、钟鼎文(令簋等)象宗庙之形,合像"亯",亯通享。享之古文的下面多有一丨或一丿,象征子孙繁衍不绝,这样就将祭祀与祭祀之目的生动地表现了出来。

"亯"分化为享、亨、烹三个字,古籍上三个字通用。亯、享、亨、烹的本义都是献,向祖先进献牺牲,向天神进献牺牲,向远古的圣人进献

---

① 引自《礼记·大学》,岳麓书社2002年版,第801页。

牺牲。这种进献的行为带有强烈的人文的性质与利他的目的，是早期中国人解决人与自然相互关系的一种实践活动，这也正是享的读音与"相"相通的原因之所在。

那些不懂得祭祀精髓的人以为中国古人的祭祀活动是一种愚昧的行为，其实祭祀看似虚无缥缈，实际上却有着强烈的现实意义。鬼安民才和，人善天才佑，正如《左传·僖公五年》所说："如是则非德。民不和，神不享矣。"① 很明确地指出，民和是神享之前提。在祭祀活动中，恭俭与慈惠的品德于焉而生。中国历朝历代以梁武帝最重视田礼与郊祭，潘岳《藉田赋》以铺张扬厉的手法揭示了田祭之意义：一为致孝，二为固本。有人以为固本是固统治阶级的统治之本，持此说的人肯定不太了解中国历史，固本之真实含义是固天人合一之本，固农耕之本，固儒家学说之本。

享的活动涉及中国人生活的方方面面，比如春耕启动之时要有享先农之仪式，如《新唐书·礼乐志一》所载："孟春吉亥，享先农，遂以耕籍。"

由此可见，祭祀活动的现实意义有多大。

古代，享通亨。亨乃是通达之意，品类之物，皆得亨通。司马光在注《太玄·周》中的"信周期诚，上享于天"句的时候说："反复其信，皆出至诚，非由浮饰，故可以上通于天也。"②

现代词语常说"享有某某权利"，却未必清楚什么叫享有。我们所有的一切——包括生命，皆拜自然所赐，而非其有自有。我们每得到一份恩惠都应该虔诚地感恩，拜天所赐。这样的习惯在深受中国传统文化影响的日本人的现代生活中仍有所体现，他们吃饭前一定要说"いただきます"③，吃完饭一定要说"ごちそうさまでした"④，这已经成为道德品质的训练，在任何场合都少不得的。作为享文化发源地的中国反而将好东西丢弃，实在可惜。

如果我说，现在的自然灾害比过去成倍地增加是因为现代人不再祭祀，不再向天神供献牺牲，那么一定会遭到群起而攻之。

---

① 引自《左传》，北京燕山出版社2001年版，第166页。
② 引自《漢語大字典》第一卷，四川辞书出版社、湖北辞书出版社1988年版，第284页。
③ いただきます：意为"我领受了"。
④ ごちそうさまでした：意为"很好吃，谢谢造物主"。

如果换一个说法，我说，现在自然灾害频发是因为人不够尊重自然规律，经常违反自然规律，那么多数人也许就不会对我的说法产生质疑。

其实，以上两种说法完全是一个意思，没有任何区别。

最后，用四句结语概括"享"字所含义理：祭祀功能奇，为之诸事吉；人食鬼神享，亨嘉①汇聚齐。

遵纪

遵

从尊，从辶。尊从酋，从寸（另一种写法从廾），有三个基本意思：

（一）陈酒；

（二）酿酒官；

（三）部落、部族之长。

"寸"的古文象手之形，也有三个基本意思：

（一）长度单位，十分为一寸；

（二）器物之极小或时间之极短，"圣人不贵尺之璧而重寸之阴，时难得而易失也"②；

（三）寸脉，气口成寸，以决死生。

"尊"事关重大，相当于人体脉象中生死攸关的气口。这里的生死攸关主要指生命的延续。同理人类若想能够像酒一样存之久远，必须沉着而有序，要做到这一点就要有头领且听头领的话。远古，酋长就是头领，跟着酋长走——这就是遵之本义。

或问：为什么跟着酋长走？民主不是更好吗？

民主并非无懈可击。

民没有资格主自然之事。作为普通人的酋长也没有这个资格，然而远古的时候酋长往往身兼巫师之职，负责与天沟通的事宜。巫师是在替天行道，听巫师的就是听天的。在这个意义上，遵的意思就由"跟着酋长走"变为"跟着天走"。

或问：如何保证巫师真正代表天意？

---

① 亨嘉：好事一起来到。

② 引自《諸子集成》第七卷，《淮南子·原道訓》，上海书店1991年版，第10页。

这很简单，巫师所说若不符合天象，所做违背自然准则——这是很容易判断的，那他就是冒充的巫师。天地无隐，一切都是公开的，效法自然并不存在任何"禁区"，所以鉴别巫师是否货真价实并不存在难度。

纪之正体字为紀。

紀

从糸，从己。钟鼎文作己，无糸，糸乃后加。紀之本义是丝缕之头绪。《墨子·尚同》："譬若丝缕之有纪，罔罟之有纲。"① 紀为总要之名，指事物的头绪与开端。《礼记·乐记》将乐定义为"天地之命，中和之纪，人情之所不能免"②，十分准确。对紀解释得最深刻的当属唐代文学家劉禹錫，他说："用天之利，立人之紀。"③ 天给予人类提供各种利益，人类接受并无问题，关键是人类必须制定纪律，以保证天的正常供给。

最后，用四句结语概括"遵紀"一词所含义理：遵紀克己，人类长久；原始要终，传续如流。

团结

团之正体字为團。

團

最初的團是口中一叟。表面上的理解：口是家口，叟是对老年人的尊称，家口聚集在长者周围，形成一个圜。更深层的理解：生命一代一代地往下传递，没有尽头，也像一个圜。

隶变之后的團为口中一个専。最初的専象纺锤之类的收丝工具。将丝收拢在一起，将丝变为绳，力量变大，用途也随之变广。《易经·系辞上》所说的"其静也専，其动也直"④ 是对専的最好注释：脱离开本义，

---

① 引自《諸子集成》第七卷，《墨子·尚同中》，上海書店1991年版，第52页。
② 引自《礼记·乐记》，岳麓书社2002年版，第527页。
③ 引自《漢語大字典》第五卷，四川辞书出版社、湖北辞书出版社1988年版，第3367页。
④ 引自《易經通解·系辞上》，中国致公出版社2010年版，第305页。

将專推广到社会，心静，处于没有内耗的状态，这就叫作專。口是人口，众多的人都能做到專而无异心，那就是團。中国古代的城就是活生生的"團"的模型。

结之正体字为結。

結

从糸，从吉。結之本义是给绳子系扣。给绳子系扣居然是中国人最早的记事方法："上古結繩而治，后世圣人易之以书契。"① 用绳子捆住松散的物件，并结成扣，物品就便于携带或保管了，所以是很吉利的事情。当然，非但物品，人类亦如此，所以中国人也用结来形容众人抱成一團，形成合力。古代，成婚之夕，男左女右束发共髻，以示正式结为夫妻。中国的婚姻是世界上最稳定的，也是最美好的。家庭團結，家族團結，民族團結，是华夏民族最明显的特征之一。

中华民族到底是團結的民族还是一團散沙的民族？

本来这根本不成为问题，之所以现在成为问题，完全是因为大约一百年前中国出现一个文化汉奸，他替日本人造了中国人的一个弥天大谎，说中国人有所谓劣根性，一團散沙，都像阿Q。他还将中国人的劣根性归罪于汉字，狂叫"汉字不灭，中国必亡"。于是日本人有了侵略中国的理由：你们的民族如此拙劣，我们优秀的大和民族替你们这个劣等民族改良人种不是大好事吗？

斯人已去，斯事已过，然而心结却久久不能解开。与那个文化汉奸所断言的恰恰相反，中国是世界上最團結的民族，个人主义在中国历史上基本没有土壤。

每论及此总有人让我拿出证据。

还用拿证据吗？

只要抛弃文化汉奸们制造的谣言，结束骂祖宗的自戕游戏，恢复民族自信心，证据自然会一点点浮出水面。

最后，用四句结语概括"團結"一词所含义理：專使糸变绳，團令人成类；成婚要結发，團結最可贵。

---

① 引自《易經通解·系辞下》，中国致公出版社2010年版，第319页。

收斂

收

从糾（略糸留丩），从攵。收之本义为拘押，收监。目的是纠其错误与过失，以文教之，以期令其重新做人。

农业收获意义上的收实质意思也是拘押、收监，只不过对象是庄稼，而不是人。粮食聚积在一起放入仓库，并非收监。司马迁说："夫春生夏长，秋收冬藏，此天道之大经也。"①

收本来是中性词汇，与斂组词立即变为表示品行的褒义词。

斂之正体字为斂。

斂

从僉，从攵。斂与收可以互训。攵由支演化而来，收拢之意，僉表声。训脸如同训斂。脸收拢了人的一切信息，包括容貌、肤发、眼神、谈吐、思维、饮食、眼力、听力、表情等。斂与脸一样，也是将所有的信息集中在一起，不过斂的外延远大于脸，不仅可以将庄稼收束于仓库，还可以将信息收束于心。人死无心，心不能斂，故而将给死者换衣裳、涂脂化妆称作殓。

收斂有褒义、中性、贬义三种意思：

（一）褒义，约束身心不使放纵为收斂；

（二）中性，收获农作物为收斂；

（三）贬义，巧取豪夺叫作敛。

之所以说中国的文化传统具有收斂性，就是因为传统不是教人发财致富的，而是教人尊重自然，自觉约束自己的行为以实现天人合一的。这个传统很像是中国人的脸，中国人的精神面貌、道德意识、言谈举止无不反映在文化传统上。只有具有强烈收斂性的文化才可能克服人性中的贪婪，只有克制了贪婪才能形成传统，只有形成传统的民族才配得上优秀民族的称号，那些只能创新，不能收斂的民族很像掰棒子的狗熊，棒子掰得很

---

① 引自《史記·太史公自序》，甘肃民族出版社1997年版，第964页。

多，然而最后只剩下一个。

之所以说科学技术有很大局限性，不值得人类崇拜，就是因为它完全是发散的，向外扩张的，它离人性越来越远，而非越来越近。人类的科学技术水平越高，离开自我就越远，直至完全迷失。

我之所以断定只有中国的文化传统能够解救人类，就是因为它能收敛人类日益膨胀的欲望，把人类从欲望的沟壑里解救出来。

最后，用四句结语概括"收敛"一词所含义理：谷熟当收，欲多当敛；只收不敛，没皮没脸。

润

润之正体字为潤。

潤

从氵，从閏。閏从门，从王。门是人造之物，表示人的行为；王表示王道，即贯通天、地、人三才者，包括天道与人道。閏是为历法中出现的一种特殊现象而造的字。这种历法现象是：中国古代的阴阳历以月亮朔望的周期长度 29.5306 日为月的平均值，全年设 12 个月，与回归年长度 365.2422 日相差约 10 日 21 时，需要置閏月，使阴阳历各个月份和天象物候保持对应的关系。我国古六历中用 3 年閏 1 个月、5 年閏 2 个月、19 年閏 7 个月的閏月法，每逢閏年所加的那个月份便被称为"閏月"。

所谓閏就是余分之月，益为其本义，后转义为平分或者均匀地分开。潤是将雨水均分在大地上，其义出于閏。是大自然最伟大的德行之一，正如《易经·系辞上》所说："（自然）鼓之以雷霆，潤之以风雨。"杜甫将其义理转化为诗："随风潜入夜，潤物细无声。"[①] 大自然总是将对于人类来说最重要的资源均匀地洒在大地上，使得八方之民共得甘露。

《大学》中有一句名言叫作"富潤屋，德潤身"，说得极好。有钱人可以让屋子里布满金银财宝，而君子以德潤身，以实现精神目标为快事。二者不可同日而语。

最后，用四句结语概括"潤"字所含义理：春雨潤农田，道德潤心

[①] 《春夜喜雨》，引自《古代诗歌精华鉴赏辞典》，北京燕山出版社 1989 年版，第 335 页。

扉；天地多仁义，滋养我人类。

效

效

　　从交，从攵。关于交，許慎在《说文解字·交部》说："交，胫也。从大，象交形。"胫就是腿。古人已经知道，肢干与大脑是交叉的，右肢通向左半脑，左肢通向右半脑。正因为如此，許慎才说"交从大，象交形"。原来，交不仅体现在外（阴阳交合而生万物），也体现在人体内部。体现在外部就有了效法自然的思路。交与攵相结合表示，人与自己的观察对象交流，而且是在人文的指导之下进行交流。效隐含着这样一种含义：人与自然的关系就像四肢与大脑之间的关系，互相交织在一起，这种关系断，功能亦随之断，人类的信仰亦随之断。

　　不是吗？

　　一味的现代化和汹涌澎湃的工业化运动最大的问题就是，这两个运动体现的是人类单边的意志，完全没有征得自然（天）的同意，严重缺乏与天的交流，犯了一厢情愿的错误。在这种情况下，一切成功都是单方面的成功，都是表面上的成功，一切福祉都是靠不住的福祉，一切改变都是人类对自然的透支，与自然的承受能力是相抵触的。

　　人类不与自然进行真诚的交流，其所做出的成果与功绩有不如无，换言之，还不如实行老庄的"无为而治"。

　　《易经》指出："崇效天，卑法地。"[①] 说的是中国人的男尊女卑是效法天地的结果，而非凭空杜撰出来的。

　　墨子别出心裁，将"效"变为逻辑学的一个术语，意思为推理法则，他说："效者，为之法也。所效者，所以为之法也。"[②] 中国人不相信墨子的偏颇之说，故而"推理法则"说并未散播与普及，今人多不知道"效"有此意。

　　特别须要强调，"效"属于道德伦理与信仰的范畴，效法自然不具有强迫性，西方人不但不效法自然还变本加厉地征服自然、从自然那里攫取

---

① 引自《易經通解·系辞上》，中国致公出版社 2010 年版，第 305 页。
② 引自《諸子集成》第七卷，《墨子·小取》，上海書店 1991 年版，第 251 页。

资源，他们不仅没有遭受惩罚，还让其他国家的人们垂涎三尺，以他们为楷模。——之所以出现这种现象，是因为功利大于道德的西方学理在发挥作用。道德的作用是无形的、滞后的、整体的，故而不易被察觉，也不容易引起多数人的注意。效的读音与孝相通，这说明效法自然是一种人类对自然的孝顺，人类孝顺自然犹如子女孝顺父母，是天经地义的。人类不孝敬自然，后果与子女不孝顺父母一样，后果都是出现乱伦，失去秩序，进而让人类失去生命最重要的那部分价值与意义。

效法自然，人类才能笑到最后。

效法自然，生命才能潇洒，自在。

最后，用四句结语概括"效"字所含义理：左肢右肢交错，统归大脑指挥；效法天地自然，不要惹是生非。

省

省

从少，从目。省之甲骨文（甲五）、钟鼎文（戍甬鼎）皆象眼睛集中于一个方向不分神。先王省视万方，以设文教，化育万民。审视、查看为省之本义。少目者，瞄准一个对象认真察视也。省读醒，本义亦有醒悟之意。

省转义为探问、探视，成为中国古代重要的日常礼仪。《礼记·曲礼上》记载："凡为人子之礼。冬温而夏清，昏定而晨省。"早晚问候长辈形成定例。

省最有名的用法算是曾子的一段名言：吾日三省乎吾身。为人谋而不忠乎？与朋友交而不信乎？传不习乎？（《论语·学而》）

这就是古人对省的理解。中医是治病于未发，礼教是治罪于未犯，省则是止恶于未萌。

最后，用四句结语概括"省"字所含义理：日省三次，免得后悔；自知之明，最为可贵。

顿首

顿之正体字为頓。

頓

从屯，从頁。作为动词，动作的主体是頁（头），动作的内容是屯。屯的意思是聚集、积聚。要想让拳头打出去有力量，就必须先收紧，收得越紧，积聚的力量就越大。頓之本义为下身，即降低自己的重心，将头垂下。頓的目的亦是为积聚力量，不过，与出拳不同，"頓"所积聚的力量是道德的力量、信仰的力量与人格的力量。并不一定是人站得越高就越有力量，有些场合恰恰相反，降低身体重心，低下高贵的头颅反而能够积聚力量。

跪拜就是为了聚集力量而设置的一种礼。跪拜是中国古代最隆重的礼节，而頓是其中之一。跪地之后以头触地曰稽首；跪地之后以头扣地曰頓首。① 頓首与稽首可以说都是礼之最重者。

頓悟就是收缩自我之后，思想认识突然清醒，发生飞跃。这就是聚集力量的结果。高傲的人永远不可能发生頓悟的情形。

首

从丷，从目。首之甲骨文（乙三四〇一、前六·七·一、柏二三等）、钟鼎文（沈子簋、帅俞簋、侯马盟书等）都是象大型动物之头，后象人之头。头为生命之主，故而自然就有了主、头领之意。古代，消灭敌人以得其首为凭据。武王伐紂，紂赴火死，武王仍然割其烧焦之首级，将其高悬，以示商之覆灭。

"頓首"是中国古人往来书信中出现率非常高的词汇，用以表示对收信人的敬意。除了书信之外，頓首还在以下场合付诸实际生活：

（一）子女之于父母；
（二）弟子之于师长；
（三）臣工之于皇帝；
（四）官员中下级之于上级（仅限于特殊场合）；
（五）人类之于自然（祭祀场合）；
（六）今人之于先祖（祭祀场合）；

---

① 贾公彦在《周礼·春官·大祝》的注解中说："（稽首拜、頓首拜）两种拜俱头至地，但稽首至地多时，頓首至地则举，故以叩地言之，谓若以首叩物然。"

（七）生者之于死者（祭奠亡灵场合）；

（八）受恩者之于施恩者；

（九）战争中投降者之于胜利者；

（十）深刻忏悔之场合……

现代人与古人之根本区别就在于古人虔诚待天，虚心待人，而现代人凌驾于天地之上，对待同类则是尔虞我诈，无所不用其极。

最后，用四句结语概括"顿首"一词所含义理：顿首不再兮人心不古，忠信日薄兮乱因之首；不守人义兮拜又何必，天地有心兮人类盍①忧。

---

① 盍：为什么不。

因果篇

原因与结果是世界上最难确定的关系之一。无数中国人把中国近代落后挨打的原因归结为儒家学说与数千年的文化传统，这等于法官在判流氓强奸案时，将被强奸者武功不高（没能够有效阻止流氓的行为）作为发生强奸案的根本原因一样，荒唐而又可笑。

今日人类没落的原因正是人类引以自豪的科学技术、市场经济与自由民主的政治。

因

因

从口，从大。翻开工具书，几乎所有的甲骨文、钟鼎文、古文、篆文都与隶变之后的因之字形相似——唯一变化不过是古代因字的里边部分更像一个人——这个事实本身就是对"因"字的最好诠释——因就是不出一个大范围，代代相传。因是世界的第一特质，是宇宙的第一法则。世界是前后连续的，这是由时间的联续性决定的，人为改变不了，自然力也奈何它不得。这里时间就相当于因字的大口。

任何一个人的生命都是因袭其父母而来，绝无例外；[①] 任何一种意识形态或社会制度也必定是从比它更早的意识形态或社会制度因袭来的，绝对不会是无中生有的，无中生有出来的一定是魔鬼。《论语·为政》有这样一段话：子张问："十世可知也？"子曰："殷因于夏礼，所损益，可知也。周因于殷礼，所损益，可知也。其或继周者，虽百

[①] 克隆人、人造生命不算人，不算生命，故而不论之。

世，可知也。"①

科学主义者很讨厌因这个字，因为这个字昭示这样一个道理：大千世界，万事万物都被笼罩在一个大口中，逃脱不出去。讨厌也没有办法，造物主当初就是这样设计的，造物主是不吃后悔药的。人类并非造物主造出的今日爱之，明日弃之的偶然的宠物，造物主当初只设计了人类，并没有关照某一代人。一代代往下传才构成人类，而人类必须得有底线，所以古人将口比喻为底线，逃脱出这个口，就不属于人类。

20世纪初叶，中国人犯了一个大错误，那就是拼命逃脱，企图将口撕开一个裂缝，逃逸出去。这是受到西方理性主义（科学主义）的蛊惑，企图建立一个与之前人类历史遗留毫无关系的崭新社会。当时最流行的就是骂祖宗，自戕，吹捧西方弱肉强食的所谓文明。更可怕的是，直至今日，那些因骂祖宗而得暴名的文化汉奸仍然为一些受蒙蔽的中国人所敬仰，称其为"民族魂"。

否定"因"的结果我就不说了，试看今日之世界，竟是拜金主义者之天下！竟是男盗女娼者之天下！竟是假冒伪劣商品之天下！竟是地球资源掠夺者之天下②！竟是地球环境破坏者之天下！竟是不学无术、无才少德的混世魔王之天下！

最后，用四句结语概括"因"字所含义理：口是大千世界宝，无口人向何处跑？坠入大海被溺死，沦落荒漠尸难找。

所以

所

从戶，从斤。許慎《说文解字》："所，伐木声也。从斤，户声。"段玉裁注："伐木声乃此字本义。用为处所者，假借为处字也……用为分别之词者，又从处所之义引申之……皆于本义无涉，是真假借矣。"③

---

① 这段话的意思是：子張问：十代之前的礼仪制度可知吗？孔子说：殷朝沿袭夏朝的礼仪制度，所废除的与增加的，是可以知道的。周朝沿袭殷朝的礼仪制度，所废除与增加的，也是可以知道的。那么假定有继承周礼的人，就是过了百代，那时的人也可以知道礼的损益情况。

② 地球的忍耐性是有限度的，人类再这样疯狂地欺负地球，离自己的毁灭就真的不远了。

③ 引自《説文解字·斤部》，浙江古籍出版社2002年版，第717页。

《诗经》中出现过"伐木所所"的句子，似可为证。在无外力干涉的情况下，物必居其所，因为无论何物总有适宜它的地方。这个"地方"就是"所"。

一般情况下，汉字一字一音，一音可以代表多义，但在组成句子的时候，汉字总是受到一字一音的限制，难以表达比较复杂的意思。聪明的中国人制造了很多虚词，通过假借，达到顺畅表达意思的目的。"所"是其中重要的一个。作为虚词的所，用法很多，仅举一例，以说明之：所与某些动词结合在一起，可以组成名词性短语，表示人物、事物、处所等。如《诗经》："行归于周，万民所望。"[1] 如果没有"所"这个功能特殊的虚词，同样的话只能表述为"行归于周，正是万民仰望已久的事情"，显然就不像诗了。有了"所"这个虚词，再读这句诗，就像伐木声音那么清脆，那么铿锵有力。

以

从レ，从丶，从人。几乎所有的甲骨文、钟鼎文以及古文、小篆都象某种工具。有人认为像古代农具，说象盛饭的勺子也未尝不可。总之，是一种今人难以确定的工具。任何工具都要面对使用者，从这个角度说，以是联系两个事物的桥梁，"以"的许多意思都由此而来，如使用、令、凭借、仗恃、以为、为了、做、率领、缘由、能够以及作为虚词的众多意思都是中介、桥梁意思的延伸。"所以"表示某种原因导致的结果。

以读音通倚与依给人以启迪，俗语说一个巴掌拍不响，任何一物置于阳光之下必然分出阴阳两面。所以……

最后，用四句结语概括"所以"一词所含义理：人以食为天，天以人为怀；天人共相处，才能有未来。

离合

简化字运动将自古就有的"离"（读吃）与"離"（读梨）合二而一，古代的"离"今作魑，欲简弥繁。

---

[1] 引自《诗经·小雅·都人士》，岳麓书社 2001 年版，第 240 页。

離

从离，从隹。許慎《说文解字·隹部》："離，離黃，仓庚也。鸣则蠶生。从隹，离声。"離黃与仓庚即黃莺①。

"离"（读chī）是一种外形酷似猛兽的山神，古文象形。黄莺惧怕猛兽，故而離去。这是離之本义，甲骨文（前六·四五·四与甲二二七〇等）可资证明，它们的字形都象鸟振翅飞離猛兽之口，而且是逼肖之至。直至春秋战国时期才演化成与今之離相似的字形。而离（读chī）则被魑（读chī）取代。《国语·周语》所说的"言爽日反其信，听淫日離其名"已经将離的意思延伸至抽象层面，有了违背、反叛的意思。

鸟離其巢必然忧心忡忡，不知何往。故而離转义为忧愁。屈原《離骚》的意思就是忧愁，離是忧愁，骚也是忧愁，離与骚连用渲染了忧愁的情绪，更富于文学色彩，同时也突出了屈子清高離歧的高洁品质。

離是一个中性词汇，鸟離猛兽出于本能，君子远離小人则缘于人文教化，而亲人之间是不能離的，作为华夏民族的一分子也不能離开自己的民族。当今的出国定居热乃是20世纪华夏掀起的文化自戕热的恶果。今日种下苦果，明日不能不吞食之。

合

从亼，从口。亼为古之"集"。三合一为集，集众口为合。朱方圃认为合象器皿与盖子相合之形，或可备一说。合之义通和。口中有粟为和，众口一说为合，区别仅仅是一个是物质方面的和谐，另一个则是精神意志方面的协调一致。和与合加起来就臻于完善了，正如《诗经》所说"妻子好合，如鼓瑟琴"②。

蘇東坡说，月有阴晴圆缺，人有悲欢離合。正是離之忧才凸显出合之乐。在一定程度上，中国的文化就是教人和合的，就是要人珍惜来之不易的家庭之和美，人伦之和合。西方的个人主义宣传自由，宣传个人英雄主义，那是因为他们没有人文方面的建树，他们的精力与心思全部用到利用

---

① 对于美好的事物或者特别有意义的事物，汉字从不吝啬给予多种称谓，黄莺即是一个例证。

② 引自《诗经·小雅·常棣》，岳麓书社2002年版，第152页。

科学技术谋求物质利益方面，不得已拿出个人主义这块遮羞布，好歹能遮遮羞。①

最后，用四句结语概括"離合"一词所含义理：欲望如猛兽，君子远離之；家庭最奇妙，阴阳和合之。

荣辱

荣之正体字为榮。

榮

从炏，从冖，从木。本义梧桐树，有树木茂盛之意。相传神鸟凤凰非梧桐不栖。正因为梧桐树与凤凰的特殊关系，构造出榮的字形：炏表示熊熊烈焰，冖表示冥间，转义为死，木表示梧桐（或者延伸为栖居在梧桐树上的凤凰），这是什么样的情景就看你如何演绎了，如可以演绎为：凤凰曾经是幸福使者，每隔五百年，它就要背负人世间的所有仇恨与恩怨，通过自己投身于熊熊烈火的行动来洗刷人间的污垢，以自己的生命换取人世的祥和与幸福。不想，上天有好生之德，让凤凰重生，以表彰其伟大的情操与德行。重生的凤凰更加美丽动人。有人说，凤凰涅槃的传说来自佛教，不在中国文化范畴之内。我会这样反驳：榮字之出现远远早于印度凤凰涅槃之传说，故而可以认为，凤凰涅槃之说来自于中国。

从与榮组成的词汇来考察，榮誉、榮光、榮耀等恰恰与榮字所透露出的信息相符。凡是做了为他人、为国家而牺牲自我的事情都被人们赞美，就如人们赞美勇敢的浴火重生的凤凰。

辱

从辰，从寸。辰是十二地支的第五位，辰龙巳蛇，表示振动，加上寸表示瞬间的振动。辰又是北极星的名字，北极星的移动很缓慢，几乎可以将其视为是不动的。连北极星都在瞬间被振动了，足见外来力量之强大。——这是当人受到侮辱之后所产生的微妙而又复杂的心理变化。自己的心让别人牵动，而自己不能控制，做不到不为所动，这便是受辱的

---

① 中国古人认为世界是由阴阳和合而成，阴与阳不合到一起是没有意义的。

感觉。

关于榮辱，荀子有一句有名的话："先义而后利者榮，先利而后义者辱。"① 将榮辱置于义利之中，以义利区分榮辱，这是很有效的一种方法。

辱的读音与儒相通绝非偶然，儒本来是一种帮助办红白喜事的职业，免不得遭受一些屈辱；

辱的读音与乳相通，意在表示产子或哺乳事关重大，以生育与哺育后代为重，也就顾不上因暴露隐私部位而感到受辱了；

辱的读音与懦相通，意在告诫人们：受到屈辱的场合，最重要的是以柔克刚（懦者柔也）；

辱的读音与茹相通，意在告诫人们：遇到屈辱应该先将其放到肚子里（茹者吃也），以待时变。

最后，用四句结语概括"榮辱"一词所含义理：义如凤凰，无限榮光；行如辰龙，知耻而勇。

羞耻

羞

从𦍌（羊），从丑。甲骨文（前四·三四·四、甲一三九四、续三·一三·一等）象张手进献羊。故而"羞"之本义为进献。古代祭祀所用的食物，未食未饮为荐，既食既饮为羞。后来珍美之食物或者煮熟之食物谓之羞。丑在这里有两个意思：（一）意义；（二）形声。

古代羞读丑，意思是人类在羊面前很丑陋。

《广雅·释诂三》："羞，辱也。"《广雅·释诂四》："羞，耻也。"② 《易经》中的恒卦是这样界定"羞"的："不恒其德，或承之羞。"③ 孔颖达疏："德既无恒，自相违错，则为羞辱承之。"④ 古人很重视口德，出言不逊必遭羞辱。

---

① 引自《諸子集成》第二卷，《荀子·榮辱》，上海书店1991年版，第36页。
② 引自《漢語大字典》第一卷，四川辞书出版社、湖北辞书出版社1988年版，第3128页。
③ 引自《易經通解·恆卦》，中国致公出版社2010年版，第159页。
④ 引自《漢語大字典》第一卷，四川辞书出版社、湖北辞书出版社1988年版，第3128页。

之所以"羞"由进献羊之本义转化为羞耻之意,是因为羊是善良的牲畜,人类还要杀之、食之、进献之,看到羊被宰割时的情景人不免产生羞耻感。于是,以"羞"表达羞耻,兼有向羊谢罪之意,所以羞还有难为情、不好意思的意思。

人类食用一些家养的动物是出于补充营养之需要,实属无奈,以羞耻感折中不良行为总算给了被害的"羊"一些补偿,如果毫无羞耻感,就过分了,于人于羊都不好。

耻之正体字为恥。①

恥

从耳,从心。音入耳,感于心。以下场合极易产生耻感:

（一）自己像白痴一样不明事理;
（二）被人嗤笑不已;
（三）自己纵心驰性,放浪形骸,一事无成;
（四）像个吃饭机器一样,一无所长;
（五）自己光长年齿,不长学识;
（六）自己迟迟不能建功立业;
（七）因过错而遭人斥责;
（八）受到敕戒②。

这些场合的心情与感觉就是"恥"。

春秋战国时期,鲁国的季文子是鲁宣公、鲁成公两朝的国相,位极人臣,然而他的婢女不穿绸缎,他的马不喂精粮。别人纷纷议论说季文子吝啬,议论的话传到季文子耳朵里,季文子却说:"我何尝不想让我的婢女穿绸缎,让我的马匹吃精粮,可是我看见国人都穿粗布衣服,马都只能喂草,我怎能特殊?身为国相必须知羞耻,懂荣辱。"

有羞耻,就有希望。

可惜,现在的人很少有羞耻感的,至少很少见到对于羞耻很敏感的

---

① 古代,俗体字一般笔画较之正体字要少些,但也有例外。恥与耻的笔画相同,然而以减少笔画为宗旨的所谓文字改革者还是用俗体字的"耻"代替了正体字恥。此举让人百思不得其解。

② 敕戒:警告。

人。这不是一个好兆头。

最后，用四句结语概括"羞耻"一词所含义理：修身者知羞，持正①者知耻；无知者无畏，知羞耻者止。

泛滥

泛

从氵，从乏（或从丿，从之）。字面之意顺水漂浮（之），漫流无状，不能自已（丿）。此外，还可以理解为形容水流缺乏引导与管束的放任自流状。水往低处流，漫无边际，故而泛转义为普遍、无遗漏、普及。

氾通泛，水犯田地犯人类曰氾。表面看侵犯的主体是水，人类是受害者，实则不尽然。往往人犯自然在先，自然犯人在其后。自然犯人的目的是给人间树立一个范式，告诉人类如何生活在自然之中；否则，人类无道天必罚之，大水漫流，天翻地覆，凡物皆毁。水患之下或可以帆船为逃生工具，然而即使侥幸生还，烦心事也会接踵而来。

滥之正体字为濫。

濫

从氵，从監。監从臣，从丆，从皿。

杨树达《臣牵解》说："臣之所以受义于牵者，盖臣本俘虏之称……因俘人数不一，引之者必以绳索之，名其事则曰牵，名其所牵之人则曰臣矣。"杨树达所说是有根据的，郑玄曾明确地说"臣谓囚俘"。有水在旁，囚俘变为泅俘，加之竹编器皿等随水流漂浮，一片惨象，目不忍睹。

泛滥是现代社会的凸征，欲望泛滥，拜金主义泛滥，回扣泛滥，百万富翁泛滥，推销泛滥，广告泛滥，包装泛滥，慈善事业泛滥②，春晚泛滥，歌星泛滥，名人泛滥，崇洋媚外的假洋鬼子泛滥，竞技体育泛滥，贪污泛滥，消费主义泛滥，"GDP"主义泛滥，基本建设泛滥，旅游泛滥，

---

① 持正：主持公道，无所偏倚。
② 慈善事业体现出一种社会良知，理应鼓励，然而慈善是很难做的，做不好适得其反，一窝蜂地争做慈善，并不可取。

古董鉴赏家泛滥，图书泛滥，影视剧泛滥，英语泛滥，评奖泛滥，科学主义泛滥，逻辑实证主义泛滥，创新泛滥，宇宙探险泛滥，法律主义泛滥，进化论思潮泛滥，假冒伪劣消费品泛滥，化妆美容泛滥，裸奔时尚泛滥，性解放思潮泛滥，乱伦行为泛滥，二奶泛滥，离婚泛滥，绯闻泛滥，性病泛滥，女权主义思潮泛滥，个人主义思潮泛滥，"AA"制泛滥，科学农法（包括转基因农产品）泛滥，空调泛滥，杀虫剂泛滥，添加剂泛滥，烟酒毒品泛滥，大众化泛滥，电视与网络媒体泛滥，家用汽车泛滥，房屋装修泛滥……凡此这种，皆因水漫华夏大地，水似染缸，被染者皆污，无幸免者。设无文教，无信仰，无道德，难免恶流翻起，泛滥成灾。

最后，用四句结语概括"泛滥"一词所含义理：漫流无状曰泛，竹器漂浮曰滥；恶流泛滥成灾，伤及人与自然。

影响

影

从景，从彡。一般来说，越晚出现的字，其意旨越明晰可见，训诂的难度也越小。影的出现较晚，其意昭昭在目：景由日与京组成。日为太阳，京为高地，景为日照于高物（高于地表之物）。彡为动物之毛发，三不是具体数目，是言其多。高物留影，物体越高影子越长。

古代，影之"彡"旁置于左、右皆可。这是因为，早上的影子与黄昏时的影子方向是相反的。影子的长短、粗细以及清晰度都会随时间而发生变化，然而有一点永远不变，那就是忠实于原物。圣人创造的道德文教体系就是"原物"，后人如影随形，不会妄加改变。其实，圣人设教，并非将自己的思想强加于人，圣人与普通人的唯一区别就是圣人的心更加贴近自然，因此能够告诉人们如何效法自然，仅此而已。比如，儒家昭穆伦序，设男女大防，都是在模仿自然，伦理道德像是影子，自然万象则是实物。如果没有天高地卑的实象，中国人断然不可能提出男尊女卑的口号；如果天体没有呈现出严格的等级差别（恒星、行星、卫星各安其分），中国人也断然不会建立孝道这一伦理体系。我说儒家的学说是颠扑不破的，原因就在于儒家学说完全是自然的影子，要想否定儒家学说，必须先否定自然。

响之正体字为響。

響

从鄉，从音。鄉的本义是两位同乡男子饮酒对食。此时的话音与亲切碰杯声音为"響"。在同乡共食的场合，有问有应，不会出现生硬回绝的情形，故而信息传播得很通畅。孔子对此进行了生动的描述："是以君子将有为也，将有行也，问焉而以言，其受命也如響。"[①] 君子做一件事情或者完成一个任务，上级问什么，他一定回答什么，绝不拖泥带水，却步旋踵，如同老乡在一起吃饭时那样自然而然。

综上所述，所谓影响就是一个事物原原本本、自然而然地由此处传至彼处，或由此人传至彼人。中国的文化传统就是这样一个前人影响后人、圣人影响庶民的过程。从伏羲画八卦降至明末清初，世世代代的中国人昭德塞违，像影子忠于实物那样，不走样，不篡改，原原本本传了下来。这应该算是一个奇迹，一个不可复制的奇迹。

影响是中国文化传统的传动器——当然必须是积极的影响。当今，中国人受科学主义与人权至上理论的影响极深，而这种影响，并非出于自然万象，而是出于人的欲望。人类本来就已经是万物之灵长了，再插上欲望的翅膀，自然能不遭殃吗？

我忽然想起这样一件真实的事情：

1886年世界上的第一辆汽车在英国诞生，十年之后的1896年，一位正在路边行走的女子被汽车轧死。验尸官在其验尸报告的结尾处写下这样一段话："这是人类的一个悲剧，今后这样的事情再也不可能发生了。"然而截至今日，死于汽车交通事故的人数已经超过两千万。

最后，用四句结语概括"影响"一词所含义理：有物方有影，有乡才有響；不以天为本，早晚遭祸殃。

烙印

烙

从火，从各。各之甲骨文（前五·二四·四）的字形为上人下口，

[①] 引自《易經通解·系辞上》，中国致公出版社2010年版，第309页。

人呈行走状，意为有人劝止而不听。庚嬴卣上面的各字中含有"行"与"止"两个字。每个人都有自己的思想，自己的性格，自己的价值观，一般来说行止与取舍皆出于己意，兼听则明不是光靠生理反应就能够做出来的，还要靠文化道德修养。各者个也。每个人都有个性，都有自己的主张。在政治活动中，上古时代，人的野性较重，执权者对于犯法者进行惩罚，其中最严厉的惩罚是施用火刑。《封神演义》第六回有关于烙刑的记载："只见九间殿上烙得皮肤筋骨，臭不可闻，不一时化为灰烬。"

后来"烙"转义为用烧热的铁器烫熨衣物，使其平整。再转义为在心中留下印迹。在这种场合，烙的读音由"落"变为"酪"。

印

从手，从卩。許慎《说文解字·爪部》："印，执政所持信也。从爪，从卩。"① 甲骨文（乙一·四三）、钟鼎文（毛公鼎）皆象手抑一跪者。正因为如此，压抑的抑中含有印之省略字形。

诚如許慎所说，强制让人跪下，这也可以算是执权之信，至少是"信"（凭证或象征）之一种。以印为信与以强制性动作为信并不矛盾。印的字形意味着手握一个鸡蛋，鸡蛋可以成为有鸡的凭证。印也如此，握有印即握有权力。

印之于政治权力的运行犹货币之于物流，不可或缺。"印"告诉人们持印人调兵或者布政之因（凭据）。

长期以来流行一种错误说法：文化意识形态无不打上统治阶级的烙印。这个论断不符合事实，至少不符合中国数千年社会发展历史所呈现出的事实。要说中国的主流文化意识形态打上了烙印，只能说打上了自然的烙印。

最后，用四句结语概括"烙印"一词所含义理：相貌本由父母来，行为举止皆烙印；民族何尝不如此，由不得你不承认。

危机

危

从夕（人），从厄。危之古文（随县战国墓漆二十八宿匰）表现的是

---

① 引自《説文解字注》，浙江古籍出版社 2002 年版，第 385 页。

人站在高处之惧怕状。逐渐演变为今之形,示人面临厄运。危之本义贯穿所有的转义之中。《周礼·考工记·弓人》有这样一段关于弓人制弓的高论:

> 其人安,其弓安,其矢安,则莫能以速中,且不深。其人危,其弓危,其矢危,则莫能以愿中。①

其中"危"的意思是性格急躁,安则指性格平缓。站在高处(欲望过于亢进或目标定得过高)性格就容易越来越急躁,容易患上焦虑症。焦虑症是现代社会最常见的疾病,绝大多数人都患有这种疾病,只是轻重程度有所不同罢了。

老子是最早发现高与危关系的思想家,所以他提出"上善若水"的道德命题。俄国思想家列夫·托尔斯泰谈起老子的这个道德命题时佩服得五体投地,写下大量心得。不知是老子有所疏忽还是未来得及写,其实水也有凶恶的一面,并不总是善的,当水积得过多,水位过高就会产生危险,善良的尤物顿时变为猛兽,吞噬人的生命。世界上的绝大多数"危"都是因为"高"引起来的:

江河的水位过高引发水患;
对农作物产量期待过高爆发转基因危机;
对金钱的期望值过高产生拜金主义;
高铁的速度过高产生龙卷风与地震;②
经济指标过高会破坏自然生态,造成环境危机;
自动化程度过高会使人类丧失很多功能,从而产生退化;
收入越高越不知足,还想更高,因此产生心理危机……

机之正体字为機。

機

从木,从幾。幾是微兆,是事物本质尚未暴露时露出的一些苗头,蛛

---

① 引自《周礼》,岳麓书社2002年版,第442页。
② 高速交通工具的频繁行驶会造成龙卷风与地震频发,这个规律是被两位俄罗斯工程师发现的。

丝马迹。木通目，先人一步看到事物微兆，进而从中获利叫作投机，说文明些叫作机会主义，即古人所说的机心（巧诈之心）。

人类现在面临空前严峻的危机，致命危机有：

（一）一任转基因技术肆虐，人类在未来一二百年之内有可能全部灭绝；

（二）一任核电站建设下去，人类很可能因核泄漏而全体被辐射物污染；

（三）人类如果我行我素，一仍如旧地随意排泄二氧化碳，一百年之后大气层中氧气所占比例将有可能低于极限值，人类因此而无法生存；

（四）人类如果不停止工业化、城市化、全球化、市场化的步伐，很可能发生严重的温室效应，那时大水泛滥，天崩地坼，人类将束手无策；

（五）如果人类继续奉行"GDP"主义与拜金主义，将发生道德伦理危机，道德伦理出现危机的话人类能够做出怎样的事情现在还难以估计，不过肯定比影视作品所描述的更可怕；

（六）如果不结束性解放的游戏，不改变滥服抗生素的习惯，不停止没有必要的高端的各种细菌试验，人类将会碰到自己根本战胜不了的超级细菌或超级病毒，只能坐以待毙；

（七）人类如果真的将探月工程付诸实施的话，月球因为被瘦身而改变运行轨迹，接下来发生的事情将是人类最不希望看到的……

生态危机是当前最容易体察到的人类危机：森林面积锐减，湖泊日渐干涸，由于过度开发造成的景象不堪入目。仅以中国的名山——南岳衡山为例。2012年10月17日的《新华每日电讯》刊登了一幅关于衡山的照片，照片上的衡山被断成两截。照片下面配有稿件提供者的一段话："救救南岳衡山！救救我的家乡！秀美山峰已经被开发商开膛破肚！"其实，包括庐山在内的几乎所有名山都程度不等地遭到破坏，为的就是谋取利益。人类真的疯了，除了金钱什么都不认了，危机在即也丝毫没有顾忌。

最后，用四句结语概括"危机"一词所含义理：危机缘于心太高，娶了媳妇还要嫖；身轻才得渡彼岸，非要金银缠满腰。

达到

达之正体字为達。

達

从土，从羊，从辶。達之甲骨文（如京都六二四）象各行各自的路，不相遇。達之钟鼎文（如保子達簋等）象行路时遇到人多的地方止步不行。这两种情形都有一个目的，就是不能耽搁行程，要直接到目的地去。通畅的意思由此转来。通晓、明白的意思也由此转义而得，分析一个问题，如果没有节外生枝，一通到底，当然很快就会弄明白。显贵、发达的意思亦如此。人没有不想显贵的，但多数人在求富贵的路途上遇到一些阻碍，被纠缠住，绕不过去就達不到目的。《孟子·尽心上》说"穷不失义，達不离道"就是告诫求显達的人，不要失义，不要离经叛道，不然就会被阻碍实现显達的因素所纠缠。

孔子对于達有过一句经典阐述："辞，達而已矣。"[①]"辞達"完全来自于"達"字给予的启发。做一件事情，从头到尾专心致志，不分散注意力，说起来似乎容易，其实难之又难。

到

从至，从刂。到之甲骨文（乙七七九五、粹一〇〇四等）、钟鼎文（盂鼎等）、古文（信阳楚简等）皆象鸟、昆虫或矢从高处落地。物自高处落下，落至地面，至多砸一个坑，最终还是得止住降落的步伐。所以，至有极点、极致的意思，极点就是事物不能再往下发展或者延续的那个点。一般认为刂是音旁，显示到的读音。其实，除此之外刂还另有他意，就是来至某处，为防止再次走这条路线时迷路要用刀子刻一个记号，以作为今后行路的警示。在我们生活的空间与时间里，无论如何我们也摆脱不了"道"，用庄子的话说连便溺里也有道。我们无论将目的地设在何处，達到的地方都存在道。中国人的祖先将到達之到与天道之道谐音就是为了提醒人们：（一）道无处不在；（二）道无时不显示其存在；（三）人不要忘记"道"。

利用"達到"这两个字所含的道理考察一下人类的发展目标不难发现，如果将经济发展比作鸟，这只鸟永远在天空飞翔，丝毫没有着地的迹象。不宁唯是，亢奋的鸟越飞越高，越飞越远，居然还得陇望蜀，突发奇

[①] 引自《諸子集成》第一卷，《論語·衛靈公》，上海书店1991年版，第349页。

想，觊觎未知的地方，要飞到天外，寻找更广阔的空间，以便将那里的财富抢夺到手。他们忘记了一个古老的寓言：一个翅膀上绑着金子的鸟是飞不远，飞不久的，衔金之鸟，必有累死坠地的一天。

最后，用四句结语概括"達到"一词所含义理：效率高为達，行程顺为到；達之义通大，到之义通道。

对错篇

分辨善恶具有普遍的意义，而计较对与错往往徒劳无功，因为善良的错比邪恶的对的价值大得多，比如善良的迷信就比邪恶的科学（如转基因）有价值得多。西方人以对错论价值，中国人以善恶论价值——这便是东西方的根本性区别。

对错

对之正体字为對。

對
从业，从羊，从寸。字面透露出的信息为：墙板（业为墙板）里的羊（羊），一只叫唤则群羊回应。寸表示回应所需时间极其暂短。對之本义为应答、回答。對转义为配偶是因为配偶是一方有所表示另一方必有回应的，否则就算不上配偶。對错之對不是真实的意思，而是合乎客观实际或者合乎自己的想法，与西方人的所谓"真理"完全不是一回事，具有很强的相對性。事实证明，一切人类认为對的事情都具有相對性。即使是数学也不是真理，数学是数学家头脑中创造出来的类似艺术作品的东西，并不能证明其真。[①]

[①] 哥德尔的不完整定理就是描述这种现象的。

错之正体字为錯。

錯

从金，从昔。本义是琢玉石的粗磨石。古人将治玉称作"錯"。錯的衍生意思是一来一去的动作，与"舛"的意思接近。早在数千年之前中国人就掌握了治玉的技术，近年考古工作者在蓝田县的新街遗址发现很多大小不一的玉笄、玉环、玉条以及石钻、石钻帽、石钻头、石钻心等治玉工具。这些玉制品及治玉工具的出土，为仰韶晚期开发利用蓝田玉提供了实物佐证，也为史前时期治玉工艺研究增添了重要标本。显然，那时还未出现冶炼金属的技术。造"錯"字的时候应该出现了青铜器甚至铁器，在有了金属的场合却将表示"磨石"的字加了一个金字旁，见地十分深刻。固然金属比石头的柔韧性更好。但终究石头是祖，金属是孙，祖宗总是有高于孙子之处。金属制造的器具再坚硬，金属造出的武器再锋利，还要依赖磨石。即使在21世纪的今天，也要用石头磨刀，而不能用其他金属制品磨刀。这就是奥妙所在。美玉是"錯"出来的，这就更奇妙了。君子也是错出来的。人非圣贤，孰能无过？只要錯而治之，而非錯而毁之，就能成材（才）。

人类应该将主要的注意力集中于善恶问题，不要陷入對錯问题中不能自拔，那样做没有太大意义。

最后，用四句结语概括"對錯"一词所含义理：开发月球"對"而恶，男尊女卑"錯"而善；发财致富"對"而恶，节制欲望"錯"而善。

正确

正

从止，从一。許慎《说文解字·止部》："正，是也。从止，一以止。古文正，从二。"[①] 許慎说得非常好，止于一就是正之本义，一代表道，止于道就是不冒犯道，行至道的边缘就得停止。不违反道，是为正。正如古人给"正"下的定义：无偏无党，王道荡荡；无党无偏，王道平平；无反无侧，王道正直。

[①] 引自《说文解字注》，浙江古籍出版社2002年版，第69页。

现代科学技术完全反其道而行之，科学技术的本质就是突破道的界限，以理性征服自然之道。我是这样给科学技术下定义的：所谓科学技术，就是通过违反自然规律从而获利的一种理论体系与谋利手段。大禹治水乃是顺势而为，是为正。西方的拦河筑坝乃是逆天而为，是为不正。中国的天人合一路线"正"，西方的理性主义"不正"——这便是东西方思维方式与行为方式的根本区别所在。

确之正体字为確。

確

从石，从雀。確字出现得较晚，大约出现在春秋中期。確之本义为坚固不移。《莊子·应帝王》："正而后行，確乎能其事者而已矣。"① 意思是：做事情之前先考虑一下自己的行为是否违反道，确认不违反道再开始做，就可以坚定不移地做下去了。庄子的这个思想与《易经·乾卦》所说的下面一段话完全一致："乐则行之，忧则违之。確乎其不可拔。"② 人事止于道，人乐天亦乐；逆天道而为，人忧天亦忧。

在古代汉语中，"正"与"確"是顺接关系，先正而后確乎不拔，就不会犯大错误。中国古人在处理人际关系（政治问题）时犯过很多重大错误，但不曾对自然犯大错误，这是令中国人骄傲的事情。

中国古人的"正確"与西方人所说的"真理"是两个截然不同的概念。前者以自然为判断标准，后者以人的头脑（所谓逻辑思维）为判定标准。显然无论逻辑实证如何严丝合缝，只要违反天道，它就不是正確的。所谓真理，不过是欺负自然、凌辱自然的遮羞布而已。

正而后確，人类能够长久生存在地球上；不正而確的后果则相反，迟早会被自然抛弃。

最后，用四句结语概括"正確"一词所含义理：正乃止于道，確乃不可拔；逾越警戒线，必然受惩罚。

---

① 引自《諸子集成》第三卷，《莊子》，上海書店1991年版，第48页。
② 引自《易經通解·乾卦》，中国致公出版社2010年版，第60页。

偏

偏

从亻，从扁。扁，从户（门），从册（书），扁之本义为匾（门上的题字）。匾额的初衷是扁表其门，教人行善。有的人背离了匾额题字的教导，这就叫作偏。偏的主要原因是凡事知易行难，尽管明镜高悬，稍不留意便入危域。

扁字的下面是册，即古代的竹简，可以卷起来成为圆筒。如果一个人为人处世不圆润，见棱见角，那就难免走偏了。偏的本义为倾斜、不平整，不圆为偏。"圆"就是中庸。凡背离中庸原则就是偏。偏是人最普遍、最易犯的毛病，正如荀子所说："凡人之患，偏伤之也。"[①]

对于中国古人来说，偏是一种大忌，走偏的人得不到好评。然而在西方恰恰相反，偏激大师往往成就大事业，比如牛顿就非常偏激，结果成为经典物理学之泰斗。现代物理学就是靠偏激的思维方法超越了经典物理学，将物理学带入崭新阶段的。西方的科学若想进一步发展仍然需要利用偏激这一利器。确实，这个利器可以帮助他们完成一个又一个科学新发现，然而每完成一个新发现则意味着人类离毁灭之日更接近一步。

最后，用四句结语概括"偏"字所含义理：不圆不正是为偏，黄莺飞去是为离；人本生在地球上，不偏不颇是君子。

叛逆

叛

从半，从反。顾名思义，行至半途，无功而返为叛。现在流行一个词汇叫作与时俱进。如果将与时俱进解释为与道俱进没有问题，如果时代表人类社会的客观进程，那就有问题了，因为人类生活可能走正路，也可能走邪路，如果走的是邪路，就不能与其俱进。

人类的生活之路（由文明决定）是曲折的，人类的精神道德信仰之

[①] 引自《諸子集成》第二卷，《荀子·不苟》，上海書店1991年版，第32页。

路（由文化决定）则是直线的。中国古代的文化是对自然万象的描摹，自然万象是亘古不变的，因此文化的价值与作用也是亘古不变的，正如董仲舒所说，天不变，道亦不变。在文化上改变立场，改变行进的路线，那一定是背叛。西方的理性主义就是对先人的背叛。现代化运动则是对文化传统的背叛。比如，本来中国的家庭伦理是非常优秀的，男尊女卑，夫唱妇随，三从四德这些道德规范都是描摹自然万象的产物。现在，自然万象一仍如旧，人的立场却产生翻天覆地的转变，家庭伦理荡然无存，男女平权、男女平等、妇女解放等将家庭的平静彻底打破，家庭不再是情感的寄托之所，退化为生活的基本单位，而且还有实行"AA"制的倾向，家庭"AA"制泛滥，家庭也就名存实亡了。

逆

从屰，从辶。逆的辶是后加的，最初为屰。甲骨文（甲二八〇五、乙三九三九等）的屰非常形象，为倒过来的"大"，"大"象人形。人倒立为逆。古人用头朝下表示倒行逆施，绝顶聪明！古代，逆与迎的意思完全相同，只不过用于不同场合：自关而东曰逆，自关而西曰迎，或曰逢。关就是关中。逆与迎的动作方向完全一致，都是反向的："逆"不用说是反着"正"的，"迎"也是反着被迎者的。"逆"有预料的意思，"迎"则没有这个意思。

隶变后的逆，辶表示行走或为人处世，屰则表示草木生长状。草木生长，根结在下，枝叶皆在土之上。根往下生长，枝叶往上生长，这种"逆"是天道决定的，违反自然之道是大逆不道的。时间可逆的谬论一度甚嚣尘上，似乎只要制造出航天器具人类就有可能穿越时间，回到过去。

最近，有记者问霍金：该如何实现时间旅行？那样的旅行将会对我们当前的现实生活构成何种影响？霍金回答：事实上我们都在时间中向前行进。我们也可以在时间中快进——乘坐一艘高速飞行的火箭进入太空，等回到地球后才发现当初的同代人都已经老去或者已经去世。爱因斯坦的广义相对论似乎提供了一种可能性，那就是我们可以让时空弯曲到一定程度，文明就可以回到过去。然而事实是，这样的弯曲很可能会引发一种辐射，它将摧毁飞船，甚至摧毁时空本身。我有实验证据证明回溯时空的旅行是不可能做到的。我曾经向未来的访客们发出邀请，让他们来出席我的宴会，但是我一直等到宴会结束之后才发出了邀请。我坐在那里等待良久，但是没有人前来赴宴。

现在，人类的忤逆行为数不胜数，荒唐程度不亚于穿越时间。比如：

种植与食用反季节蔬菜瓜果；

利用激素缩短蔬菜或猪羊的生长期；

利用转基因技术提高产量以获取暴利，完全不顾断子绝孙的后果；

用化肥代替农家肥，从而打破粪便还田的良性循环；

通过化学添加剂改变食物的味道；

拦河建坝获取电力而不顾自然生态被破坏；

高速公路上飞速奔驰的汽车改变大气环流而引发龙卷风；

利用制冷设备强行降低温度而不顾氟利昂对臭氧层的致命性破坏；

疯狂采掘地下资源而不顾大地塌陷等后果；

从月球上采集标本甚至还想采掘月球上的资源而不顾引力失衡引发的严重后果；

滥用杀虫剂而不顾空气污染的后果；

实行"GDP"主义、消费主义、拜金主义而不惜暴殄天物……

最后，用四句结语概括"叛逆"一词所含义理：无功而返为叛，大头朝下为逆；自然耐心有限，不容侮易天极。

摹

摹

从艹，从日，从一，从八，从手。日代表天，一代表道，八代表八荒（目之所极），艹代表自然万象，手代表描摹或者摹写。字如其意：以自然万象为法式并效法之就是摹之本义。大文学家张衡有这样的名句："眇天末以远期，规万世而大摹。"李善注引薛综曰："摹，法也。规欲以为万代之大法也。"[①] 李善所言极是，中国古代的大法不是人为随意制定的，而是描摹自然而成。自然万象不变，大法亦不变。大法一经确立万世不易，以确保对自然的尊重。尊重自然，归根结底还是为确保人类自身的安全。那些批评儒家厚古薄今的人没有弄懂为何厚古薄今，如果他们了解厚

---

① 《文選·張衡東京賦》，引自《漢語大字典》第三卷，四川辞书出版社、湖北辞书出版社 1988 年版，第 1927 页。

古是因为古人充当了自然的代言人，也许就不会乱发议论了。为什么薄今，就是因为"今人"为谋取个人利益，总有一种破坏大法的冲动，不甘清贫，总想改变天人合一的方针路线，企图尽早将深埋地下的财富挖掘出来，以填欲壑。

辇的方针路线就是严格遵守自然之道，不越雷池一步，政不出于己欲，治不出于创新，一切不出自然之轨道。这样做，或许人类永远处于贫困，但也永远是快乐的、健康的、安全的。我曾经不止一次地这样质问过科学主义者：

人类过应有尽有的日子三代而亡好，抑或过清贫而快乐的日子长治久安好？

科学主义者每每无言以对。

西方科学主义的要害在于，他们完全按照自己的意志行事，根本不考虑自然的感受，不考虑子孙后代的权益。这一代或者数代为求富贵而耗尽地球资源，子孙后代何堪？

辇是一种极为朴素的世界观与方法论，它关注的是最朴素的问题。对于人类来说，最基本的、最朴素的问题就是物质上的柴、米、油、盐、酱、醋、茶与精神上的孝、悌、忠、心、礼、义、廉的问题。清代文豪袁枚写过这样一副对联：

> 柴米油盐酱醋茶，除却神仙少不得；
> 孝悌忠心礼义廉，没有铜钱可做来。

袁枚高论，让人绝倒。

现代人既不关心柴、米、油、盐、酱、醋、茶，更不关心孝、悌、忠、心、礼、义、廉，他们只关心房子、汽车、女人、存款、房屋装修、购置家用电器等这些无关紧要的事情。

如此蠢者，余不与论道。

最后，用四句结语概括"辇"字所含义理：画师书圣终是人，怎比自然鬼斧工；天地万象皆有理，效法自然立事功。

作

作

从亻，从乍。初，作为乍，后加亻。作之本义为兴起。作之钟鼎文（利簋）、古文（楚帛书）等皆含有"止"与乚，意为结束停止或平静的状态。《易经·乾卦》对这一本义做出了明确的说明："云从龙，风从虎，圣人作而万物睹。"① 龙飞则云翻滚，虎跃则凤飞翔，圣人启动文明或文化，人们就看清楚了万物，知道了它们的性质与用途，以为所用。

周秦之际，诸子并作。诸子，多说有百余家，少说有十数家，孔子乃是诸子之首。孔子自称"述而不作"是出于谦虚，意思是自己不是开山者，是引路者。实际上孔子不仅作，而且"作"出了巨大的成就，孔子之后无人可及。可以将孔子的"作"归纳为：

创作《易传》十篇（又称十翼）；②

整理鲁国历史，作《春秋》而流传于世；

写下论述孝道的文字；③

写下大量关于礼的文字，散见于《礼记》等经典中；

阐释了自己的政治理念及自己对道德伦理的理解，散见于《论语》；

阐释自己的教育理念，大多融入中国的教育传统之中；

以身作则——这是孔子独特而又富于价值的"作"……

"做"字出现较晚，没有古字。造这个字的主要目的是防止"作"之滥用。作与做之区别主要在于：前者带有开创性，而做带有一般性，二者在价值上不可同日而语。"做"字的构成透露出这样的信息：做乃是"人+故"。故乃古之人文。所以，做字之所以如此构造为的是提醒做事情的人，一定按照人文传统做，不能肆意而为。

现在，创新口号喊得震天响，古人的文化遗产动辄被否定，凡事越新越好。非但作文要创新，其他事情莫不如此。仅举一例以说明之：近十年来，

---

① 引自《易經通解》，中国致公出版社2010年版，第61页。

② 近现代学界沉渣泛起，又有许多人否定《易传》为孔子所作，这些人犯了教条主义错误，只看事物之表，不究事物之里。能写出系辞那样漂亮论文的非孔子莫属。

③ 孔子所作《孝经》是否就是现在流传的版本值得商榷，但孔子曾写过关于孝道的文章基本是确定的。

中国总共消灭了90万个自然村——包括浙江兰溪市诸葛八卦村、浙江丽水市河阳村、甘孜藏族自治州甲居藏寨、广东佛山市三水区长岐村。越来越多的传统村落被现代化，良风美俗越来越难寻觅。孔子是圣人况且述而不作，今人厚颜无耻到要把一代人的意志强加给历史，怎能不叫人义愤填膺？

最后，用四句结语概括"作"字所含义理：圣人极虑作文教，今人处心谋钱财；千年人文一旦毁，良辰美景不再来。

俊

俊

从亻，从夋。許慎《说文解字·人部》："俊，材千人也。从人，夋声。"[1]"材千人"就是具有千里挑一之才能，极言才智出类拔萃。《孟子·公孙丑上》说："尊贤使能，使俊杰在位。"[2] 有才是俊之本义，漂亮、英俊乃为转义。古人认为相貌是才能甚至道德的一部分，当然，古人的审美标准与今人大不同。古人认为美的，今人未必认为美。这是人因才德而美的缘故。

俊与君读音相通，是因为君子爱才厌财，而且总是堂堂正正，在这个意义上，"君"与"俊"可以互训；

俊与军读音相通，是因为军人身着戎装格外精神，加之号令统一，产生一种整齐美；

俊与均读音相通，是因为均能产生整体美，孔子说不患寡而患不均，道理即在于此；

俊与袀读音相通，是因为袀是一种统一的军服，六军袀服，四骐龙骧，威武无比；

俊与鵕读音相通，是因为鵕是一种神鸟，赤足而直喙，黄文而白首，鸣则如鹄，奇而美；

俊与峻读音相通，是因为山高而陡曰峻，君子亦然，境界高而做人直率者为君子；

俊与骏读音相通，是因为骏为良马，马乃是古代重要交通工具，马与

---

[1] 引自《説文解字注》，浙江古籍出版社2002年版，第366页。
[2] 引自《諸子集成》第一卷，《孟子·公孙丑上》，上海書店1991年版，第134页。

人相通，马平庸为驽，人平庸曰俗；马优秀曰骏马，人优秀曰俊才；

俊与畯读音相通，是因为中国古代重农，作为农官的畯备受尊敬，当然畯也必须有君子之风；

俊与浚读音相通，是因为河流疏浚之后会呈现出美景，而且疏浚河道也需要有才能的人为之；

俊与麇读音相通，是因为群居能够产生整体美，鹿之美在很大程度上是因为它们聚集在一起；

俊与菌读音相通，是因为有益菌能够让人防病，从而变俊；

俊与郡①读音相通，是因为郡的城墙严谨而又壮美，犹如君子，神圣不可侵犯……

最后，用四句结语概括"俊"字所含义理：自古华夏多俊杰，文化传承不停歇；现代主义风骤起，全民拜金俊才绝。

丑

丑之正体字为醜。

醜

从酉（略氵），从鬼。人饮酒之后失态而变为鬼，是为醜。饮酒让人变得醜陋，故以酉（酒）与鬼合成这个字。

酒本身并不可恶，喝酒过度变成酒鬼当然可恶。古人造醜字，意在宣传中庸思想。限度之内饮酒无妨；饮酒超过限度，人变成鬼。

岂止饮酒？细想起来，何事不尔？

私心在限度之内能让人很好地保持个性与独立性，与社会性、群体性相得益彰。然而私心超过限度，以私利而害公益，使得社会处处陷阱，防不胜防，人人都变为鬼，说鬼话，做鬼事，人的世界随之变为鬼的世界。

现代化是人类文明发展导致的结果，适度现代化不仅必要，而且不可阻遏。问题是，现代化过了头，把传统一笔勾销，人类变成无父无母、横空出世的怪物，变为见钱眼开的欲望之饿殍。把人变为鬼，这样的现代化不要也罢。

---

① 郡：中国古代的一级地方行政。春秋之前县大于郡；春秋之后，郡大于县。

文明发展的趋势不可阻止，但文明发展的速度与新旧事物更替的频率则事在人为。速度与频率过快，人就变为机器的奴隶，一点点失去自主性，变为动辄依赖机器的懒鬼。

城市化本应是极其缓慢的趋势，现在，恨不得一年要走过去一千年才能走完的行程。富有个性与文化内涵的乡村一批批被城市化浪潮吞噬，代之以乏味的水泥森林。除非鬼，没有什么生灵会做如此愚蠢的事情。

金钱的本义是为了交换货物，便利生活。但这并不意味一定要消灭自给自足，适当的自给自足非但无害而且有益。过度追求金钱，让医生不好好为患者服务，让买卖人坑蒙拐骗，让公务人员以贪污为谋财渠道，让教师千方百计地向学生收取钱财，让律师混淆是非，让歌手假唱，让职业球员打假球，让食品生产者随意放添加剂，让飞机航班随意增加班次造成班班航线晚点，让……

创新是需要的，但创新如盐，少许即可。现在是时时创新，处处创新，就连电话号码或地名都不断更改，显然创新已经成为一种疾病。

国际化无可厚非，但过度国际化严重损害民族性，从而损坏精神信仰与文化的多样性，人类只能生活在乏味的统一之中。当今，中国学校占课时最多的居然不是国语，而是外语，让人感到莫名其妙。

大众娱乐是生活的调节剂，仅仅是调节剂而已，现在却已经成为除去挣钱之外生活的第一要素。许多人离开电视就难受，与酒鬼依赖酒精的情形逼肖之至……

最后，用四句结语概括"醜"字所含义理：适度为美，过度为醜；逾越限度，美亦变醜。

快慢

快

从㐅，从夬。夬卦是《易经》第四十三卦，卦象为：

―― ―
―――
―――
―――
―――

夬卦象征决断。快表现的就是决断之后的心情——愉快、舒畅。事情未决断，心事重重，当然心情沉重不快。这是快之本义，快慢之快则是衍生出来的意思。现在，世界的变化极快，表面看，这是一种物质运动的表象，其实是由心理活动决定的，人们急于发财致富，急于把土地下面的资源全部采掘出来，为今人所用。在这种心理的驱使下，生活节奏越来越快。有的心理学家认为，人年幼时觉得时间过得慢，老年之后则相反，觉得日子过得飞快。这种认识不准确。应该说，古人并没有这种感觉。现代人产生这样的错觉是因为，现代社会生活节奏越来越快，发财致富的心情越来越急迫，所以感觉日子过得飞快。我将这种现象称作欲望效应。欲望效应可以表述为：人的欲望越强，心理上就感觉时间过得越快。换言之，人们收获的金钱越多，心理上享受的时光就越少。所以我说，纵容贪欲，一味求富是得不偿失的。

慢

从忄，从曼。慢之本义为懒惰，后转义为轻视，再转义为快慢之慢。曼从日，从罒（网），从又（手）。日头老高了，才拿起渔网劳作，形容懒惰，不勤快。这个字造得很有道理，海洋民族比较散漫，而农耕民族则很勤劳。这个字反映了商朝的海洋生产方式，用罒（渔网）造字很普遍。

须要注意的是，与快一样，慢中含有忄，表示慢的本义是一种心理，而非行为。中国古人宁求慢而不求快，是因为农业要服从自然周期，急不得。

最后，用四句结语概括"快慢"一词所含义理：吉凶由人，快慢由心；放纵欲望，得罪天神。

分裂

分

从八，从刀，是会意字。八是一物两分之形，刀是分物之工具，"分"就是以刀割物，令其两分。物分之后各为一份，分的次数过多则物化为粉，物化为粉人必然愤，原物不见必然议论纷纷，议论又有何用，原物已经如同粪土，一文不名，因为经过分割原物已经进入坟墓……

不是吗？

科学家分割原子造出原子弹，现在地球上的原子弹之多，足以毁灭地球一百次。

科学家分割染色体，然后随自己心愿重新组合之，结果有了转基因怪物，转基因将让人类断子绝孙。

科学家分割细菌的基因，造出了超级细菌，总有一天人类在超级细菌面前坐以待毙。

人类现在疯狂地分割地球资源，造成严重的自然生态失衡，地面下沉，地震频发，还有什么恶果，难以预测。

许多有钱男子拼命分自己的精子给予妻子之外的女人，并以此为乐，完全不知道会给自己带来伤害，不知道自己已经沦落为牲畜。

人类疯狂地分割财富，丝毫不为子孙后代着想，即使子孙后代躲过转基因灾难，也得过缺衣少食的日子，因为财富分之愈少……

裂

从列，从衣。古代制衣匠裁剪所余布料称作裂。既然是裁剪，总会剩余一些材料，高明的衣匠会尽量物尽其用，少余些布料，仅此而已。古代封侯叫作"裂地封侯"。中国的主流文化不尚分裂，而尚合一与和合。莊子"一尺之捶，日取其半，万世不竭"[①] 的论断之所以是谬论，是因为它不符合实际情况。物质分到基本粒子就不能继续分了，这是测不准定理揭示的规律，莊子没有洞悉这个规律，犯了主观臆断的错误。"合"才是宇宙中最根本的规律，比如产妇生产，看似是一分为二的过程，其实产妇在产子之前已经经历与丈夫交合（阴与阳合二而一）的过程，合二而一在先，一分为二在后。科学好比一分为二的过程，人文道德好比合二而一的过程，显然后者更符合人的目的，也更符合造物主造这个世界之初衷。

和合将人类带入天堂，无休止的一分为二将人类带进地狱。人类何去何从，做最后的抉择，正当其时。

最后，用四句结语概括"分裂"一词所含义理：莊子似智其实愚，不知造物意何求；世界无限分下去，人类如何逍遥游？

[①] 引自《諸子集成》第三卷，《莊子·天下》，上海书店1991年版，第479页。

跋
——训诂与拆字

  字生于文，文生于画，画成数立，道寓其间。

  训诂的主要目的并非仅仅考证笔画的来龙去脉，更重要的是解释汉字中的义理，把学习汉字的过程当作学习国学的过程，使习字者开卷有益，终生不厌不弃。欲达此目的，必须弄清楚"训诂"与"拆字"这样两个截然不同的概念。

  先讲一个关于拆字的故事：

  南宋，有一位拆字大家，名叫謝石，非常机敏，他通过拆字能够在极短时间里断定吉凶福祸，为人排忧解难，屡试不爽。一来二去，謝石声名远播。有一次，宋高宗赵构微服私访找到謝石，求其解字。宋高宗用手杖在地上写了一横。

  謝石略加思索，说："土上一横，乃是王。先生必非庶人。"

  宋高宗接着又写了一个"問"字。

  謝石见字大惊失色，说："左看是君，右看是君，必是人主。"于是俯身跪拜。

  宋高宗当即宣謝石入朝做官。一天宋高宗兴趣所致，让謝石拆"春"字。謝石说："秦头太重，压日无光。"以此委婉抨击奸相秦檜。不久，謝石因此而被贬谪边疆。

  中国历史上类似这样的典故多如牛毛。可以说，这也是一种有趣的文化游戏，但这种游戏带有强烈的俗气，难登大雅之堂。

  训诂所做完全是另外一种工作，是分析字形、字音、字义的来龙去脉，要求言必有据，而且根据必须出于先贤之口或自然之象。

  总是有人将训诂与拆字混为一谈，以为训诂也是一种类似看相算命的牵强附会之举。其实训诂来不得半点主观随意性，必须如实地还原汉字的本义与转义，并揭示汉字在实际生活中的作用。所以，训诂是个很吃功夫的工作。

之所以有人将训诂混同于拆字、测字，是因为：

（一）训诂的对象是产生于数千年之前的汉字，近代出现的所谓简体字是无所谓训诂的，如果强为，得出的结果一定形同拆字。因此，让人产生混淆，认为汉字本无意义，意义是人为附加给它的。

（二）现代社会已经全面背离传统社会，所以道出汉字的本来宗旨很难为现代人所接受。

（三）正如训诂两个字所揭示的，训诂以圣人造字之初衷为依据，不允许将一己之见强加于古人，这一点很容易与现代人发生抵触。

（四）近代中国人曾经长时间被洗脑，接受了西方语音中心主义与表音文字优越论，普遍对汉字评价不高，把汉字当作字母使用，并不认为汉字有多么深的内涵，因此凡言汉字有深刻内涵者皆被斥为自许之举，加以嘲讽。

（五）现代化浪潮汹涌澎湃，不可阻挡，汉字正在一点点被赋予新意，而其深藏不露的价值反而被湮没。

（六）新生代将汉字作为发音符号，将"什么"写为"神马"，将"悲剧"写成"杯具"的现象已经司空见惯。实际上，汉字正快速向表音字母靠拢，汉字的内涵越来越不被重视。

由于以上种种原因，当人们看到训诂文字很容易将其视为拆字，将其与算命、看手相视为同物。其实，即使是真正的拆字也非一般娱乐活动可比，拆字能引起人们无限的想象，何况汉字是世界上唯一自古有之且延续至今的表意文字[①]。挖掘汉字中蕴藏的道德与智慧绝非一两代人所能完成，即使采取戏谑的态度也是有益无害的，何况拆字还可以用于正经场合。比如，甲午战争之前，清朝曾派使臣赴日，日本政府想侮辱使臣，亮出事先写好的上联："骑奇马，张长弓，琴瑟琵琶，八大王，并肩居头上，单戈独战。"中国的使臣提笔立就，回敬了下联："倭委人，袭龙衣，魑魅魍魉，四小鬼，屈膝跪身旁，合手擒拿。"日本人偷鸡不着蚀把米，从此日本侵略者有了"鬼子"的恶谥。

[①] 有人总想另立山头，否定汉字表意的基本性质，汉字是公器，一切通过汉字营私的企图都不可能得逞。

我在五十岁之前一直将汉字理解为国学的一部分，认为汉字的主要功能是中性的、工具性的。五十岁之后，我的看法逐渐发生变化，当我深入汉字世界，领略其深不可测的内涵时，我被汉字征服了，我不能不重新定位汉字与国学的关系。我发现，汉字是国学的微缩版，是国学的一个重要窗口。随着对汉字的认识不断深化，我对德国思想家莱布尼兹对汉字的评价也有了新的认识。莱布尼兹认为，汉字完全可以替代哲学著作，未来的哲学将使用汉字来表达，以免去那些冗长的论述。莱布尼兹对汉字的评价绝非溢美，他的话是千真万确的。我一直想证明莱布尼兹的论断。然而谈何容易，开始做这个工作，才感到力有未逮，数次杀青，数次重写，临渊履冰，生怕亵渎汉字。

于是，我卧薪尝胆，未有半日懈怠。十多年过去了，今天终于完成对一千一百多个汉字的训诂释义与据义发明。这算是对我所敬仰的先圣先贤的一个交代，对生我养我的父母的一个交代，也是对我一向敬仰的莱布尼兹先生的一个交代！

如果说以史为鉴可以知兴替的话，那么以汉字为鉴则可以知荣辱，知进退，知善恶，知如何敬天，知如何做人。——这是我劝说喜欢汉字的人读一读此书的唯一理由。

是为跋。

王文元

农历甲午年仲秋

北京社会科学院

哲学研究所

附 录

参考书目简介

《尔雅》

是我国最早的一部解释汉字词义的工具书,也是第一部按照词义系统和分类编纂的词典。书名"尔雅"的意思是"(让字)合乎近来的使用规范"。《尔雅》共分为19篇:释诂第一、释言第二、释训第三、释亲第四、释宫第五、释器第六、释乐第七、释天第八、释地第九、释丘第十、释山第十一、释水第十二、释草第十三、释木第十四、释虫第十五、释鱼第十六、释鸟第十七、释兽第十八、释畜第十九。关于《尔雅》作者存在多种说法,其中有两种最为流行:(一)周公说;(二)孔子弟子说。《尔雅》主要是为阅读《尚书》而编纂。魏晋的郭璞为《尔雅》作注解,郭注本为流传至今的主要版本。

《小尔雅》

成书于西汉,补充《尔雅》之不足。现存班固《汉书·艺文志》著录一篇,无撰写人姓名。

《说文解字》

作者许慎,注释者段玉裁等。《说文解字》为中国历史上第一部以六书理论为基础分析汉字字形、说解汉字字义、辨识汉字声读的工具书。《说文解字》为中国文字的统一作出了巨大贡献。

《方言》

原名《輶轩使者绝代语释别国方言》,《方言》为简称。作者扬雄

（公元前 53—公元 18）。《方言》是汉代训诂学的一部重要工具书，也是中国第一部汉语方言比较词汇集。它的问世表明中国古代的汉语方言研究已经形成体系。《方言》被誉为中国方言研究史上第一部"悬诸日月而不刊"的著作，在世界的方言学史上也占有重要的地位。

《释名》

《释名》与《尔雅》《方言》《说文解字》历来被视为汉代四部重要的训诂学著作，在训诂学史上占有重要地位，具有较高学术价值。

《广雅》

收字 18150 个，是仿照《尔雅》体裁编纂的一部训诂学汇编，相当于《尔雅》续篇。编撰者为三国（魏）張揖。張揖字稚让，魏明帝太和年间博士。《广雅》为研究汉魏以前词汇和训诂的重要著作。

《玉篇》

一部按汉字形体分部编排的字书。梁武帝大同九年（543）太学博士顾野王撰。顾野王（519—581）字希馮，顾烜之子，吴郡吴人。入陈为国学博士，黄门侍郎。《玉篇》卷首有野王自序。这部书是奉命而作，呈给梁武帝之子萧繹的。书分 30 卷，可是《隋书经籍志》著录作 31 卷，《日本见在书目》同，可能是序文跟表启曾为一卷。野王作《玉篇》，在《说文解字》和《字林》之后，所分部首有增有减，与《说文》比较，少哭、延、画、敖、眉、白、飲、后、介、弦 10 部，增父、云、桌、尢、處、兆、磬、索、书、床、单、弋、丈 13 部，共 542 部，比《说文》多两部。部首排列的次序也有很大变动，主要是按照义类相近与否来安排的。

《一切经音义》

作者为唐代的玄應。凡二十五卷。又作《大唐众经音义》或《玄應音义》。现收于中华大藏经第一辑第三十册。本书所录，自华严经至顺正理论，共 458 部，以梵语音译，凡难解之字句、名相均加注解，为佛教现存音义书中之最古者，其解释之正确，颇为历代学者所宗。玄應于贞观末年奉敕造本书，以避讳故，署名多作"元應"。与道宣、道世为同时代之人。

《广韵》

《广韵》全称《大宋重修广韵》，五卷，是我国北宋时代官修的一部韵书，宋真宗大中祥符元年（1008），由陳彭年、丘雍等奉旨在前代韵书的基础上编修而成，是我国历史上完整保存至今并广为流传的最重要的一部韵书，是我国宋以前的韵书之集大成者。

《集韵》

中国宋代编纂的按照汉字字音分韵编排的文字工具书。宋仁宗景祐四年（1037），宋祁、郑戬上书批评宋真宗年间编纂的《广韵》多用旧文。与此同时，賈昌朝也上书批评宋真宗景德年间编的《韵略》"多无训释，疑混声、重叠字，举人误用"。宋仁宗令丁度等人重修这两部韵书，《集韵》于仁宗宝元二年（1039）完成。

《篇海类编》

作者为明代宋濂。有人认为《篇海类编》是将《详校篇海》改头换面后重新翻刻而成的一本伪书。

《龙龛手鉴》

为辽僧释行均为僧徒研读佛典、通释文字而撰写的汉字工具书。它辑录了大量俗体字、异体字、古文字及现代人所谓的简体字，是辽代的著名传世之作。历史上一些人对它多有误解，随着《龙龛手鉴》在辨识敦煌文献字体上发挥出越来越重要的作用，其价值亦彰显于世。该书版本稀见，流传较少。

《类篇》

是一部按部首编排的字书，最终由司马光审定。

《五音集韵》

金代韓道昭所作，是一部韵书。韓道昭字伯暉，真定松水人。全书分160韵，比《广韵》少46韵，比《壬子新刊礼部韵略》多53韵。平声共

44 韵，上声 43 韵，去声 47 韵，入声 26 韵。

《字通》

为南宋李從周撰写的一部主要解说隶楷同形异源构件和形近构件来源的字书，也是目前可见的宋代最后一部规范解说楷书字形的字样工具书。

《四声篇海》

语言文字工具书，十五卷，金韓孝彦撰。该书是一部字典，其学术价值在语言文字学界评价不是很高，但此书有一个创新，就是创造了一种汉字检索方法。

《字汇》

成书于明朝，为《康熙字典》问世前最完备的汉字大字典，是明代和清初最通行的字典。

《字汇补》

为明梅膺祚所著，清朝著名学者、藏书家吴任臣对其进行增补，多收俗字，名《字汇补》。

《正字通》

一部按汉字形体分部编排的字书。作者为明代崇祯末年国子监生张自烈。本书的特点是收录了一些方言、俗语，与其后以收录纯雅言为宗旨的《康熙字典》有所不同。

《方言疏证》

作者为清代的戴震。是为扬雄《轩轩使者绝代语释别国方言》（简称《方言》）正伪补漏，逐条疏证的第一个校本。共十三卷。

《方言笺疏》

作者为清代的錢繹，为《方言疏证》之后又一个为扬雄《方言》正伪补漏的文字工具书。

《中国字例》

高鸿缙著,台湾三民书局,1950年版。对《说文解字》等有所发挥,个别处有新意。

《宋元以来俗字谱》

刘复、李家瑞编,1930年中央研究院历史语言研究所出版,1957年文字改革出版社重印。这本书收集了宋、元、明、清12种民间刻本中所用的俗体字6240个,与今天《简化字总表》相同的字约330个,是过去民间手写体。

后　　记

十余年前余遭疵疠①，每闻异声辄以为催命鬼来，但有新痛辄思索来苏②之途，每不灵验。于是以心作画③，吟诗作赋以抗病魔。《汉字赋》曰：

> 思美人也，过度必癫；弄汉字也，入情必狂。吾常驾驭汉字，振翼云汉……兴致酣极，无与伦比……静而思之，人生乘白驹寄逆旅，不若乘寄于汉字矣！生而难得百年，况百年亦弹指矣。万事万象，无有停顿，过则无踪，逝则永灭，弗能常驻……惟汉字载时载空，载有载无，载恩载德，载怨载恨，载歌载志，载心载思……謇謇之言，可以汉字志之；事之妙理，可以汉字载之。神龟寿，弗若汉字寿；江河长，莫及汉字长……造化之美、乾坤之宏皆寓于汉字矣……④

其后愈爱汉字，日解一字，日积月累竟然成册。付梓时余已无力兼顾润色与校对。幸遇编辑刘艳女士，为拙稿纠缪错讹，殳复汰重，一字一句，细为裁夺，或医治硬伤，或小纠大诫⑤，所注心力，唯作者知之。孙际明女士长虑顾后，数次告我读者不可欺，请勿急勿躁云，且在百忙之中

---

① 疵疠：疾灾。此处指2002年作者大病一场，至今未痊愈。
② 来苏：得到拯救。
③ 扬雄称汉字为心画。
④ 引自拙作《汉字正见》，档案出版社2007年版，第6页。
⑤ 小纠大诫：纠正小错，使不犯大错。言一字一句把关甚严，不使有错。

参与校对。李知文先生亦对我助益良多。无他们相助,断难将拙稿付之梨枣。大恩难以言谢,唯铭刻于心耳!

王文元

乙未年初

于北京社会科学院哲学研究所